UTB 8421

Eine Arbeitsgemeinschaft der Verlage

Böhlau Verlag · Köln · Weimar · Wien
Verlag Barbara Budrich · Opladen · Farmington Hills
facultas.wuv · Wien
Wilhelm Fink · München
A. Francke Verlag · Tübingen und Basel
Haupt Verlag · Bern · Stuttgart · Wien
Julius Klinkhardt Verlagsbuchhandlung · Bad Heilbrunn
Lucius & Lucius Verlagsgesellschaft · Stuttgart
Mohr Siebeck · Tübingen
Orell Füssli Verlag · Zürich
Ernst Reinhardt Verlag · München · Basel
Ferdinand Schöningh · Paderborn · München · Wien · Zürich
Eugen Ulmer Verlag · Stuttgart
UVK Verlagsgesellschaft · Konstanz
Vandenhoeck & Ruprecht · Göttingen
vdf Hochschulverlag AG an der ETH Zürich

Christiana Nicolai

Betriebliche Organisation

Lucius & Lucius · Stuttgart

WISU-TEXTE sind die Lehrbuchreihe
der Zeitschrift WISU – DAS WIRTSCHAFTSSTUDIUM
(www.wisu.de)

Anschrift der Autorin:

Professor Dr. Christiana Nicolai
Fachhochschule Frankfurt a.M.
Fb 3: Wirtschaft und Recht
Nibelungenplatz 1
60318 Frankfurt a.M.
nicolai-christiana@t-online.de

Bibliographische Information der Deutschen Nationalbibliothek

Die Deutsche Nationalbibliothek verzeichnet diese Publikation in der Deutschen Nationalbibliographie; detaillierte bibliographische Daten sind im Internet über http://dnb.ddb.de abrufbar

ISBN 978-3-8282-0490-4 (Lucius)
ISBN 978-3-8252-8421-3 (UTB)

© Lucius & Lucius Verlagsgesellschaft mbH · Stuttgart · 2009
Gerokstraße 51 · D-70184 Stuttgart · www.luciusverlag.com

Eine Lange Publikation

Das Werk einschließlich aller seiner Teile ist urheberrechtlich geschützt. Jede Verwertung außerhalb der engen Grenzen des Urheberrechtsgesetzes ist ohne Zustimmung des Verlags unzulässig und strafbar. Das gilt insbesondere für Vervielfältigungen, Übersetzungen, Mikroverfilmungen und die Einspeicherung und Verarbeitung in elektronischen Systemen.

Druck und Einband: Friedrich Pustet, Regensburg

Printed in Germany

UTB-Bestellnummer: ISBN 978-3-8252-8421-3

Vorwort

Die Organisation eines Unternehmens hat entscheidenden Einfluss auf seine Wettbewerbsfähigkeit. Sie hat Auswirkungen auf Kosten, Produktivität und Qualität sowie auf das Verhalten und die Motivation der Mitarbeiter. Organisatorische Aufgaben stellen sich nicht nur bei der Unternehmensgründung, auch die Prozesse und Strukturen bestehender Unternehmen müssen immer wieder neu gestalten werden, sollen sie erfolgreich bleiben. Die zahlreichen Reorganisationen in den letzten Jahren belegen, dass die Bedeutung der Organisation erkannt wurde. Sie wird heute überwiegend als strategische Managementfunktion und wesentlicher Baustein bei der zielorientierten Steuerung und langfristigen Erfolgssicherung verstanden.

Dieses Lehrbuch behandelt die zentralen organisatorischen Aufgaben „Aufbauorganisation" und „Prozessorganisation" und gibt einen Überblick über neuere und praxisrelevante Konzepte. Neben den bewusst geschaffenen organisatorischen Regelungen wird auch auf die informale Organisation eingegangen, die sich ungeplant aufgrund der Ziele und Wertvorstellungen der Mitarbeiter entwickelt. Die Themen „organisatorischer Wandel" und „Zukunftstrends" werden ebenfalls aufgegriffen. Bei all dem steht die praxisorientierte, kompakte Darstellung und weniger die Theorievermittlung im Vordergrund.

Studierende können sich anhand des Buches einen systematischen Überblick über organisatorische Aufgaben, Problembereiche und Zusammenhänge verschaffen. Es richtet sich aber auch an Fach- und Führungskräfte in der Wirtschaft, die Anregungen für die Lösung organisatorischer Probleme suchen.

Sven Schmitt, M.A. danke ich für die Anfertigung der Abbildungen.

Christiana Nicolai

Frankfurt a.M., im September 2009

Zu Gunsten des Leseflusses wird auf die Nennung beider Geschlechtsformen verzichtet, ohne dass damit eine Wertung verbunden wäre. Es sind, sofern nicht ausdrücklich benannt, sowohl männliche als auch weibliche Personen gemein

Inhaltsverzeichnis

Vorwort V

Abbildungsverzeichnis XI

Abkürzungsverzeichnis XIV

1 Grundlagen der Organisation 1

1.1 Begriffsbestimmung 1

1.2 Ziel, Aufgaben und Anforderungen 5
    1.2.1 Ziel der Organisation 5
    1.2.2 Aufgaben der Organisation 9
    1.2.3 Anforderungen an die Organisation 11

1.3 Abgrenzung der Organisation zu verwandten Begriffen 16

1.4 Arten der Organisation 18

1.5 Einordnung der Organisation in den Unternehmenszusammenhang 19

1.6 Zusammenfassung und Ausblick 23

Wiederholungsfragen 24

2 Vorgehensweise bei der Organisationsgestaltung 25

2.1 Vorbemerkung 25

2.2 Organisatorische Differenzierung und Integration 26

2.3 Aufgabenanalyse und -synthese 27
    2.3.1 Definition und Merkmale der Aufgabe 27
    2.3.2 Aufgabenanalyse 29
    2.3.3 Aufgabensynthese 32

2.4 Arbeitsanalyse und -synthese 34

2.5 Zusammenfassung und Ausblick 36

Wiederholungsfragen 37

3 Gestaltung der Aufbauorganisation 37

3.1 Zusammenhang zwischen den Gestaltungsparametern 37

3.2 Gestaltungsparameter Spezialisierung 39
    3.2.1 Überblick 39

3.2.2   Art- und Mengenteilung..39
3.2.3   Vorgehensweise bei der Spezialisierung..42
3.2.4   Bildung von Stellenarten auf der Basis der Spezialisierung...........................44
    3.2.4.1   Vorbemerkung 44
    3.2.4.2   Kompetenz des Aufgabenträgers 45
    3.2.4.3   Übernahme von Verantwortung..48
    3.2.4.4   Weitere Aspekte der Stellenbildung..49
3.2.5   Stellenarten...50
    3.2.5.1   Grundsätzliches...50
    3.2.5.2   Instanzen 52
    3.2.5.3   Leitungshilfsstellen 58
    3.2.5.4   Ausführungsstellen..63
3.2.6   Stellenbemessung...65
3.2.7   Abteilungsbildung..67
3.2.8   Grad der Spezialisierung und Tendenzen zur Generalisierung 70
    3.2.8.1   Wirkungen der Spezialisierung und der Generalisierung.......................70
    3.2.8.2   Neue Methoden der Arbeitsstrukturierung...74

3.3 Gestaltungsparameter Koordination 77
3.3.1   Überblick..77
3.3.2   Instrumente der Fremdkoordination...78
    3.3.2.1   Koordination durch persönliche Weisungen 79
    3.3.2.2   Koordination durch Programme..80
    3.3.2.3   Koordination durch Pläne 81
3.3.3   Instrumente der Selbstkoordination..84
    3.3.3.1   Koordination durch Selbstabstimmung...84
    3.3.3.2   Koordination durch interne Märkte...87
    3.3.3.3   Koordination durch die Unternehmenskultur...90
    3.3.3.4   Koordination durch Professionalisierung...93

3.4 Gestaltungsparameter Konfiguration (Leitungssystem)..................................... 94
3.4.1   Überblick..94
3.4.2   Leitungsspanne und Leitungstiefe..94
3.4.3   Leitungssysteme...98
    3.4.3.1   Einliniensystem...98
    3.4.3.2   Mehrliniensystem..101
    3.4.3.3   Stab-Liniensystem...104

3.5 Gestaltungsparameter Kompetenzverteilung (Entscheidungsdelegation) 109

3.6 Grundformen der Aufbauorganisation 111
3.6.1   Primärorganisation...111
    3.6.1.1   Vorbemerkung 111
    3.6.1.2   Funktionale Organisation..112
    3.6.1.3   Divisionale Organisation..115
    3.6.1.4   Matrixorganisation 121
    3.6.1.5   Erweiterungen der Grundformen 126
        3.6.1.5.1   Tensororganisation...126
        3.6.1.5.2   Holding-Organisation 127

3.6.2 Sekundärorganisationen 131
    3.6.2.1 Vorbemerkung 131
    3.6.2.2 Produktmanagement-Organisation..131
    3.6.2.3 Kundenmanagement-Organisation..133
    3.6.2.4 Marktmanagement-Organisation...136
    3.6.2.5 Funktionsmanagement-Organisation 137
    3.6.2.6 Strategische Geschäftseinheiten..138
    3.6.2.7 Projektorganisation 142
        3.6.2.7.1 Abgrenzung..142
        3.6.2.7.2 Stabs-Projektorganisation 144
        3.6.2.7.3 Reine Projektorganisation 146
        3.6.2.7.4 Matrix-Projektorganisation 150
    3.6.2.8 Parallelhierarchien 152

3.7 Darstellungstechniken der Aufbauorganisation...156
  3.7.1 Überblick..156
  3.7.2 Organigramme...157
    3.7.2.1 Begriff und Aufgaben 157
    3.7.2.2 Symbole 158
    3.7.2.3 Organigrammformen 160
  3.7.3 Stellenbeschreibungen...165
    3.7.3.1 Definition und Abgrenzung...165
    3.7.3.2 Inhalte und Einsatzmöglichkeiten 166
    3.7.3.3 Verknüpfung mit anderen Führungsinstrumenten............................169
  3.7.4 Funktionendiagramme...172
    3.7.4.1 Begriff und Aufgaben 172
    3.7.4.2 Symbole und Formen 172
  3.7.5 Kommunigramme 174

3.8 Zusammenfassung und Ausblick 176

Wiederholungsfragen 178

4 Gestaltung der Prozessorganisation 182

4.1 Vorbemerkung..182
  4.1.1 Ablauforganisation versus Prozessorganisation..182
  4.1.2 Prozessorganisation als Primär- oder Sekundärorganisation......................185

4.2 Grundlagen der Prozessorganisation 186
  4.2.1 Begriffsbestimmungen 186
  4.2.2 Merkmale von Prozessen 187
  4.2.3 Arten von Prozessen..188
  4.2.4 Prozessketten...191
  4.2.5 Gegenstand der Prozessorganisation 194
  4.2.6 Ziele der Prozessorganisation...195
    4.2.6.1 Überblick...195
    4.2.6.2 Minimierung der Durchlaufzeiten...197
    4.2.6.3 Minimierung der Prozesskosten..199
    4.2.6.4 Sicherstellung der geforderten Qualität..201

       4.2.6.5   Steigerung der Innovationsfähigkeit 203
4.3 Vorgehensweise zur Prozessgestaltung 203
    4.3.1   Vorbemerkung 203
    4.3.2   Prozessdefinition und -analyse 205
    4.3.3   Prozessstrukturierung 207
    4.3.4   Prozesseinführung 211
    4.3.5   Prozessoptimierung 212
4.4 Besonderheiten der Organisationsgestaltung von Fertigung und Verwaltung 214
    4.4.1   Vorbemerkung 214
    4.4.2   Organisation im Fertigungsbereich 216
        4.4.2.1   Strukturierung der Arbeitsteilung und -verteilung (personale Synthese) 216
            4.4.2.1.1   Strukturierung der Arbeitsteilung 216
            4.4.2.1.2   Bestimmung des Arbeitspensums 219
        4.4.2.2   Zeitliche Strukturierung (temporale Synthese) 221
        4.4.2.3   Räumliche Strukturierung (lokale Synthese) 223
            4.4.2.3.1   Organisationstypen der Fertigung 223
            4.4.2.3.2   Leistungstypen 233
    4.4.3   Organisation im Verwaltungsbereich 235
        4.4.3.1   Personale, temporale und lokale Synthese 235
        4.4.3.2   Auswirkungen der Informations- und Kommunikationstechnologie auf die Organisation des Verwaltungsbereichs 236
            4.4.3.2.1   Dezentralisierung von Arbeitsplätzen 237
            4.4.3.2.2   Dezentralisation von Entscheidungen 242
4.5 Darstellungstechniken der Prozessorganisation 242
    4.5.1   Überblick 242
    4.5.2   Verbale Prozessbeschreibungen und Arbeits- und Verfahrensanweisungen 244
    4.5.3   Ablaufdiagramme 247
    4.5.4   Flussdiagramme 248
    4.5.5   Prozesslandkarten 251
4.6 Zusammenfassung und Ausblick 253
Wiederholungsfragen 254

5 Neuere organisatorische Konzepte 256

5.1 Modulare Organisation 257

5.2 Fraktale Organisation 260

5.3 Netzwerkorganisation 262

5.4 Virtuelle Organisation 264

5.5 Lean Management 267

5.6 Zusammenfassung und Ausblick 271

Wiederholungsfragen 271

6 Informale Organisation 272

6.1 Abgrenzung von informaler und formaler Organisation 272

6.2 Formen informaler Organisation 274
6.2.1 Informale Gruppen 274
6.2.2 Informale Normen 275
6.2.3 Informale Kommunikation 276
6.2.4 Sozialer Status 277
6.2.5 Informale Führung 278

6.3 Auswirkungen der informalen Organisation auf das Betriebsgeschehen 279

6.4 Unternehmenskultur als Gestaltungsinstrument 281

6.5 Darstellungstechniken der informalen Organisation 284
6.5.1 Soziometrische Tests 284
6.5.2 Organisationsaufstellung 290

6.6 Zusammenfassung und Ausblick 293

Wiederholungsfragen 294

7 Geplanter organisatorischer Wandel 294

7.1 Ursachen für organisatorischen Wandel 295

7.2 Formen des organisatorischen Wandels 299

7.3 Objekte und Konzepte des geplanten organisatorischen Wandels 300
7.3.1 Objekte des Wandels 300
7.3.2 Konzepte des Wandels 301
7.3.2.1 Reorganisation 301
7.3.2.2 Business Reengineering 302
7.3.2.3 Organisationsentwicklung 305
7.3.2.4 Change Management 306

7.4 Hemmnisse bei geplantem organisatorischem Wandel 308
7.4.1 Ursachen für Hemmnisse 308
7.4.2 Argumentation und Vorgehensweise der Betroffenen 310
7.4.3 Umgang mit Widerständen 312

7.5 Erfolgsfaktoren und Fehler des organisatorischen Wandels 313

7.6 Zusammenfassung und Ausblick 314

Wiederholungsfragen 316

8 Ausblick: Organisation – zukünftige Trends 317

Literaturverzeichnis 322

Stichwortverzeichnis 335

Abbildungsverzeichnis

Abb. 1-1:   *Organisationsbegriffe* *2*
Abb. 1-2:   *Bedeutsame Anspruchsgruppen im Zielbildungsprozess* *6*
Abb. 1-3:   *Aufgaben der Organisation* *9*
Abb. 1-4:   *Optimaler Organisationsgrad nach dem Substitutionsprinzip* *11*
Abb. 1-5:   *Folgen von Unter- und Überorganisation* *13*
Abb. 1-6:   *Außen- und innengerichtete Anforderungen an die Organisation* *14*
Abb. 1-7:   *Palast- und Zeltorganisation* *15*
Abb. 1-8:   *Managementprozess* *21*
Abb. 1-9:   *Vorteile der Organisation durch Spezialisten* *22*
Abb. 1-10: *Vorteile der Organisation durch Mitglieder der betroffenen Abteilungen* *22*
Abb. 2-1:   *Dualproblem der Differenzierung und Integration* *27*
Abb. 2-2:   *Aufgabenanalyse mit kombinierten Gliederungsmerkmalen* *31*
Abb. 2-3:   *Zusammenhang zwischen Aufbauorganisation sowie Aufgabenanalyse und -synthese*. *33*
Abb. 2-4:   *Zusammenhang zwischen Ablauforganisation und Arbeitsanalyse und -synthese* *35*
Abb. 3-1:   *Zusammenhang zwischen den Gestaltungsparametern der Aufbauorganisation* *38*
Abb. 3-2:   *Stecknadelbeispiel von Adam Smith* *40*
Abb. 3-3:   *Formen der Arbeitsteilung* *41*
Abb. 3-4:   *Komponenten der Kompetenz* *45*
Abb. 3-5:   *Kongruenzprinzip der Organisation* *48*
Abb. 3-6:   *Überblick über die Stellenarten* *51*
Abb. 3-7:   *Fachliche und disziplinarische Weisungsbefugnisse der Instanzen* *53*
Abb. 3-8:   *Tätigkeitsschwerpunkte der Instanzenebenen* *55*
Abb. 3-9:   *Ausführungs- und Leitungsaufgaben der Instanzen* *56*
Abb. 3-10: *Phasengliederung eines Entscheidungsprozesses* *59*
Abb. 3-11: *Überblick über die Leitungshilfsstellen* *64*
Abb. 3-12: *Zusammenhang zwischen primärer und sekundärer Abteilungsbildung* *68*
Abb. 3-13: *Generalisierungstendenzen und erwünschte Wirkungen* *74*
Abb. 3-14: *Überblick über die Instrumente der Fremdkoordination* *78*
Abb. 3-15: *Charakteristische Merkmale der Planungsebenen* *82*
Abb. 3-16: *Überblick über die Instrumente der Selbstkoordination* *84*
Abb. 3-17: *Zusammenhang zwischen Leitungsspanne und Leitungstiefe* *97*
Abb. 3-18: *Einliniensystem* *99*
Abb. 3-19: *Mehrliniensystem* *101*
Abb. 3-20: *Kombiniertes Einlinien- und Mehrliniensystem* *103*
Abb. 3-21: *Stab-Liniensystem mit Führungsstab* *105*
Abb. 3-22: *Stab-Liniensystem mit zentraler Stabsstelle* *106*
Abb. 3-23: *Stab-Liniensystem mit Stäben auf mehreren Ebenen* *106*
Abb. 3-24: *Stab-Liniensystem mit Stabshierarchie* *107*
Abb. 3-25: *Stab-Liniensystem mit Stabsabteilung* *108*
Abb. 3-26: *Grundformen der Primärorganisation* *111*
Abb. 3-27: *Grundmodell der funktionalen Organisation* *112*
Abb. 3-28: *Mehrstufige funktionale Organisation* *113*

Abb. 3-29: Funktionale Organisation mit Objektgliederung auf der dritten Ebene mit Stäben....113
Abb. 3-30: Grundmodell der divisionalen Organisation................116
Abb. 3-31: Divisionale Organisation mit Zentralbereichen................120
Abb. 3-32: Grundform der Matrixorganisation................122
Abb. 3-33: Matrixstruktur der Unternehmensberatung Roland Berger................125
Abb. 3-34: Tensororganisation................126
Abb. 3-35: Formen der Sekundärorganisation................131
Abb. 3-36: Strategische Geschäftseinheiten in einer divisionalen Primärorganisation................140
Abb. 3-37: Stabs-Projektorganisation................145
Abb. 3-38: Reine Projektorganisation................147
Abb. 3-39: Matrix-Projektorganisation................150
Abb. 3-40: Parallelhierarchie................155
Abb. 3-41: Inhalte und Darstellungstechniken der Aufbauorganisation................157
Abb. 3-42: Organigramm mit vertikaler Anordnung................161
Abb. 3-43: Organigramm mit horizontaler Anordnung................162
Abb. 3-44: Säulendiagramm................163
Abb. 3-45: Blockdiagramm................163
Abb. 3-46: Sonnendiagramm................164
Abb. 3-47: Ringsegmentdiagramm................165
Abb. 3-48: Funktionendiagramm................174
Abb. 3-49: Kommunigramm in Kreisform................175
Abb. 3-50: Kommunigramm in Dreiecksform................176
Abb. 4-1: Prozessabwicklung in einer funktionalen Organisation................184
Abb. 4-2: Prozessorganisation als Sekundärorganisation................186
Abb. 4-3: Überblick über die Prozessarten................189
Abb. 4-4: Grundlegende Geschäftsprozesse in einem Industrieunternehmen................192
Abb. 4-5: Prozesshierarchie am Beispiel des Geschäftsprozesses Auftragserfüllung................193
Abb. 4-6: Bereiche des Supply Chain Managements................194
Abb. 4-7: Magisches Viereck der Prozessgestaltung................196
Abb. 4-8: Komponenten der Durchlaufzeit eines Prozesses................198
Abb. 4-9: Dilemma der Prozessorganisation................200
Abb. 4-10: Zusammenhang zwischen Prozessverbesserung und -erneuerung................214
Abb. 4-11: Mengenmäßige, zeitliche und räumliche Strukturierung von Ausführungsprozessen.215
Abb. 4-12: Grundformen von Ablauffolgen................217
Abb. 4-13: Organisationstypen der Fertigung................224
Abb. 4-14: Ablauf in einer Werkstattfertigung................225
Abb. 4-15: Zusammenhang zwischen Organisations- und Leistungstypen der Fertigung................234
Abb. 4-16: Prozessdefinitionsblatt................245
Abb. 4-17: Ablaufdiagramm................248
Abb. 4-18: Symbole von Flussdiagrammen................249
Abb. 4-19: Flussdiagramm................250
Abb. 4-20: Zusammenhang von Prozesslandkarte und Flussdiagrammen................252
Abb. 5-1: Formen der modularen Organisation................258
Abb. 6-1: Eisberg-Modell der Organisation................273
Abb. 6-2: Arten informaler Kommunikation................277
Abb. 6-3: Typischer Verlauf eines Kulturwandels................282

Abb. 6-4: Soziometrische Matrix 287
Abb. 6-5: Soziogramm 290
Abb. 7-1: Ursachen des organisatorischen Wandels 298
Abb. 7-2: Hauptziele organisatorischer Veränderungen 298
Abb. 7-3: Ursachen für Hemmnisse bei geplantem organisatorischem Wandel 308
Abb. 8-1: Rahmenbedingungen der Organisation 317

Abkürzungsverzeichnis

AC	Assessment Center
AGG	Allgemeines Gleichbehandlungsgesetz
CNC	computerized numerical control
CoP	Communities of Practice
DIN	Deutsche Industrie-Norm
EDI	Electronic Data
F & E	Forschung und Entwicklung
FpMM	Fehler pro Million Möglichkeiten
ISO	International Standardization Organisation
IuK-System	Informations- und Kommunikations-System
KVP	Kontinuierlicher Verbesserungsprozess
MbD	Management by Delegation
MbE	Management by Exception
MbO	Management by Objectives
MIT	Massachusetts Institute of Technology
NPO	Non Profit Organisation
OE	Organisationsentwicklung
PEP-Software	Personaleinsatzplanungssoftware
ppm	parts per million
PPS	Produktplanungs- und Steuerungssystem
RFID	Radiofrequenzidentifikationstechnologie
SBU	Strategic Business Unit
SGE	Strategische Geschäftseinheit
TQM	Total Quality Management

1 Grundlagen der Organisation

1.1 Begriffsbestimmung

In der Unternehmenspraxis spielen organisatorische Fragen eine wichtige Rolle. Jede arbeitsteilige Erfüllung von Aufgaben muss sinnvoll strukturiert und sich ändernden Situationen angepasst werden. Viele Unternehmen setzen sich derzeit mit ihrer Organisation auseinander oder planen, ihre Organisation zu verändern. Die zielorientierte Gestaltung der betrieblichen Strukturen und der Prozesse – die Organisation – wird als bedeutender Erfolgsfaktor angesehen.

Sowohl im allgemeinen Sprachgebrauch als auch in der Theorie wird der Begriff „Organisation" uneinheitlich verwendet. So wird Organisation umgangssprachlich häufig mit Improvisation gleichgesetzt. Man spricht etwa von einem „Organisationstalent", womit eine Person gemeint ist, die sich auch in unvorhergesehenen Situationen, in denen es keine bestehenden Regeln gibt, schnell zurechtfindet und damit Improvisationstalent beweist. Ist jemand in der Lage, „etwas gut zu organisieren", wird damit meist ausgedrückt, dass er bestimmte Dinge schnell, möglicherweise auch auf nicht ganz legale Weise beschaffen kann. Wenn eine Person „organisiert ist", versteht man darunter in der Regel, dass sie Mitglied eines Verbandes oder einer Gewerkschaft ist.

Andererseits wird eine logische und zielorientierte Struktur zur Aufgabenerfüllung ebenfalls Organisation genannt. Doch nicht nur dieses Gefüge, auch die Gestaltungsmaßnahmen selbst werden als Organisation bezeichnet. Bei einer systematischen Änderung der bestehenden Ordnung spricht man beispielsweise von „Neuorganisation" oder „Reorganisation". Das Ergebnis dieser Organisation ist eine neue Organisation des Unternehmens. Organisation wird zum Teil auch als Synonym für den Terminus Institution verwendet, wie sich z.B. bei der Non Profit Organisation (NPO) zeigt. Dabei handelt es sich um eine Institution, die nicht gewinnorientiert ausgerichtet ist.

Die Mehrdeutigkeit des Organisationsbegriffs im wissenschaftlichen Sprachgebrauch ergibt sich daraus, dass sich die Organisationsforschung mit unterschiedlichen Fragestellungen beschäftigt. Für jedes Untersuchungsziel wird ein anderer, jeweils zweckmäßiger Organisationsbegriff gewählt. Es existiert also keine allgemeingültige Definition.

Ein methodischer Zugang zum Begriff der Organisation erfordert damit eine genauere Betrachtung.

Im Wesentlichen lassen sich, wie Abb. 1-1 zeigt, drei Richtungen unterscheiden:[1] der funktionale, institutionale und instrumentale Organisationsbegriff.

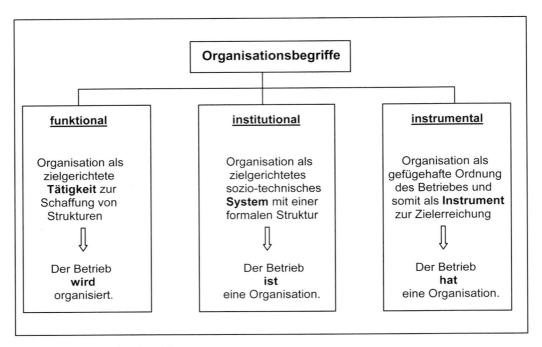

Abb. 1-1: Organisationsbegriffe

Beim **funktionalen Organisationsbegriff** wird Organisation als eine Tätigkeit gesehen, die menschliche und maschinelle Handlungen ökonomisch effizient gestalten soll. Es handelt sich um ein bewusstes und zielorientiertes Strukturieren von dazu legitimierten Entscheidungsträgern. Sie legen verbindliche Regeln fest, wie bei der Aufgabenerfüllung vorzugehen ist. Das Betrachtungsobjekt ist gewissermaßen die **Tätigkeit** des Organisierens. Bei dieser Definition wird die **Organisation als Managementaufgabe** hervorgehoben.

Beim **institutionalen Organisationsbegriff** wird die Organisation als **zielgerichtetes sozio-technisches System** interpretiert.[2] Unter einem **System** ist dabei eine Summe von Elementen zu verstehen, die in einer geordneten Beziehung zueinander stehen. Elemente sind die kleinsten Einheiten innerhalb eines Systems. **Sozio-technisch** bedeutet, dass es sowohl um die Integration von Menschen als auch von Sachmitteln geht.

---

[1] vgl. Schulte-Zurhausen (2002), S. 1 ff.; Krüger (2005), S. 140 f.; Schreyögg (2003), S. 4 ff.; Breisig (2006), S. 6 ff.; Bühner (2004), S. 1 ff.; Schwarz (1983), S, 17 ff.; Grochla, (1983), S, 13

[2] vgl. Kirchler/Meier-Pesti/Hofmann (2005), S. 20

Ein wesentlicher Bestandteil des institutionalen Organisationsbegriffs ist die **Zielorientierung**. Ziele sind der zentrale Grund für eine geordnete Beziehung. Um sie zu verwirklichen, wird ein System, das als Organisation bezeichnet wird, geschaffen. Dabei kann es sich z.B. um ein gewinnorientiertes Unternehmen oder um eine soziale Einrichtung ohne Gewinnorientierung handeln. Damit die Organisation ihre Ziele erreicht, bedarf es einer bewusst geschaffenen, d.h. formalen Struktur. Von anderen Institutionen unterscheiden sich Organisationen im institutionalen Sinn dadurch, dass sie **absichtlich** von Menschen mit einer bestimmten Zielsetzung geschaffen werden und nicht mit der Zeit von selbst ohne Ziel entstehen.[3]

Die Verwendung dieses Organisationsbegriffs ist besonders in der Organisations- und Arbeitssoziologie sowie in der Organisations- und Arbeitspsychologie und außerdem im angloamerikanischen Sprachraum weit verbreitet. Im Mittelpunkt steht die Betrachtung des Individual- und des Sozialverhaltens von Menschen innerhalb einer Institution und nicht die Strukturierung dieser Institution.

In der betriebswirtschaftlich orientierten Organisationslehre wird der **instrumentale Organisationsbegriff** bevorzugt. Organisation wird hier als das Resultat einer Managementaufgabe, dem Organisieren, angesehen. Wesentlich ist nicht die Schaffung von Regeln an sich, sondern deren Ergebnis, die Struktur. Man spricht in diesem Zusammenhang auch von der Organisation als **gefügehafter Ordnung des Betriebes**. Damit handelt es sich um ein **bewusst geschaffenes und eingesetztes Führungsinstrument**, das dazu dient, die Ziele des Unternehmens zu erreichen.

Organisation wird hier als **generelles, dauerhaftes und zielgerichtetes System betrieblicher Regelungen** definiert, **das einen möglichst kontinuierlichen und zweckmäßigen Betriebsablauf sowie den Wirkzusammenhang zwischen den Trägern betrieblicher Entscheidungsprozesse gewährleisten soll**.[4]

Eine schriftliche Fixierung der Regelungen ist sinnvoll, aber nicht zwingend notwendig.

Die Organisation im instrumentalen Sinn weist diese **Merkmale** auf:

- **System betrieblicher Regelungen:** System verdeutlicht hier, dass die einzelnen Regeln der Organisation nicht isoliert, sondern als aufeinander abgestimmte Elemente eines Ganzen zu sehen sind.

- **Generell:** Als generell werden Regelungen bezeichnet, die für gedachte Aufgabenträger und nicht für konkrete Personen geschaffen werden. Man versachlicht die Aufgabenkomplexe. Damit lassen sich z.B. die Entscheidungsbefugnisse des Leiters des Controllings oder die Liefer- und Zahlungsbedingungen beim Wareneinkauf festlegen, unabhängig davon, welche Person diese Aufgaben im konkreten Fall wahrnehmen soll oder derzeit wahrnimmt.

---

[3] vgl. Bea/Göbel (2006), S. 7

[4] in Anlehnung an Schwarz (1983), S. 18; vgl. auch Kosiol (1976), S. 21 ff.; Grochla (1983), S. 13

- **Dauerhaft:** Regeln sind dauerhaft, wenn sie so lange gelten, wie sich die Situation, für die sie geschaffen wurden, nicht verändert. Ändert sich die Situation, müssen die Regeln überprüft und ggf. der neuen Konstellation angepasst werden. Nur so ist gewährleistet, dass die Zielorientierung erhalten bleibt.

- **Zielgerichtet:** Organisation muss darauf ausgerichtet werden, die Ziele des Unternehmens bestmöglich zu erreichen. Sie basieren auf den Zielen der Entscheidungsträger und werden von diesen in einem formalen Prozess zu Unternehmenszielen entwickelt.[5] Inwieweit neben den Eigentümern und Führungskräften auch einzelne Mitarbeiter bzw. Mitarbeitergruppen, z.B. der Betriebsrat, auf die Zielfindung Einfluss nehmen, hängt von deren Macht ab, die ihnen zum Teil aufgrund von Rechtsvorschriften eingeräumt wird. Neben unternehmensinternen beeinflussen auch externe Entscheidungsträger wie Kreditgeber oder Kunden die Zielfindung eines Unternehmens und damit die Organisation.

- **Kontinuierlicher und zweckmäßiger Betriebsablauf und Wirkzusammenhang zwischen den Entscheidungsträgern:** Sie sollen durch Regelungen zur Aufgabenteilung, Abstimmung zwischen den einzelnen Teilaufgaben, Übertragung von Entscheidungs- und Weisungsbefugnissen, die Festlegung einer Hierarchie und die Strukturierung von Prozessen erreicht werden.

- **Träger betrieblicher Entscheidungsprozesse:** Jedes einzelne Mitglied des Unternehmens hat Entscheidungen in seinem Aufgabenbereich zu treffen. Allerdings sind sie unterschiedlich umfangreich, von unterschiedlicher Bedeutung für das Unternehmen und mit unterschiedlich weit reichenden Konsequenzen verbunden.

- **Schriftliche Fixierung:** Damit eine Organisation vorliegt, ist es nicht zwingend notwendig, dass die Regelungen schriftlich festgehalten werden. Sie müssen lediglich den Stelleninhabern und allen weiteren Beteiligten bekannt sein. Um den Überblick über die Zusammenhänge zu gewährleisten, bedarf es jedoch – außer in sehr kleinen Betrieben – einer schriftlichen Fixierung. Es empfiehlt sich deshalb, ein Sammelwerk, ein Organisationshandbuch, zu erstellen, aus dem alle Regelungen – übersichtlich geordnet – hervorgehen. Indem es den Mitarbeitern ausgehändigt wird, stellt das Unternehmen sicher, dass die darin enthaltenen Informationen allen zur Verfügung gestellt werden, womit sich bei Fehlern niemand auf eine entsprechende Unkenntnis berufen kann. Organisationshandbücher werden heute meistens in elektronischer Form erstellt und stehen allen Mitarbeitern im Intranet zur Einsicht zur Verfügung.

Organisation regelt die Beziehungen zwischen diesen **Elementen:**

- Aufgaben,
- Aufgabenträger

---

[5] vgl. Breisig (2006), S. 9 f.

- Sachmittel
- Informationen

Diejenigen organisatorischen Regelungen, die bewusst von den dazu autorisierten Entscheidungsträgern geschaffenen werden, bezeichnet man als **formale Organisation**. Die Organisation eines gewachsenen Unternehmens besteht jedoch nicht nur aus formalen Regelungen. **Informale Regeln**, die nicht fremdorganisiert bzw. nicht bewusst geschaffen werden, sondern aufgrund von Verhaltensmustern und den Zielen einzelner Mitarbeiter oder Arbeitsgruppen weitgehend **von selbst entstehen**, sind ebenfalls Bestandteil der Organisation. Sie ergänzen die formale Organisation.[6] Zwischen beiden besteht eine Wechselwirkung. Unternehmen versuchen, die informale Organisation im Sinne der Unternehmensziele zu beeinflussen.

Die informale Organisation wird im Kapitel 6 ausführlich behandelt.

Organisation im instrumentalen Sinn besteht demnach aus den beiden Komponenten

- **formale Organisation und**
- **informale Organisation.**

In diesem Buch wird der herrschenden Meinung in der betriebswirtschaftlichen Organisationslehre gefolgt und der Organisationsbegriff im instrumentalen Sinn verwendet.

Die klassische, sehr stark an der formalen Struktur orientierte Definition wird jedoch erweitert, indem die strukturierende Wirkung der informalen Organisation miteinbezogen wird.

Häufig werden statt der Bezeichnung Organisation auch die Begriffe **Unternehmensstruktur**, **Betriebsstruktur** oder einfach nur **Struktur** sowie **organisatorische Regeln oder Regelungen** synonym verwendet. In den weiteren Ausführungen wird ebenso verfahren.

1.2 Ziel, Aufgaben und Anforderungen

1.2.1 Ziel der Organisation

Organisation ist darauf ausgerichtet, **geeignete Rahmenbedingungen für das Erreichen der Unternehmensziele** zu schaffen.

Dazu müssen drei Aspekte bedacht werden: die Ziele des Unternehmens, die Effektivität und die Effizienz der Organisation.

In der Praxis werden die Unternehmensziele selten von einer Person allein bestimmt. Stattdessen kommt es zu einem **multipersonalen Entscheidungsprozess**, bei dem verschiede-

---

[6] vgl. Macharzina (2003), S. 413

ne Gruppen ihre Ansprüche anmelden. Man unterscheidet zwischen internen und externen Anspruchsgruppen. Einen Überblick gibt Abb. 1-2.

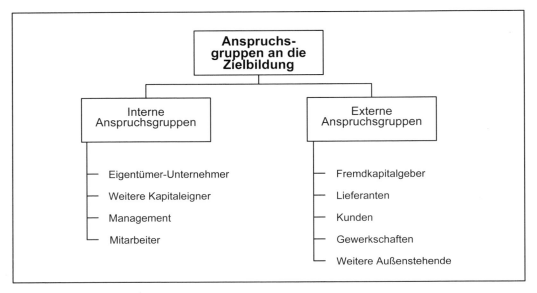

Abb. 1-2: Bedeutsame Anspruchsgruppen im Zielbildungsprozess

Die nicht am Eigenkapital beteiligten Gruppen werden häufig als **Stakeholder** bezeichnet. Eigentümer-Unternehmer und weitere Kapitaleigner sind **Shareholder**.

Bei den **internen Anspruchsgruppen** spielen die **Anteilseigner** die größte Rolle bei der Zielbildung. Ökonomische Zielgrößen wie Gewinn, Rentabilität, Qualität, Produktivität, Erhaltung der Wettbewerbsfähigkeit sind für sie von besonderer Bedeutung. Häufig wird auch zwischen Leistungs-, Erfolgs- und finanziellen Zielen bzw. lang-, mittel- und kurzfristigen Zielen unterschieden.[7]

Wenn es sich um eine Non Profit Organisation handelt, geht es um die Bereitstellung eines Leistungsprogramms, das den vorgegebenen finanziellen Rahmen nicht überschreitet. Gewinne sollen nicht erwirtschaftet werden.

Die Interessen von **Eigentümer-Unternehmern und weiteren Kapitaleignern**, die finanziell beteiligt sind, aber nicht aktiv im Unternehmen arbeiten, müssen sich nicht decken. So ist die erste Gruppe oft eher an einer langfristigen Sicherung des Unternehmenserfolgs bzw. nachhaltigen Steigerung des Unternehmenswertes interessiert, während für die zweite die kurzfristigen Rentabilitätschancen im Vordergrund stehen.

Manager-Unternehmer sind selbst keine Anteilseigner, agieren aber wie Eigentümer in deren Auftrag und wirken aufgrund ihrer Stellung im Unternehmen ebenfalls an der Zielfin-

---

[7] vgl. Schierenbeck (2000), S. 61 ff.

dung mit. Ihre Vorstellungen und Ziele unterscheiden sich teilweise deutlich von denen der Anteilseigner. Da sie nicht dauerhaft an ein bestimmtes Unternehmen gebunden sind, berücksichtigen sie bei der Zielbildung zusätzlich persönliche Interessen, wie Macht und Prestige sowie die Entfaltung eigener Ideen, die auch bei einem Wechsel in ein anderes Unternehmen von Bedeutung sein könnten.

Je nach Rechtsform greifen ferner verschiedene Kontroll- und **Aufsichtsorgane**, z.B. Aufsichtsrat oder Vollversammlung, in den Zielfindungsprozess ein.

Mitarbeiter erwarten vom Unternehmen, dass ihre finanzielle und soziale Sicherheit sowie der Wunsch nach einer sinnvollen Aufgabe und die Realisierung von Aufstiegschancen Berücksichtigung finden. Sie sind insbesondere durch ihre Interessenvertretung, z.B. den Betriebsrat, an der Zielfindung beteiligt.

Bei den **externen Anspruchsgruppen** spielen die **Fremdkapitalgeber** eine große Rolle. Sie sind vor allem daran interessiert, dass ihr eingesetztes Kapital sicher angelegt ist.

Für die **Kunden und Lieferanten** sind z.B. langfristige Geschäftsbeziehungen zu guten Konditionen von Bedeutung.

Die Beziehung zu den **Gewerkschaften** kann positiv, aber auch konfliktbeladen sein. Sie hat häufig direkte Auswirkungen auf den Erfolg des Unternehmens.[8] Im Mittelpunkt des Interesses der Gewerkschaften stehen weniger die Ziele der Mitarbeiter eines ganz bestimmten Unternehmens, sondern eher die vermuteten Ziele der Arbeitnehmerschaft an sich.

Weitere Außenstehende sind **Staat und Gesellschaft**. Sie erwarten beispielsweise, dass die Sicherung von Arbeitsplätzen, die Einhaltung von Rechtsvorschriften oder die Erhaltung der Umwelt in die Ziele des Unternehmens einfließen.

Unternehmensziele sind meist **Kompromisse**, die von den Anspruchsgruppen ausgehandelt werden. Inwieweit sich deren Interessen tatsächlich in den Unternehmenszielen wiederfinden, hängt von den Machtverhältnissen zwischen den Entscheidungsträgern ab.

Sind die Ziele des Unternehmens definiert, muss eine dazu **passende, effektive und effiziente Organisation** geschaffen werden.

Eine Organisation ist **effektiv**, wenn sie die richtigen Ziele anstrebt und erreicht („to do the right things"). Sie ist **effizient**, wenn es ihr gelingt, die richtigen Mittel einzusetzen, um die Unternehmensziele zu erreichen („to do the things right"). Dabei geht es um den Grad der Zielerreichung und das Verhältnis der eingesetzten Ressourcen zum erzielten Ergebnis. Inwieweit eine Organisation jedoch tatsächlich effektiv und effizient ist, lässt sich kaum messen. So vergleicht etwa Frese den Versuch, verschiedene Organisationsstrukturen im Hinblick auf eine gewinnsteigernde Wirkung zu untersuchen, mit dem Bemühen, „die Auswirkungen eines Regenschauers in Minnesota auf die Niagarafälle"[9] zu ermitteln.

---

[8] vgl. Jones/Bouncken (2008), S. 93

[9] Frese (2005), S. 305

Der Wissenschaft ist es bisher nicht gelungen, ein allgemein anerkanntes Verfahren zur exakten Messung von Effektivität und Effizienz einer Organisation zu entwickeln.[10] Wie soll beispielsweise ermittelt werden, ob und wie viel besser die Einführung einer objektbezogenen Organisation gegenüber der Beibehaltung der vorherigen funktionsorientierten Struktur ist?

Die Erfolge, die sich nach der Änderung einer Organisationsstruktur möglicherweise einstellen, können vielfältige Ursachen haben, die jedoch nichts mit der neuen Organisation zu tun haben müssen. Der Erfolg hängt stets von mehreren Determinanten ab, von denen die Organisation eine von vielen ist. Als problematisch erweist sich in diesem Zusammenhang auch, dass sich die Wirkung der Organisationsveränderung oft erst mit erheblicher Verzögerung einstellt.

Praktisch behilft man sich mit **ausgewählten Indikatoren**, bei denen man vermutet, dass eine positive oder negative Veränderung auf eine Umgestaltung der Organisation zurückzuführen ist. Bea/Göbel schlagen als Indikatoren z.B. die Verringerung des Koordinationsbedarfs, die Steigerung der Entscheidungsqualität, die Stärkung der Motivation sowie die Erhöhung der Kunden- und Marktorientierung vor.[11] Die Qualität der Informationsversorgung, die Handhabung von Konflikten oder die Qualität der Entscheidungen können als weitere Indikatoren herangezogen werden.

Ziel der Organisation ist also das Schaffen von **geeigneten** Regelungen, die als Rahmenbedingungen dazu beitragen, dass die Unternehmensziele erreicht werden. Es muss dahingestellt bleiben, ob es auch tatsächlich die bestmöglichen sind.

Trotz des ungelösten Messproblems wird die Organisation von vielen Unternehmen als eine sehr **wichtige Einflussgröße auf den Unternehmenserfolg** betrachtet. Umfangreiche organisatorische Veränderungen und neue, geeigneter erscheinende Regelungen gelten als sinnvolle Maßnahmen, um für die globalisierte Wirtschaft gewappnet zu sein und einer schwachen Konjunktur begegnen zu können.

So zeigen verschiedene Studien, dass die Einführung neuer Organisations- und Führungsstrukturen sowie die Reorganisation mit großem Abstand zu den häufigsten Veränderungsmaßnahmen in deutschen, österreichischen und Schweizer Unternehmen gehören.[12]

Peters und Waterman gingen bereits in den achtziger Jahren in ihrem 7-S-Modell davon aus, dass die Organisationsstruktur eine der wesentlichen Erfolgskomponenten ist. Sie bezogen sich dabei auf langjährige Erfahrungen erfolgreicher großer amerikanischer Unternehmen.[13]

---

[10] vgl. Klimmer (2007), S. 16

[11] vgl. Bea/Göbel (2006), S. 13 ff.

[12] vgl. Vahs (2007), S. 2 f.

[13] vgl. Peters/Waterman (1984), S. 32 ff.

Eine neue Untersuchung in den USA und eine deutsche Studie kommen bzgl. der Unternehmensstruktur zu einem entsprechenden Ergebnis.[14]

1.2.2 Aufgaben der Organisation

Aus dem Ziel der Organisation, geeignete Rahmenbedingungen für das Erreichen der Unternehmensziele zu schaffen, leiten sich ihre **Hauptaufgaben** ab:

- die Gestaltung der Unternehmensstruktur
- die Gestaltung der Unternehmensentwicklung

Die Hauptaufgaben der Organisation bestehen darin, Regelungen zu den aus Abb. 1-3 ersichtlichen Aspekten zu schaffen.

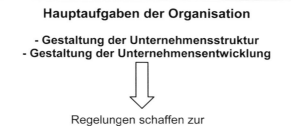

Abb. 1-3: Aufgaben der Organisation

Durch die Organisation wird bewusst der Handlungsspielraum des einzelnen Unternehmensmitglieds eingeschränkt und der **Leistungsprozess entindividualisiert**. Generelle, dauerhafte Regelungen verpflichten zu einer gewissen Gleichartigkeit bei der Aufgabenerfüllung. Damit reduzieren sie die Komplexität der Situation.

Organisation bildet, verteilt und koordiniert die Aufgaben. Mit dieser **Koordinationsfunktion** soll sichergestellt werden, dass die Qualität der Leistung den Vorgaben entspricht und gleichzeitig der **Aufgabenvollzug** zügig vonstatten geht. Dazu werden z.B. Organisati-

---

[14] vgl. Neilson/Pasternack (2006), S. 12 ff.; Capgemini Consulting (2008), S. 9 ff.

onseinheiten wie Stellen, Abteilungen, Sparten etc. geschaffen und Prozesse mit Arbeits- und Verfahrensanweisungen versehen.

Regelungen, welche die Arbeits- und Entscheidungsprozesse festlegen, Über- und Unterstellungsverhältnisse, Entscheidungsbereiche, Weisungsbefugnisse sowie Informations- und Berichtspflichten bestimmen, führen dazu, dass **Konflikte** zwischen den Mitarbeitern bzw. zwischen Mitarbeitern und Vorgesetzten **vermieden werden**. Entstehen dennoch Spannungen, geben organisatorische Regeln Hilfestellung bei der Konfliktbewältigung, womit sie eine **verhaltenssteuernde Funktion** im Unternehmen übernehmen.

Organisation schränkt zwar den Handlungsspielraum der Stelleninhaber ein, vergrößert aber gleichzeitig ihre Entscheidungsautonomie. Indem sie Grenzen festlegt, Ermessensspielräume zuweist und Vollmachten erteilt, können die Mitarbeiter erkennen, welche Handlungen erwünscht oder unerwünscht sind. Damit haben sie die Möglichkeit, innerhalb dieser Grenzen selbständig zu entscheiden und zu handeln.

Die Mitarbeiter können ihre **Kreativität** innerhalb dieses Rahmens entfalten und werden in die Lage versetzt, sich **selbst zu organisieren**. Organisation hat also auch die Aufgabe, **zu motivieren, zu steuern und zu disziplinieren**. Sie lenkt die Aktivitäten und den Einfallsreichtum der Arbeitnehmer in eine von Unternehmensseite **gewünschte Richtung**.

Durch die Festlegung eines **einheitlichen Musters für das Auftreten** nach außen fördert die Organisation die Vertrauensbildung bei Kunden, Lieferanten, Kreditgebern und anderen Außenstehenden. Nach innen schafft sie Sicherheit für die Stelleninhaber, die ihre Handlungen entsprechend anpassen können.

Die Aufgaben der Organisation sind nicht damit erfüllt, dass erstmalig eine sinnvolle Unternehmensstruktur errichtet wird. Vielmehr müssen gleichzeitig die Voraussetzungen geschaffen werden, dass sich das Unternehmen **auf veränderte Umweltsituationen einstellen** kann. Es ist also auch Aufgabe der Organisation, die **Entwicklungsfähigkeit** des Unternehmens zu sichern und den organisatorischen Wandels einzuleiten, zu begleiten und die neuen Regeln zu fixieren. Dazu muss die **Organisation selbst gemanagt** werden, d.h. es bedarf „einer Organisation der Organisation". In diesem Zusammenhang ist z.B. zu klären

- ob die Organisationsaufgaben zentral nach einheitlichen Standards erfüllt oder dezentral bei den Führungskräften angesiedelt werden,
- welche Stelle welche Organisationsaufgabe übernimmt,
- wie organisatorische Prozesse einschließlich der Reorganisationsprozesse durchzuführen sind,
- auf welcher Hierarchieebene die organisatorischen Aufgaben erfüllt werden sollen,
- welche Stellen für Kontrolle und Funktionsfähigkeit der Organisation zuständig sind,
- welche Erhebungs-, Auswertungs-, Analyse-, Planungs- und Darstellungstechniken bei der Organisationsarbeit eingesetzt werden sollen.

1.2.3 Anforderungen an die Organisation

Um ihre Aufgaben bestmöglich erfüllen zu können, muss die Organisation unterschiedlichen Anforderungen gerecht werden. Die Regelungen sollen einerseits **Stabilität** bei der Aufgabenerfüllung gewährleisten und dazu beitragen, die Komplexität des Unternehmensgeschehens auf ein überschaubares Maß zu reduzieren. Andererseits verlangt die Dynamik des wirtschaftlichen Geschehens, dass die Organisation schnelles Agieren nicht behindert, sondern **Flexibilität** ermöglicht.

Gutenberg hat in diesem Zusammenhang das **Substitutionsprinzip der Organisation** formuliert, wonach es ein Optimum organisatorischer Regelungen gibt.[15]

Bei gleichartigen, häufig wiederkehrenden Aufgaben werden tendenziell mehr generelle Regeln festgelegt. Fallweise Vorgehensweisen werden durch generelle Vorschriften substituiert, und die Mitarbeiter erhalten dauerhafte Vorgaben für die Aufgabenerfüllung. Damit wird ihr Verhalten für andere Unternehmensmitglieder und für Außenstehende vorhersehbar. Einzelfallbezogene Weisungen des Vorgesetzten erübrigen sich weitgehend, und die Aufgaben werden schneller erledigt.

Die Zunahme genereller Regelungen ist jedoch nicht immer vorteilhaft, da es ein **organisatorisches Gleichgewicht**, d.h. einen **optimalen Organisationsgrad,** gibt. Er zeichnet sich durch ein **ausgewogenes Verhältnis von Stabilität und Flexibilität** aus.

Den Zusammenhang verdeutlicht Abb. 1-4.

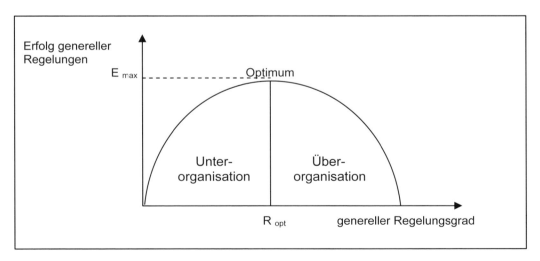

Abb. 1-4: Optimaler Organisationsgrad nach dem Substitutionsprinzip

---

[15] vgl. Gutenberg (1983), S. 238 f.

Unter Stabilität versteht man die nachhaltige Fähigkeit eines Unternehmens, auf gleichartige oder ähnliche Situationen in standardisierter Form zu reagieren. Flexibilität bedeutet, das Unternehmen auf unterschiedliche Situationen differenziert reagieren können.[16]

Zu viel Stabilität wird als **Überorganisation** bezeichnet, in der Praxis spricht man häufig auch von Bürokratisierung. Eine zu hohe Flexibilität ist das Kennzeichen der **Unterorganisation**.[17]

Beim **organisatorischen Gleichgewicht** handelt es sich eher um eine theoretische Vorstellung als um eine praktisch realisierbare Größe, da es ein allgemeingültiges, bestmögliches Verhältnis zwischen Stabilität und Flexibilität in der Praxis nicht gibt. Vielmehr hängt es von den jeweiligen Gegebenheiten im Einzelfall ab.

Der notwendige Regelungsumfang ist bei jedem Unternehmen unterschiedlich. Das **Optimum an Organisation** ist dann erreicht, wenn eine zusätzliche generelle Regel keinen zusätzlichen Nutzen bringt. Stattdessen würde jede zusätzliche generelle Regelung dazu führen, dass sich Anpassungsprozesse mangels Flexibilität nicht mehr ohne größere Probleme realisieren lassen, womit es zu einer Nutzenabnahme käme.

Die wichtigsten Konsequenzen eines zu hohen bzw. zu niedrigen Organisationsgrads zeigt Abb. 1-5.

Gebräuchliche **Maßnahmen**, um zu einem optimalen Organisationsgrad zu gelangen, sind beispielsweise:[18]

- regelmäßige Überprüfung, ob die Regelung tatsächlich notwendig ist, um so der Tendenz zu zu vielen generellen Regelungen entgegenzuwirken,
- zunächst bewusst Improvisationen zulassen,
- alle Stelleninhaber anregen, permanent über Verbesserungsmöglichkeiten in ihrem Arbeitsbereich nachzudenken, um das Unternehmen als lernendes Unternehmen und die Organisation als Aufgabe jedes Einzelnen zu begreifen

---

[16] vgl. Schmidt (2002), S. 8 f.

[17] vgl. Schreyögg/Koch (2007), S. 290 f.

[18] vgl. Schmidt (2006), S. 27; Bühner (2004), S. 3 f.

Folgen mangelhafter Organisation	
Unterorganisation	**Überorganisation**
• unklare Aufgabenzuordnung • zweifelhafte Weisungsbefugnisse • ungeklärte Vertretungsregeln • ungenau festgelegte Informationspflichten und -rechte des Vorgesetzen • missverständliche Berichtspflichten der Mitarbeiter • ungeeignete Auswahl von Sachmitteln und von Instrumenten zur Aufgabenerfüllung • unklare Prozessgestaltung • ungenaue bzw. unlogische Beziehungen zwischen den Teilaufgaben • erheblicher Koordinationsaufwand, um Schnittstellenprobleme zu beseitigen • unklare zeitliche Vorgaben bei der Aufgabenerfüllung • unklare Erfüllungsorte • ineffektive Ausnutzung der Kapazitäten	• Einengung des Entscheidungsspielraums • ungenügende Anpassungsfähigkeit an den Markt • mangelnde Kundenorientierung • lange Entscheidungszeit • unübersichtliche Entscheidungswege • mangelnde Entscheidungsbereitschaft und -fähigkeit • Behinderung der Entwicklungsmöglichkeiten des Unternehmens • fehlende Motivation • Einengung der Kreativität • fehlende Eigeninitiative • mangelnde Innovationsbereitschaft und -fähigkeit • ungeordnete Unternehmensentwicklung

Abb. 1-5: Folgen von Unter- und Überorganisation

Neben der Aufgabe, ein **Gleichgewicht zwischen Stabilität und Flexibilität zu schaffen,** muss die Organisation weiteren Ansprüchen gerecht werden, die Krüger **außengerichtete und innengerichtete** Anforderungen nennt.[19] Abb. 1-6 gibt einen Überblick.

Mit der **Markt- und Wettbewerbsorientierung** wird die Organisation an den Bedingungen von Markt und Wettbewerb ausgerichtet und insbesondere Nähe zum Kunden erreicht.

Innovationsfähigkeit ist die Aufgeschlossenheit gegenüber neuen Produkten, Prozessen und Strukturen, was ihre Entwicklung und Einführung begünstigt.

---

[19] vgl. Krüger (2005), S. 150

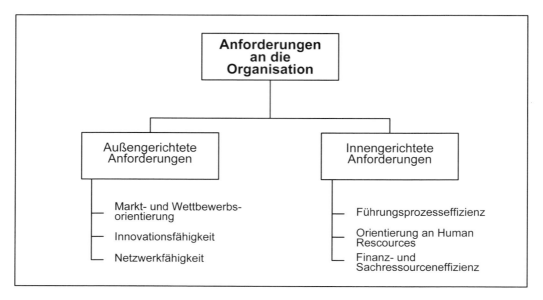

Abb. 1-6: Außen- und innengerichtete Anforderungen an die Organisation

Netzwerkfähigkeit der Organisation ermöglicht, dass neue Kooperationen, z.B. strategische Allianzen oder Joint Ventures, eingegangen werden können.

Führungseffizienz hilft dabei, Prozesse zielgerichtet, schnell und kostengünstig zu planen, umzusetzen, zu steuern und zu kontrollieren.

Die Organisation soll auch ermöglichen, dass **Human Resources** optimal eingesetzt werden und das Mitarbeiterpotenzial ausgeschöpft wird. Außerdem soll sie dabei unterstützen, die Mitarbeiter für derzeitige und künftige Aufgaben weiterzuentwickeln und ein Klima zu schaffen, in dem Kreativität, Verantwortungsbewusstsein und Eigeninitiative gedeihen.

Zudem wird der sorgfältige Umgang mit den anderen Ressourcen, den **finanziellen Ressourcen** und den **Sachmitteln**, durch geeignete organisatorische Regelungen begünstigt.

Durch eine zielgerichtete **Gestaltung der Geschäftsprozesse** soll die an den Kundenwünschen orientierte Aufgabenerfüllung sichergestellt werden.

Unternehmen versuchen, diese Anforderungen auf unterschiedliche Weise umzusetzen. Nach Schmidt lassen sich zwei extreme Vorgehensweisen, mit vielen Zwischenformen in der Praxis, unterscheiden: die Palastorganisation und die Zeltorganisation.[20]

Die **Palastorganisation** beruht auf der Annahme, dass Unternehmensgröße ein Wert an sich sei, da sie dazu beitrage, das Überleben zu sichern. Weitere Merkmale sind, dass alle wesentlichen Entscheidungen vom Top Management getroffen werden, die Aufbaustruktu-

---

[20] vgl. Schmidt (2006), S. 28

ren und Prozessen möglichst unternehmensweit vereinheitlicht werden und intensive Arbeitsteilung stattfindet, die zu Spezialisierungsvorteilen führen soll. Dazu gehört auch ein ausgefeiltes Dokumentationswesen. Demgegenüber geht man bei der **Zeltorganisation** davon aus, dass Größe und zentrale Koordination eher unflexibel machen und setzt stattdessen auf Netzwerke und andere Kooperationsformen. Wegen der vielen Schnittstellen bringe eine intensive Arbeitsteilung einen großen Koordinationsbedarf mit sich, der vermieden werden sollte. Generelle Regelungen werden als notwendiges Übel angesehen, das folglich auf ein Minimum zu reduzieren ist. Die organisatorischen Folgen zeigt Abb. 1-7.

Organisatorische Folgen	
einer Palastorganisation	einer Zeltorganisation
• zentrale Unternehmensleitung • starke Abhängigkeit der Geschäftsbereiche von der obersten Leitung	• relativ selbständig agierende Geschäftseinheiten
• große Leistungstiefe	• Outsourcing von Aufgaben, die nicht direkt zum Kerngeschäft gehören
• viele Hierarchiestufen	• flache Hierarchien
• Betonung hierarchischer Macht	• Betonung fachlicher Autorität
• großer Umfang von zentralen Stäben bzw. von Zentralabteilungen zur Abstimmung zwischen den Geschäftsbereichen	• Selbstkoordination zwischen den einzelnen Geschäftsbereichen • Entscheidungsdezentralisation • Stabsarbeit in einzelnen Abteilungen und weniger in Zentralen
• umfangreiche Kontrollmechanismen • vorrangig Fremdkontrolle	• Selbstkontrolle anhand von Zielvorgaben vorrangig vor Fremdkontrolle • Ergebniskontrolle statt Verlaufskontrolle
• hohe Spezialisierung • individuelle Aufgabenerfüllung	• geringere Spezialisierung • verstärkte Team- und Projektarbeit zur gemeinsamen Aufgabenerfüllung
• Qualitätssicherung durch Funktionsorientierung	• Qualitätssicherung durch Prozessoptimierung
• umfangreiche Dokumentation der organisatorischen Regelungen	• geringer Formalisierungsgrad der Organisation

Abb. 1-7: Palast- und Zeltorganisation[21]

---

[21] vgl. ebd.

1.3 Abgrenzung der Organisation zu verwandten Begriffen

Neben den stabilen Regelungen der Organisation, sind in jedem Unternehmen Vorgehensweisen zu finden, die weder auf Dauer angelegt sind, noch allgemeingültig sein sollen. Es gibt außerdem – absichtlich oder unbeabsichtigt – vollkommen ungeregelte Situationen, Übergangslösungen und Ad-hoc-Regelungen, durch die das Unternehmen zusätzliche Flexibilität erlangt. Für diese Situationen verwendet man die Begriffe **Disposition und Improvisation**.

Regelungen, die nur für einen einzelnen Fall Gültigkeit haben, werden als **Disposition** bezeichnet. Sie haben **keinen strukturierenden Charakter** für die Zukunft und lösen lediglich ein aktuelles Problem in der Gegenwart.

In der Regel handelt es sich um **einzelfallweise Verfügungen** innerhalb des vorgegebenen organisatorischen Rahmens. Eine Regelung in der Personalabteilung, die beispielsweise festlegt, wie mit eingegangenen Bewerbungen grundsätzlich zu verfahren ist, gehört zur Organisation. Innerhalb dieses Rahmens entscheidet dann der Personalreferent X, dass er die Bewerberin Y bereits für den kommenden Montag zum Bewerbungsgespräch einlädt und ruft sie deshalb sofort an. Dies ist eine Disposition. Der Stelleninhaber wendet die Spielräume, die ihm die Organisation gibt, auf den Einzelfall an. Man spricht hier von **gebundener Disposition**.

Daneben gibt es die **freie Disposition**, für die kein organisatorischer Rahmen besteht, bzw. bei der bewusst von vorhandenen Regelungen abgewichen wird, z.B. wenn der für die Bewerberin Y zuständige Personalreferent X kurz vor dem Bewerbungsgespräch krank wird, und seine Kollegin Z das Interview übernimmt. Eine freie Disposition wäre es auch, wenn der Personalleiter das Gespräch selbst führen würde – obwohl diese Aufgabe in der Regel von Personalreferent X durchgeführt wird und dieser auch nicht krank ist –, etwa weil die Bewerberin Y herausragende Qualifikationen aufweist.

Demgegenüber handelt es sich bei einer **Improvisation** um eine Regelung mit **strukturierender Wirkung**. Dieses Merkmal hat sie mit der Organisation gemeinsam. Sie unterscheidet sich von der Organisation dadurch, dass eine Improvisation einen **kurzfristigen, vorläufigen Charakter** hat und nur für eine **begrenzte Anzahl von Fällen** gelten soll. Etwa wenn Personalreferent X im Rahmen einer Personalentwicklungsmaßnahme drei Monate in einer ausländischen Tochtergesellschaft arbeitet und sich seine Kollegin Z und der Personalleiter vorläufig dabei abwechseln, die einführenden Vorstellungsgespräche mit den Bewerbern zu führen. Die Improvisation ist also eine **Übergangsregelung** und beruht meist auf dem kurzfristig aufgetretenen Zwang zum Handeln.

Anlässe für Improvisationen sind:

- Aus Zeitgründen konnte nicht über eine optimale, dauerhafte Regelung nachgedacht werden, weshalb man sich kurzfristig mit der naheliegensten Lösung behilft.
- In absehbarer Zeit soll eine grundlegende Änderung erfolgen, weshalb für die derzeitige Situation keine generellen, dauerhaften Regeln mehr entwickelt werden. Man be-

gnügt sich also mit einer Improvisation und organisiert die zukünftigen Aufgabenstellungen.

- Es wurde noch keine dauerhafte gültige Regelung getroffen, da die infrage kommenden Alternativen noch auf ihre Zweckmäßigkeit hin überprüft werden müssen.
- Es wurde zwar eine optimale Lösung gefunden, sie wird derzeit jedoch noch nicht umgesetzt. Die Gründe können fehlende finanzielle Mittel, qualifizierte Mitarbeiter, notwendige Werkzeuge etc. sein.
- Ein Problem ist zum ersten Mal aufgetreten. Da noch keine Erfahrungen vorliegen, wie es am besten gelöst werden kann, werden zunächst verschiedene Vorgehensweisen ausprobiert.
- Die Bedingungen, unter denen eine Aufgabe zu erfüllen ist, bzw. deren Inhalte, ändern sich (noch) laufend, weshalb eine generelle, dauerhafte Regelung derzeit nicht möglich ist.

Organisation und Improvisation haben beide **strukturierende Wirkung**. Während die Organisation jedoch generell und dauerhaft angelegt ist, regelt die Improvisation eine begrenzte Zahl von Fällen für kurze Zeit und verleiht Flexibilität.

In der Praxis geschieht es immer wieder, dass sich eine anfängliche Übergangsregelung als zweckmäßig erweist und bewährt. Eine **Improvisation kann damit zur Organisation werden**. Die Übergangsregelung wird dann von den zuständigen Entscheidungsträgern zu einer dauerhaften und generellen Regel erklärt. Sie verliert ihren Vorläufigkeitscharakter und wird „offiziell". Oft ist den Stelleninhaber nach einer gewissen Zeit gar nicht mehr bewusst, dass es sich ursprünglich um eine Improvisation gehandelt hat. Sie haben längst vergessen, dass die Vorgehensweise eigentlich befristet war und sich nur auf wenige Einzelfälle beziehen sollte.

Demgegenüber kann eine **Disposition nicht zur Organisation** werden, da sie keinen strukturierenden Charakter hat und sich ausschließlich auf Einzelfälle bezieht. Sie ist auch kein „Unterfall" der Organisation, ebenso wenig, wie das Urteil eines Richters als Unterfall eines Gesetzes angesehen werden kann. Bei einer Disposition werden lediglich organisatorische Regelungen angewandt. Handelt es sich um freie Disposition, ist sie ohne Bezug zur Organisation.

Gleiches gilt für den Zusammenhang von Improvisation und Disposition. Eine **Disposition kann nicht zur Improvisation werden**. Ist keine dauerhafte, generelle Regelung, also keine Organisation, vorhanden, werden durch die Disposition improvisierte Regelungen auf Einzelfälle angewandt, womit sie sich in dem von der Improvisation vorgegebenen Rahmen bewegt. Wenn es sich um eine freie Disposition handelt, dann ist sie ohne Bezug zur Improvisation.

1.4 Arten der Organisation

Bei den Arten der Organisation unterscheidet man üblicherweise nach

- der Entstehungssituation,
- dem Anlass,
- der Beziehung der Elemente zueinander und
- der Bedeutung für das regelmäßige Unternehmensgeschehen.

Was die **Entstehungssituation** anbelangt, wird zwischen **formaler und informaler Organisation** unterschieden. Während es sich bei der formalen Organisation um von autorisierten Entscheidungsträgern bewusst geschaffene Regelungen handelt, bildet sich die informale Organisation im Laufe der Zeit von selbst heraus. Sie beruht auf Verhaltensmustern, Erwartungen und Zielen der Mitarbeiter. Bei der Entwicklung der informalen Organisation spielen Sympathie, Antipathie, individuelle Vorstellungen und gleiche Interessen eine entscheidende Rolle.

Anlassbezogene Arten der Organisation sind **Neuorganisation und Reorganisation**. Bei der Neuorganisation erfolgt eine Strukturierung, bei der nicht auf eine vorhandene Grundlage zurückgegriffen werden kann. Stattdessen wird die Organisation erstmalig gestaltet. Neuorganisationen sind z.B. bei der Gründung eines Unternehmens, beim Bau eines neuen Werkes oder bei der Entwicklung eines neuen Großprojektes notwendig. Wird eine bestehende Struktur an einen veränderte Situation angepasst, spricht man von Reorganisation. In diesem Fall ist bereits eine Grundlage vorhanden, die überprüft und modifiziert wird. Reorganisation kann innerbetriebliche oder außerbetriebliche Gründe haben, z.B. die Änderung eines Produktionsverfahrens bzw. Produktionsprogramms oder die Erschließung neuer Absatzmärkte. Sie wird häufig durch Innovationen ausgelöst.

Nach der **Beziehung der Elemente** zueinander wird die Organisation in die Bereiche **Aufbauorganisation und Ablauf- bzw. Prozessorganisation** gegliedert. Aufgaben, Aufgabenträger, Sachmittel und Informationen werden zielbezogen verknüpft. Bei der Aufbauorganisation stehen vorrangig die Gestaltung der Arbeitsaufgaben, die Bildung von Stellen, die hierarchischen Beziehungen sowie die Gestaltung der Informations-, Kommunikations- und Sachmittelsysteme im Mittelpunkt. Bei der Prozessorganisation geht es insbesondere um die Strukturierung der Arbeitsabläufe sowie deren personelle, zeitliche und räumliche Beziehungen. Man spricht auch von der Gestaltung des **statischen und des dynamischen Beziehungszusammenhangs**.

Die **Bedeutung für das regelmäßige Unternehmensgeschehen** führt zur Unterteilung in **Primärorganisation und Sekundärorganisation**. Erstere bezeichnet die Grundstruktur des Unternehmens. Sie dient der Bearbeitung der üblichen, regelmäßigen Daueraufgaben und der Erreichung der kurzfristigen Unternehmensziele und wird von Sekundärstrukturen überlagert. Diese dienen der Erfüllung besonderer, bedeutsamer Aufgaben, die nicht unter die üblichen Routineaufgaben fallen.[22] Die Sekundärorganisation besteht neben und gleichzeitig mit der Primärstruktur. Sie ersetzt die Primärorganisation also nicht, sondern unterstützt und ergänzt sie. Je nach Zielsetzung kann sie dauerhaft oder zeitlich befristet sein. Beispiele sind strategische Geschäftseinheiten, die dauerhaft angelegt sind und dazu beitragen sollen, den langfristigen Unternehmenserfolg zu sichern. Auch die Projektorganisation, die sich mit der Lösung abteilungsübergreifender, komplexer, zeitlich befristeter Sonderaufgaben befasst, ist eine Sekundärorganisation. Die einzelnen Formen werden ausführlich in Kapitel 3.6.3 behandelt.

1.5 Einordnung der Organisation in den Unternehmenszusammenhang

Die Organisation ist ein Bestandteil der Unternehmensführung, die das Gesamtsystem Unternehmen systematisch gestaltet und steuert. Anstelle von Unternehmensführung wird auch von **strategischem Management** gesprochen. Organisation ist eine eigenständige **Managementfunktion**, die **gleichberechtigt** neben den anderen strategischen Funktionen steht.[23]

Zu den Managementfunktionen oder Managementsubsystemen gehören

- Planung,
- Organisation,
- Personaleinsatz,
- Führung und
- Kontrolle.[24]

Klassischerweise stehen die Managementfunktionen in einer zeitlichen und logischen Abfolge, die als **Managementprozess** bezeichnet wird.

Ausgangspunkt des Managementprozesses ist die **Planung**, bei der es um die Ausrichtung des Betriebsgeschehens auf die Unternehmensziele und die gedankliche Vorwegnahme zukünftigen Handelns geht.

Auf dieser Grundlage werden durch die **Organisation** die strukturellen Voraussetzungen für den Aufgabenvollzug und damit für die Zielerreichung geschaffen.

Die im Rahmen der Organisation festgelegten Einheiten müssen mit Stelleninhabern besetzt werden, die den jeweiligen Anforderungen entsprechen und in der Lage sind, die Planung

---

[22] vgl. Schmidt (2002), S. 71; Bühner (2004), S. 197; Krüger (2005), S. 169

[23] vgl. Bea/Haas (1997) S. 16 f. und 353 ff.

[24] vgl. Schreyögg/Koch (2007), S. 10 ff.

umzusetzen. Neben dem erstmaligen anforderungsgerechten **Personaleinsatz** geht es auch um die Erhaltung und Sicherung der Human Resources, womit zu dieser Managementfunktion auch die **Personalentwicklung und -beurteilung** sowie die Schaffung leistungsorientierter **Anreizsysteme** gehören.[25]

Nachdem mit der Organisation und der personellen Ausstattung des Unternehmens die Voraussetzungen für die Aufgabenerfüllung geschaffen sind, wird das Verhalten der Mitarbeiter durch die **Führung** zielorientiert beeinflusst. Dies ist insbesondere eine Aufgabe der Führungskräfte.

Als Soll-/Ist-Vergleich schließt die **Kontrolle** den Managementprozess ab. Sie stellt die Zielerreichung den geplanten Vorgaben gegenüber, zudem werden Gründe für Abweichungen analysiert.

Entgegen dieser idealtypischen Reihenfolge des Managementprozesses muss sie in der Praxis häufig relativiert werden, da zwischen den einzelnen Funktionen ausgeprägte Interdependenzen bestehen. Die Subsysteme überlappen sich und eine schrittweise Abarbeitung in der genannten Abfolge in der oben beschriebenen Abfolge ist in der Realität kaum möglich. So hat etwa die Kontrolle Auswirkungen auf den Mitarbeitereinsatz oder die Führung. Die bestehende Organisationsstruktur beeinflusst beispielsweise ihrerseits zukünftige Planungsprozesse und tritt damit zeitlich teilweise vor diese Planungen.[26] Die Zusammenhänge werden in Abb. 1-8 gezeigt.

---

[25] vgl. Steinmann/Schreyögg (2005), S. 10 ff.

[26] vgl. Schreyögg/Koch (2007), S. 11

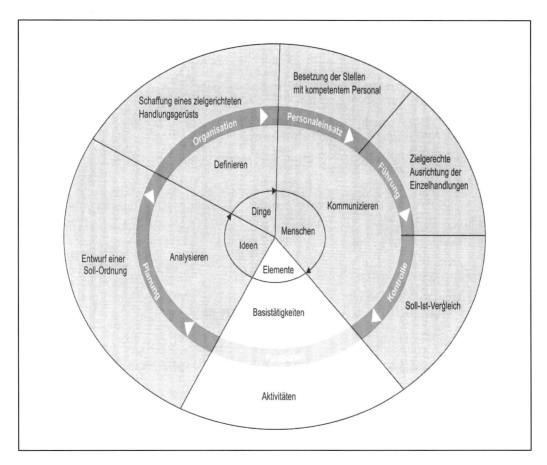

Abb. 1-8: Managementprozess[27]

Die Gestaltung der Organisation ist eine Managementaufgabe und obliegt grundsätzlich den Führungskräften. Vorbereitung, Einführung und Umsetzung werden jedoch häufig an unterstellte Mitarbeiter delegiert.

Bereichsübergreifende organisatorische Regelungsprobleme werden oft von **Organisationsspezialisten** (Organisatoren) durchgeführt. Das können Fachleute aus dem eigenen Haus (z.B. Inhouse Consultants) oder externe Berater sein. Die Vorteile, die der Einsatz von Spezialisten mit sich bringt, sind in Abb. 1-9 dargestellt.[28]

---

[27] entnommen aus Schreyögg/Koch (2007), S. 12

[28] vgl. Schmidt (2006), S. 20 f.

Vorteile, wenn die Organisation durch Spezialisten erfolgt

- Kein Bereichsdenken, da die Optimierung der Regelungen in einzelnen Bereichen nicht automatisch zu einem Gesamtoptimum führt
- Keine Störung durch das Tagesgeschäft, das bei abteilungsinterner Aufgabenverteilung oft im Vordergrund steht
- Es kommt eher zu grundlegenden Neuerungen, statt nur zu abteilungsbezogenen punktuellen Verbesserungen
- Da Spezialisten Erfahrung mit Reorganisations- bzw. Neuorganisationsprozessen haben, werden die Organisationsaufgaben schneller und strukturierter erfüllt
- Es ist größere Erfahrung mit dem Einsatz von Organisationsinstrumenten vorhanden
- Externe Spezialisten haben zudem Erfahrung mit ähnlichen Organisationsaufgaben in anderen Unternehmen.

Abb. 1-9: Vorteile der Organisation durch Spezialisten

Es spricht jedoch auch einiges dafür, die Organisation nicht von internen oder externen Spezialisten, sondern von den **betroffenen Abteilungen** vornehmen zu lassen.[29] Einen Überblick gibt Abb. 1-10.

Vorteile der Organisation durch Vorgesetzte/Mitarbeiter der betroffenen Abteilungen

- Praxisnahe Lösungen, da die Betroffenen genau wissen, wo das Problem liegt
- Weniger Erhebungsaufwand bei der Ist-Situation, da die bisherigen betrieblichen Abläufe und die Gründe für den Änderungsbedarf detailgenau bekannt sind
- Schnelle Ergebnisse, weil nicht auf die Erledigung anderer Projekte, die Vorrang haben, gewartet werden muss

Abb. 1-10: Vorteile der Organisation durch Mitglieder der betroffenen Abteilungen

Die Vorteile der einen Vorgehensweise sind – mit umgekehrtem Vorzeichen – die Nachteile der anderen. Bei externen Beratern treten die Probleme verstärkt auf, da sie im Gegensatz zu den internen Organisatoren weder die formalen innerbetrieblichen Strukturen kennen,

---

[29] vgl. Schmidt (2006), S. 21

noch mit der Unternehmenskultur und den informalen Beziehungen im Unternehmen vertraut sind.

In der Praxis kommt es häufig zu kombinierten Lösungen. Kleinere organisatorische Aufgaben werden vollständig von den betreffenden Abteilungen erledigt. Bei größeren Projekten übernehmen die Abteilungen die Verantwortung. Die internen oder externen Spezialisten erledigen neben den Mitarbeitern einzelne Teilaufgaben und leisten Hilfestellung im Bedarfsfall. Nur bei großen, weitreichenden organisatorischen Maßnahmen erfolgt in der Regel eine komplette Auslagerung auf Organisatoren. In diesen Fällen liegt die Federführung beim Top Management.

1.6 Zusammenfassung und Ausblick

Der Begriff Organisation wird in Theorie und Praxis nicht einheitlich verwendet. Dies führt immer wieder zu Missverständnissen, da dasselbe Wort für unterschiedliche Phänomene herangezogen wird. Die betriebswirtschaftliche Organisationslehre bevorzugt überwiegend die instrumentale Sichtweise. Danach ist Organisation ein **bewusst geschaffenes und eingesetztes Führungsinstrument**, das darauf ausgerichtet ist, **geeignete Rahmenbedingungen für das Erreichen der Unternehmensziele** zu schaffen.

Die zielorientierte Gestaltung der Arbeits- und Informationsprozesse und der hierarchischen Strukturen sowie deren Weiterentwicklung werden von vielen Unternehmen als wichtiger Erfolgsfaktor und als **Teil der Unternehmensführung** betrachtet. Verschiedene empirische Studien bestätigen die große Bedeutung.

Generelle Regelungen sind nicht in jedem Fall vorteilhaft. Es gilt vielmehr, ein **organisatorisches Gleichgewicht**, d.h. ein unternehmensspezifisches **ausgewogenes Verhältnis von Stabilität und Flexibilität** zu schaffen. Dies soll durch den Einsatz von Organisation, Improvisation und Disposition erreicht werden.

Da Organisation eine Managementfunktion ist, fällt sie in den Zuständigkeitsbereich der Führungskräfte. Sie ist jedoch zum Teil delegierbar. Dafür kommen neben den Mitarbeitern der betroffenen Abteilungen interne und externe Spezialisten in Betracht. Ein einheitlicher Trend ist nicht erkennbar. Die Vorgehensweise hängt auch von Umfang und Dringlichkeit der Maßnahmen ab.

In größeren Unternehmen werden zunehmend **Inhouse-Consulting-Einheiten** gebildet, in denen auch Organisationsspezialisten (Organisatoren) arbeiten. Sie unterstützen und beraten das eigene Unternehmen bei Organisationsfragen. Während das organisationsspezifische Know-how von Spezialisten kommt, findet die eigentliche Organisationsarbeit dezentral in den Fachabteilungen statt. Die Spezialisten planen und koordinieren die Aktivitäten. Die umsetzenden Projektgruppen bestehen häufig aus Mitarbeitern der betroffenen Abteilungen und des Inhouse-Consultings.

In einigen Unternehmen zeichnet sich eine noch stärkere Entwicklung zur **Dezentralisation von Organisationsarbeit** ab. Zentrale Abteilungen mit Spezialisten werden verringert und die Spezialisten denjenigen Abteilungen, bei denen hoher Strukturierungsbedarf besteht, dauerhaft vor Ort zugeordnet.

Durch die Ausweitung des Qualitätsmanagements auf allen Ebenen gewinnen außerdem Kaizen und KVP (kontinuierliche Verbesserungsprozesse), bei denen jeder einzelne Mitarbeiter für organisatorische Maßnahmen herangezogen wird, an Bedeutung.

Wiederholungsfragen

1. Was versteht man unter dem institutionalen Organisationsbegriff?
2. Welche Sichtweise herrscht in der betriebswirtschaftlichen Organisationslehre vor?
3. Welche Gruppen sind an Zielbildungsprozessen beteiligt?
4. Nennen Sie einige Beispiele für organisatorische Regelungen.
5. Was besagt das Substitutionsgesetz der Organisation?
6. Was versteht man unter dem organisatorischen Gleichgewicht?
7. Welche Folgen können durch Unter- bzw. Überorganisation entstehen?
8. Was versteht man unter Disposition und Improvisation?
9. Weshalb haben Dispositionen keinen strukturierenden Charakter?
10. Welcher Zusammenhang besteht zwischen Organisation, Improvisation und Disposition?
11. Was versteht man unter formaler und informaler Organisation?
12. Worin unterscheiden sich Primär- und Sekundärorganisation?
13. Weshalb gehört die Organisation zu den Managementaufgaben?
14. Wann ist es vorteilhaft, die Organisation Führungskräften bzw. Mitarbeitern der betroffenen Abteilungen zu übertragen?
15. Welche Vor- und Nachteile bringt es mit sich, organisatorische Maßnahmen von Spezialisten durchführen zu lassen?

2 Vorgehensweise bei der Organisationsgestaltung

2.1 Vorbemerkung

Organisatorische Gestaltungsbereiche betreffen die Gebilde- und die Prozessstruktur des Unternehmens. Erstere wird üblicherweise als Aufbauorganisation, Letztere als Ablauforganisation oder Prozessorganisation bezeichnet.

Unter **Aufbauorganisation** versteht man die sachliche und logische Aufteilung einer Gesamtaufgabe in Teilaufgaben und deren spätere Zusammenfassung zu Aufgabenkomplexen und Organisationseinheiten, sodass die Erfüllung der Unternehmensziele gewährleistet wird.

Die **Ablauforganisation** umfasst die personellen, zeitlichen und räumlichen Regelungen der materiellen und informationellen Arbeitsprozesse, die ebenfalls so zu gestalten sind, dass die Ziele erreicht werden können. In der Regel ist sie der Aufbauorganisation nachgelagert.

In jüngerer Zeit wird der Begriff Ablauforganisation zunehmend durch die Bezeichnung **Prozessorganisation** ersetzt. Sie wird insbesondere dann verwendet, wenn die Prozesse im Mittelpunkt des gestalterischen Interesses stehen und der Strukturierung des Aufbaus eine gleich- oder nachrangige Bedeutung zugemessen wird.

Während die Aufbauorganisation stärker den **statischen Aspekt** widerspiegelt, geht es bei der Prozessorganisation um die **dynamische Perspektive** der Organisation. Beide Teilbereiche sind nicht unabhängig voneinander, sondern weisen starke **Interdependenzen** auf. So gehört die Zuordnung von Aufgaben zu Stellen z.B. zur Aufbauorganisation. Ihre Festlegung hat Auswirkungen auf die Gestaltung der Arbeitsprozesse zwischen den Stellen, die Teil der Prozessorganisation sind. Eine Veränderung der Arbeitsprozesse wirkt sich wiederum darauf aus, welche Aufgaben die Stellen zu erfüllen haben.

In der Praxis dürfen weder die Aufbau- noch die Prozessorganisation vernachlässigt werden. Eine zu starke Konzentration auf die Gebildestrukturierung führt oft zu einer verstärkten Spezialisierung nach Funktionen, wodurch zum Teil erhebliche Schnittstellenprobleme zwischen den organisatorischen Einheiten auftreten. Umgekehrt wird bei der Überbetonung der Prozessorganisation die funktionsorientierte Spezialisierung der Arbeitnehmer stark vernachlässigt[30] und stattdessen ihre Verantwortung für einen (Teil-)Prozess hervorgehoben.

In der Literatur wurde der Aufbauorganisation lange Zeit Vorrang eingeräumt.[31] In der Praxis hat die Gestaltung der Abläufe jedoch immer mehr Bedeutung gewonnen. Während früher in der Literatur die Auffassung vorherrschte, mit der Gebildestrukturierung müsse erst einmal ein Rahmen für die Strukturierung der Prozesse vorgegeben werden, geht man heute immer mehr dazu über, Prozesse und Aufbau als gleichberechtigt anzusehen bzw. zunächst

---

[30] vgl. Bea/Göbel (2006), S. 255 f.; Scherm/Pietsch (2007), S. 150 f.

[31] vgl. Gaitanides (2007), S. 5 ff.

die Prozesse möglichst gut zu gestalten und anschließend die Aufbauorganisation entsprechend zu ergänzen.

Diese Sichtweise ist jedoch nicht ganz neu. So forderte bereits Nordsieck in den dreißiger Jahren das **Primat der Prozessorganisation**. Er betonte, dass sich die Aufgabengliederung am Leistungsprozess zu orientieren habe und nicht umgekehrt.[32]

Aus didaktischen Gründen wird in der Literatur in der Regel weiterhin zwischen Aufbau- und Prozessorganisation getrennt. Zudem wird meist mit der Beschreibung der Aufbauorganisation begonnen. Die prozessorientierten Aspekte werden dann anschließend besprochen, allerdings in dem Bewusstsein, dass Aufbau und Prozesse eigentlich gleichzeitig betrachtet werden müssten. Dieser Vorgehensweise wird auch hier gefolgt.

2.2 Organisatorische Differenzierung und Integration

Da in der Regel mehrere Einheiten an der Erfüllung der Unternehmensaufgaben beteiligt sind, muss festgelegt werden, wie die Arbeitsteilung vonstatten gehen soll und welche Einheit welche Teilaufgaben zu erfüllen hat.

Bei der organisatorischen Gestaltung wird also als Erstes e**in Aufgabenkomplex** zielorientiert in einzelne Teile **zerlegt**, um so festzustellen, welche Detailaufgaben anfallen. Diese Vorgehensweise wird als **organisatorische Differenzierung** bezeichnet, gelegentlich wird auch von **Dekomposition**[33] gesprochen.

Anschließend müssen die durch die Differenzierung ermittelten Teilaufgaben genauer betrachtet werden. Es muss entschieden werden, welche Teilaufgaben eine sachliche und logische Einheit bilden können und sinnvoll zusammengeschlossen werden sollen. Darauf aufbauend ist festzulegen, wie diese Einheiten anschließend in größere Einheiten integriert werden können. Man spricht in diesem Zusammenhang von **Arbeitsvereinigung, organisatorischer Integration** oder **organisatorischer Programmierung**.[34]

Differenzierung und Integration sind eng miteinander verbunden. Je stärker eine Gesamtaufgabe differenziert wurde, desto größer ist anschließend der Aufwand, die einzelnen Teilaufgaben zweckmäßig zu integrieren.

Die organisatorische **Differenzierung** wird mittels einer Aufgaben- und Arbeitsanalyse vorgenommen. Im Zusammenhang mit der aufbauorganisatorischen Differenzierung spricht man von **Aufgabenanalyse,** bei der ablauforganisatorischen Differenzierung von **Arbeitsanalyse**.

---

[32] vgl. Nordsieck (1934), S. 77

[33] vgl. Ringlstetter (1997), S. 3 und S. 58

[34] vgl. Remer/Hucke (2007), S. 25, S. 39 ff.; Scherm/Pietsch (2007), S. 150

Die aufbauorganisatorische **Integration** geschieht im Rahmen der **Aufgabensynthese** und die ablaufbezogene in der **Arbeitssynthese**. Diese Untergliederungen zeigt Abb. 2-1.

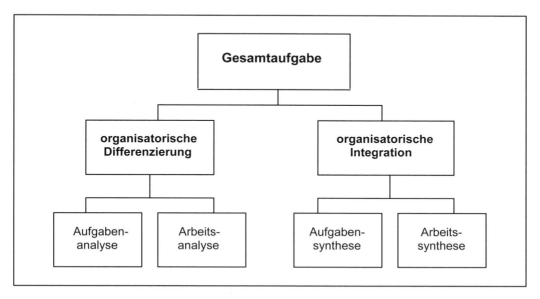

Abb. 2-1: Dualproblem der Differenzierung und Integration[35]

Auch die **Prozessorganisation** folgt dem Prinzip der Differenzierung und Integration. Allerdings baut sie dabei nicht wie die Ablauforganisation vorrangig auf den Ergebnissen der aufbauorganisatorischen Gestaltung auf.

Sie differenziert, indem sie **Geschäftsprozesse** in Teilprozesse und Elementarprozesse zerlegt. Diese werden anschließend wertschöpfungs- und kundenorientiert zu sachlichen und logischen Einheiten integriert.

2.3 Aufgabenanalyse und -synthese

2.3.1 Definition und Merkmale der Aufgabe

Unter einer Aufgabe versteht man eine dauerhafte Verpflichtung, bestimmte Handlungen auszuführen, um ein zuvor festgelegtes Ziel zu erreichen.

Aufgaben leiten sich aus den Unternehmenszielen ab und können materieller oder immaterieller Art sein.

---

[35] in Anlehnung an Vahs (2007), S. 51

Bei der Charakterisierung einer Aufgabe sind **sechs Merkmale** von Bedeutung:

- **Verrichtung:** Hier wird die Frage beantwortet, welche Aktivitäten erforderlich sind. Es kann sich um körperliche und/oder geistige Tätigkeit handeln, z.B. das Zusammenschrauben zweier Metallteile, das Programmieren eines Computer-Programms oder das Schreiben eines Gutachtens.
- **Objekt:** Jede Verrichtung wird an einem realen (materiellen) oder abstrakten (immateriellen) Objekt durchgeführt. So sind ein Konsumgut, das vom Kunden verzehrt wird, oder die oben genannten Metallteile materielle Objekte. Ein Businessplan, der für einen Unternehmensbereich erstellt wird, Gutachten oder Computer-Programme sind immaterielle Objekte.
- **Aufgabenträger:** Dabei handelt es sich um einzelne Personen, Personengruppen oder sog. Mensch-Maschine-Kombinationen, die die Verrichtung am Objekt durchführen und die Verantwortung für die Aufgabenerfüllung tragen.
- **Sachmittel (Hilfsmittel):** Der Aufgabenträger verwendet bei der Erfüllung seiner Aufgabe materielle oder immaterielle Werkzeuge, z.B. eine Bohrmaschine oder ein Betriebssystem.
- **Zeit:** Zeitpunkt, Zeitraum und zeitlicher Ablauf werden vorgegeben, z.B. ist die Aufgabe am 15.12.2011 zwischen 12.00 Uhr bis 17.30 Uhr in einer bestimmten Reihenfolge durchzuführen.
- **Raum:** Das lokale Kriterium bestimmt den Standort, an dem die Aufgabe zu erfüllen ist, z.B. am Arbeitsplatz X in der Fertigungshalle des Betriebs Y in der Stadt Z.

Die Merkmale Verrichtung und Objekt sind für die Beschreibung einer Aufgabe unverzichtbar. Die anderen vier Kriterien haben ergänzenden Charakter und dienen dem besseren Verständnis.

Daneben finden sich in der Literatur weitere Merkmale der Aufgabe, die lediglich in Einzelfällen von Bedeutung sind. Bea/Göbel nennen beispielsweise zusätzlich:[36]

- **Beherrschbarkeit:** Es wird die Frage geklärt, wie kompetent der Aufgabenträger sein muss, um seine Aufgabe erfüllen zu können.
- **Komplexität:** Dabei geht es um den quantitativen und qualitativen Umfang der Aufgabenstellung.
- **Eindeutigkeit:** Die Aufgabe soll möglichst klar und verständlich umrissen werden.
- **Strategische Bedeutung:** Sie besagt, welchen Nutzen die Aufgabe für die strategische Zielerreichung des Unternehmens hat.

---

[36] vgl. Bea/Göbel (2006), S. 258 f.

- **Variabilität:** Man legt fest, ob eine Aufgabe immer in derselben Art und Weise durchzuführen ist oder Besonderheiten zu berücksichtigen sind, die zu einer anderen sinnvollen Vorgehensweise im Einzelfall führen.
- **Neuartigkeit:** Damit wird die Frage beantwortet, ob bereits gleiche oder ähnliche Aufgaben erfüllt wurden oder nicht.
- **Aufgabeninterdependenz:** Hier wird geklärt, wie stark die Aufgabenerfüllung von der Erledigung vorgelagerter Aufgaben abhängt, bzw. ob und wie sie ihrerseits Einfluss auf nachgelagerte Aufgaben ausübt.

2.3.2 Aufgabenanalyse

Um einzelne Aufgaben sinnvoll ordnen und beurteilen zu können, ist es notwendig, die Gesamtaufgabe vollständig zu kennen und systematisch zu durchdringen. Dazu wird sie im Rahmen der Aufgabenanalyse nach unterschiedlichen Kriterien in Teilaufgaben differenziert. Diese werden weiter untergliedert und dann wiederum untergliedert. Auf diese Weise entstehen Teilaufgaben unterschiedlicher Ordnung.[37]

Gliederung bzw. Untergliederungen werden solange vorgenommen, bis sich die entstandenen Teilaufgaben sinnvoll einer Stelle zuordnen lassen und eine tiefere Aufgabenteilung zu keinem zusätzlichen Nutzen führt. Die Teilaufgaben niedrigster Ordnung nennt man **Elementaraufgaben**.

Kosiol verwendet bei der Aufgabenanalyse **fünf Gliederungsmerkmale**, von denen die ersten beiden als **sachliche** und die restlichen drei als **formale Merkmale** bezeichnet werden:[38]

- Verrichtung
- Objekt
- Rang
- Phase
- Zweckbeziehung

Um festzustellen, welche **Verrichtungen** eine Aufgabe erfordert, wird eine Verrichtungsanalyse vorgenommen. Durch die mehrfache Differenzierung nach dem Kriterium Verrichtung entstehen immer weitere verrichtungsorientierte Teilaufgaben niedrigerer Ordnung. Beispielsweise lässt sich die Gesamtaufgabe (Aufgabe 1. Ordnung) in einem Produktionsbetrieb in die Verrichtungen Beschaffung, Produktion, Absatz und Verwaltung gliedern. Diese Teilaufgaben nennt man Aufgaben 2. Ordnung. Jede wird – wiederum nach Verrichtungen – in Aufgaben 3. Ordnung gegliedert. Die Produktion könnte z.B. in Arbeitsvorbereitung,

---

[37] vgl. Eigler (2004), Sp. 54 ff.

[38] vgl. Kosiol (1976) S. 49 ff.

Vorfertigung und Endmontage aufgeteilt werden. Die Aufgaben 3. Ordnung untergliedert man ebenfalls nach Verrichtungen etc.

Stellen die **Objekte** das Analysekriterium dar, könnte z.B. die Gesamtaufgabe eines Bekleidungsherstellers auf der 2. Ebene in die Teilaufgaben Damen-, Herren- und Kinderbekleidung differenziert werden. Diese Aufgaben 2. Ordnung werden unter dem Objektgesichtspunkt weiter gegliedert. Als Unterobjekte der Herrenbekleidung entstehen beispielsweise die Teilaufgaben 3. Ordnung Hemden, Jacken und Hosen. Die Hosen könnten dann in Arbeits-, Freizeit- und Business-Hosen – die Aufgaben 4. Ordnung – differenziert werden etc.

Verrichtung und Objekt lassen sich lediglich gedanklich, nicht jedoch praktisch trennen, da jede Tätigkeit an einem Objekt ausgeübt wird.

Verrichtungs- und Objektanalysen können kombiniert werden. Aus logischen Gründen wird auf einer einzelnen Analyseebene jedoch stets nur ein Kriterium verwendet.[39] Bei dem Bekleidungsunternehmen könnte das so aussehen: Zunächst wird die Gesamtaufgabe nach Verrichtungen in die Teilaufgaben Beschaffung, Produktion, Absatz und Verwaltung gegliedert. Danach wird je nach Objekt weiteranalysiert. Die Beschaffung wird z.B. in die Objekte Stoffe, Hilfsmaterialien (Garn, Knöpfe, Reißverschlüsse etc.) und Accessoires unterteilt.

Die Analysekriterien Rang und Phase werden in der Regel nicht dazu benutzt, die Gesamtaufgabe zu differenzieren, sondern finden erst auf einer **tieferen Gliederungsebene** Anwendung. Sie konkretisieren die Verrichtungs- bzw. die Objektanalyse.

Nach dem Analysemerkmal **Rang** wird eine Aufgabe in **Entscheidungs- und Ausführungsaufgaben** gegliedert. Dabei stellt man nicht auf die zeitliche Reihenfolge ab, stattdessen steht der qualitative Aspekt im Vordergrund.

Das Gliederungskriterium **Phase** differenziert in **Planungs-, Realisations- und Kontrollaufgaben**. Auch hier ist die Unterscheidung nicht primär zeitlicher, sondern sachlicher Art.

Die Analyse nach der **Zweckbeziehung** führt zur Unterscheidung in **Zweck- und Verwaltungsaufgaben**. Während die Zweckaufgaben in unmittelbarem Zusammenhang mit der Leistungserstellung und -verwertung stehen, haben die Verwaltungsaufgaben unterstützenden Charakter. Eine Zweckaufgabe des Bekleidungsunternehmens ist beispielsweise die Herstellung eines Anzugs. Die Zahlung der Gehälter an die Mitarbeiter ist eine Verwaltungsaufgabe. Da kein unmittelbarer Zusammenhang mit dem Unternehmenszweck besteht, gehören z.B. auch die Reinigung der Fertigungshalle oder das Betanken der Firmenwagen zu den Verwaltungsaufgaben. Es wird deutlich, dass der Begriff Verwaltungsaufgabe unglücklich ist, da damit die Nähe bzw. Ferne zur Leistungserstellung und nicht eine Form von Bürotätigkeit charakterisiert werden soll. Deshalb wird statt von Zweck- und Verwaltungsaufgaben auch von **Primär- und Sekundäraufgaben** gesprochen, was den Sinn einer Untergliederung nach der Beziehung zum Betriebszweck besser verdeutlicht.

---

[39] vgl. Schulte-Zurhausen (2002), S. 40

Für die Analysekriterien Rang und Phase kommt nur eine einmalige Anwendung in Frage, da man sonst z.B. zur „Planung der Planung der Planung der Planung…" käme.

Auch bei der Zweckbeziehung ist nur eine einmalige Differenzierung sinnvoll. Man kann bei der Gesamtaufgabe ansetzen oder bereits nach einem anderen Merkmal analysierte Teilaufgaben niederer Ordnung weitergliedern.

Ein Beispiel für eine Aufgabenanalyse mit kombinierten Merkmalen zeigt Abb. 2-2.

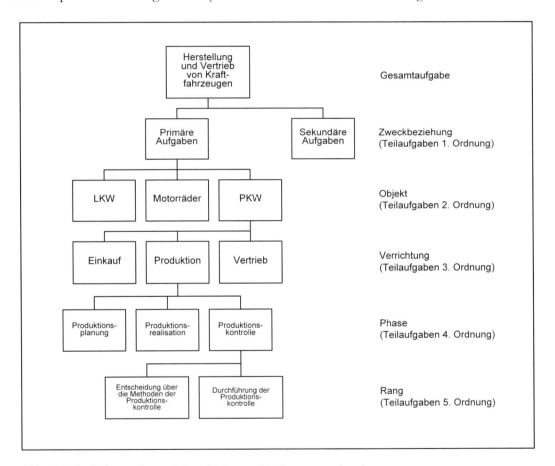

Abb. 2-2: Aufgabenanalyse mit kombinierten Gliederungsmerkmalen

Die Ergebnisse der Aufgabenanalyse werden oft mithilfe von **Rasterbildern und Strukturbögen** dargestellt.[40]

Die Aufgabenanalyse ist die Grundlage für die sich anschließende Aufgabensynthese.

---

[40] vgl. zur Vorgehensweise Schmidt (2003), S. 216 ff.

2.3.3 Aufgabensynthese

Nachdem mit der Aufgabenanalyse die organisatorische Differenzierung im Rahmen der Aufbauorganisation abgeschlossen ist, wird nun die **organisatorischen Integration** mithilfe der Aufgabensynthese angegangen. Die Teilaufgaben werden zu größeren, verteilungsfähigen Aufgabenkomplexen verdichtet. Diese ordnet man einzelnen Stellen zu, die wiederum selbst in größeren Organisationseinheiten, den Abteilungen, zusammengefasst werden.

Die Integration wird in der Aufgabensynthese nach den beiden Grundprinzipien **Zentralisation und Dezentralisation** durchgeführt.

Unter **Aufgabenzentralisation** versteht man die Zusammenfassung gleichartiger Teilaufgaben zu Aufgabenkomplexen. **Aufgabendezentralisation** bedeutet, dass gleichartige Teilaufgaben getrennt und unterschiedlichen Aufgabenkomplexen zugeordnet werden.

Ein Beispiel verdeutlicht die Zusammenhänge. Die verrichtungsorientierten Teilaufgaben, die durch die Aufgabenanalyse des Bekleidungsunternehmens gewonnen wurden, werden – stark vereinfacht – folgendermaßen durch die Aufgabensynthese zu drei Aufgabenkomplexen Einkaufen, Schneidern, Verkaufen integriert: Alle Verrichtungen, die mit dem Einkauf zu tun haben, werden in einem Aufgabenkomplex A zusammengefasst. Alle Schneiderarbeiten kommen zu Aufgabenkomplex B und alle Teilaufgaben, bei denen es um verkaufsbezogene Aspekte geht, werden im Aufgabenkomplex C integriert etc. Da gleichartige Verrichtungen zusammengefasst wurden, handelt es sich jeweils um eine **Verrichtungszentralisation**. Bei den Objekten, die in der Aufgabenanalyse ermittelt wurden, ist es hingegen ganz anders. Jedes Objekt durchläuft zwangsläufig mehrere Einheiten. Das Objekt „Stoffe" wird z.B. im Einkaufsbereich eingekauft, in der Schneiderei bearbeitet und das Ergebnis anschließend von der dritten Einheit verkauft. Es findet also eine **Objektdezentralisation** statt. Die Verrichtungszentralisation ist mit der Objektdezentralisation verbunden. Die Zentralisation anhand des einen Kriteriums führt zur Dezentralisation anhand des anderen.

Diese Zusammenhang gilt auch umgekehrt: **Objektzentralisation und Verrichtungsdezentralisation** bilden ein Paar. Die objektorientierten Teilaufgaben, die durch die Aufgabenanalyse gewonnen wurden, werden dann z.B. zu den drei Aufgabenkomplexen Herren-, Damen- und Kinderkleidung integriert. Damenkleidung wird ausschließlich dem Aufgabenkomplex I zugeordnet, Herrenkleidung dem Aufgabenkomplex II und die Kinderkleidung dem Aufgabenkomplex III. Es hat eine Objektzentralisation stattgefunden, da gleichartige Objekte in einem Komplex zusammengefasst wurden. Die Verrichtung Schneidern muss nun im Aufgabenkomplex I als auch in II und in III durchgeführt werden. Sie ist dezentralisiert. Es handelt sich um eine Objektzentralisation und gleichzeitig um eine Verrichtungsdezentralisation.

Als Kriterien für die Zentralisation und Dezentralisation kommen außer Verrichtung und Objekt auch die anderen von der Analyse bekannten Merkmale **Rang, Phase und Zweckbeziehung** in Betracht. Daneben gibt es weitere Merkmale, nämlich **Aufgabenträger, Hilfsmittel (Sachmittel), Zeit und Raum**.

Die Zentralisation und Dezentralisation ist der erste Schritt der Aufgabensynthese. Die so gewonnenen Aufgabenkomplexe werden anschließend im Rahmen der **Stellenbildung** zu

Stellen integriert. Diese sind die **kleinsten, selbständig handelnden, organisatorischen Einheiten** eines Unternehmens. Eine Stelle muss sich eindeutig und sinnvoll von anderen Stellen abgrenzen und sich gleichzeitig mit diesen kombinieren lassen.

Die Integration von Stellen zu größeren Einheiten sowie die Zusammenfassung von größeren Einheiten zu noch größeren nennt man primäre bzw. sekundäre **Abteilungsbildung**. Sie schließt die Aufgabensynthese ab. Das Ergebnis ist die **Aufbauorganisation**. Den Zusammenhang zeigt Abb. 2-3.

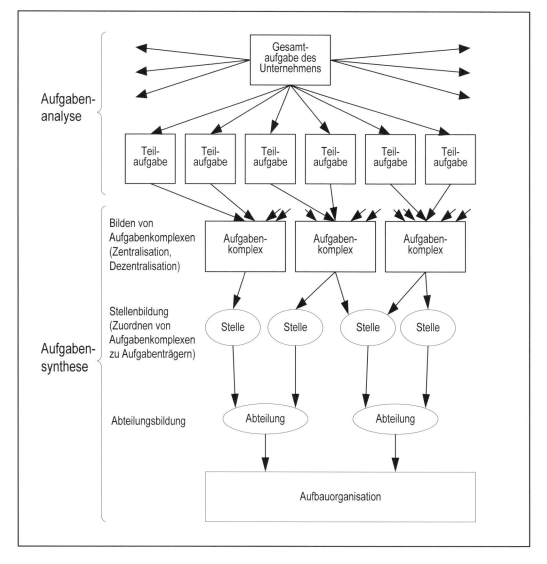

Abb. 2-3: Zusammenhang zwischen Aufbauorganisation sowie Aufgabenanalyse und -synthese

2.4 Arbeitsanalyse und -synthese

Aufgabenanalyse und -synthese sind auf die Gestaltung der Aufbauorganisation ausgerichtet. Dabei wird noch nicht sichtbar, wie einzelne Teilaufgaben einen gemeinsamen Prozess bilden und wie sie räumlich, zeitlich und personell zusammenhängen. Dies ist **Gegenstand der Ablauforganisation**, bei der die Strukturierung des Aufgabenvollzugs und damit die Gestaltung der Arbeitsabläufe festgelegt wird. Sie erfolgt mithilfe der **Arbeitsanalyse und -synthese**.

Dazu setzt man traditionellerweise bei den Elementaraufgaben an, die als Teilaufgaben niedrigster Ordnung bei der Aufgabenanalyse gewonnen wurden. Die **Arbeitsanalyse** ist die Fortsetzung der Aufgabenanalyse. Sie übernimmt die Elementaraufgaben, die Aufgaben niedrigster Ordnung, aus der Aufgabenanalyse und bezeichnet sie als **Arbeitsteile höchster Ordnung**. Diese werden weiter zerlegt.

Theoretisch kann die Arbeitsanalyse nach den gleichen Differenzierungskriterien wie die Aufgabenanalyse erfolgen. In der Praxis werden allerdings vor allem Verrichtung und Objekt als Kriterien verwendet. Es entstehen **Arbeitsteile zweiter, dritter, vierter Ordnung** etc.

Wie tief die Arbeitsanalyse geht, hängt vom jeweiligen Analysebereich ab. In der Fertigung erfolgt häufig eine Zerlegung bis hin zu einzelnen Handgriffen. Oft werden auch die Zeiten gemessen und festgelegt, die ein Mitarbeiter für die einzelnen Arbeitsteile niedrigster Ordnung, die **Arbeitselemente**, benötigen darf. In der Verwaltung wird hingegen meist nicht so weitgehend differenziert.

Parallel zur Vorgehensweise, die von der Aufgabenanalyse und -synthese bekannt ist, folgt im Anschluss an die Differenzierung die Integration in der **Arbeitssynthese**. Sie wird nach diesen **Integrationskriterien** durchgeführt:

- personelle Zuordnung
- zeitliche Zuordnung
- räumliche Zuordnung

Die **personelle Synthese** oder **Arbeitsverteilung** fasst die Arbeitselemente unter sachlichen und logischen Gesichtspunkten zu **Arbeitsgängen** zusammen, die weiter zu **Arbeitspensen** für einzelne Aufgabenträger integriert werden. Dabei geht man nicht von einer realen Person, sondern von einer **Normalperson** aus. Diese ist ein fiktiver, durchschnittlich qualifizierter Mitarbeiter mit durchschnittlichem Leistungsvermögen und durchschnittlicher Leistungsbereitschaft, der in der Lage ist, die vorgegebenen Sachmittel korrekt einzusetzen.

Die personelle Synthese weist einen Schnittpunkt mit der Aufbauorganisation auf, nämlich mit der Aufgabenverteilung auf einen Stelleninhaber. Die zu einer Stelle gehörenden Aufgaben bestehen aus den Arbeitsgängen.

In der **zeitlichen (temporären) Arbeitssynthese** werden die Zahl der Arbeitsgänge festgelegt, die die Mitarbeiter zu erfüllen haben, und die Arbeitspensen der Arbeitnehmer aufeinander abgestimmt. Die Durchlaufzeiten sollen minimiert, gleichzeitig sollen die Kapazitäten optimal ausgelastet werden.

Die **räumliche (lokale) Synthese** beschäftigt sich mit der bestmöglichen räumlichen Anordnung der Arbeitsplätze und der optimalen Ausstattung der Arbeitsräume. Im Mittelpunkt steht die Minimierung der Transportwege und -zeiten, was wiederum Auswirkungen auf die Minimierung der Durchlaufzeiten hat.

Den Zusammenhang zwischen Arbeitsanalyse und -synthese und Ablauforganisation fasst Abb. 2-4 zusammen.

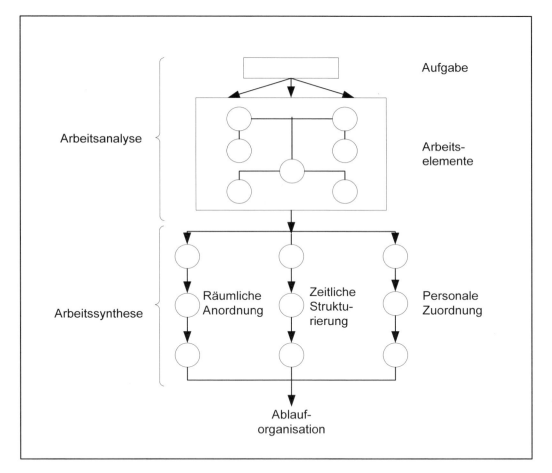

Abb. 2-4: Zusammenhang zwischen Ablauforganisation und Arbeitsanalyse und -synthese[41]

---

[41] in Anlehnung an Bea/Göbel (2006), S. 266

Bei der **Prozessorganisation** geht man anders als bei der Aufbauorganisation vor. Zwar verwendet man auch hier **Differenzierung und Integration**, allerdings wird nicht unbedingt direkt an der Aufbauorganisation angeknüpft. Man differenziert die Gesamtaufgabe zunächst in Geschäftsfelder mit Geschäftsprozessen, die dann weiter in Teilprozesse und Elementarprozesse untergliedert werden. Anschließend erfolgt eine Integration nach sachlichen und logischen Gesichtspunkten, bei der die Elementarprozesse zu größeren Einheiten zusammengefasst werden. Die Ausrichtung an den Kundenwünschen ist dabei besonders wichtig.

Aufbauorganisatorische Gegebenheiten werden in der Prozessorganisation nur insoweit berücksichtigt, als sie als unveränderbar angesehen werden. Dies gilt auch für finanzielle, personelle, technische, räumliche und rechtliche Restriktionen.

2.5 Zusammenfassung und Ausblick

Das Grundproblem der organisatorischen Gestaltung lässt sich in zwei Teile zerlegen: in Differenzierung und Integration.[42]

Sowohl bei der Aufbau- als auch bei der Ablauforganisation muss zunächst differenziert und anschließend integriert werden. Differenzierung und Integration werden mittels der Aufgaben- bzw. Arbeitsanalyse und der Aufgaben- bzw. Arbeitssynthese vorgenommen.

Das Analyse-Synthese-Konzept ist mit einer Reihe von Problemen verbunden. Zunächst ist anzumerken, dass die (gedankliche) Trennung in Analyse und Synthese und in Aufbau- und Ablauforganisation wegen der Interdependenzen schwierig ist.

Die **Aufbauorganisation** liefert zwar den Rahmen, innerhalb dessen sich die Prozesse abspielen. Andererseits lässt er sich nur dann sinnvoll ausgestalten, wenn bereits genauere Vorstellungen zu den Abläufen existieren.

Wird zu viel Gewicht auf die Gestaltung der Aufbauorganisation gelegt, führt dies zu zahlreichen Schnittstellenproblemen, die mithilfe immer komplizierterer Konzepte, z.B. einer Tensor- oder Holdingorganisation, gelöst werden sollen (vgl. Kapitel 3.6.2.4.1).

Gibt man der Ablauforganisation den Vorrang, dann geht die Analyse und Strukturierung der Abläufe der Bildung von Organisationseinheiten voraus oder wird zumindest parallel durchgeführt. Dies entspricht nicht mehr der traditionellen Vorgehensweise, wie sie hier dargestellt wurde. Man beginnt nicht mit den Elementaraufgaben aus der Aufbauorganisation, die man zunächst weiter differenziert und anschließend zu Arbeitsgängen und Prozessen zusammenfasst. Stattdessen wird von Anfang an von Geschäftsfeldern und zugehörigen Geschäftsprozessen ausgegangen, die es zu analysieren, gliedern, gestalten und beschreiben gilt. Zur Abgrenzung wird die Bezeichnung **Prozessorganisation** anstatt Ablauforganisation gewählt. Die Gestaltung der Prozessorganisation wird in Kapitel 4 ausführlich beschrieben.

---

[42] vgl. Steinmann/Schreyögg (2005), S. 443 ff.; Schreyögg (2003), S. 133

Wiederholungsfragen

1. Was versteht man unter dem dualen Problem der Organisation?
2. Welche Merkmale charakterisieren eine Aufgabe?
3. Was versteht man unter Aufbau- und Ablauforganisation?
4. Nach welchen Kriterien wird eine Aufgabenanalyse durchgeführt?
5. Welcher Zusammenhang besteht zwischen Aufgabenanalyse und -synthese?
6. In welchen Schritten wird die Aufgabensynthese durchgeführt?
7. Wie hängen Verrichtungszentralisation und Objektdezentralisation zusammen?
8. Worin unterscheiden sich Aufgabensynthese und Arbeitssynthese?
9. Was wird an der vorrangigen Betrachtung der Aufbauorganisation kritisiert?
10. Wie geht man bei der Differenzierung und Integration der Prozessorganisation vor?

3 Gestaltung der Aufbauorganisation

3.1 Zusammenhang zwischen den Gestaltungsparametern

Die Gestaltung der Aufbauorganisation wird durch die individuelle Kombination der **Strukturvariablen oder Gestaltungsparameter** bestimmt. Diese sind:

- Spezialisierung
- Koordination
- Konfiguration
- Kompetenzverteilung

Wie Abb. 3-1 zeigt, werden anhand dieser vier Gestaltungsparameter die organisatorischen Regelungen festgelegt, die zusammen die spezifische Aufbauorganisation eines Unternehmens ausmachen.

Im Rahmen der **Spezialisierung** werden Intensität und Vorgehensweise der Arbeitsteilung festgelegt. Es werden Regeln geschaffen, welche Organisationseinheiten gebildet werden und welche Arten von Aufgaben die Stellen und Abteilungen erhalten sollen.

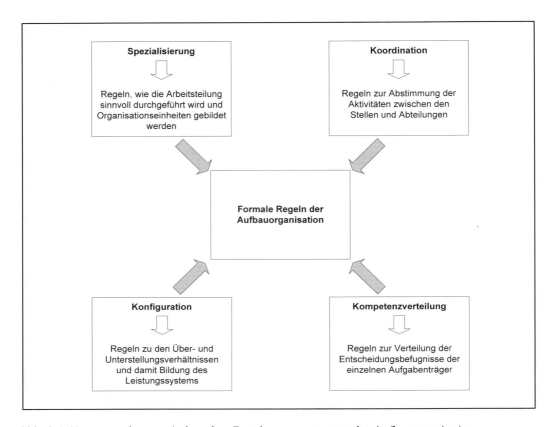

Abb. 3-1: Zusammenhang zwischen den Gestaltungsparametern der Aufbauorganisation

Alle Organisationseinheiten sind an der Erfüllung der Unternehmensziele beteiligt. Um ein sinnvolles Vorgehen im Gesamtzusammenhang zu gewährleisten, müssen die einzelnen Aktivitäten aufeinander abgestimmt werden. Damit beschäftigt sich die zweite Strukturvariable, die **Koordination**.

Stellen bilden eine hierarchische Ordnung. Die Über- und Unterstellungsverhältnisse und die damit verbundenen Weisungsbeziehungen sind als nächstes zu gestalten. So entsteht das **Leitungssystem** des Unternehmens. Die Gesamtheit dieser Regelungen nennt man **Konfiguration**.

Zusätzlich sind die Entscheidungsbefugnisse aller Stellenarten zu definieren. So muss klar ersichtlich sein, welche Stellen in welchem Umfang nach innen und außen verbindliche Entscheidungen treffen dürfen. Mit den Regeln dazu befasst sich die **Entscheidungsdelegation** oder **Kompetenzverteilung**.

Neben diesen vier Gestaltungsparametern finden sich in der Literatur weitere Strukturvariablen. So sprechen Kieser/Walgenbach die **Formalisierung** an.[43] Gemeint ist die Regelungsdichte, d.h. der Umfang der schriftlichen Vorgaben. Je geringer die Zahl offizieller (formaler) Regelungen, desto geringer die Regelungsdichte und desto mehr Spielraum bleibt für Improvisation und informale Vorgehensweisen. Die informale Organisation wird im Kapitel 6 behandelt.

3.2 Gestaltungsparameter Spezialisierung

3.2.1 Überblick

Im Rahmen der Spezialisierung geht es um **vier zentrale Probleme**:

- **Wie ist bei Arbeitsteilung und Stellenbildung vorzugehen?** (Kapitel 3.2.2 bis 3.2.4)
- **Auf welche möglichen Stellenarten lassen sich die Aufgaben verteilen?** (Kapitel 3.2.5)
- **Wie viele Stellen benötigt man zur Bearbeitung eines Aufgabenkomplexes?** (Kapitel 3.2.6)
- **Wie lassen sich Stellen zu größeren Organisationseinheiten, d.h. zu Abteilungen, zusammenfassen?** (Kapitel 3.2.7)

Kapitel 3 schließt mit Überlegungen zur **Generalisierung** von Stellenaufgaben. Damit soll den Nachteilen entgegengewirkt werden, die dem Unternehmen und den Mitarbeitern durch eine zu starke Spezialisierung entstehen.

3.2.2 Art- und Mengenteilung

Die Leistungserstellung und -verwertung wird, geht man nicht von einem Ein-Mann-Betrieb aus, grundsätzlich auf verschiedene Einheiten aufgeteilt. Diesen Vorgang nennt man **Arbeitsteilung**. Die Notwendigkeit zur Arbeitsteilung wächst mit zunehmender Arbeitsmenge und steigender Vielfalt und Komplexität der Arbeit.[44]

Adam Smith wies bereits im 18. Jahrhundert mit seinem berühmten Stecknadelbeispiel (vgl. Abb. 3-2) darauf hin, wie bedeutsam die Arbeitsteilung für die Zielerreichung des Unternehmens ist.

---

[43] vgl. Kieser/Walgenbach (2007), S. 78 und 169 ff.; ähnlich bei Hentze/Heinecke/Kammel (2001), S. 176 f.

[44] vgl. Alewell (2004), Sp. 37 ff.; Schulte-Zurhausen (2002), S. 130

> „Wir wollen daher als Beispiel die Herstellung von Stecknadeln wählen, ein recht unscheinbares Gewerbe, das aber schon häufig zur Erklärung der Arbeitsteilung diente. Ein Arbeiter, der noch niemals Stecknadeln gemacht hat und auch nicht dazu angelernt ist (erst die Arbeitsteilung hat daraus ein selbständiges Gewerbe gemacht), so daß er auch mit den dazu eingesetzten Maschinen nicht vertraut ist (auch zu deren Erfindung hat die Arbeitsteilung vermutlich Anlaß gegeben), könnte, selbst wenn er sehr fleißig ist, täglich höchstens eine sicherlich aber keine zwanzig Nadeln herstellen. Aber so, wie die Herstellung von Stecknadeln heute betrieben wird, ist sie nicht nur als Ganzes ein selbständiges Gewerbe. Sie zerfällt vielmehr in eine Reihe getrennter Arbeitsgänge, die zumeist zur fachlichen Spezialisierung geführt haben. Der eine Arbeiter zieht den Draht, der andere streckt ihn, ein dritter schneidet ihn, ein vierter spitzt ihn zu, ein fünfter schleift das obere Ende, damit der Kopf aufgesetzt werden kann. Auch die Herstellung des Kopfes erfordert zwei oder drei getrennte Arbeitsgänge. Das Ansetzen des Kopfes ist eine eigene Tätigkeit, ebenso das Weißglühen der Nadel, ja, selbst das Verpacken der Nadeln ist eine Arbeit für sich. Um eine Stecknadel anzufertigen, sind somit etwa 18 verschiedene Arbeitsgänge notwendig, die in einigen Fabriken jeweils verschiedene Arbeiter besorgen, während in anderen ein einzelner zwei oder drei davon ausführt. Ich selbst habe eine kleine Manufaktur dieser Art gesehen, in der nur 10 Leute beschäftigt waren, so daß einige von ihnen zwei oder drei solcher Arbeiten übernehmen mußten. Obwohl sie nun sehr arm und nur recht und schlecht mit dem notwendigen Werkzeug ausgerüstet waren, konnten sie zusammen am Tage doch etwa 12 Pfund Stecknadeln anfertigen, wenn sie sich einigermaßen anstrengten. Rechnet man für ein Pfund über 4000 Stecknadeln mittlerer Größe, so waren die 10 Arbeiter im Stande, täglich etwa 48000 Nadeln herzustellen, jeder also ungefähr 4800 Stück. Hätten sie indes alle einzeln und unabhängig voneinander gearbeitet, noch dazu ohne besondere Ausbildung, so hätte der einzelne gewiß nicht einmal 20, vielleicht sogar keine einzige Nadel am Tag zustande gebracht. Mit anderen Worten, sie hätten mit Sicherheit nicht den zweihundertvierzigsten, vielleicht nicht einmal den vierhundertachtzigsten Teil von dem produziert, was sie nunmehr in Folge einer sinnvollen Trennung und Verknüpfung der einzelnen Arbeitsgänge zu erzeugen im Stande waren."

Abb. 3-2: Stecknadelbeispiel von Adam Smith[45]

Das Beispiel zeigt, dass Arbeitsteilung auf unterschiedliche Art und Weise erfolgen kann. Man unterscheidet zwischen **Mengen- und Artteilung**. Abb. 3-3 verdeutlicht die Arten der Arbeitsteilung.

---

[45] entnommen aus: Adam Smith, Der Wohlstand der Nationen. Eine Untersuchung seiner Natur und seiner Ursachen. Aus der deutschen Übersetzung von "An Inquiry into the Nature and Causes of the Wealth of Nations", 5. Aufl. 1789, von H.C. Recktenwald (1974), S. 9 f.

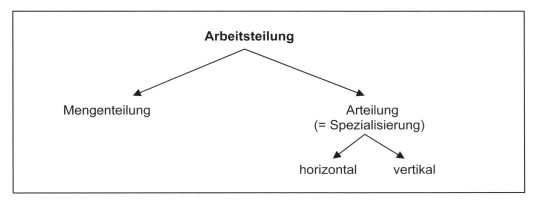

Abb. 3-3: Formen der Arbeitsteilung

Die **Mengenteilung** ist immer **horizontal** ausgerichtet. So teilen sich zwei Arbeiter im Stecknadelbeispiel das Drahtziehen. Damit entstehen inhaltlich gleiche Aufgaben. Die Aufteilung erfolgt deshalb, weil der Umfang der Aufgabe für eine Stelle zu groß wäre.

Die **Artteilung** führt dazu, dass den Stellen inhaltlich unterschiedliche Aufgaben zugewiesen werden. Diese Form der Arbeitsteilung wird als **Spezialisierung** bezeichnet. Bei der Gestaltung der Aufbauorganisation spielt sie eine **bedeutendere Rolle** als die Mengenteilung. Sie kann **horizontal oder vertikal** erfolgen.

Die **horizontale Spezialisierung** betrifft gleichrangige Stellen. Verwaltungsaufgaben können z.B. so gegliedert werden, dass Sachbearbeiterstellen im Einkauf, Controlling, in der Personalabteilung, im Marketing etc. entstehen. Es handelt sich um inhaltlich unterschiedliche Aufgaben auf der gleichen Ebene. Beim Stecknadelbeispiel wäre es die Aufteilung in Draht ziehen, Draht strecken, Draht schneiden, Draht zuspitzen etc.

Die **vertikale Spezialisierung** zeichnet sich durch Unter- und Überordnungsbeziehungen aus, z.B. gehören zu einer Abteilung die Stellen Zuarbeiter, Sachbearbeiter, Gruppenleiter und Abteilungsleiter. Damit liegen inhaltlich unterschiedliche Aufgaben auf unterschiedlichen Hierarchieebenen vor. Beim Beispiel von Adam Smith gibt es keine vertikale Arbeitsteilung.

Unternehmen, die ihre Stellen stark spezialisieren, gehen von diesen **Annahmen** aus:

- Die Spezialisierung der Stellen führt zu **kurzen Anlern- und Einarbeitungszeiten**, da jede Stelle nur wenige Aufgaben zu erfüllen hat.

- Wegen der geringen Zahl an Aufgaben wird der Mitarbeiter bei seiner Aufgabenerfüllung schnell geschicklicher. Durch diesen **Übungseffekt** steigt die Arbeitsleistung quantitativ und qualitativ.

- Da die Arbeitsteilung zu Stellen mit inhaltlich einfachen Tätigkeiten führt, lassen sie sich mit geringqualifizierten Arbeitnehmern besetzen, die **niedrige Lohnkosten** verursachen.[46]
- Da jeder Stelle eindeutige, abgrenzbare Aufgaben zugewiesen sind, ist die **Kontrolle leichter**.
- Der **Arbeitsplatz** als Ort der Aufgabenerfüllung kann so eingerichtet und mit passenden Sachmitteln ausgestattet werden, dass er der spezialisierten Stelle optimal entspricht, womit die Arbeit auch aus diesem Grund schneller vonstatten geht.

Diese Annahmen führen bei zunehmender Ausbringungsmenge zu einer **Fixkostendegression**. Die konstanten Fixkosten werden auf eine immer größere Zahl von Produkten umgelegt und sinken damit pro Stück.

Ein hoher Spezialisierungsgrad hat jedoch nicht nur positive Auswirkungen, sondern ist auch mit **Nachteilen** verbunden. Darauf wird in Kapitel 3.2.8 bei den Überlegungen zu Generalisierungstendenzen ausführlich eingegangen.

Lassen sich die Organisationseinheiten im Rahmen der Arbeitsteilung frei gestalten, spricht man von einer freien oder **ungebundenen Organisation**. Meist müssen jedoch bereits vorhandene Mitarbeiter, Finanzmittel, technologische Ausstattungen, Räumlichkeiten etc. von Anfang an in die Gestaltungsüberlegungen einbezogen werden, ebenso bestimmte rechtliche Bedingungen. In diesen Fällen handelt es sich um eine **gebundene Organisation**.[47]

3.2.3 Vorgehensweise bei der Spezialisierung

Die Spezialisierung erfolgt anhand der **Kriterien**, die bereits bei der Darstellung der Aufgabensynthese in Kapitel 2 erläutert wurden.

Die **Spezialisierung nach Verrichtungen**, d.h. die Verrichtungszentralisation, führt dazu, dass gleiche bzw. ähnliche Tätigkeiten auf eine Organisationseinheit übertragen werden. So kann man alle Einkaufs-, alle Fertigungs- und alle Vertriebsaufgaben zu jeweils eigenen Aufgabenkomplexen zusammen und auf Stellen übertragen.

Bei der **Spezialisierung nach Objekten** handelt es sich um eine Objektzentralisation. Objekte können materielle oder immaterielle Produkte, Kundengruppen, Lieferanten, Absatzregionen etc. sein. So fassen viele Unternehmen Aufgaben, die Großkunden und solche, die Privatkunden betreffen, in jeweils getrennten Organisationseinheiten zusammen, was eine zielgerichtete Betreuung ermöglicht.

Bei der **Spezialisierung nach dem Rang** wird zwischen Ausführungs- und Entscheidungsaufgaben unterschieden. Stellen, denen ausschließlich ausführende Aufgaben zugeteilt werden, bezeichnet man als **Ausführungsstellen**. Stellen mit Fremdentscheidungsbefugnis, d.h.

---

[46] vgl. Kieser (2004), S. 178 f.

[47] vgl. Weidner/Freitag (1998), S. 34

dem Recht, für andere Stellen Entscheidungen treffen zu können, sind **Leitungsstellen**. Diese Form der Spezialisierung ist eng mit dem Gestaltungsparameter Kompetenzverteilung (s. Kapitel 3.3) verknüpft.

Die **Spezialisierung nach der Phase** führt zur Festlegung von Planungs-, Realisations- und Kontrollaufgaben. Die Abgrenzung zur Spezialisierung nach dem Rang ist nicht immer unproblematisch. Die Phase ist hier vorrangig. Innerhalb jeder einzelnen Phase gibt es Ausführungs- und Entscheidungsaufgaben. In der Planungsphase muss z.B. entschieden werden, wie viele Mitarbeiter eine künftige Aufgabe erfordert. Auch über die Kriterien, nach denen eine Maschine ausgewählt werden soll, muss entschieden werden. Gleichzeitig finden in der Planungsphase Ausführungsaufgaben statt, z.B. müssen Angebote für Maschinen eingeholt und es muss eine Übersicht erstellt werden, die zeigt, ob die Kriterien erfüllt sind. Auch innerhalb der Realisations- und der Kontrollphasen müssen Entscheidungs- und Ausführungsaufgaben erledigt werden.

Bei der **Spezialisierung nach der Zweckbeziehung** werden Stellen gebildet, die vornehmlich Primäraufgaben oder in erster Linie sekundäre Aufgaben erfüllen. Ein Arbeiter an einer Fertigungsmaschine verrichtet primäre Aufgaben, da er unmittelbar an der Leistungserstellung beteiligt ist, während die Buchhalterstelle in der Lohn- und Gehaltsabrechnung eine sekundäre Aufgabe erledigt. Letztere dient nicht direkt dem Zweck des Betriebes, es sei denn, es handelt sich um ein Unternehmen, das sich auf solche Dienstleistungen für andere Betriebe spezialisiert hat.

Die **weiteren Kriterien der Spezialisierung** kommen relativ selten zum Tragen:

Bei der **räumlichen Spezialisierung** werden Aufgaben unter dem Aspekt des Ortes der Aufgabenerfüllung zusammengefasst. So schaffen z.B. viele Großunternehmen Schulungszentren, in denen Personalentwicklungsmaßnahmen für alle Betriebsteile durchgeführt werden.

Eine **sachmittelorientierte Spezialisierung** liegt vor, wenn die Gleichartigkeit der Sachmittel als Spezialisierungsgrundlage herangezogen wird, z.B. bei einem Rechenzentrum. Mit einer sachmittelorientierten Spezialisierung ist meist gleichzeitig eine räumliche Spezialisierung verbunden.

Bei der **zeitlichen Spezialisierung** werden Aufgaben integriert, ohne dass zwischen ihnen ein zwingender sachlichen Bezug besteht, bedeutsam ist allein die Zeit der Aufgabenerfüllung. So kann ein Nachtwächter die Überwachung der Putzkolonne, das Einschalten der Reklamebeleuchtung und die Bedienung der Telefonanlage übernehmen - nicht weil diese Aufgaben in einem sachlichen Zusammenhang stehen, sondern nur deshalb, weil sie alle nachts anfallen.

Da organisatorische Regelungen auf Dauer angelegt sind, abstrahiert man bei der Spezialisierung von konkreten Aufgabenträgern. Manchmal wird dieser organisatorische Grundsatz allerdings bewusst nicht befolgt. In diesem Fall handelt es sich um eine aufgabenträger-

oder **personenorientierte Spezialisierung**.⁴⁸ Es werden Aufgabenkomplexe gebildet, die genau zu bestimmten Personen passen, um deren spezielle Qualifikationen bestmöglich zu nutzen. Vor allem kleine und mittlere Unternehmen verfahren bei der Bildung von Leitungsstellen so. Auch Vorstands- und Geschäftsführungsstellen in Großunternehmen werden oft auf diese Weise spezialisiert.

3.2.4 Bildung von Stellenarten auf der Basis der Spezialisierung

3.2.4.1 Vorbemerkung

Eine **Stelle** entsteht, indem Teilaufgaben auf Dauer nach sachlichen und logischen Gesichtspunkten zusammengefasst werden. Sie ist nicht mit einem **Arbeitsplatz** identisch, auch wenn die Begriffe im allgemeinen Sprachgebrauch meist synonym verwandt werden. Bei vielen rechtlichen Vorschriften wird ebenfalls von Arbeitsplätzen gesprochen, obwohl Stellen gemeint sind.

Aus betriebswirtschaftlicher Sicht umfasst eine Stelle die **inhaltlichen Aspekte** der Aufgabenerfüllung. Demgegenüber bezeichnet der Arbeitsplatz lediglich den Ort der Aufgabenerfüllung, also die **räumliche Komponente**.

Eine Stelle ist nicht notwendigerweise an einen einzigen Arbeitsplatz gebunden, die Ausgaben können an **mehreren Arbeitsplätzen** erfüllt werden. So kann ein Personalleiter für die Betriebsstätte in X und für diejenige in Y zuständig sein und an beiden Orten ein Büro haben. Es handelt sich dann um eine Stelle mit zwei Arbeitsplätzen.

Ebenso besteht die Möglichkeit, dass sich **mehrere Stellen einen Arbeitsplatz** teilen. Bei Schichtarbeit kann der Arbeitsplatz in der Frühschicht von einer Stelle, in der Spätschicht von einer zweiten und in der Nachschicht von einer dritten Stelle besetzt sein. Es handelt sich dann nicht um drei Arbeitsplätze, sondern um einen Arbeitsplatz für drei Stellen.

Die **Beschaffenheit der Aufgabe**, die einer Stelle zugewiesenen wird, ergibt sich aus deren Spezialisierung. Sie bildet die **Grundlage** für die Stellenbildung und legt die Stelle inhaltlich fest.

Daneben sind bei der Bildung von Organisationseinheiten weitere Aspekte zu beachten:⁴⁹

- Kompetenz des Aufgabenträgers
- Übernahme von Verantwortung
- Eigenschaften der zur Verfügung stehenden Sachmittel
- rechtliche Regelungen, die für die Aufgabenerfüllung relevant sind

---

⁴⁸ vgl. Weidner/Freitag (1998), S. 52 ff.

⁴⁹ vgl. Bea/Göbel (2006), S. 284

3.2.4.2 Kompetenz des Aufgabenträgers

Wie bereits ausgeführt, wird eine Stelle idealerweise unabhängig von einer konkreten Person gebildet. Man spricht deshalb von einem **versachlichten Personenbezug**. Durch die Orientierung an einem fiktiven Aufgabenträger bleibt die Organisation von möglichen Mitarbeiterwechseln weitgehend unberührt. Allerdings muss man sich bereits bei der Stellenbildung Gedanken darüber machen, ob sich für diese Zusammenfassung von Aufgaben auch geeignete Mitarbeiter finden lassen, die die notwendigen Kompetenzen mitbringen.

Der Begriff **Kompetenz** wird hier sehr weit gefasst. Dazu gehören alle Komponenten, die einen Mitarbeiter befähigen, seine Aufgaben zu erfüllen. Einen Überblick über die Komponenten der Kompetenz gibt Abb. 3-4.

In der Praxis wird in der Regel nicht zwischen **Kompetenz** und **Qualifikation** unterschieden. Gleiches gilt für **Eignung** und **Fähigkeit**. Auch in der betriebswirtschaftlichen Literatur werden diese vier Begriffe in der Regel nicht voneinander abgegrenzt, sondern synonym verwendet.

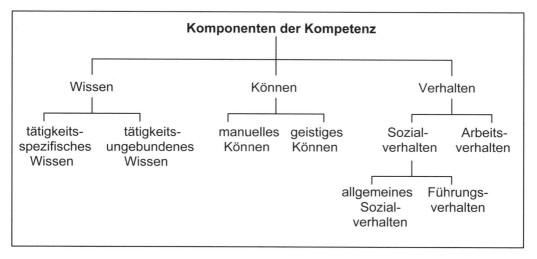

Abb. 3-4: Komponenten der Kompetenz[50]

Unter **Wissen** versteht man alle theoretischen und praktischen Kenntnisse, die notwendig sind, um eine Tätigkeit ausüben zu können.[51] Es umfasst **tätigkeitsspezifisches und tätigkeitsungebundenes Wissen**. Ersteres befähigt einen Stelleninhaber, die spezifischen Anforderungen seiner Stelle zu meistern, so muss z.B. jemand, der die Stelle eines Controllers einnimmt, mit dem Begriff ROI (Return on Investment) vertraut sein und die Bedeutung einer Balanced Scorecard kennen.

---

[50] vgl. Nicolai (2006), S. 230

[51] vgl. Mentzel (2005), S. 177

Tätigkeitsspezifisches wird durch tätigkeitsungebundenes Wissen ergänzt, das man zur Abrundung der Aufgabenerfüllung zusätzlich benötigt. Bei einem Controller sind das beispielsweise mathematisches Wissen und Grundkenntnisse der doppelten Buchführung.

Zur erfolgreichen Aufgabenerfüllung reicht Wissen allein jedoch nicht aus. Es muss zu anwendbarem **Können,** das durch Übung und Erfahrung entsteht, weiterentwickelt werden. Unter Können versteht man die Fähigkeit, das erworbene Wissen in der Praxis umzusetzen und gezielt auf die vorhandenen Probleme anzuwenden. **Manuelles Können** bedeutet, mit allen notwendigen technischen Hilfsmitteln sachgerecht umgehen zu können. **Geistiges Können** heißt, dass der Mitarbeiter sein Wissen bei geistigen Tätigkeiten sinnvoll einzusetzen weiß.

Das **Verhalten** eines Aufgabenträgers gegenüber Personen und Sachen wird durch seine Motive als auch durch die Umweltsituation geprägt.

Neben diesem sog. **Arbeitsverhalten**, das sich auf die Aufgabenerfüllung bezieht, ist das Verhalten gegenüber Personen, das **Sozialverhalten**, von großer Bedeutung. Es gliedert sich in das **allgemeine Sozialverhalten** gegenüber allen Personen, mit denen der Stelleninhaber umgeht und in das **Führungsverhalten**, also das Verhalten der Instanzen gegenüber ihren untergebenen Stellen. In diesem Zusammenhang gewinnen nicht nur in größeren Unternehmen **interkulturelle Verhaltensaspekte** immer größere Bedeutung, sei es weil multinationale Geschäftsbeziehungen gepflegt werden oder weil Mitarbeiter aus unterschiedlichen Kulturkreisen kommen.

Die Kompetenzen werden auch häufig nach fachlicher Kompetenz, sozialer Kompetenz und Methodenkompetenz untergliedert.[52]

Unter **fachlicher Kompetenz** versteht man das Wissen und Können eines Mitarbeiters, das er zur Bewältigung seiner Stellenaufgaben benötigt.

Soziale Kompetenz befähigt einen Menschen, sich in Gruppen mit unterschiedlichen sozialen Strukturen zu integrieren und zum Erkennen und Lösen von sach- und personenbezogenen Konflikten beizutragen. Das erfordert vor allem Kommunikationsfähigkeit, Kooperationsbereitschaft und Konfliktfähigkeit.

Methodenkompetenz bezieht sich auf die Fähigkeit eines Mitarbeiters, seine Potenziale auszuschöpfen und sich selbst zu organisieren. Sie zeigt, inwieweit er in der Lage ist, zu analysieren, Konzepte zu entwickeln, Entscheidungen zu treffen und dabei logisch und strukturiert vorzugehen.

Die genannten Teilbereiche der Kompetenz müssen stets durch entsprechende **rechtliche Kompetenz** ergänzt werden. Der Stelleninhaber muss die Berechtigung erhalten, alle Handlungen, die zur Aufgabenerfüllung notwendig sind, vornehmen zu dürfen. Dabei werden ihm ausdrücklich spezifische Rechte zugeteilt, die im Zusammenhang mit seiner Stelle stehen.

---

[52] vgl. Berthel/Becker (2003), S. 265 f.; Jung (2005), S. 248 f.

Man unterscheidet:

- Informationsbefugnis
- Verfügungsbefugnis
- Verpflichtungsbefugnis
- Entscheidungsbefugnis
- Weisungsbefugnis
- Kontrollbefugnis
- Antragsbefugnis
- Ausführungsbefugnis

Ein Mitarbeiter hat beispielsweise die Aufgabe, die monatlichen Gehaltsabrechnungen vorzunehmen und verfügt auch über die notwendige fachliche Kompetenz. Erhält er nicht gleichzeitig die rechtliche Kompetenz, Informationen zur Steuerklasse, Krankenkasse, zu den Freibeträgen der Mitarbeiter etc. einzusehen und zu benutzen, kann er seine Aufgabe nicht erfüllen. Diese sensiblen Daten sind nicht jedermann zugänglich, vielmehr erhalten nur ausgewählte Stellen die entsprechende **Informationsbefugnis**.

Daneben gibt es das Recht, bestimmte Gegenstände oder Werte zu benutzen, etwa einen vom Unternehmen zur Verfügung gestellten Computer, einen Dienstwagen, ein Handy oder ein Navigationssystem. Dieses Recht nennt man **Verfügungsbefugnis**.

Verpflichtungsbefugnis ist die Berechtigung, Verpflichtungen für das Unternehmen einzugehen. Beispiele sind Handlungsvollmacht und Prokura.

Die **Entscheidungsbefugnis** gibt das Recht, innerhalb des jeweiligen Aufgabenbereichs selbständig zwischen alternativen Vorgehensweisen wählen zu können. Bei Vorgesetzten kommt die Fremdentscheidungsbefugnis hinzu, d.h. das Recht, für untergebene Stellen Entscheidungen zu treffen.

Eine weitere Komponente ist die **Weisungsbefugnis**. Sie berechtigt einen Vorgesetzten, bestimmten anderen Stellen verbindliche Anweisungen zu erteilen.

Eng verbunden mit der Weisungsbefugnis ist die **Kontrollbefugnis**, die es dem Stelleninhaber ermöglicht, festzustellen, ob, in welchem Umfang und auf welche Art seine Weisungen befolgt wurden.

Unter **Antragsbefugnis** versteht man das Recht eines Stelleninhabers, Anträge zur Entscheidung an bestimmte Stellen weiterzuleiten.

Kann ein Mitarbeiter selbständig seine Arbeitsmethoden und seinen Arbeitsrhythmus bestimmen, besitzt er **Ausführungsbefugnis**.

3.2.4.3 Übernahme von Verantwortung

Neben der Festlegung der Aufgaben und den notwendigen Kompetenzen muss bei der Stellenbildung auch die Übertragung von Verantwortung berücksichtigt werden. **Verantwortung** ist die **Verpflichtung**, persönlich für die Folgen der eigenen Entscheidungen und Handlungen einzustehen. Man unterscheidet zwischen

- Handlungsverantwortung
- Ergebnisverantwortung
- Führungsverantwortung

Handlungsverantwortung ist die Rechenschaftspflicht über die Art und Weise, wie die Aufgaben erfüllt wurden.

Ergebnisverantwortung versteht man die Pflicht dafür einzustehen, in welchem Umfang das Ziel erreicht wurde.

Führungsverantwortung ist die Pflicht, Rechenschaft über die wahrgenommenen Führungsaufgaben abzulegen.

Bevor einem Mitarbeiter **Verantwortung** zugewiesen wird, muss geprüft werden, ob er überhaupt die **Fähigkeit zur Verantwortungsübernahme** besitzt, d.h. insbesondere, ob er in der Lage ist, die Konsequenzen seiner Entscheidungen und Handlungen zu erkennen und zu bewerten. Dies wird zwar häufig als selbstverständlich angesehen, es ist jedoch zu bedenken, dass es Situationen gibt, in denen ein Aufgabenträger nicht oder nicht mehr in der Lage ist, für sein Handeln einzutreten. Beispiele sind starke psychische Belastungen im beruflichen oder privaten Bereich und übermäßiger Alkohol- und Tablettenkonsum bzw. -missbrauch.

Nur wenn sich Aufgabe, Kompetenz und Verantwortung decken, ist eine sinnvolle Aufgabenerfüllung möglich. Diesen Zusammenhang bezeichnet man als das **Kongruenzprinzip der Organisation** (Abb. 3-5). Es ist einer bedeutsamsten **Organisationsgrundsätze** in der Praxis.

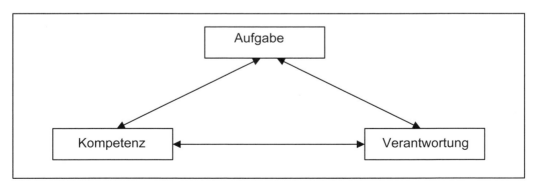

Abb. 3-5: Kongruenzprinzip der Organisation

Die Nichtbeachtung des Kongruenzprinzips kann zu schwerwiegenden Nachteilen für die Erreichung der Unternehmensziele führen. Beispiele sind der sog. **Frühstücksdirektor**, der Aufgaben erhält, ohne dass er die entsprechende Verantwortung übertragen bekommt und über die notwendigen Kompetenzen verfügt, und der **Sündenbock**, der Verantwortung übernehmen muss, obwohl ihm die Aufgabe nicht zugeteilt wurde oder er nicht die Kompetenzen dafür besitzt.

Das Kongruenzprinzip muss für **alle Stellen** eines Unternehmens gelten, unabhängig davon, welche Aufgaben eine Stelle zu erfüllen hat und auf welcher hierarchischen Ebene sie angesiedelt ist.

Führungskräfte sind – mit Ausnahme der obersten Leitungsebene – in doppelter Hinsicht dem Kongruenzprinzip unterworfen, womit sie eine Art **Sandwichfunktion** haben. Zum einen müssen sie für die Aufgaben ihrer eigenen Stellen kompetent sein und Verantwortung übernehmen, zum anderen sind sie für die Erfüllung der Abteilungsaufgaben und für ihre Mitarbeiter verantwortlich, für die sie die **Fremdverantwortung** übernehmen.

Das bedeutet jedoch nicht, dass das Kongruenzprinzip nicht für Mitarbeiter ohne Führungsaufgaben gilt. Selbst Stelleninhaber auf der untersten Hierarchieebene mit entsprechend einfachen Aufgaben müssen die dazu notwendige Qualifikation besitzen und für mögliche Fehler und Misserfolge einstehen.

Ein Vorgesetzter ist nur für diejenigen Fehlleistungen seiner Mitarbeiter verantwortlich, die sich aufgrund der fehlerhaften Erfüllung seiner eigenen Leitungsaufgaben ergeben. Ansonsten wäre es ein Verstoß gegen das Kongruenzprinzip.

Insbesondere muss er es unterlassen haben,

- seine Mitarbeiter mit der notwendigen Sorgfalt auszuwählen,
- die Mitarbeiter gründlich einzuweisen und zu informieren,
- seine fachlichen und disziplinarischen Weisungs- und Kontrollbefugnisse korrekt auszuüben oder
- Handlungen und Leistungen des Mitarbeiters rechtzeitig zu kritisieren und Verbesserungen einzuleiten.

3.2.4.4 Weitere Aspekte der Stellenbildung

Bisher ging es bei der Stellenbildung um die Aufgabe an sich, die Kompetenzen möglicher Aufgabenträger und die Verantwortung für die Folgen, die sich aus den Entscheidungen und Handlungen ergeben.

Daneben müssen auch die **Eigenschaften der Sachmittel** berücksichtigt werden. Sachmittel unterstützen die Mitarbeiter bei der Erfüllung ihrer Aufgaben. Ihre Verwendung erfordert nicht nur entsprechende Qualifikationen[53], sondern zwingt auch häufig dazu, dass sich die

---

[53] vgl. Bea/Göbel (2006), S. 287 f.

Mitarbeiter zusätzliche Kompetenzen aneignen müssen, um mit technischen Neuerungen umgehen zu können.

So hat insbesondere die rasche Entwicklung der Informationstechnologie dazu geführt, dass sich viele Stelleninhalte erheblich verändert haben. Durch die umfangreichere und schnellere Informationsgewinnung und -verarbeitung verbessert sich in der Regel die Entscheidungsgrundlage, womit Entscheidungsaufgaben auf untergeordnete Stellen verlagert werden können. Dies führt zu höherwertigen Aufgaben auf den unteren Ebenen und somit zu einer Veränderung der **Artteilung** der Aufgaben.

Auch **rechtliche Normen** sind bei der Stellenbildung zu bedenken, etwa **Vorschriften zu Datenschutz, Arbeitssicherheit und Arbeitszeiten**. So ist bei der Festlegung des Aufgabenumfangs einer Stelle zu berücksichtigen, dass es rechtliche Regeln gibt, wie lange und an welchen Tagen Arbeitnehmer arbeiten dürfen.

Auch die mit der jeweiligen **Gesellschaftsform** verbundenen gesetzlichen Regelungen müssen bei der Stellenbildung beachtet werden. Sie bestimmen, welchen Stellen **die Führung der Geschäfte** obliegt, oder ob und welche **Kontrollorgane** (Aufsichtsrat etc.) ein Unternehmen bilden muss und wie sie zu besetzen sind.

3.2.5 Stellenarten

3.2.5.1 Grundsätzliches

Abb. 3-6 gibt zunächst einen Überblick über die Gliederung der Stellenarten. Anschließend werden einzelne Stellenarten – Instanzen, Leitungshilfsstellen und Ausführungsstellen – genauer betrachtet.

Stellenarten können nach diesen Merkmalen gegliedert werden:

- Art der Aufgabenträger
- Zahl der Aufgabenträger
- Beteiligung der Stellen am Entscheidungsprozess für andere Einheiten

Je nach **Art der Aufgabenträger** unterscheidet man zwischen **Menschstellen** und **Mensch-Maschine-Stellen**. Aus dem Kongruenzprinzip ergibt sich zwingend, dass es keine **Maschinenstellen** gibt. Selbst wenn man Kompetenz sehr weit auslegen würde und z.B. die Programmierung einer Maschine als deren Kompetenz bezeichnen würde, kann die Maschine dennoch keine Verantwortung für die Aufgabenerfüllung übernehmen, da es nicht möglich ist, sie für Fehler und Misserfolge zur Rechenschaft zu ziehen. Entsprechend des Kongruenzprinzips ist der **Aufgabenträger** also immer ein einzelner **Mensch**, eine **Personenmehrheit** oder eine **Mensch-Maschinen-Einheit**. Bei Letzterer handelt es sich um die Kombination einer Person mit einem hochwertigen technischen Sachmittel, bei der der Mensch die Verantwortung übernimmt und die Maschine für die Ausführung oder Kontrolle zuständig ist. Die Maschine erfüllt die ausführenden Teile der Aufgabe, weshalb sie kein Aufgabenträger, sondern ein **Arbeitsträger** ist. Mensch und Maschine erfüllen gemeinsam die Aufgabe, wobei sie voneinander abhängig sind. Um darauf aufmerksam zu machen, ist der Begriff Maschinenstelle in Übersicht 3-6 durchgestrichen.

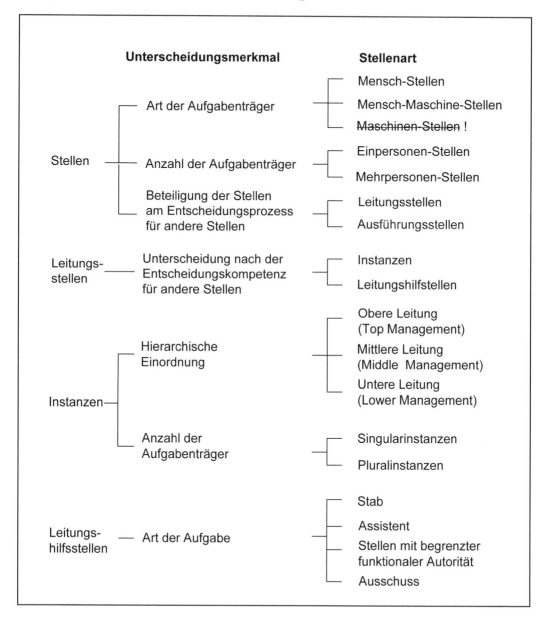

Abb. 3-6: Überblick über die Stellenarten

Die Stellen lassen sich auch nach der **Zahl** der Aufgabenträger gliedern, mit denen eine Stelle besetzt ist. Dabei wird in **Einpersonen- und Mehrpersonenstellen** unterteilt.

Wird die Stelle einer einzelnen Person zugeteilt, was der Regelfall ist, handelt sich um eine Einpersonen-Stelle. Teilen sich mehrere Personen eine Stelle teilen, spricht man von einer **Mehrpersonenstelle**. Das Wesentliche an einer Mehrpersonenstelle ist jedoch nicht nur die Übertragung einer Aufgabe an mehrere Aufgabenträger. Zwei **Teilzeitstellen** sind keine Mehrpersonenstelle, sondern zwei Einpersonenstellen, da es sich um zwei selbständig agierende und unabhängig voneinander entscheidende Organisationseinheiten handelt. Lediglich der zeitliche Arbeitsumfang ist geringer als die betriebsübliche Arbeitszeit.

Im Gegensatz dazu tritt eine Mehrpersonenstelle gegenüber anderen Stellen als eine Einheit auf. Nicht Person X oder Y trifft die Entscheidungen, hat die Verantwortung etc., sondern **die Mehrpersonenstelle** (Singular!) handelt und entscheidet. Beispiele sind die **Geschäftsführung** oder der **Vorstand** eines Unternehmens, die in der Regel jeweils aus mehreren Personen bestehen, aber mit einem Singularbegriff zusammengefasst werden. Sie bilden ein organisatorisches Ganzes, das Ziele vorgibt, die Richtung des Unternehmens bestimmt etc. Stellenintern ist eine Aufteilung der Aufgaben möglich und üblich. Gegenüber anderen Stellen und außenstehenden Institutionen wird die Einheit gewahrt. Auf unteren Ebenen findet man Mehrpersonenstellen seltener (z.B. Job-Sharing-Stellen).[54]

Bei der **Beteiligung der Stellen am Entscheidungsprozess anderer Einheiten** wird zwischen **Leitungsstellen** und **Ausführungsstellen** unterschieden. Eine Entscheidung ist kein punktueller Akt, sondern ein Prozess mit mehreren Phasen wie Zielfindung, Alternativensuche und -bewertung sowie Auswahl. Grundsätzlich hat jede Stelle auf jeder Hierarchieebene Entscheidungen zu treffen und durchläuft dabei einen Entscheidungsprozess. Die Ausführungsstellen entscheiden im Gegensatz zu den Leitungsstellen jedoch nur im Rahmen ihrer Aufgabenstellung, während Leitungsstellen zusätzlich daran beteiligt sind, für andere (unterstellte) Organisationseinheiten Entscheidungen zu treffen.

3.2.5.2 Instanzen

Instanzen sind die Vorgesetzten einer Organisationseinheit, die aus mehreren sachlich und logisch zusammengehörenden Stellen besteht. Sie haben Entscheidungsbefugnis für die unterstellten Einheiten (Fremdentscheidungsbefugnis) und darauf aufbauend auch **Weisungsbefugnis**.

Hier sind zwei Arten zu unterscheiden:

- Unter der **fachlichen Weisungsbefugnis** versteht man die Befugnis einer Instanz, auf die Art und Weise der Aufgabenerfüllung ihrer unterstellten Einheiten Einfluss zu nehmen. Dazu gehören etwa Anweisungen an die Mitarbeiter, welches Verfahren anzuwenden ist, oder zu Umfang, Qualität, Dauer, Beginn und Ort der Aufgabenerfüllung.

---

[54] vgl. ausführlich zur Problematik des Job Sharings Hentze/Graf (2005), S. 324 ff.

- Die **disziplinarische Weisungsbefugnis** ist das Recht der Instanz, personalpolitische Maßnahmen gegenüber ihren Mitarbeitern einzuleiten und durchzuführen. Das Spektrum hängt von der hierarchischen Stellung der Instanz ab. Es reicht von Urlaubsgenehmigungen, der Bewilligung einer Dienstreise über Zielvorgaben, Beurteilungsgespräche und Gehaltsfindung bis hin zu Einstellungen und Entlassungen.

Beispiele für die fachlichen und disziplinarischen Weisungsbefugnisse zeigt Abb. 3-7.

Fachliche Weisungsbefugnisse	Disziplinäre Weisungsbefugnisse

beziehen sich z.B. auf:
• Aufgaben
• Verfahren/Methoden
• Sachmittel
• Informationen
• Mitarbeiter
• Zeiträume und Zeitpunkt
• Ort
• Menge
	beziehen sich z.B. auf:
	• kurzfristige Mitarbeitersteuerung
	   o Anwesenheitskontrolle
	   o Pünktlichkeitskontrolle
	   o Abwesenheitskontrolle
	   o Urlaubsregelungen
	   o Innerbetriebliche Bewilligungen wie Dienstreisen und Fortbildungen
	   o Unterstützung der Mitarbeiter bei Problemen und bei der Aufgabenerfüllung
	• langfristige Mitarbeitersteuerung
	   o Einstellungsverfahren
	   o Aus- und Weiterbildung
	   o Mitarbeiterbeurteilung
	   o Gehaltsfindung
	   o Beförderung
	   o Versetzung
	   o Entlassung

Abb. 3-7: Fachliche und disziplinarische Weisungsbefugnisse der Instanzen[55]

In der Regel sind Instanzen zugleich **disziplinarische und fachliche Vorgesetzte** ihrer Mitarbeiter. Es gibt jedoch Ausnahmen. Wird ein Mitarbeiter aus seiner bisherigen Abteilung zeitlich befristet zur Mitarbeit an einem Projekt abgeordnet, geht die fachliche Weisungsbefugnis auf den Projektleiter über. Da der Mitarbeiter im Anschluss an das Projektende in der Regel wieder zu seiner vorigen Stelle zurückkehrt, ist der bisherige Abteilungsleiter auch weiterhin der Disziplinarvorgesetzte. Damit ist gewährleistet, dass der Mitarbeiter während der Projektdauer mit der Abteilung verbunden bleibt. In Ausnahmefällen kann die disziplinarische Weisungsbefugnis aufgeteilt werden. Der Projektleiter nimmt dann die fachlichen und

---

[55] in Anlehnung an Schulte-Zurhausen (2002), S. 152

die kurzfristigen disziplinarischen Weisungsbefugnisse wahr, während die langfristigen Aspekte dem Vorgesetzten der „Heimatabteilung" obliegen.[56]

Bei der **Einordnung der Instanzen in die Hierarchie** wird zwischen

- oberer Leitung (Top Management),
- mittlerer Leitung (Middle Management) und
- untere Leitung (Lower Management) unterschieden.

Zu den Hauptaufgaben des **Top Managements** zählen strategische Entscheidungen. Es handelt sich um langfristige, rahmenschaffende Vorgaben von weitreichender Bedeutung, die auf unsicheren Informationen beruhen. Nicht nur das Risikoausmaß, auch der Flexibilitätsgrad sind sehr hoch. Strategische Entscheidungen betreffen etwa die generellen Ziele des Unternehmens, die Sicherung von Erfolgspotenzialen, seinen Fortbestand und die Richtung, in die es sich entwickeln soll.[57] Beispiele für Top-Manager sind Geschäftsführer und Vorstände.

Instanzen, die zum **Middle Management** gehören, sind hauptsächlich mit dispositiven Entscheidungen und entsprechenden Anordnungen an ihre Mitarbeiter befasst. Sie konkretisieren die vom Top Management vorgegebenen Ziele und Strategien in ihrem jeweiligen Verantwortungsbereich.[58] Sie bestimmen geeignete Maßnahmen, geben entsprechende Weisungen und überwachen deren Umsetzung.

Instanzen, die zum Middle Management gehören, haben andere Instanzen unter und über sich, weshalb man auch von der **Sandwich-Funktion** des Middle Managements spricht. Zum Middle Management zählen in der Regel Werksleiter, Hauptabteilungs- und Abteilungsleiter.

Das **Lower Management** ist in erster Linie mit operativen Entscheidungen und entsprechenden Anordnungen betraut, die das tägliche Betriebsgeschehen betreffen. Dispositive Entscheidungen mit mittelfristiger Bedeutung, die schwerpunktmäßig auf die Veränderung und Verbesserung der Leistungspotenziale gerichtet sind, findet man hier eher selten. Im Mittelpunkt stehen die ordnungsgemäße Erfüllung der routinemäßigen Leistungsprozesse, die Qualität der Ergebnisse sowie die optimale Nutzung der vorhandenen Ressourcen. Die hier getroffenen Entscheidungen sind von kurzfristiger Bedeutung und beruhen auf relativ sicheren Informationen. Beispiele sind Gruppenleiter und Meister. Das Lower Management füllt den Rahmen aus, der ihm vom Middle und Top Management vorgegeben wird. Es richtet sich mit seinen Anweisungen an die Ausführungsstellen.

Eine **eindeutige Abgrenzung** der drei Gruppen ist allerdings kaum möglich. Zwar lässt sich die unterste Instanzenebene immer dem Lower Management und die oberste stets dem

---

[56] vgl. Schulte-Zurhausen (2002), S. 152

[57] vgl. Rahn (2008), S. 34 f.; Braunschweig (1998), S. 89 f.

[58] vgl. Klimmer (2007), S. 33

Top Management zuordnen, dazwischen liegen aber meist mehrere Hierarchieebenen, die nicht alle notwendigerweise zum Middle Management gehören.

Ist etwa der Leiter eines Unternehmensbereichs auf der zweiten Hierarchieebene befugt, selbständig strategische Entscheidungen für seine Business Unit zu treffen oder zumindest in größerem Umgang daran mitzuwirken, befasst er sich mit originären Leitungsaufgaben, die die Entwicklung eines Geschäftsbereichs als Ganzes betreffen, womit er zum Top Management zählt. Gehören diese Entscheidungen nicht oder nur in Ausnahmefällen zu seinem Aufgabenbereich, ist er Teil des Middle Management. Je nach Ausgestaltung seiner Stelle kann es von Unternehmen zu Unternehmen also unterschiedlich sein, ob er dem Top Management oder Middle Management zugerechnet wird, obwohl die Stelle stets auf der zweiten Hierarchieebene angesiedelt ist. Den Zusammenhang zwischen den Instanzenebenen zeigt Abb. 3-8.

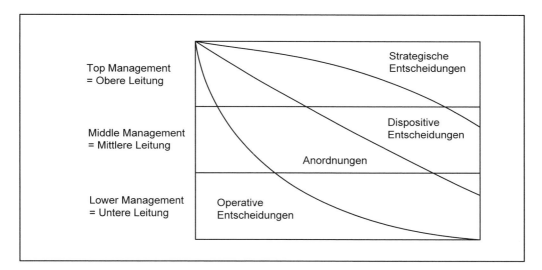

Abb. 3-8: Tätigkeitsschwerpunkte der Instanzenebenen

Abschließend sei erwähnt, dass die Begriffe Lower Management bzw. untere Leitung oder gar unterste Leitung in der Praxis selten verwendet werden. Bereits aus Motivationsgründen wird meist vermieden, eine Instanz, deren Stelleninhaber häufig – wegen guter Leistungen – von einer Ausführungsstelle zum Management aufgestiegen ist, als „unterste Ebene" zu bezeichnen. Stattdessen wird auch bei unteren Instanzen vom mittleren Management gesprochen.

Welche **Leitungsaufgaben** eine Instanz zu erfüllen hat, hängt vom Aufgabenkomplex der Abteilung ab. Es handelt sich vorrangig um sachbezogene Aufgabenstellungen.

Neben dem

- Treffen von Entscheidungen,
- den daraus folgenden Weisungen und
- der Übernahme von Fremdverantwortung

müssen die Instanzen weitere Leitungsaufgaben in ihren Abteilungen erfüllen, wie

- Zielsetzung,
- Planung,
- Organisation,
- Repräsentation und
- Kontrolle.

Wie aus Abb. 3-9 ersichtlich, sind neben den Leitungsaufgaben auf allen instanziellen Hierarchieebenen Ausführungsaufgaben, allerdings in unterschiedlichem Ausmaß, wahrzunehmen.

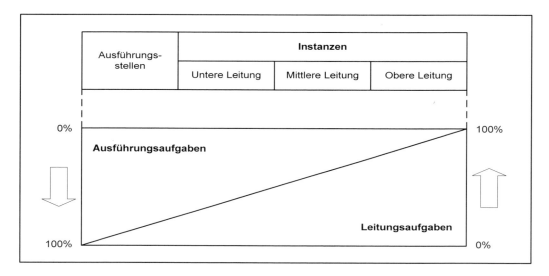

Abb. 3-9: Ausführungs- und Leitungsaufgaben der Instanzen

Nach der **Zahl der Aufgabenträger** gliedert man Instanzen in

- Singularinstanzen und
- Pluralinstanzen.[59]

---

[59] vgl. Becker (2007), S. 100 f.

In der Regel ist eine Instanz eine Einpersonenstelle mit Entscheidungs- und Weisungsbefugnis für die ihr untergeordneten Stellen und somit eine **Singularinstanz**. Sie hat einen einzelnen Stelleninhaber, der für seine Abteilung Entscheidungen trifft, Weisungen erteilt und Verantwortung übernimmt.

Demgegenüber ist es im Top Management weit verbreitet, dass eine Stelle von einer Personenmehrheit besetzt ist. Es handelt sich dann um eine Mehrpersonenstelle auf höchster Ebene, die als **Pluralinstanz** bezeichnet wird. Anstelle von Singular- und Pluralinstanz findet man auch die Bezeichnungen **Direktoral- und Kollegialinstanz**.

Eine Pluralinstanz besteht aus einer Personengruppe, deren Willensbildung nach festen Abstimmungsregeln erfolgt und die anschließend als Einheit mit einem einheitlichen Willen handelt. Sie tritt also gegenüber anderen, internen und externen Einheiten als Ganzes auf, obwohl die Aufgaben in der Regel unter ihren Mitgliedern aufgeteilt werden.

Das Mitglied einer Pluralinstanz kann in Personalunion eine Singularinstanz sein. So ist der Personalleiter eine Singularinstanz, ist er gleichzeitig Mitglied der Geschäftsführung, ist er außerdem Teil einer Pluralinstanz.[60]

Bei der **Willensbildung** der Pluralinstanz haben sich in der Praxis verschiedene Formen herausgebildet:[61]

- **Primatkollegialität:** Hier kommt der Stimme des Vorsitzenden bei Abstimmungen ein höheres Gewicht zu als den Stimmen der anderen Mitglieder. Bei Stimmengleichheit steht ihm eine Zweitstimme zu.

- **Abstimmungskollegialität:** Beschlüsse sind stets Mehrheitsbeschlüsse, bei denen die Stimmen aller Mitglieder der Pluralinstanz das gleiche Gewicht haben. Bei diesem Verfahren ist darauf zu achten, dass die Pluralinstanz aus einer ungeraden Anzahl von Mitgliedern besteht.

- **Kassationskollegialität:** Die Entscheidung eines Mitglieds der Pluralinstanz ist nur dann wirksam, wenn sie von einem anderen Mitglied gegengezeichnet wird. Fehlt es an dieser sog. Kontrasignatur, ist die Entscheidung unwirksam.

- **Direktorialprinzip:** Der Vorsitzende der Pluralinstanz trifft die letzte Entscheidung. Er kann auch entgegen dem Willen aller anderen Mitglieder der Kollegialinstanz handeln.

- **Ressortkollegialität:** Jedes Mitglied der Pluralinstanz hat einen eigenen Entscheidungsbereich, in dem es allein die Entscheidungen trifft. Nur in wenigen, genau definierten Bereichen erfolgt eine gemeinsame Willensbildung aufgrund eines der obigen Verfahren.

---

[60] vgl. ebd., 146 f.

[61] vgl. Kosiol (1976), S. 125 ff.; Schmidt (2000), S. 199 ff.

Vorteile von Pluralinstanzen gegenüber Singularinstanzen:

- Indem auf die unterschiedlichen Qualifikationen und Erfahrungen mehrere Stelleninhaber zurückgegriffen wird, werden hochwertige und ausgewogene Entscheidungen erhofft.
- Außerdem wird durch die gegenseitige Kontrolle der Mitglieder der Pluralinstanz einem Machtmissbrauch einzelner vorgebeugt.
- Scheidet ein Stelleninhaber aus, ist dadurch nicht das Unternehmen gefährdet, wie dies bei einer Singularinstanz auf der höchsten Hierarchieebene der Fall sein könnte.

Als **Nachteil** erweist sich häufig, dass die Entscheidungsfindung langwieriger ist, da mehrere starke und selbstbewusste Persönlichkeiten aufeinander treffen, die es gewohnt sind, ihren Willen durchzusetzen und selbständig zu handeln.

3.2.5.3 Leitungshilfsstellen

Stellen, die der Erfüllung von Leitungsaufgaben auf **indirektem Wege** durch Unterstützung der Instanzen dienen, werden als **Leitungshilfsstellen** bezeichnet. Wie der Name sagt, helfen sie den Instanzen **ihre Leitungsaufgaben** zu erfüllen. Sie sind nicht direkt an der Erledigung der betrieblichen Hauptaufgabe, etwa dem Einkauf, der Produktion und dem Vertrieb, beteiligt.

Wie Ausführungsstellen arbeiten auch Leitungshilfsstellen ihren Vorgesetzten zu. Sie unterscheiden sich von ihnen dadurch, dass sie gemeinsam mit den Instanzen am **Entscheidungsprozess für andere Stellen** beteiligt sind.

Aufgrund dieser besonderen Art von **Unterstützungsfunktion** bei der Erfüllung der Leitungsaufgaben, gehören Leitungshilfsstellen neben den Instanzen zu den **Leitungsstellen**. Allerdings haben sie grundsätzlich – bis auf wenige Ausnahmen – keine Entscheidungsbefugnis für andere Stellen und keine Weisungsbefugnis.

Abb. 3-10 zeigt ein Beispiel für einen Entscheidungsprozess.

Der Entscheidungsprozess umfasst hier sieben Phasen, die teilweise selbst als Prozess ablaufen. Die Realisation der Entscheidung, die zwischen Phase sechs und sieben liegt, ist kein Teil des Entscheidungsprozesses und trägt deshalb keine fortlaufende Ziffer. Sie ist jedoch notwendig, da sie die Voraussetzung für Phase sieben, die Kontrolle, ist.

Die einzelnen Phasen werden lediglich idealtypisch in der dargestellten Reihenfolge durchlaufen. In der Praxis wird ein Entscheidungsprozess zumeist in Schleifen ablaufen, es finden also **Rückkopplungen** statt. Wird etwa bei Phase 4, der Alternativenbewertung, klar, dass einige Probleme, die die Zielerreichung gefährden könnten, nicht umfassend bedacht wurden, kehrt man zur Phase 2 zurück und durchläuft den Prozess von hier aus nochmals. Erkennt man dann bei Phase 5, der Auswahl, dass noch entscheidungsrelevante Informationen fehlen, geht man wieder zur Phase 3 und beginnt den Prozess von dort aus erneut.

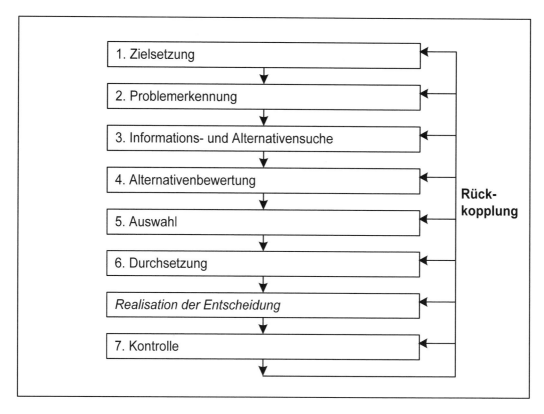

Abb. 3-10: Phasengliederung eines Entscheidungsprozesses

Da die Leitungshilfsstellen keine Fremdentscheidungs- und keine Weisungsbefugnis besitzen, beschränkt sich ihre Unterstützung auf diejenigen Phasen des Entscheidungsprozesses, an deren Ende keine Entscheidung „im engeren Sinn" steht, d.h. auf die Phasen 2, 3, 4 und 7. Die Phasen 1, 5 und 6 sind nicht an Leitungshilfsstellen delegierbar, sondern müssen von der vorgesetzten Instanz selbst durchgeführt werden.

Wenn einer Instanz keine Leitungshilfsstellen zugeordnet sind, muss sie alle Phasen des Entscheidungsprozesses allein durchlaufen.

Zu den **Leitungshilfsstellen** zählen:

- Stabsstellen
- Assistenten
- Dienstleistungsstellen
- Ausschüsse

Eine **Stabsstelle** hat die Aufgabe, die quantitative und qualitative Entscheidungskapazität der Instanz, der sie zugeordnet ist, zu erhöhen. Sie sammelt Informationen, bereitet sie auf, bewertet Entscheidungsalternativen und gibt Empfehlungen zur Alternativenauswahl. Im Anschluss an die Anweisungen der Instanz kann sie Überwachungs- und Kontrollaufgaben übernehmen. In der Regel werden nicht alle genannten Aufgaben von der Stabsstelle ausgeführt, da sie auf einzelne Aufgaben spezialisiert ist. In größeren Unternehmen verfügt das Top Management oft über mehrere Stäbe oder auch ganze Stabsabteilungen.[62]

Für ihre **Spezialaufgaben** benötigen Stabsstellen neben fundiertem fachlichem Grundwissen Detailkenntnisse. Die Mitarbeiter einer Stabsstelle haben in der Regel eine wissenschaftliche Ausbildung in Form eines Studiums durchlaufen. Sie erhalten oft zusätzliche Schulungen im Unternehmen, bevor sie ihre Aufgaben übernehmen.

Stabsarbeit ist eine dauerhafte Hauptaufgabe, deren Inhalte für die Stelleninhaber weitgehend vorhersehbar sind.

Stäbe sind in der Regel direkt einer Instanz der oberen Hierarchieebenen zugeordnet. Sie arbeiten oft als Team. Beispiele sind (strategische) Planungsstäbe in Großunternehmen sowie die interne Revision, die vor allem Kontrollaufgaben übernimmt.

Stäbe haben grundsätzlich keine Fremdentscheidungsbefugnis und Weisungsrechte.

Die übergeordnete Instanz kann die Vorschläge ihrer Stäbe oft aus zeitlichen Gründen oder auch wegen teilweise fehlender fachlicher Detailkenntnisse kaum im Einzelnen nachvollziehen. Dennoch haben Stäbe keine Befugnis, die Entscheidung selbst zu treffen. Diese bleibt der Instanz vorbehalten, die wiederum nicht verpflichtet ist, sich an die Empfehlungen des Stabs zu halten. Deshalb kann es zu Spannungen zwischen Stab und Instanz mit entsprechenden Frustrationen und Motivationsmangel bei den Stabsstellen kommen.

Stabstellen haben in der Regel keine formalen Möglichkeiten, sich diesen Konflikten gegenüber ihrer vorgesetzten Instanz durchzusetzen.[63] Wenn die Instanz die Empfehlungen ihres Stabs jedoch regelmäßig nicht akzeptiert und eine abweichende Entscheidung trifft, muss sie sich die Frage gefallen lassen, ob sie überhaupt eine derartige Entlastung benötigt. Des Weiteren muss sich ihrer übergeordneten Instanz gegenüber rechtfertigen, weshalb sie die Vorschläge des Spezialisten, ignoriert. Deshalb kommt es häufig vor, dass Entscheidungsvorlagen ohne nennenswerte Überprüfung von der Instanz einfach übernommen und abgezeichnet werden. Man spricht dann von einer **Quasi-Entscheidung der Stabsstelle**, da sie de facto „vor-entscheidet" und die Instanz die Vorgabe nur noch formal mit ihrer Unterschrift bestätigt. Die Verantwortung für diese Entscheidung und für die sich daraus ergebenden Konsequenzen trägt jedoch stets die Instanz.

Auch **Assistenten** haben die Aufgabe, ihre übergeordnete Instanz zu entlasten. Sie sind an den Leitungsaufgaben ihres Vorgesetzten beteiligt, indem sie wechselnde **Detailaufgaben** übernehmen. Dazu benötigen sie breite Fachkenntnisse und eine guten Überblick über das

---

[62] vgl. Neuwirth (2004), Sp. 1349 ff.

[63] vgl. Vahs (2007), S. 80

betreffende Fachgebiet. Teilweise werden sie als Sonderform der Stabsstellen betrachtet und als **Stabsgeneralisten** bezeichnet. Die oben beschriebenen klassischen Stabsstellen werden dann zur Abgrenzung Stabsspezialisten genannt.[64]

Assistenten sind meist den Instanzen der ersten und zweiten Hierarchieebene unterstellt. Beispiele sind der persönliche Referent, der Vorstandsassistent und Adjutant. In der Praxis werden oft Mitarbeiter als Assistenten bevorzugt, die nach ihrem Studium erste Berufserfahrung gesammelt haben oder aber ins Berufsleben einsteigen. Bei der Schaffung einer Assistentenstelle ist oft weniger die Entlastung des Vorgesetzten von Bedeutung, sondern dass neue Impulse und Ideen eingebracht werden. Assistenten lernen dadurch früh hochwertige Führungsaufgaben kennen und wirken an der Lösung komplexer Probleme mit. Gleichzeitig knüpfen sie häufig Kontakte, die für ihr späteres Berufsleben von Bedeutung sein können. Die Aufgaben, die ein Assistent ausführt, hängen von seinem direkten Vorgesetzten ab. Es können Routinetätigkeiten sein, er kann ihn aber auch an der Vorbereitung bedeutsamer Entscheidungen teilhaben lassen.

In letzter Zeit werden häufig klassische Sekretariatsmitarbeiter als Assistenten bezeichnet. Die Unterschiede sind jedoch aus theoretischer Sicht erheblich. Bei den Sekretariatsstellen handelt es sich um Ausführungsstellen mit einer eigenen dauerhaften, vorhersehbaren Aufgabenstellung. Sie arbeiten ihrem Vorgesetzten zu, übernehmen jedoch im Gegensatz zu den Assistentenstellen nicht wechselnde Tätigkeiten **aus dem Aufgabenbereich des Vorgesetzten** und sind auch nicht an dessen Entscheidungsprozess für andere Stellen beteiligt. Anders als Assistenten sind sie nicht mit Leitungsaufgaben betraut. In der Praxis können die Übergänge zwischen beiden Stellenarten jedoch fließend sein.

Die dritte Gruppe der Leitungshilfsstellen bilden die **Dienstleistungsstellen**,[65] die auch als Zentralstellen, Servicestellen oder Querschnittseinheiten bezeichnet werden. Auch die Bezeichnung **Stellen mit begrenzter funktionaler Autorität** ist üblich. Sie unterstützen mehrere – im Extremfall alle – Instanzen des Unternehmens. Beispiele sind der Personalbereich, die Rechtsabteilung oder das Controlling.

Dienstleistungsstellen erfüllen dauerhaft anfallende **Spezialaufgaben**, die zu den originären Leitungsaufgaben der Instanzen gehören, jedoch nicht abteilungsspezifisch, sondern bereichsübergreifend geregelt sind. Da die Unternehmensleitung eine einheitliche Handhabung dieser sog. **Querschnittsaufgaben** verlangt, werden sie nicht in den einzelnen Abteilungen durchgeführt. Sie werden aus deren Aufgabenkomplexen herausgenommen und auf Dienstleistungsstellen übertragen. So ist bei der Auswahl von Bewerbern meist eine unternehmenseinheitliche Vorgehensweise vorgesehen oder es wird ein für alle Abteilungen gültiges Kontrollsystem verwendet. Derartige Aufgaben werden einer Querschnittseinheit übertragen, die für die Einheitlichkeit sorgt.

Um ihre Leitungsaufgaben erfüllen zu können, sind Dienstleistungsstellen im Gegensatz zu Stäben und Assistenten mit **Fremdentscheidungs- und Weisungsbefugnis** ausgestattet,

---

[64] vgl. Bea/Göbel (2006), S. 274

[65] vgl. Jones/Bouncken (2008), S. 47

die sich allerdings auf zuvor genau definierte Funktionsbereiche beschränkt. Deshalb wird auch von einer **Stelle mit begrenzter funktionaler Autorität** gesprochen. Ist der Aufgabenumfang sehr groß, wird nicht nur eine einzelne Stelle, sondern eine Abteilung geschaffen.

Querschnittseinheiten sind meist weit oben in der Hierarchie angesiedelt. Auf diese Weise wird sichergestellt, dass sie von allen Instanzen gleichermaßen in Anspruch genommen werden können und ihre Entscheidungen und Weisungen Gewicht haben.

Ausschüsse, auch Gremien oder Kollegien genannt, gehören ebenfalls zu den Leitungshilfsstellen. Sie bestehen immer aus mehreren Personen. Anders als bei den Aufgaben der anderen Leitungshilfsstellen handelt es sich bei der Ausschussarbeit nicht um eine Hauptaufgabe, sondern um eine **Nebentätigkeit**. Die Mitglieder erfüllen sie zusätzlich zu ihrer eigentlichen Stellenaufgabe. So kann der Leiter der Abteilung Finanzwesen gleichzeitig dem Investitionsausschuss angehören.

Ein Ausschuss wird gebildet, wenn ein befristetes Sonderproblem zu lösen ist, für das man das Wissen und die Erfahrungen mehrerer Experten benötigt.[66] Anderseits ist die Aufgabe nicht so umfangreich oder bedeutend, dass sie ein Projekt rechtfertigen würde (zur Projektorganisation vgl. Kapitel 3.6.3.6). Die Ausschussmitglieder treffen sich zu Besprechungen und legen Teilaufgaben für die Beteiligten fest. Je nach Themenstellung können die Sitzungen regelmäßig, z.B. periodisch, oder unregelmäßig und vorübergehend stattfinden. So ist ein Investitionsausschuss ein Gremium, das sich in regelmäßigen Abständen trifft und dauerhaft besteht, während ein Festkomitee zur Gestaltung der 100-Jahr-Feier des Unternehmens eine einmalige, vorübergehende Aufgabe hat und danach aufgelöst wird.

Die Beispiele zeigen, wie flexibel sich Ausschüsse einsetzen lassen. Man findet sie auf allen Hierarchieebenen, sie können sich aus Mitarbeitern aller Bereiche zusammensetzen.

Die beteiligten Stellen können

- funktionsübergreifend der gleichen Hierarchieebene,
- hierarchieübergreifend einer Funktion oder
- unterschiedlichen Unternehmensbereichen und Hierarchiestufen entstammen.

Bei der Regelung der Entscheidungs- und Weisungskompetenzen der Gremien gibt es mehrere Möglichkeiten:[67]

- **Informationsausschüsse**, die lediglich dem Austausch von Informationen unter den Mitgliedern dienen
- **Beratungsausschüsse**, die über Vor- und Nachteile möglicher Alternativen beraten und darauf aufbauend Entscheidungen vorbereiten, diese jedoch nicht selbst treffen

---

[66] vgl. Scherm/Pietsch (2007), S. 166 f.

[67] vgl. Kahle (2004), Sp. 71 ff.

- **Ausführungsausschüsse**, die Maßnahmen, die von anderen Organisationseinheiten beschlossenen wurden, umsetzen
- **Entscheidungsausschüsse**, die nach der Beratung über die beste Alternative zusätzlich eine Entscheidung treffen. Sie unterscheiden sich von Pluralinstanzen dadurch, dass ihre Mitglieder die Tätigkeit nebenamtlich ausführen und es sich um Sonderaufgaben handelt
- **Kontrollausschüsse**, die mit der Überwachung der zuvor festgelegten Aufgaben betraut sind

Die Ausschussarbeit führt zur direkten Kommunikation und zur Nutzung unterschiedlicher Erfahrungen und Qualifikationen. Andererseits besteht die Gefahr, dass sie viel Zeit in Anspruch nimmt, es zu Machtkämpfen kommt und Probleme zerredet, statt gelöst werden. Außerdem werden die Ausschussmitglieder zusätzlich zu ihrer Hauptaufgabe belastet. Abb. 3-11 fasst die Merkmale der Leitungshilfsstellen zusammen.

3.2.5.4 Ausführungsstellen

Ausführungsstellen setzen die Entscheidungen ihrer vorgesetzten Instanzen um. Sie arbeiten wie die Leitungshilfsstellen den Instanzen zu, übernehmen aber keine Tätigkeiten aus dem direkten Aufgabenbereich der Instanzen und sind auch nicht an deren Entscheidungsprozess für andere Stellen beteiligt. Sie haben **weder Fremdentscheidungsbefugnis noch Weisungsrecht**.

Sie treffen jedoch Entscheidungen bei der Erfüllung ihrer eigenen Aufgaben im Rahmen ihrer Entscheidungsspielräume. Für ihre Handlungen und deren Ergebnisse müssen die Ausführungsstellen – ebenso wie alle anderen Stellen auch – entsprechend dem **Kongruenzprinzip** Verantwortung übernehmen.

Die Entscheidungsspielräume der Ausführungsstellen sind unterschiedlich. Obwohl sie die untere hierarchische Ebene im Unternehmen bilden, bedeutet dies nicht, dass das Qualifikationsniveau der Stelleninhaber gering ist. Das Spektrum der Tätigkeitsmerkmale und Anforderungen ist sehr vielfältig. So gehören zu den Ausführungsstellen nicht nur Lagerarbeiter, sondern auch hochqualifizierte Mitarbeiter im Finanzbereich, in der Rechtsabteilung oder in der IT-Abteilung. Auch Wissenschaftler, die an der Lösung komplexer Probleme arbeiten und Verantwortung für ein Forschungsbudget in Millionenhöhe übernehmen, sind Ausführungsstellen, sofern ihnen keine Mitarbeiter unterstellt sind. Die Abgrenzung zwischen Ausführungsstellen und Instanzen richtet sich also nicht nach dem Bildungsstand, sondern danach, ob die Stelle mit **Personalverantwortung** ausgestattet ist oder nicht.

Ausführungsstellen werden zusammen mit den Instanzen als **Linienstellen** bezeichnet, weil sie in der optischen Darstellung der Aufbauorganisation, dem Organigramm, mit durchgezogenen Linien verbunden werden. Die Beziehungen zwischen den Instanzen und den Leitungshilfsstellen werden dagegen mit gestrichelten Linien dargestellt, weshalb letztere auch manchmal Dotted-line-Stellen genannt werden.

Art der Leitungshilfsstelle / Merkmale	Assistent, Stabsgeneralist	Stab, Stabsspezialist	Dienstleistungsstelle, Stelle mit begrenzter funktionaler Autorität, Querschnittseinheit	Ausschuss, Gremium, Kollegium
Ziele	Entlastung der Instanz	dito	dito	dito
Aufgabenstellung	wechselnd	überwiegend dauerhaft	dauerhaft	dauerhaft / einmalig
Vorhersehbarkeit der Aufgabe	kaum vorhersehbar	überwiegend vorhersehbar	vorhersehbar	unterschiedlich
„Stellenwert" der Aufgabe	Hauptaufgabe	Hauptaufgabe	Hauptaufgabe	Zusatzaufgabe
Aufgabenart	Detailaufgabe	Spezialaufgabe	Spezialaufgabe	Spezialaufgabe
Dauerhaftigkeit der Stelle	ständig	ständig	ständig	ständig / begrenzt
Organisatorische Einordnung	bei oberen Instanzen	dito	dito	alle Ebenen
Entscheidungs- und Anordnungskompetenz	keine	keine	auf Teilgebiet	keine / auf Teilgebiet
Wahrnehmung der Tätigkeit	ständig	ständig	ständig	periodisch / vorübergehend
Erforderliche Kenntnisse	breite Fachkenntnisse, Überblick über Fachgebiete	spezielle Fachkenntnisse, Detailkenntnisse	Fachkenntnisse	spezielle Kenntnisse
Beispiele	Persönlicher Referent Vorstandsassistent Adjutant	Planungsstab Revision Public Relations	Controlling Personalwesen EDV	Investitionsausschluss Berufungskommission

Abb. 3-11: Überblick über die Leitungshilfsstellen

3.2.6 Stellenbemessung

Bei der Stellenbildung stellt sich zudem die Frage, wie viele Einheiten für einen Aufgabenkomplex benötigt werden. Ging es bislang um die qualitativen Aspekte bei der Stellenbildung, steht jetzt die quantitative Komponente, d.h. die **Personal- oder Stellenbemessung**, im Vordergrund.

Die Stellenbemessung ist von der **Stellenbesetzung** zu unterscheiden, bei der eine konkrete Person als Stelleninhaber ausgewählt wird.

Je nachdem ob eine völlig neue Organisation geschaffen oder eine bestehende Organisation an neue Gegebenheiten angepasst wird, bieten sich bei der Stellenbemessung unterschiedliche Methoden an. Grundsätzlich ist darauf zu achten, dass nicht nur von der Vergangenheit ausgegangen wird, sondern auch Entwicklungen, etwa technologische oder künftige Marktanforderungen, berücksichtigt werden.

Bei **vergangenheitsorientierten Methoden** wie Trendextrapolationen und Regressions- und Korrelationsrechnungen werden statistische Erfahrungswerte aus vorangegangenen Perioden zugrunde gelegt. Dabei wird davon ausgegangen, dass Daten aus der Vergangenheit Aufschluss über künftige Entwicklungen geben.

Bei **zukunftsorientierten Methoden** wie der Delphi-Methode oder der Szenario-Technik, die zur Prognosen- und Kreativitätsforschung eingesetzt werden, werden Experten systematisch zu künftigen Entwicklungen befragt.

Beide Methoden werden nahezu ausschließlich von Großunternehmen angewendet, vor allem wenn es um die Bildung oder Auslagerung **kompletter Unternehmensbereiche** geht.

Stärker verbreitet sind **einfacher zu handhabende Vorgehensweisen** wie

- Schätzungen,
- Kennzahlenmethoden,
- Arbeitsplatzmethoden und
- arbeitswissenschaftliche Methoden.[68]

In der Praxis sind insbesondere **Schätzverfahren** sehr populär. Sie führen jedoch nicht zu objektiven Aussagen, da dabei die Intuition und Erfahrung der Schätzer in das Ergebnis einfließen.

Bei **einfachen Schätzungen**, wie sie in vielen Klein- und Mittelunternehmen üblich sind, werden die Vorgesetzten danach befragt, wie viele Stellen voraussichtlich zur Bearbeitung eines Aufgabenkomplexes benötigen werden. Dies ist keine systematische Ermittlung, sie beruht vielmehr auf den subjektiven Eindrücken einzelner Personen.

---

[68] vgl. ausführlich Nicolai (2007), S. 508 ff.

Expertenbefragungen erfassen die Schätzungen mehrerer kompetenter Fachleute. Das können externe oder interne Berater oder Führungskräfte des Unternehmens sein. Das aus den Einzelurteilen gebildete Gesamtergebnis wird den Experten in der Regel zur Überprüfung und Korrektur ihrer eigenen Urteile vorgelegt. Die geänderten Angaben werden erneut ausgewertet und zu einem genaueren Gesamtergebnis verdichtet.

Eine typische **Kennzahl**, die bei der Stellenbemessung herangezogen wird, ist die Arbeitsproduktivität. Dabei wird eine Ergebnisgröße in Beziehung zum Arbeitseinsatz gesetzt. Dies können z.B. die Produktionsmenge pro Zeiteinheit, Kunden pro Mitarbeiter, bearbeitete Aufträge pro Arbeitstag oder der Umsatz eines Mitarbeiters pro Monat sein. Man geht davon aus, dass es jeweils ein sinnvolles, festes Verhältnis gibt. So führt z.B. eine Änderung der Kundenzahl zu einer Veränderung der benötigten Stellenzahl im Vertrieb. Im Groß- und Einzelhandel wird häufig ein üblicher Pro-Kopf-Umsatz herangezogen. Steigt der Umsatz, erhöht sich dann die Anzahl der notwendigen Stellen.

Auch die Arbeitskräftestruktur wird häufig als Kennzahl verwendet. In diesem Fall werden die einzelnen Gruppen von Arbeitskräften zueinander ins Verhältnis gesetzt. Man ermittelt beispielsweise typische Verhältnisse zwischen Facharbeitern und Hilfsarbeitern. Aus der Zahl der vorhandenen Hilfsarbeiterstellen wird dann auf die benötigten Stellen für Facharbeiter geschlossen. Auch beim Verhältnis zwischen Ausführungsstellen und Instanzen wird gelegentlich so verfahren.[69]

Einige Stellen müssen völlig unabhängig vom Umfang der Aufgaben gebildet werden, wenn aufgrund organisatorischer Notwendigkeiten oder gesetzlicher Regelungen eine bestimmte Anwesenheitsdauer sinnvoll bzw. zwingend erforderlich ist. Dabei ist es gleichgültig, ob und wie viel Arbeit tatsächlich anfällt. Beispiele sind Pförtner-, Empfangs-, Nachwächter- und Überwachungstätigkeiten. Die Zahl dieser Stellen wird mithilfe der **Arbeitsplatzmethode** ermittelt. Sie schließt von der Dauer, die ein Arbeitsplatz besetzt sein muss, auf die Zahl der benötigten Stellen. Muss ein Arbeitsplatz z.B. sechzehn Stunden am Tag und fünf Tage pro Woche besetzt sein, benötigt man – ausgehend von einer 40-Stunden-Woche – zwei Vollzeitstellen, auch wenn während dieser Zeit kaum Arbeit anfällt. Es wäre beispielsweise unsinnig, eine Pförtnerstelle nur drei Stunden am Tag zu besetzen, weil alle Tätigkeiten in dieser Zeit erfüllt werden können, und die Besucher ansonsten vor verschlossenen Türen stehen zu lassen.

Die Arbeitsplatzmethode findet vor allem bei ausführenden Tätigkeiten Verwendung. Aber auch die Zahl der Führungskräftestellen wird manchmal anhand einer festen **Leitungsspanne** (Span of Control) bestimmt, die Auskunft darüber gibt, wie viele direkt unterstellte Stellen einer Instanz zugeordnet werden sollen. Dabei spielen in erster Linie die Aufgaben und die Qualifikation der Mitarbeiter und des Vorgesetzten, nicht jedoch der tatsächliche Arbeitsanfall eine Rolle.

Mithilfe **arbeitswissenschaftlicher Methoden** lassen sich die notwendigen Stellen anhand der Zeit berechnen, die für die Erfüllung der einzelnen Teilaufgaben notwendig ist. Sie eig-

---

[69] vgl. Jung, H. (2005), S. 120 f.

nen sich besonders für mengenabhängige Produktions- und Verwaltungsbereiche, in denen sich die Summe der anfallenden Tätigkeiten und Vorgabezeiten pro Arbeitsvorgang detailliert ermitteln lässt. Es muss sich um Stellen handeln, die in ihrer Struktur und in ihren sich regelmäßig wiederholenden Teilaufgaben weitgehend standardisiert sind. Man ermittelt zunächst für eine bestimmte Periode die Häufigkeit des Anfalls für jede einzelne Teilaufgabe und multipliziert sie mit der erforderlichen Zeit je Teilaufgabe. Die notwendigen Informationen ergeben sich aus Arbeitszeitstudien, Schätzungen, Selbstaufschreibungen und Erfahrungswerten. Die Summe dieser Produkte wird durch die betriebsübliche Arbeitszeit dividiert. Als Ergebnis erhält man die Zahl der benötigten Vollzeitstellen, die abschließend um einen Zuschlag für den Reservebedarf korrigiert wird, der für durchschnittliche Fehlzeiten, Fortbildungen etc. benötigt wird.

Arbeitswissenschaftliche Methoden eignen sich nicht für Aufgabenkomplexe, bei denen die Teilaufgaben diskontinuierlich anfallen oder sich in Arbeitsumfang und Schwierigkeitsgrad stark unterscheiden. Sie können auch nicht bei Leitungsstellen herangezogen werden, da die Aufgaben hier in der Regel weder inhaltlich noch zeitlich normierbar sind.

3.2.7 Abteilungsbildung

Je größer die Zahl der Stellen in einem Unternehmen ist, desto weniger kann eine einzige Instanz alle Leitungsaufgaben wahrnehmen. Um die Komplexität zu reduzieren werden Abteilungen gebildet, d.h. mehrere Stellen zusammengefasst und unbefristet einer Instanz unterstellt. Dadurch entstehen größere Organisationseinheiten mit verantwortlichen Vorgesetzten, was die oberste Instanz unmittelbar entlastet.[70]

Abteilungen erleichtern zudem die Koordination, da viele Abstimmungsprobleme innerhalb einer Abteilung gelöst werden können. Die Bildung von Abteilungen lässt sich damit unter **zwei Gesichtspunkten** betrachten:

- Als **Delegationsprozess** (**Top-down-Approach**) erfolgt die Abteilungsbildung von oben nach unten. Zwischen der obersten Instanz und den Ausführungsstellen werden Leitungsebenen eingezogen. Ein Teil der Leitungsaufgaben wird von oberen auf untere Instanzen übertragen. Im Mittelpunkt stehen **Komplexitätsreduzierung** und die Entlastung übergeordneter Instanzen.

- Die zweite Sichtweise betrachtet die Abteilungsbildung von unten nach oben. Es werden Stellen zu Abteilungen zusammengefasst. So entstehen relativ geschlossene Aufgaben- und Verantwortungsbereiche (**Bottom-up-Approach**). Das wichtigste Ziel ist die **Vereinfachung der Koordination** zwischen den Stellen, die einer Abteilung zugeordnet sind.

In der Praxis werden die Abteilungen auf den verschiedenen Hierarchieebenen je nach Unternehmen unterschiedlich bezeichnet, z.B. Arbeitsgruppe, Unterabteilung, Abteilung, Hauptabteilung, Fachbereich etc. Die Fachliteratur macht es sich einfacher und nennt alle

---

[70] vgl. Mellewigt (2004), Sp. 1356 ff.

organisatorischen Einheiten, die mehr als eine Stelle umfassen und über eine eigene übergeordnete Instanz verfügen, **Abteilung**. Je nach Hierarchieebene handelt es sich um Abteilungen **höherer oder niederer Ordnung**. Bei Abteilungen der niedrigsten Ordnung sind der Instanz ausschließlich Ausführungsstellen unterstellt, ansonsten hat eine Instanz wiederum Instanzen unter sich.

Beim Bottom-up-Prozess werden zunächst die Stellen als kleinste, selbständig handelnde organisatorische Einheiten zu Subsystemen zusammengefasst und einer einheitlichen Leitung unterstellt. Diese wird als **primäre Abteilungsbildung** bezeichnet, da erstmals zwischen der obersten Hierarchieebene und den Ausführungsstellen eine weitere Instanzenebene eingeführt wird.

Ab einer gewissen Unternehmensgröße ist es notwendig, mehr als zwei Hierarchieebenen zu bilden. Dazu fasst man die Abteilungen, die bei der primären Abteilungsbildung entstanden sind, zu größeren Einheiten zusammen. Diese fortschreitenden Vereinigungen von Abteilungen niederer Ordnung zu Abteilungen höherer Ordnung und die jeweilige Unterstellung unter eine Instanz, werden **sekundäre Abteilungsbildung** genannt. Die Vorgehensweise zeigt Abb. 3-12.

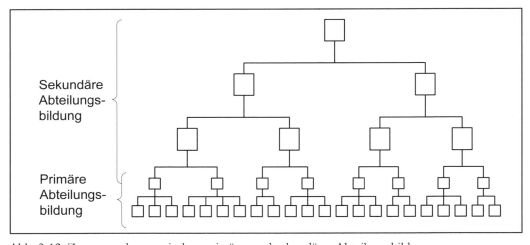

Abb. 3-12: Zusammenhang zwischen primärer und sekundärer Abteilungsbildung

Die bedeutsamsten Kriterien, nach denen die Abteilungsbildung erfolgen kann, sind:[71]

- Verrichtung
- Objekt
- Region
- Kundengruppen

---

[71] vgl. Kieser/Walgenbach (2007), S. 93 ff.

Bei der **verrichtungsorientierten Abteilungsbildung** fasst man Einheiten, die sich mit gleichen oder verwandten Funktionen befassen, zusammen. Teilefertigung, Vormontage und Endmontage werden z.B. zur Abteilung Produktion integriert.

Die **Spezialisierung nach Objekten** materieller oder immaterieller Art kombiniert diejenigen Einheiten, die sich mit demselben Objekt befassen. Dem technischen Vorstand eines Automobilherstellers könnten beispielsweise die drei Bereiche PKW, LKW und Motorräder unterstellt sein.

Eine **Abteilungsbildung nach Regionen** wird vorgenommen, wenn geographische Besonderheiten für das Erreichen der Unternehmensziele von großer Bedeutung sind. Dies trifft sehr oft auf den Vertrieb zu, beispielsweise wenn Kunden verschiedener Regionen sehr unterschiedliche Erwartungen hinsichtlich der Qualität der Produkte, des Services oder der Zahlungsmodalitäten haben. Bei internationalen Großunternehmen findet man oft eine Vertriebsgliederung in die Regionen EMEA (Europe, Middle East, Africa), Northern America, South America, Far East etc.

Eine **kundenorientierte Abteilungsbildung** ist dann angebracht, wenn einzelne Kundengruppen derart verschiedene Merkmale aufweisen, dass eine unterschiedliche Betreuung sinnvoll erscheint. Der Vertrieb könnte dann beispielsweise aus den Einheiten Privatkunden, Firmenkunden und Kunden aus dem Bereich öffentliche Hand bestehen.

Unabhängig davon, welches Kriterium zugrunde gelegt wird, soll die Abteilungsbildung an **drei Organisationsprinzipien** ausgerichtet werden:[72]

- Homogenitätsprinzip
- Beherrschbarkeitsprinzip
- Wirtschaftlichkeitsprinzip

Das **Homogenitätsprinzip** besagt, dass nur solche Stellen zusammengefasst werden sollen, die sachlich/fachlich zusammengehören. Die Abteilungsaufgaben müssen klar von denen anderer Abteilungen abgrenzbar sein. Dies verringert den Koordinationsaufwand zwischen den Einheiten.

Wie viele Stellen in einer Abteilung integriert werden können, richtet sich nach dem **Beherrschbarkeitsprinzip**. Die Stellen, die man sinnvoll zusammenfassen und einem Vorgesetzten unterstellen kann, sind nach oben begrenzt. Dies hängt insbesondere von der Art der Aufgaben, den vorhandenen Hilfs- und Sachmitteln (z.B. IT-Ausstattung) und der Qualifikation der Stelleninhaber ab.

Werden zu große Einheiten gebildet, dann wird die Instanz überlastet und kann ihren Leitungsaufgaben nicht umfassend nachkommen.

In großen Unternehmen gibt es oft sehr viele Stellen, die in einem natürlichen Zusammenhang stehen. Um die Beherrschbarkeit zu garantieren, werden sie in gleichartige Parallelabtei-

---

[72] vgl. Klimmer (2007), S. 25; Schulte-Zurhausen (2002), S. 186; Wittlage (1998), S. 81 f.

lungen aufgeteilt. Man nimmt eine **Mengenteilung** vor, z.B. ist Abteilung I für die Lohn- und Gehaltsabrechnung der Mitarbeiter zuständig, deren Nachnamen mit A-K beginnen, während sich Abteilung II mit den Abrechnungen von L-Z befasst.

Nach unten ist der Umfang der Abteilungen durch das **Wirtschaftlichkeitsprinzip** begrenzt, da die Bildung zusätzlicher Instanzen auch immer mit zusätzlichen Personalkosten für Vorgesetzte verbunden ist.

Außerdem ist bei der Abteilungsbildung grundsätzlich das **Kongruenzprinzip** zu beachten.

3.2.8 Grad der Spezialisierung und Tendenzen zur Generalisierung

3.2.8.1 Wirkungen der Spezialisierung und der Generalisierung

Aufgrund der enormen Produktivitätssteigerungen Anfang des 20. Jahrhunderts, die der Spezialisierung zu verdanken waren, kam es zur industriellen Revolution. Sie zeichnete sich durch stetig wiederkehrende Tätigkeiten (z.B. Fließbandarbeit) und entsprechende Massenproduktion aus.[73] Dafür wurden viele geringqualifizierte Mitarbeiter benötigt, die diese übersichtlichen, schnell erlernbaren Aufgaben übernahmen. Das führte dazu, dass sich die Stelleninhaber leicht ersetzen ließen.

Es waren vor allem Frederick Taylor und Henry Ford, deren Namen mit dieser Entwicklung verbunden sind.[74] So gilt Taylor als Wegbereiter der organisatorischen Vorgehensweise, die als wissenschaftliche Betriebsführung bzw. **Scientific Management** und später auch als Taylorismus bezeichnet wurde. Er propagierte insbesondere die konsequente Spezialisierung der ausführenden Stellen und eine detaillierte Standardisierung der einzelnen Arbeitsschritte.

Ford griff die Ideen des Taylorismus auf, ergänzte sie durch das **Fließprinzip** und setzte sie beim Automobilbau um. So zeichnete sich die Stellenbildung bei Ford durch einen besonders hohen Spezialisierungsgrad aus. Vor allem in der Fertigung wurden die Aufgaben bis zu einfachsten Verrichtungen herunter gebrochen, etwa indem ein Arbeiter lediglich Tag aus Tag ein zwei bestimmte Schrauben am linken Hinterrad eines Autos anbrachte. Es gab keinerlei Gestaltungsspielraum bei den jeweiligen Aufgaben. In Charlie Chaplins berühmtem Film „Moderne Zeiten" wird dies sehr anschaulich beschrieben. Diese Vorgehensweise wird auch **Fordismus** genannt.

Während man zu Beginn des 20. Jahrhunderts zunächst nur die ökonomischen Vorteile der starken Spezialisierung sah, rückten ab den sechziger Jahren zunehmend auch die Nachteile ins Blickfeld.

---

[73] vgl. Schmidt (2003), S. 50 f.

[74] vgl. Kirchler/Meier-Pesti/Hofmann (2005), S. 45 ff.

Vorteile starker Spezialisierung:

- Die **Anlern- und Einarbeitungszeiten** sinken, da jeder Mitarbeiter nur wenige einfache Aufgaben beherrschen muss.

- Die ständigen Wiederholungen führen rasch zu einem **Übungseffekt**, weshalb die Aufgaben schneller und genauer ausgeführt werden können und sowohl Quantität als auch Qualität der Leistung steigen.

- Die **Überwachung** wird erleichtert. Da jeder Mitarbeiter nur wenige Verrichtungen durchführt, lässt sich leicht feststellen, ob die Aufgaben korrekt ausgeführt werden oder nicht.

- Die **Arbeitsplätze** können **ergonomisch optimal** gestaltet werden.

- Der Einsatz von **Spezialmaschinen** ist möglich.

- Die **Personalkosten** sind niedrig, da Mitarbeiter, die im Extremfall auf wenige Handgriffe spezialisiert sind, wegen ihrer geringen Qualifikation auch nur ein geringes Entgelt erhalten.

Die **Nachteile** sind:

- Die Konzentration auf wenige, kleine, immer wiederkehrende Tätigkeiten führt häufig zu einseitigen körperlichen Belastungen, was mehr Erholung erfordert. Außerdem nehmen die gesundheitlichen Beeinträchtigungen zu.

- Die Fähigkeit der Stelleninhaber, sich **anzupassen und umzustellen**, sinkt. Sie verlernen zudem ihre ursprünglich vorhandenen Fähigkeiten, da diese nutzlos geworden sind. Die berufliche Mobilität wird eingeschränkt, insbesondere bei älteren Arbeitnehmern. Hentze/Kammel sprechen in diesem Zusammenhang von einem **Deskilling-Prozess**.[75]

- Die **fehlende Flexibilität** gilt nicht nur für die Mitarbeiter. Häufig werden hochentwickelte Spezialmaschinen angeschafft, die nur noch bedingt verwendet werden können, wenn das Produktionsprogramm verändert wird.

- Um die Flexibilität zu erhöhen und die Störanfälligkeit zu verringern, müssen zusätzlich teure Universalmaschinen und hochbezahlte Springer vorhanden sein, die viele Teilaufgaben beherrschen, was **zusätzliche Kosten** auslöst.

- Die starke Spezialisierung führt zu **monotoner Arbeit**. Die Arbeitnehmer zeigen kein besonderes Interesse an ihren Aufgaben. Sie werden deshalb unaufmerksam, die Fehlerrate steigt, die Qualität der Arbeitsergebnisse sinkt und die Ausschussquote nimmt zu.

---

[75] vgl. Hentze/Kammel (2001), S. 449

- Die **Störanfälligkeit** steigt. Wenn Spezialmaschinen oder spezialisierte Arbeitkräfte ausfallen, können Produktionsstopps die Folge sein.

- Der Sinnzusammenhang der Arbeit geht verloren. Die Mitarbeiter können oft nicht mehr nachvollziehen, welchem Zweck ihre Aufgabe dient und welche Bedeutung sie für das Produkt bzw. das Unternehmen hat. Die Folgen sind **Entfremdung vom Endprodukt**, die Scheu, Verantwortung zu übernehmen und zunehmende Unzufriedenheit mit der Arbeit.

Monotonie und Entfremdung vom Endprodukt lassen die Abwesenheits- und Fluktuationsraten ansteigen.

Die Vor- und Nachteile müssen im Einzelfall gegeneinander abgewogen werden, um zu entscheiden, wie weit die Spezialisierung vorangetrieben werden soll. Einen allgemein sinnvollen, idealen **Spezialisierungsgrad** gibt es nicht. Er ist stets individuell von der jeweiligen Unternehmenssituation abhängig.

Spezialisierung muss nicht grundsätzlich mit Dequalifizierung verbunden sein. Viele Spezialaufgaben erfordern vielmehr hohe Qualifikation. Beispiele sind ein Herzchirurg in einem Spezialkrankenhaus, ein Atomphysiker in einem Forschungslabor oder ein Mitarbeiter der strategischen Personalentwicklung in einem Großunternehmen. Auf sie treffen die negativen Auswirkungen der Spezialisierung nur in Ausnahmefällen zu.

Ein hoher Spezialisierungsgrad im taylorischen Sinn gilt in modernen Industrie- und Dienstleistungsgesellschaften **nicht mehr als zeitgemäß** und ist überholt. Für die organisatorische Gestaltung sind die Grundgedanken jedoch nach wie vor von Bedeutung.

Eine hohe Spezialisierung ist unter diesen **Voraussetzungen** sinnvoll:[76]

- stabile Unternehmensumwelt
- hohe Produktionsmengen bei geringer Produktdiversifikation
- geringe Anforderungen an die Flexibilität
- langfristig gleichbleibende Produkte
- sich kaum ändernde Produktionsverfahren
- genügend gering qualifizierte Mitarbeiter

Da diese Faktoren immer seltener vorliegen, gilt eine **geringere Spezialisierung** heute als sinnvoll. Wegen der negativen Auswirkungen verzichten immer mehr Unternehmen auf Extremformen zugunsten einer stärkeren **Generalisierung**. Stichworte in diesem Zusammenhang sind auch Humanisierung der Arbeit, bessere Qualität des Arbeitslebens und Demokratisierung der Arbeitswelt.

---

[76] vgl. Weinert (2002), S. 15

Für eine zunehmende Generalisierung sprechen diese Aspekte:

- marktwirtschaftliche Entwicklungen
- technische Einflüsse
- gesellschaftliche und sozialpolitische Entwicklungen

Die **marktwirtschaftliche Entwicklung** tendiert immer stärker zu Käufermärkten. Verkäufermärkte gibt es immer seltener, da das Waren- und Dienstleistungsangebot die Nachfrage übersteigt, womit es zum „Kampf um den Kunden" kommt. Der verstärkte Wettbewerb und die zunehmend internationale Konkurrenz erfordern mehr Flexibilität, z.B. bei den Produktvarianten, bei den Liefer- und Zahlungsmodalitäten und beim Service. Die Kunden achten mehr auf die Qualität, was den Kostendruck erhöht. Gleichzeitig werden die Produktlebenszyklen immer kürzer. Einfach qualifizierte Mitarbeiter sind unter diesen Voraussetzungen immer weniger gefragt. Die hohe Spezialisierung verringert die Anpassungsfähigkeit an diese Entwicklungen.

Generalisierungstendenzen werden außerdem durch **technische Einflüsse** begünstigt. Da Produktionsmittel und -techniken immer schneller veralten, ist es von Unternehmensseite notwendig, dafür zu sorgen, dass die Mitarbeiter mit den technologischen Veränderungen Schritt halten können. Die Unternehmen sind gezwungen, laufend für eine entsprechende Weiterqualifikation zu sorgen. Flexibilität und geistige Beweglichkeit des Personals, die durch organisatorische Rahmenbedingungen gefördert werden, entwickeln sich in einer solchen Situation zum Wettbewerbsvorteil.

Letztlich sind auch **gesellschaftliche und sozialpolitische Entwicklungen** ursächlich für die zunehmende Generalisierung. Die meisten Mitarbeiter weisen heute wesentlich bessere Anfangsqualifikationen auf als zu Zeiten der industriellen Revolution. Man kann von ihnen mit größerer Selbstverständlichkeit erwarten, dass sie hochwertigere Aufgaben erfüllen können. Außerdem haben sie oft andere Einstellungen und Bedürfnisse hinsichtlich der Arbeitssituation als frühere Generationen. Insbesondere wird unterstellt, dass sie mehr Interesse an umfassenden Aufgaben haben.

Während man früher, besonders in den sechziger und siebziger Jahren, vor allem unter humanitären Gesichtspunkten über eine Verringerung des Spezialisierungsgrades diskutierte, ergibt sich der Zwang zum organisatorischen Handeln heute bereits aufgrund der **ökonomischen Notwendigkeit**.

Die neuen Konzepte der Arbeitsstrukturierung sind jedoch auch als Anreize zu verstehen, die dazu dienen sollen, dass die heutigen Mitarbeiter ihre Bedürfnisse in der Arbeitssituation verwirklichen können und motiviert sind, hochwertige Leistungen zu erbringen. Zudem soll durch neue Möglichkeiten der sozialen Interaktion die **berufliche Sozialisation** der Stelleninhaber verändern werden.

Aus organisatorischer Sicht führen sie zu einer **Änderung der Stellenaufgaben** und haben zudem umfangreiche **Auswirkungen auf die Prozessorganisation**. Abb. 3-13 zeigt die **erwünschten Wirkungen**.

Maßnahme	Erwünschte Wirkungen	
	Einzelner Maßnahmen	insgesamt
Veränderung von Arbeitsinhalt und Arbeitsumfang	Erkennen des Produktionszusammenhangs Identifizierung mit der Arbeit Verringerung der Monotonie Vermeidung einseitiger körperlicher Belastung	Motivation Leistung Arbeitszufriedenheit
Veränderung von Autonomiegraden und Automiebereichen	Stärkung des Verantwortungsgefühls Vergrößerung des Entscheidungsspielraums	
Stärkung der Selbstkontrolle	Kenntnis der Ergebnisse und der eigenen Leistung Schnelleres Eingreifen bei Fehlern Qualitätsverbesserung	
Verbesserung der sozialen Interaktionsmöglichkeiten	Humanisierung des Arbeitsprozesses Veränderung der betrieblichen Sozialisation der Mitarbeiter	

Abb. 3-13: Generalisierungstendenzen und erwünschte Wirkungen[77]

3.2.8.2 Neue Methoden der Arbeitsstrukturierung

Die bekanntesten neuen Methoden der Arbeitsstrukturierung sind:

- Job Enlargement
- Job Enrichment
- Job Rotation
- teilautonome Arbeitsgruppen

---

[77] vgl. Nicolai (2006), S. 154; in Anlehnung an Hentze/Kammel (2001), S. 451

Durch **Job Enlargement** (Aufgabenerweiterung) wird eine starke horizontale Arbeitsteilung rückgängig gemacht. Der inhaltliche Arbeitsumfang vergrößert sich, da mehrere gleichwertige Aufgaben zusammengefasst werden. Das Anforderungsniveau der Stelle wird dabei nicht verändert, es handelt sich um eine rein quantitative Maßnahme. Stelle 1 hat beispielsweise im Zeitraum X 150 Mal Aufgabe A durchzuführen, Stelle 2 im selben Zeitraum 150 Mal Aufgabe B und Stelle 3 erfüllt 150 Mal Aufgabe C. Nach der Generalisierung bekommt jede der drei Stellen je 50 Mal die Aufgaben A, B und C.

Arbeitserweiterung trifft man sowohl im Produktions- als auch im Dienstleistungs- und Verwaltungssektor an. Sie dient in erster Linie dazu, Monotonie und Demotivation sowie einseitige körperliche Belastungen abzubauen. Empirische Untersuchungen konnten auch eine Steigerung der Produktivität und der Qualität nachweisen.[78]

Der Stelleninhaber muss für das Job Enlargement über zusätzliche Qualifikationen verfügen, die auf demselben Niveau wie seine bisherigen Kompetenzen liegen. In der Regel handelt es sich um leicht zu erlernende, einfache Aufgaben, die hinzugefügt werden.

Die Arbeitserweiterung führt häufig dazu, dass zusätzliche Sachmittel angeschafft bzw. vorhandene Sachmittel verändert werden müssen. Während im obigen Beispiel die drei Stellen zuvor jeweils ein unterschiedliches Spezialwerkzeug zur Aufgabenerfüllung benutzten, muss nun jede Stelle über alle drei Werkzeuge verfügen. Alternativ könnten, falls möglich, drei universal einzusetzende Sachmittel angeschafft werden.

Soziale Interaktionsmöglichkeiten werden durch Job Enlargement nicht verbessert.

Job Enrichment (Arbeitsbereicherung) verändert die Arbeitsteilung in qualitativer Hinsicht, indem es den Entscheidungs- und Kontrollspielraum einer Stelle vergrößert. Außerdem kommen oft qualitativ unterschiedliche Ausführungsaufgaben hinzu. Es handelt sich um eine horizontale und eine vertikale Änderung der Spezialisierung.

Der Stelleninhaber arbeitet selbständiger und übernimmt Verantwortung für sein Handeln und die Ergebnisse. Er erhält die Gelegenheit, seinen Arbeitsprozess in vorgegebenen Grenzen individuell zu planen und seinen Bedürfnissen entsprechend zu gestalten. Die umfangreichere Selbstbestimmung soll zur Persönlichkeitsentfaltung beitragen. Die Fremdkontrolle durch Vorgesetzte wird weitgehend durch Selbstkontrolle ersetzt und die Verlaufskontrolle zugunsten der Ergebniskontrolle verringert. Die traditionelle Trennung von leitenden und ausführenden Stellen wird aufgebrochen, die starren hierarchischen Strukturen werden gelockert.[79]

Da bei der Arbeitsbereicherung qualitativ unterschiedliche Teilaufgaben zusammengefasst werden, sind die notwendigen Personalentwicklungsmaßnahmen umfangreicher, langwieriger und kostenintensiver als beim Job Enlargement. Die Mitarbeiter müssen zudem die Bereitschaft mitbringen, anspruchsvollere Aufgaben übernehmen zu wollen. Die bessere Qualifikation führt in der Regel zu höherem Entgelt.

---

[78] vgl. Hentze/Kammel, (2001), S. 453

[79] vgl. Schulte-Zurhausen (2002), S. 139

Die sozialen Interaktionsmöglichkeiten werden gegenüber dem vorherigen Zustand kaum verändert.

Bei systematischem Arbeitsplatzwechsel, auch **Job Rotation** genannt, wechselt ein Stelleninhaber seinen Arbeitsplatz nach einem vorgegebenen oder selbst gewählten Rhythmus innerhalb seiner Arbeitsgruppe. Der Spezialisierungsgrad ändert sich nicht, die Aufgaben variieren stattdessen in örtlicher und zeitlicher Hinsicht.

Durch Job Rotation lässt sich Monotonie abbauen und die Entfremdung vom Endprodukt vermeiden, außerdem werden einseitige körperliche Belastungen verringert. Wenn der Arbeitsplatzwechsel entlang der Verrichtungsabfolge verläuft, lernt der Stelleninhaber den Arbeitsprozess vollständig kennen, womit er ihn in den Gesamtzusammenhang der Leistungserstellung einordnen kann. Man erhofft sich davon mehr Verantwortungsbewusstsein bei der Aufgabenerfüllung.

Regelmäßige Variationen der Anforderungen fördern eine Steigerung der persönlichen Qualifikation und erhöhen die Flexibilität, sodass sich die Stelleninhaber leichter gegenseitig vertreten können und neuen Aufgabenstellungen grundsätzlich aufgeschlossener gegenüberstehen.

Die Kenntnis der verschiedenen Teilaufgaben ermöglicht darüber hinaus ein schnelleres Eingreifen bei Fehlern, was wiederum zur Qualitätsverbesserung der Produkte beiträgt und die Ausschussrate sinken lässt.

Die sozialen Interaktionsmöglichkeiten verbessern sich nicht wesentlich. Die Motivationswirkung von Job Rotation wird eher zurückhaltend beurteilt, da eine Identifizierung mit den ständig wechselnden Aufgaben kaum möglich ist.[80]

Teilautonome Arbeitsgruppen verbinden diese drei Formen der Arbeitsstrukturierung mit zusätzlicher, weitgehender Selbständigkeit der Stelleninhaber. Einer Arbeitsgruppe wird ein zusammenhängender Aufgabenkomplex übertragen, für den sie als Gruppe die Verantwortung übernimmt. Entscheidungs-, Planungs-, Ausführungs- und Kontrollmaßnahmen erfüllt sie weitgehend selbständig, womit eine übergeordnete Instanz im Extremfall nahezu überflüssig wird. Die Einbindung in die Organisation, wird verstärkt über die Vorgabe von Leistungszielen und Qualitätsstandards vollzogen.

Bei der Bildung teilautonomer Arbeitsgruppen werden viele Aufgaben, die ursprünglich von Instanzen bzw. anderen Abteilungen durchgeführt wurden, aus den bisherigen Stellen herausgelöst und den Teams übertragen. Das führt zwangsläufig zu weitreichenden Veränderungen bei der horizontalen und vertikalen Arbeitsteilung und bei der Führungsorganisation des gesamten Unternehmens.

Während teilautonome Arbeitsgruppen früher hauptsächlich bei der Fertigung materieller Güter eingesetzt wurden, findet man sie heute auch im Verwaltungsbereich.

---

[80] vgl. Schanz (2000), S. 571

Obwohl Generalisierungsbestrebungen in sehr vielen Fällen vorteilhaft sind, ist eine Verringerung der Spezialisierung manchmal dennoch aus wirtschaftlichen, technischen oder organisatorischen Gründen nicht möglich.

Durch die **Umgestaltung der Arbeitsumgebung** können die Nachteile der Spezialisierung in diesen Fällen zumindest abgemildert werden. So wird durch eine sinnvolle ergonomische Gestaltung des Arbeitsplatzes einseitiger körperlicher Belastung und damit auch möglichen Gesundheitsschäden vorgebeugt. Durch eine optimale Ausleuchtung der Arbeitsumgebung lässt sich die Fehlerquote verringern und die Qualität steigern. Eine harmonische und abwechslungsreiche Farbgestaltung verändert zwar nicht monotone Aufgabenstellungen, trägt jedoch zumindest dazu bei, dass die Arbeitsumgebung freundlicher wirkt, während eine eintönige Farbgestaltung die Monotonie oft noch unterstreicht.

3.3 Gestaltungsparameter Koordination

3.3.1 Überblick

Aufgrund ihrer Spezialisierung müssen die Organisationseinheiten im Hinblick auf die übergeordneten Unternehmensziele aufeinander abgestimmt werden. Mit dieser Aufgabe befasst sich der Gestaltungsparameter **Koordination**. Er ist neben der Spezialisierung das zweite organisatorische Grundprinzip, das alle Organisationen charakterisiert.

Dabei geht es um die bewusste Ausgestaltung der formalen Beziehungen und der Abstimmung der Einzelaktivitäten zwischen den Einheiten.

Generell steigt der Koordinationsaufwand mit zunehmender Spezialisierung.

Die **zentralen Fragen** beim Gestaltungsparameter Koordination lauten:

- **Wie kann die Abstimmung zwischen den Stellen und Abteilungen geregelt werden, wenn die Organisationseinheiten nicht selbst darüber bestimmen sollen?** (Kapitel 3.3.2)

- **Welche Möglichkeiten der Koordination gibt es, wenn die Organisationseinheiten die Abstimmung weitgehend eigenständig vornehmen sollen?** (Kapitel 3.3.3)

Obwohl man sich in der Literatur einig ist, dass zur Organisation Regelungen zur Koordination gehören, gibt es sehr unterschiedliche Vorschläge zur Systematisierung der möglichen Koordinationsinstrumente.[81]

---

[81] vgl. Kieser/Walgenbach (2007), S. 101

Überwiegend wird jedoch der Einteilung von Kieser/Walgenbach gefolgt. Danach erfolgt die Koordination durch

- persönliche Weisungen,
- Programme,
- Pläne,
- Selbstabstimmung,
- interne Märkte und
- Unternehmenskultur.[82]

Bea/Göbel greifen diese Instrumente auf, ergänzen sie um die **Professionalisierung** und fassen die ersten drei unter dem Begriff **Fremdkoordination** zusammen, da hier die Abstimmung nicht durch die Mitarbeiter selbst erfolgt.

Die anderen Instrumente werden der **Selbstkoordination** zugerechnet, da die Stelleninhaber die Abstimmung selbst vornehmen oder sie sich manchmal ohne bewusste Gestaltung von allein ergibt. In der Praxis setzt man immer mehrere, sich ergänzende Instrumente der Fremd- und Selbstkoordination ein.

3.3.2 Instrumente der Fremdkoordination

Persönliche Weisungen durch Vorgesetzte, Programme und Pläne sind die Instrumente der Fremdkoordination, wie Abb. 3-14 zeigt.

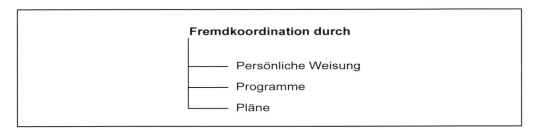

Abb. 3-14: Überblick über die Instrumente der Fremdkoordination

Da es sich bei persönlichen Weisungen immer um direkte Interaktion zwischen zwei Personen handelt, werden sie auch als **persönliches Instrument** der Koordination bezeichnet.[83] Die anderen Instrumente der Fremdkoordination, die nicht von vornherein auf einen persönlichen Kontakt zwischen Mitarbeiter und Vorgesetztem ausgelegt sind, nennt man **technokratische Instrumente**.

---

[82] vgl. Kieser/Walgenbach (2007), S. 108

[83] vgl. Wittlage (1998), S. 203

3.3.2.1 Koordination durch persönliche Weisungen

Die Koordination durch persönliche Weisungen stellt die unmittelbarste Form der Koordination dar. Hier erteilt eine übergeordnete Instanz den ihr direkt unterstellten Organisationseinheiten persönliche Anordnungen. Diese geben dann, sofern es sich ebenfalls um Instanzen handelt, den ihren unterstellten Einheiten Weisungen. Es bleibt den Vorgesetzten selbst überlassen, wann sie welche Entscheidungen fällen und welche Anordnungen sie geben. Der Entscheidungsspielraum der untergeordneten Einheiten wird dadurch im Sinne der Weisunggebenden eingeschränkt.

Der **Koordinationsmechanismus**, nach dem die Abstimmung hier erfolgt, ist die **Personen- oder Amtshierarchie**.

Die Koordination verläuft **vertikal** von oben nach unten. Sie setzt voraus, dass formale Über- und Unterstellungsverhältnisse bestehen, wie sie im Zusammenhang mit der Abteilungsbildung beschrieben wurden.

Vorteile der Koordination durch persönliche Weisungen:

- **Leichte Gestaltbarkeit:** Es werden nur die grundsätzlichen Entscheidungskompetenzen vorgegeben. Die inhaltliche Ausgestaltung der Koordination ist Sache der jeweiligen Instanz und erfolgt im Einzelfall.

- **Schnelle Einsetzbarkeit:** Diese Koordinationsform ist sehr flexibel, da Entscheidungen ad hoc getroffen werden können und sich Inhalt und Umfang der persönlichen Weisungen nach dem Stelleninhaber und seinem jeweiligen Problem richten.

Die **Nachteile:**

- **Potenzielle Überlastung der Instanz:** Die persönliche Koordination im Einzelfall erfordert einen relativ großen Teil der Arbeitszeit der Instanz, die nicht für andere Leitungsaufgaben verwendet werden kann.

- **Notwendigkeit hoher Qualifikation:** Je nach Art der zu koordinierenden Aufgaben ist es notwendig, dass die Instanz über eine sehr hohe Qualifikation verfügt. Dies gilt umso mehr, wenn es sich um hochwertige Abteilungsaufgaben, viele Organisationseinheiten, komplexe Abhängigkeiten oder lange Zeiträume handelt.

- **Überlastung der Kommunikationswege:** Eine überwiegende Koordination durch persönliche Anweisungen erhöht die Koordinationsaufgaben. Es kann sein, dass die unterstellten Einheiten nicht sofort eine Weisung erhalten, wenn der Vorgesetzte mit der persönlichen Koordination anderer Einheiten beschäftigt ist.

- **Akzeptanzprobleme:** Die Untergebenen müssen die Hierarchie als Machtgrundlage sowie ihren Vorgesetzten als Autorität anerkennen, andernfalls kommt es zu Widerständen gegen seine Anweisungen.

Eine ausschließliche Koordination durch persönliche Weisungen findet sich nur in sehr kleinen Unternehmen. In anderen Unternehmen werden immer zusätzliche Instrumente eingesetzt, um die Nachteile zu verringern.

Persönliche Weisungen sollten weitgehend auf Situationen beschränkt werden, die **kurzfristig hohe Flexibilität** erfordern.

3.3.2.2 Koordination durch Programme

Ein weiteres Instrument der Fremdkoordination ist die Koordination durch Programme. Darunter versteht man die Abstimmung mithilfe von verbindlich vorgegebenen Verhaltensrichtlinien und Standards. Für sich häufig wiederholende Aufgaben empfiehlt es sich, feste, generelle Vorgehensweisen vorzugeben und sie nicht bei jedem Einzelfall neu zu regeln.

Mit Programmen lässt sich nicht die Komplexität der Probleme reduzieren. Sie können unterschiedlich detailliert ausgearbeitet sein und enthalten Anweisungen, wie und mit welchen Verfahren die Abstimmung der Aktivitäten zwischen den Stelleninhabern vorgenommen werden muss oder soll.[84] Die Koordination mittels Programmen beruht oft auf Erfahrungen. Vorgehensweisen, die sich in ähnlichen Situationen in der Vergangenheit bewährt haben, werden als Vorgabe festgelegt.

Als **Koordinationsmechanismus** dient die **Standardisierung von Verhaltensweisen**.

Beispiele sind Standards zur Bearbeitung von Kundenanfragen, Vorschriften bei der Gehaltsfestlegung, Richtlinien zur optimalen Bestellmenge beim Materialeinkauf. Der Mitarbeiter erhält detaillierte Anweisungen für seine Aufgabenerfüllung, ohne dass sein Vorgesetzter in jedem Einzelfall persönlich eingreifen muss. Auf diese Weise verringert sich der Koordinationsaufwand der Instanz. Sie muss allenfalls anordnen, dass ein bzw. welches Programm anzuwenden ist.

Die **Vorteile** sind:

- **Bessere Arbeitseffizienz:** Die Aufgaben werden schneller erfüllt.
- **Verbesserung der Qualität:** Die Vorgabe und Einhaltung von Standards erhöht die Qualität der erstellten Güter und Dienstleistungen.
- **Verringerung des Abstimmungsbedarfs:** Die Notwendigkeit zu persönlicher Koordination wird stark verringert.
- **Entlastung des Vorgesetzten:** Die Instanz kann sich stärker anderen Leitungs- und Führungsaufgaben widmen.
- **Entpersonalisierung der Entscheidungen:** Die Koordination durch Programme wird mit der Zeit eher als normale Routine und als eigene Entscheidung für eine zweckmäßige Vorgehensweise erlebt, denn als Fremdkoordination.

---

[84] vgl. Klimmer (2007), S. 28 f.

Nachteile der Koordination durch Programme:

- **Bürokratisierung:** Die Notwendigkeit, Programme möglichst genau zu definieren, damit sie ohne Rückfragen verständlich sind, bringt erheblichen bürokratischen Aufwand mit sich.
- **Mangelnde Flexibilität:** Es besteht die Gefahr, dass die Mitarbeiter die Programme stur anwenden und situationsspezifische Überlegungen weitgehend unterlassen.
- **Falsche Anwendung:** Programme werden teilweise aus Bequemlichkeit auch in Situationen eingesetzt, für die sie nicht gedacht sind und auf die sie nicht passen, da dafür (noch) keine Programme vorhanden sind. Ähnliche Aufgaben werden künstlich standardisiert, um vorhandene Programme verwenden zu können.
- **Verlust von Eigeninitiative:** Die Koordination über Programme kann dazu führen, dass Mitarbeiter nicht mehr darüber nachdenken, ob es bessere Abstimmungsmöglichkeiten gibt.

3.3.2.3 Koordination durch Pläne

Pläne sind Vorwegnahmen zukünftigen Handelns. Sie werden nach festgelegten Verfahren im Rahmen institutionalisierter, systematischer, periodischer Planungsprozesse erarbeitet. Pläne sind zeitlich befristet und ergebnisorientiert. Man unterscheidet zwischen **strategischer, taktischer und operativer Planung**. Abb. 3-15 grenzt die Planungsebenen nach dem Planungshorizont, den Zielgrößen sowie den Variablen voneinander ab und zeigt ihre charakteristischen Merkmale.

Der **Koordinationsmechanismus** bei der Koordination durch Pläne ist die Ergebnisvorgabe, d.h. die **Standardisierung des Outputs**.[85]

Ein sehr bekanntes, in der Praxis häufig anzutreffendes Beispiel für die Koordination durch Pläne ist das **Management by Objectives (MbO)**.[86] Der Stelleninhaber erhält Zielvorgaben bzw. handelt mit seiner übergeordneten Instanz aus, welche Ziele in welchem Ausmaß erreicht werden sollen. Außerdem wird ein Zeitpunkt festgelegt, bis zu dem die Zielerreichung abgeschlossen sein muss. In der Wahl der Mittel, wie er das Ziel erreichen will, ist der Mitarbeiter weitgehend frei. Sein Handlungsspielraum ist also deutlich größer als bei der Koordination durch persönliche Weisungen oder Programme. Er wird lediglich durch den Präzisionsgrad des vorgegebenen Ziels eingeschränkt.[87]

---

[85] vgl. Bea/Göbel (2006), S. 308

[86] vgl. ausführlich zum MbO Jones/Bouncken (2008), S. 332 ff.

[87] vgl. Schreyögg (2004), S. 170 f.

	Strategische Planung	**Taktische Planung**	**Operative Planung**
Planungshorizont	Langfristig von fünf bis über zehn Jahre	Mittelfristig bis ca. fünf Jahre	Kurzfristig bis ein Jahr und kürzer
Beispiele für Zielgrößen	Qualitative Zielgrößen • Erfolgspotenziale • Bestimmungsgrößen des Gewinns	Quantitative und qualitative Zielgrößen • Produktziele • Mehrperiodige Erfolgsziele (z.B. Kapitalwert) • Erhaltung der Zahlungsfähigkeit	Quantitative und qualitative Zielgrößen • Produktionsziele (z.B. Kapazitätsauslastung, Durchlaufzeiten) • Kurzfristige Erfolgsziele (z.B. Periodengewinn, Deckungsbeitrag) • Sicherung der kurzfristigen Liquidität
Wesentliche Variablen	• Produkt- und Marktstrategien • Geschäftsfelder • Standorte	• Quantitatives und qualitatives Produktionsprogramm • Investitions- und Finanzierungsprogramme • Personalausstattung • Personalentwicklung	• Ablaufplanung • Losgrößenplanung • Kapazitätsabstimmung • Personaleinsatzplanung
Charakteristische Merkmale	• gesamtunternehmensbezogen • hohes Abstraktionsniveau • Geringer Planungsumfang • Geringe Detailliertheit • Qualitative Ausrichtung • Langfristige Rahmenplanung	• Funktionsbezogen • Mittleres Abstraktionsniveau • Mittlerer Planungsumfang • Zunehmende Detailliertheit • Stärker quantitative Ausrichtung • Konkretisierung der Rahmenplanung	• Produktionsziele (z.B. Kapazitätsauslastung, Durchlaufzeiten) • Geringes Abstraktionsniveau • Geringer Planungsumfang • Hohe Detailliertheit und Vollständigkeit • Quantitative Ausrichtung • Umsetzung der taktischen Planung in Durchführungspläne

Abb. 3-15: Charakteristische Merkmale der Planungsebenen[88]

---

[88] in Anlehnung an Küpper (2004), Sp. 1155

Es hat sich jedoch nicht als sinnvoll erwiesen, den gesamten betrieblichen Abstimmungsprozess mittels Management by Objectives zu gestalten. Zum einen besteht in Wirklichkeit in vielen Bereichen keine vollständige Freiheit bei der Mittelwahl. Knappe Ressourcen und zeitliche Abhängigkeiten führen zu vielfältigen Interdependenzen. Diese Probleme müssen mithilfe der anderen Koordinationsinstrumente gelöst werden. Zum anderen ist die Zukunft zu wenig vorhersehbar, als dass allein eine Koordination über die Standardisierung des Outputs ausreichend wäre. Der ständige Änderungsaufwand aufgrund nicht vorhergesehener Ereignisse wäre viel zu umfangreich.

Das MbO hat sich vor allem auf den mittleren Hierarchieebenen sehr bewährt, wo es mittlerweile zum **Standardinstrument der Fremdkoordination** geworden ist.

Die Koordinationswirkung von Plänen hängt stark davon ab, inwieweit es gelingt, künftige Entwicklungsmöglichkeiten zu erfassen. Sie steigt mit dem Detailliertheitsgrad der Pläne. Besonders häufig wird die Koordination durch Pläne im Rahmen der Konzernorganisationen in Form einer Holdingstruktur eingesetzt.

Vorteile der Koordination durch Pläne:[89]

- **Hohe Transparenz:** Alle Organisationseinheiten sind über die Leistungserwartungen, die an sie gestellt werden, genau informiert.

- **Frühzeitiges Erkennen von Abstimmungsnotwendigkeiten:** Ermittlung und Vergleich von Sollvorgaben und Ist-Werten ermöglichen es, dass frühzeitig Abweichungen festgestellt, Ursachen analysiert und Steuerungsmaßnahmen eingeleitet werden können.

Nachteile der Koordination durch Pläne:

- **Hoher zeitlicher Aufwand:** Der zeitliche Bedarf für die Erstellung der Pläne und ihrer regelmäßiger Abstimmung untereinander ist erheblich.

- **Hoher finanzieller Aufwand:** Häufig sind Stabsstellen in eigens geschaffenen zentralen Planungsabteilungen mit der Erstellung der Pläne beauftragt. Diese fachlich hochqualifizierten Spezialisten sind im unternehmensspezifischen Gehaltsgefüge in der Regel weit oben angesiedelt und erhalten ein entsprechendes Entgelt.

- **Gefahr der Bürokratisierung:** Die Planungsabteilungen neigen dazu, ihre Daseinsberechtigung durch umfangreiche bürokratische Maßnahmen zu rechtfertigen.

- **Realitätsferne:** Strategische und taktische Pläne beruhen oft auf unrealistischen Annahmen zu künftigen Entwicklungen, vor allem, wenn das Unternehmen in einer dynamischen Umwelt agiert. Zum Teil ist die Realitätsferne auch darauf zurückzuführen, dass die Planungsabteilungen zu wenig mit der Praxis vertraut sind und die Linienstellen nicht in ausreichendem Maß in den Planungsprozess einbezogen werden.

---

[89] vgl. Klimmer (2007), S. 30; Vahs (2007), S. 119

3.3.3 Instrumente der Selbstkoordination

Wie Abb. 3-16 zeigt, stehen für die **Selbstkoordination** diese Instrumente zur Verfügung:

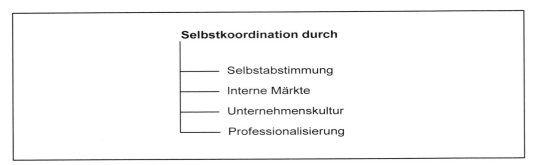

Abb. 3-16: Überblick über die Instrumente der Selbstkoordination

3.3.3.1 Koordination durch Selbstabstimmung

Die Koordination durch Selbstabstimmung ist das Gegenmodell zur Fremdkoordination durch persönliche Weisungen.

An die Stelle der Entscheidungen und Weisungen des Vorgesetzten **tritt als Koordinationsmechanismus** die selbständige, **gegenseitige Abstimmung** der betreffenden **Stellen auf horizontaler Ebene**. Sie reduziert die Notwendigkeit zur vertikalen Kommunikation erheblich.

Mit Selbstabstimmung sind hier nicht die spontanen, meist unverbindlichen Gespräche zwischen Stelleninhabern gemeint. **Spontane Selbstabstimmung** wird in der Regel nicht als Instrument der Organisation angesehen, da sie nicht absichtlich und gezielt ist.

Die neuere Organisationsforschung empfiehlt jedoch, spontane Formen aufzugreifen und zu institutionalisieren, um sie für das Unternehmen nutzbar zu machen. Beispiele sind regelmäßige, geplante Treffen von Mitarbeitern, etwa Arbeitsessen, bei denen ein bestimmtes Thema vorgeben und bei denen Privates und Berufliches verbunden wird. Der **Übergang** zwischen spontaner und verbindlicher Selbstabstimmung ist **fließend**.

Der Schwerpunkt der Koordination durch Selbstabstimmung liegt jedoch auf der **Schaffung verbindlicher, autorisierter Problemlösungen**.[90]

Die moderne Informations- und Kommunikationstechnologie unterstützt die Selbstabstimmung. **Telefon- und Videokonferenzen, Internet, Intranet und E-Mails** sind seit den neunziger Jahren selbstverständlich geworden. Auf diese Weise können **virtuelle Teams**

---

[90] vgl. Schreyögg (2003), S. 174

über Abteilungs- und Ländergrenzen hinweg gebildet werden.[91] Die Selbstabstimmung mithilfe der IT reduziert teure Dienstreisen und Flüge.

Inzwischen hat eine neue **Technologiegeneration** Einzug in die Unternehmenswelt gehalten. Viele Unternehmen fördern die Kommunikation mittels **Web-2.0-Techniken**. Dazu gehören beispielsweise **soziale Netzwerke und Blogs**.[92] Sie sind insofern Instrumente der Selbstabstimmung, als sie – gezielt und von der Unternehmensleitung autorisiert – zur Lösung fachlicher Probleme eingesetzt werden können. Formale und informale Beziehungen lassen sich bei diesen Instrumenten oft kaum noch trennen.

Bei **sozialen Netzwerken im Unternehmen** handelt es sich um gezielt geschaffene, allerdings bewusst lose gehaltene **computerbasierte Zusammenschlüsse** von Mitarbeitern, die sich einen Vorteil davon versprechen. Anders als bei privaten Netzwerken steht hier die Arbeitserleichterung im Mittelpunkt. So hat Rheinmetall ein soziales Netzwerk etabliert, aus dem ersichtlich ist, welche Aufgaben und Kompetenzen die beteiligten Mitarbeiter haben. Auf diese Weise lassen sich schnell Ansprechpartner für spezielle Probleme finden und gezielt befragen.

Blogs sind internet- oder intranetbasierte Plattformen für den Meinungsaustausch. Jeder Zugangsberechtigte kann die Informationen, die andere Teilnehmer eingestellt haben, lesen und kommentieren sowie eigene Mitteilungen schreiben. Blogs bieten sich insbesondere für Teammitglieder an, die räumlich weit entfernt voneinander arbeiten. Für international operierende Gruppen, die zudem in verschiedenen Zeitzonen arbeiten, ist dies eine gute Kommunikationsmöglichkeit.

Es gibt **verschiedene Arten** der Selbstabstimmung:[93]

- **Selbstabstimmung nach eigenem Ermessen:** Die Mitarbeiter entscheiden völlig selbständig und eigenverantwortlich, wann und über welche Sachverhalte sie sich mit anderen Stelleninhabern abstimmen wollen. Dies führt jedoch nur dann zum Erfolg, wenn die Mitarbeiter hinreichend qualifiziert sind, den Abstimmungsbedarf zu erkennen und in ausreichendem Maß an der Erreichung der Unternehmensziele interessiert sind.

- **Themenspezifische Selbstabstimmung:** Den Mitarbeitern werden die kritischen Sachverhalte, bei denen eine Selbstabstimmung gewünscht ist, verbindlich vorgegeben. Auch die Art, wie die Abstimmung zu erfolgen hat und wie die Entscheidungen zustande kommen sollen, ist definiert, z.B. die Koordination zwischen Vertrieb und Produktion vor dem Abschluss eines Großauftrags unter der Federführung des Vertriebs.

---

[91] vgl. Scholz (2002), S. 26 ff.; Köppel/Sattler (2009), S. 26 ff.

[92] vgl. Astheimer (2008), C4

[93] vgl. Weinert (2002), S. 40

- **Institutionalisierte Selbstabstimmung:** Dabei werden für vorab definierte Problembereiche Koordinationsorgane eingerichtet. Außerdem werden die Entscheidungsverfahren festgelegt, nach denen diese vorzugehen haben, z.B. die Erstellung einer Berufungsliste für eine Professur durch eine Berufungskommission.

Voraussetzungen für die Koordination durch Selbstabstimmung:
- die Mitarbeiter sehen ihre Stelle als Teil einer Gesamtheit
- weitgehende Übereinstimmung von Unternehmens- und Mitarbeiterzielen
- gegenseitiges Vertrauen und gute Beziehungen zu Kollegen und Vorgesetzten
- die Bereitschaft aller Beteiligten zur freiwilligen Kooperation
- die Mitarbeiter erkennen die Notwendigkeit gegenseitiger Abstimmung

Vorteile der Selbstabstimmung:
- **Motivationssteigerung:** Die größere Selbständigkeit und Eigenverantwortung, die jedem Mitarbeiter zugebilligt wird, soll sich positiv auf seine Motivation auswirken.
- **Schnellere Entscheidungen:** Durch die Umgehung der Hierarchie können unmittelbar Absprachen zwischen den betroffenen Mitarbeitern getroffen werden.
- **Sachkompetente Entscheidungen:** Die Mitarbeiter, die von einem Problem direkt betroffen sind, besprechen sich untereinander. Da sie alle Einzelheiten und Hintergründe kennen, kommen sie oft zu sachgerechteren Entscheidungen als Vorgesetzte.

Nachteile:
- **Erheblicher Zeitaufwand:** Die gemeinsame Absprache macht die Entscheidungsfindung oft schwierig und langwierig.
- **Machtkämpfe:** Herrscht zwischen den Beteiligten starkes Konkurrenzdenken, kann es geschehen, dass sich einzelne Mitarbeiter auf Kosten anderer profilieren wollen.

Die Erfahrung zeigt, dass im Vorfeld der Koordination durch Selbstabstimmung oft Konflikt-, Kommunikations- und/oder Kooperationstrainings notwendig sind, um die genannten Voraussetzungen zu schaffen und die Nachteile abzumildern. Die Selbstabstimmung eignet sich insbesondere bei Aufgaben, die große Spielräume für Kreativität und Eigeninitiative erfordern. Eine Fremdkoordination wäre dann mit zu vielen Einschränkungen verbunden und sollte deshalb bewusst vermieden werden.

Üblich ist die Selbstabstimmung vor allem im **Top-Management** und in **Forschungsabteilungen**. In Form von Ausschüssen, teilautonomen Arbeitsgruppen, sozialen Netzwerken und Blogs kommt sie auch immer mehr auf unteren Verwaltungs- und Produktionsebenen zum Einsatz.[94]

---

[94] vgl. Astheimer (2008), S. C4

3.3.3.2 Koordination durch interne Märkte

Interne Märkte haben eine Zwischenstellung zwischen der Koordination durch persönliche Weisungen und der Selbstabstimmung. Sie sollen die Selbstabstimmung fördern, gleichzeitig werden aber genau definierte Rahmenbedingungen vorgegeben.[95]

Zur Koordination wird ein interner Marktmechanismus etabliert, bei dem das Leistungsangebot und die Leistungsnachfrage durch interne Verrechnungspreise aufeinander abgestimmt werden.[96] Die Organisationseinheiten kaufen und verkaufen untereinander Güter oder Dienstleistungen zu diesen festgelegten Preisen.

Alle Organisationseinheiten werden als **interne Lieferanten** bzw. **interne Kunden** angesehen. Die Koordination zwischen ihnen soll ähnlich wie auf externen Märkten über Angebot und Nachfrage erfolgen. Anders als auf externen Märkten können die Partner jedoch nicht frei über die **Modalitäten der Transaktionen** verhandeln. Auch dazu, welche internen **Transaktionspartner** gewählt werden können, existieren in der Regel Vorgaben.

Damit wird der **Transferpreis** zum **Koordinationsmechanismus**.

Er hat drei wesentliche Funktionen:

- **Bewertungsfunktion:** Der Transferpreis zeigt den internen Wert der Güter und Dienstleistungen, die zwischen den Organisationseinheiten abgegeben werden.
- **Lenkungsfunktion:** Die von oben vorgegebene Festlegung der Transferpreise und der Konditionen soll sicherstellen, dass alle Entscheidungen im Interesse des Unternehmens und im Hinblick auf die Erfüllung der Unternehmensziele getroffen werden.
- **Erfolgsermittlungsfunktion:** Die Transferpreise sollen es ermöglichen, den Erfolg einer Organisationseinheit explizit auszuweisen.

Man unterscheidet **zwei Arten** von internen Märkten:

- **Reale interne Märkte:** Hier haben in der Regel weder der interne Kunde noch der interne Lieferant die Möglichkeit, sich einen externen Transaktionspartner auszusuchen. Bei großen Unternehmen kann höchstens zwischen alternativen internen Partnern ausgewählt werden. Die möglichen Leistungen und Konditionen werden von Unternehmensseite meist genau definiert. Die internen Kunden können lediglich entscheiden, ob und in welchem Umfang überhaupt Güter oder Dienstleistungen bezogen werden sollen. Die interne Lieferantenseite legt fest, mit welchen Ressourcen sie diese Leistungen erstellt. Es handelt sich also um eine interne Kunden-Lieferanten-Beziehung, bei der die Alternativen vorweg durch **Fremdkoordination** stark eingeschränkt wurden.

---

[95] vgl. Scherm/Pietsch (2007), S. 207 f.; Frese (2004), Sp. 552 ff.

[96] vgl. ausführlich zur Koordination über interne Verrechnungspreise Pfähler/Vogt (2008), S. 746 ff.; Martini (2007), S. 10 ff.

Ein Beispiel, bei dem die Personalabteilung als Lieferant und das Controlling als Kunde auftreten, könnte so aussehen: Da das Controlling einen qualifizierten Sachbearbeiter benötigt, fragt es die Personalabteilung nach einem geeignetem Beschaffungs- und Auswahlverfahren. Die Personalabteilung bietet diese Leistung zu einem bestimmten Verrechnungspreis an. Nun wird darüber verhandelt, welche Teilleistungen dazugehören, ob etwa Anzeigen im Internet und in einer Fachzeitschrift geschaltet werden müssen und ob ein Assessment Center erforderlich ist. Die Transferpreise für die Teilleistungen der Personalabteilung sind nicht verhandelbar, lediglich der Umfang der Leistungserbringung steht zur Disposition. Die Controlling-Abteilung darf die Leistungen auch nicht auf dem externen Markt, etwa von einer Personalberatung, beziehen. Nachdem das Leistungsspektrum festgelegt wurde, bestimmt die Personalabteilung intern, welche Mitarbeiter den Auftrag ausführen sollen. Gleichzeitig versucht sie, auf dem externen Markt günstige Konditionen zu erzielen, etwa indem sie Rabatte für Stellenanzeigen in einer Tageszeitung wahrnimmt.

Durch die Koordination über reale interne Märkte soll vor allem der verantwortungsvolle Umgang mit den materiellen und immateriellen Ressourcen des Unternehmens erreicht werden.

- **Fiktive interne Märkte:** Sie zeichnen sich dadurch aus, dass die Gestaltung der Kunden-Lieferanten-Beziehungen noch stärker eingeschränkt ist als bei realen internen Märkten. Möglicherweise ist auch gar kein Spielraum vorhanden. Der Markt wird dann nur simuliert. Die internen Kunden sind verpflichtet, bestimmte vorgegebene Leistungen der internen Lieferanten in Anspruch nehmen. Die Leistung kann nicht abgelehnt werden. Die Kosten, mit denen sie für die erhaltenen Leistungen belastet werden, sind aufgrund der Verrechnungspreise allerdings transparent. Es lässt sich genau ersehen, für welche Leistungen welche Kosten angesetzt wurden.

Die Personalabteilung führt beispielsweise die Lohn- und Gehaltsabrechnung für das gesamte Unternehmen durch. Jede Abteilung zahlt für diese Dienstleistung kostendeckende Transferpreise. Als Benchmark könnten die Preise herangezogen werden, die ein externer Steuerberater verlangen würde. Diese Leistung muss von allen Abteilungen in Anspruch genommen werden. Es ist für sie ersichtlich, was sie kostet.

Die Fiktion eines Marktes soll bei den internen Lieferanten dazu führen, sorgfältig mit ihren Ressourcen umzugehen, um ihre Leistungen möglichst kostengünstig anbieten zu können und Ärger über überhöhte Preise bei den internen Kunden zu vermeiden.

Reale, interne Märkte funktionieren nur dann, wenn die Organisationseinheiten relativ frei darüber entscheiden können, ob und in welchem Umfang sie Leistungen der internen Lieferanten in Anspruch nehmen wollen. Dies ist etwa bei Profit-Centern der Fall.[97] Bei fiktiven internen Märkten gibt es keinen Entscheidungsspielraum, sie dienen lediglich der Kostentransparenz.

---

[97] vgl. Klimmer (2007), S. 31

Vorteile der Koordination durch interne Märkte:

- **Notwendigkeit der Inanspruchnahme einer Leistung wird überdacht:** Die Belastung der internen Kunden mit Transferpreisen führt dazu, dass sie überprüfen, ob diese Leistung im vorgesehenen Umgang überhaupt benötigt wird.

- **Kostentransparenz:** Allen Organisationseinheiten wird vor Augen geführt, dass interne Leistungen mit Kosten verbunden sind und in welcher Höhe diese anfallen.

- **Effiziente Leistungserstellung:** Die Verrechnungspreise machen den internen Kunden die Kosten der in Anspruch genommenen Leistung deutlich. Sie regen außerdem zu einer sparsamen Ressourcenverwendung auf Lieferantenseite an, um die Transferpreise der Leistungen möglichst niedrig zu halten.

- **Entlastung der oberen Leitung:** Durch die Koordination über interne Märkte werden die übergeordneten Instanzen von Koordinationsaufgaben entlastet und können sich verstärkt anderen Leitungs- und Führungsaufgaben zuwenden.

- **Förderung des Leistungsgedankens:** Interne Käufer werden von internen Lieferanten nicht länger als lästige Bittsteller betrachtet, sondern als Kunden, die erwarten, möglichst schnell und kostengünstig hochwertige Leistungen zu erhalten.[98]

- **Förderung unternehmerischen Denkens:** Indem die internen Leistungen ausgehandelt werden, lernen die Mitarbeiter unternehmerisch zu denken.

Die **Nachteile** sind:

- **Hoher Korrekturaufwand**: Die internen Verrechnungspreise müssen regelmäßig überprüft werden, vor allem dann, wenn sich die Preise der Ressourcen, die für die Leistungserstellung benötigt werden, verändern.

- **Mangelnde Vergleichbarkeit der Leistungen:** Oft sind Qualität und Umfang der internen Leistungen nicht mit den Leistungen externer Anbieter vergleichbar, weil sie in dieser Form nicht auf dem externen Markt angeboten werden. Das erschwert es, korrekte Transferpreise zu ermitteln.

- **Hoher zeitlicher Aufwand:** Bevor die Leistungen bezogen werden können, werden sie zwischen internem Kunden und internem Lieferanten ausgehandelt. Das kann auch dazu führen, dass sich Leistungen für externe Kunden verzögern.

Weitere Probleme ergeben sich, wenn die internen Märkte neben der **Koordinations-** auch eine **Motivationswirkung** haben sollen. Für Erstere sind nur die Kosten relevant, positive Wirkungen auf die Motivation der Mitarbeiter erzielt man jedoch vor allem, wenn sich die Verrechnungspreise nicht an den entstandenen Kosten, sondern an den Marktpreisen orientieren. Die internen Lieferanten wären dann in der Lage, mit ihren Leistungen einen „eigenen Gewinn" zu erwirtschaften. Es gibt deshalb Versuche, zwei verschiedene

---

[98] vgl. Steinle/Krummaker (2004), Sp. 1190 ff.

Verrechnungspreise vorzugeben, was jedoch mit einem erheblichen administrativen Aufwand verbunden ist.[99]

3.3.3.3 Koordination durch die Unternehmenskultur

Auch die Unternehmenskultur kann zur Koordination herangezogen werden, da durch die **Verinnerlichung gemeinsamer Werte, Ziele und Normen** ein Zusammengehörigkeitsgefühl entsteht, das bestimmte Handlungsweisen zulässt und andere ausschließt.

Man unterstellt, dass die Mitarbeiter bewusst auf ein gemeinsames Ziel hinarbeiten und aufgrund ihrer Verbundenheit mit dem Unternehmen selbst die richtigen Prioritäten setzen. Da sich ihre Denk- und Verhaltensmuster ähneln, fällt es ihnen leichter, miteinander zu kommunizieren, womit die Komplexität der Umwelt verringert und die Zusammenarbeit erleichtert wird.

Schreyögg spricht in diesem Zusammenhang von der **organischen Solidarität**, die an die Stelle des regelgebundenen Verhaltens tritt.[100] Dies wird auch **Clan-Mechanismus** genannt.

Zur Unternehmenskultur gehören diese **Merkmale**:[101]

- Werte, Normen und Überzeugungen, die von der Mehrheit der Unternehmensmitglieder als selbstverständlich angesehen werden
- gemeinsame Muster beim Wahrnehmen und Interpretieren der Umwelt
- langsames Entstehen durch Entwicklungs- und Lernprozesse
- Vereinheitlichung von Handlungen und Werten
- emotionale Aspekte, die die Mitarbeiter leiten und prägen
- ein persönlicher Sozialisierungsprozess, der nur zum Teil bewusst abläuft

Der **Koordinationsmechanismus** ist die langsame, selbst gewünschte **Vereinheitlichung der Denk- und Verhaltensmuster** seitens der Mitarbeiter.

Je besser es gelingt, die Denk- und Verhaltensmuster anzugleichen, desto weniger müssen andere Koordinationsmaßnahmen eingesetzt werden. Es hängt jedoch von der Unternehmenskultur ab, welche Instrumente der Fremd- und Selbstkoordination und in welchem Umfang sie im Unternehmen verwendet werden. Ein Unternehmen, in dem die Fremdkoordination durch persönliche Weisungen dominiert, entwickelt eine andere Unternehmenskultur als ein Unternehmen, in dem Selbstabstimmung das vorherrschende Koordinationsin-

---

[99] vgl. Kieser/Walgenbach (2007), S. 128 f.; zu möglichen Vorgehensweisen bei der Bestimmung der Verrechnungspreise siehe Bea/Göbel (2006), S. 318 f.

[100] vgl. Schreyögg (2003), S. 201 f.

[101] vgl. Jones/Bouncken (2008), S. 43

strument ist. In der Auswahl spiegeln sich zum einen die gemeinsamen Werte und Normen wider, zum anderen prägen sie selbst die Unternehmenskultur.

Vor allem nach Fusionen und anderen Unternehmenszusammenschlüssen muss eine gemeinsame Unternehmenskultur entwickelt werden. Je eher es gelingt, den Mitarbeitern der zuvor selbständigen Unternehmen eine gemeinsame Vision, Identität und gemeinsame Ziele zu vermitteln, desto schneller sind sie bereit, sich für das neue Unternehmen zu engagieren. Untersuchungen haben gezeigt, dass der Erfolg einer Fusion in erheblichem Maße von der Integration der Mitarbeiter mittels einer gemeinsamen Unternehmenskultur abhängt.[102]

Bei großen Unternehmen tritt – nicht nur nach einer Fusion – häufig das Phänomen auf, dass Subkulturen entstehen. Sie zeichnen sich meist durch eine besonders starke Verbundenheit von Organisationseinheiten aus, was dazu führen kann, dass die abteilungsübergreifende Zusammenarbeit mit Mitarbeitern, die dieser Subkultur nicht angehören, erschwert wird und die Koordinationswirkung der Unternehmenskultur verloren geht.

Eine gezielte Einflussnahme auf die Unternehmenskultur ist äußerst schwierig. **Ansatzpunkte** können sein:

- die Auswahl passender Mitarbeiter
- die Fixierung von Unternehmensleitlinien
- die gezielte Verwendung von Symbolen
- der gezielte Einsatz von Ritualen
- die Aufbau von Helden und Legenden
- die Verwendung unternehmensspezifischer Begriffe
- das Einhalten bestimmter Umgangsformen

Vorteile der Koordination über die Unternehmenskultur:[103]

- **Schnelle Entscheidungsfindung:** In komplexen Situationen werden durch verinnerlichte Prioritäten von vornherein Alternativen ausgeschlossen.
- **Reibungslose Kommunikation:** Signale werden zuverlässig interpretiert und schnell und direkt weitergegeben.
- **Einheitliche, voraussehbare Vorgehensweisen:** Die Mitarbeiter verhalten sich aufgrund ihres einheitlichen Wertesystems in vergleichbaren Situationen gleich, womit ihre Entscheidungen und ihr Handeln vorhersehbar sind.

---

[102] vgl. Wener/Hill (2008), S. 38 ff.; o.V. (2002), S. 12 ff.; Bloß-Barkowski (2003), S. 6 ff.; Peitsmeier (2009), S. 11

[103] vgl. Schreyögg/Koch (2007), S. 345 ff.; Steinmann/Schreyögg (2005), S. 728 f.; Macharzina (2003), S. 225 f.

- **Motivationswirkung:** Durch das Zugehörigkeitsgefühl zu einer sozialen Gruppe erhöht sich das Interesse an der Aufgabenerfüllung.

- **Zügige Umsetzung:** Aufgrund der gemeinsamen Denk- und Verhaltensmuster stoßen Entscheidungen auf breite Akzeptanz und werden schnell umgesetzt.

- **Hohe Loyalität:** Die Mitarbeiter fühlen sich ihrem Unternehmen verpflichtet. Abwesenheits- und Fluktuationsrate sinken.

- **Leichtere Führung:** Indem das Wertesystem verinnerlicht wird, verhalten sich die Mitarbeiter von vornherein zielkonformer. Es bedarf weniger Anreize und geringerer Kontrollen, um ihr Verhalten zu beeinflussen.

- **Größere Sicherheit:** Gemeinsame Wertvorstellungen und Verhaltensweisen vermindern die Unsicherheit und stärken das Selbstvertrauen. Sie verringern außerdem die Angst der Mitarbeiter, unvorbereitet ihre Stelle zu verlieren.

Nachteile:[104]

- **Mangelnde Anpassungsfähigkeit des Unternehmens:** Da die Unternehmenskultur die Komplexität der Umwelt reduziert, werden Veränderungen des Marktes häufig zu spät wahrgenommen. Es kann zur mentalen Abschottung nach außen kommen.

- **Mangelnde Anpassungsfähigkeit der Mitarbeiter:** Die Standardisierung der Denk- und Verhaltensmuster kann dazu führen, dass die Mitarbeiter nicht mehr in der Lage sind, flexibel auf veränderte Situationen zu reagieren.

- **Blockierung neuer Vorgehensweisen:** Veränderungen sind suspekt, da sie die Stabilität bedrohen, weshalb sie in Unternehmen mit starker Kultur oft von vornherein abgelehnt werden. Die Mitarbeiter wollen so handeln, wie sie es gewohnt sind. Man ist auf traditionelle Erfolgsmuster fixiert. Das kann zu einer kollektiven Verweigerungshaltung gegenüber Veränderungen führen.

- **Mangelnde Beeinflussbarkeit:** Die Unternehmenskultur lässt sich nur schwer in eine bestimmte Richtung lenken. Allerdings ist nicht jedes Verhaltensmuster seitens des Unternehmens erwünscht.

- **Hohe zeitlich und finanzielle Belastung:** Werte, Normen und Verhaltensweisen ändern sich nur langsam. Die Einflussnahme auf die Unternehmenskultur seitens des Managements ist arbeits-, zeit- und kostenintensiv.

Die Unternehmenskultur wird dann zur Selbstkoordination eingesetzt, wenn die Aufgaben sehr komplex sind oder rasch große Aufgaben bewältigt werden müssen.

---

[104] vgl. Macharzina (2003), S. 226 f.; Steinmann/Schreyögg (2005), S. 730 f.; Schreyögg/Koch (2007), S. 347 ff.

3.3.3.4 Koordination durch Professionalisierung

Auch die Koordination durch Professionalisierung kann zur Selbstkoordination herangezogen werden. Dabei handelt es sich um eine Abstimmung mittels Standardisierung der Qualifikationen und mittels vorgegebener Rollen, die den Stelleninhabern zugewiesen werden.

Die Kompetenzen, die ein Mitarbeiter für eine bestimmte Stelle mitbringen muss, werden detailliert schriftlich festgehalten, z.B. ein wirtschaftswissenschaftlicher Studienabschluss, eine bestimmte Berufserfahrung, sehr gute Sprachkenntnisse etc. Bei der Stellenbesetzung werden die gewünschten und vorhandenen Qualifikationen sorgfältig abgeglichen, Anforderungs- und Eignungsprofil sollen sich möglichst decken. Damit kann man davon ausgehen, dass der Stelleninhaber seine Aufgaben auf die gewünschte und vorhersehbare Art und Weise erledigt.[105]

Die Koordination erfolgt durch die **Standardisierung der Qualifikation**.

Grundlagen sind die üblichen Inhalte einer Ausbildung oder eines Studienganges. Sie sind die **Standardqualifikation**. Durch berufliche Erfahrungen entsteht zudem Routine im Umgang mit Vorgesetzten, Kollegen, Materialien, Sachmitteln etc.

Bei der Einstellung eines Mitarbeiters wird vorausgesetzt, dass er während seiner Ausbildung und seiner bisherigen Berufspraxis gelernt hat, Rollen zu übernehmen, die sich weitgehend von einem Unternehmen auf andere übertragen lassen. Damit verlässt man sich darauf, dass er seine neuen Aufgaben beherrscht, ohne dass es detaillierter Vorgaben bedarf. Der Einsatz zusätzlicher organisatorischer Koordinationsinstrumente verringert sich.

Es muss jedoch berücksichtigt werden, dass die Mitarbeiter neben einer allgemein verwendbaren Qualifikation meist auch unternehmensspezifisches Wissen und Können benötigen. Damit sind zusätzliche **betriebsinterne Routinen und Rollen** notwendig, die sich später auf andere Unternehmen nicht unmittelbar übertragen lassen.

Die **Vorteile** der Koordination durch Professionalisierung sind:

- **Verlagerung der Koordinationskosten nach außen:** Die Professionalisierung findet zum großen Teil nicht im eigenen Unternehmen statt. Schulen, Hochschulen und andere Unternehmen übernehmen die Ausbildung und die damit verbundenen Kosten.

- **Größere Transparenz:** Standardisierte Ausbildungen und Studiengänge erlauben es, die Kompetenzen der Bewerber besser einzuschätzen.

- **Flexibilität auf Unternehmensseite:** Aufgrund seiner Professionalität kann der Mitarbeiter komplexe und nur gering formalisierte Aufgaben bewältigen, wodurch er sich vielseitiger einsetzen lässt.

---

[105] vgl. Scherm/Pietsch (2007), S. 206

- **Motivation:** Professionalisierung ermöglicht eine größere Selbstentfaltung, was die Motivation erhöht.
- **Flexibilität auf Mitarbeiterseite:** Professionalisierung führt dazu, dass die Mitarbeiter auch von anderen Unternehmen gefragt sind.

Nachteile dieser Koordinationsform:

- **Hoher Zeitaufwand:** Es erfordert viel Zeit, bis der Mitarbeiter zum Profi herangereift ist. Dies gilt insbesondere dann, wenn neben der beruflichen Professionalisierung noch eine umfangreiche unternehmensspezifische notwendig ist.
- **Höhere Gehaltszahlungen:** In der Regel erhalten Mitarbeiter mit hoher Professionalisierung ein höheres Gehalt.

Das bekannteste Instrument zur Standardisierung von Rollen ist die **Stellenbeschreibung**. Auch regelmäßige **Leistungsbeurteilungen** können als eine Koordination über Professionalisierung gesehen werden, da sie die Qualifikation und die Leistungen transparenter machen.[106]

3.4 Gestaltungsparameter Konfiguration (Leitungssystem)

3.4.1 Überblick

Bei der **Konfiguration** geht es darum, Regeln für die Über- und Unterstellungsverhältnisse der Organisationseinheiten zu schaffen. Damit entsteht die **äußere Form des Unternehmens**, d.h. das **Leitungssystem** und die **betriebliche Hierarchie** des Unternehmens werden festgelegt.

Die **zentralen Fragen**, die im Rahmen der Konfiguration zu beantworten sind, lauten:

- **Wie viele Mitarbeiter kann eine Instanz leiten und wie viele Leitungsebenen sind sinnvoll bzw. erforderlich?** (Kapitel 3.4.2)
- **Wie können die Über- und Unterstellungsverhältnisse gestaltet werden?** (Kapitel 3.4.3)

3.4.2 Leitungsspanne und Leitungstiefe

Bei den hierarchischen Beziehungen stellt sich zunächst die Frage, wie viele Stellen einem Vorgesetzten direkt unterstellt werden sollen. Die Zahl dieser Stellen wird als **Leitungsspanne** bezeichnet. Dabei spielt es keine Rolle, um welche Stellen es sich handelt, ob die unterstellten Mitarbeiter also selbst Instanzen, Leitungshilfsstellen oder Ausführungsstellen sind.

---

[106] vgl. Schulte-Zurhausen (2002), S. 215 f.

Statt Leitungsspanne wird auch von **Subordinationsquote** bzw. **Kontrollspanne** gesprochen. Bei Letzterem wird die Beziehung zwischen dem Vorgesetzten und seinen Mitarbeitern jedoch zu sehr auf den Kontrollaspekt reduziert. Dabei wird nicht beachtet, dass Leiten mehr als Kontrolle ist. Kontrollspanne ist direkt vom englischen **Span of Control** abgeleitet. Control bedeutet jedoch nicht nur Kontrolle, sondern auch leiten, steuern und regeln.

Die Leitungsspanne stellt auf die **Zahl der direkt unterstellten Stellen** ab. Indirekt unterstellte Einheiten werden in diesem Zusammenhang nicht berücksichtigt. Andernfalls hätte der Vorstand eines internationalen Konzerns eine Leitungsspanne von mehreren zehntausend Stellen.

Früher wurde oft versucht, ein optimales Zahlenverhältnis zwischen Vorgesetztem und direkt unterstellten Mitarbeitern zu ermitteln, wobei eine Leitungsspanne von drei, sechs oder neun Stellen bevorzugt wurde.[107] Allerdings wurden damals weit mehr als heute persönliche Weisungen erteilt. Werden andere Koordinationsinstrumente eingesetzt, insbesondere die Selbstkoordination, sind deutlich größere Leitungsspannen möglich. Auch die moderne Kommunikations- und Informationstechnik ermöglicht eine höhere Span of Control.

Heute geht man davon aus, dass es **keine optimale Leitungsspanne** gibt. Eine einheitliche Quote würde zur Überforderung bzw. Unterforderung der Führungskräfte führen.[108]

Welche Leitungsspanne **angemessen** ist, muss von Fall zu Fall entschieden werden und hängt von vielen Faktoren ab:

- **Art der Abteilungsaufgaben:** Hohe Komplexität, häufige Änderungen und eine starke Interdependenz der Aufgaben erfordern eine geringe Leitungsspanne. Homogene, gut überwachbare Aufgaben erlauben eine höhere Span of Control.

- **Entscheidungsspielraum der untergebenen Stellen:** Je selbständiger die Mitarbeiter entscheiden können, desto seltener muss der Vorgesetzte eingreifen. Die Subordinationsquote steigt.

- **Qualifikation und Motivation der Mitarbeiter:** Je geringer qualifiziert und motiviert die Mitarbeiter sind, desto mehr Leitung ist erforderlich und desto geringer die Zahl der unterstellten Einheiten.

- **Führungsstil:** Je kooperativer ein Vorgesetzter führt, desto weniger Weisungen und Kontrolle bedarf es. Je autoritärer er führt, desto geringer die Eigenverantwortung und Selbstkontrolle der Mitarbeiter und desto geringer die Leitungsspanne.

- **Umfang der eigenen Ausführungsaufgaben:** Wenn eine Instanz viele Aufgaben selbst ausführen muss, bleibt weniger Zeit für die Leitung der untergeordneten Stellen.

---

[107] vgl. Schreyögg (2003), 161 ff.; Kieser/Walgenbach (2007), S. 161
[108] vgl. Hentze/Kammel (2001), S. 215 ff.

- **Fachliche Qualifikation des Vorgesetzten:** Je besser der Vorgesetzte fachlich qualifiziert ist, desto mehr kann er sich seinen Mitarbeitern widmen und desto größer kann die Span of Control sein.

- **Soziale Kompetenz des Vorgesetzten:** Je größer die soziale Kompetenz des Vorgesetzten, desto erfolgreicher sind die Instrumente der Selbstkoordination und desto größer ist seine Leitungsspanne.

- **Vorhandene Hilfsmittel:** Viele Leitungsaufgaben wie Planung und Überwachung lassen sich dank der modernen Informationstechnik schneller erledigen. Damit bleibt mehr Zeit für die Mitarbeiter, womit die Leitungsspanne steigt.

- **Entlastung durch Leitungshilfsstellen**: Instanzen, die durch Leitungshilfsstellen entlastet werden, haben mehr Spielraum, sich ihren Mitarbeitern zu widmen. Die Leitungsspanne kann höher sein.

Je höher die Hierarchieebene, desto geringer die Gleichartigkeit und die Vorherbestimmbarkeit der Aufgaben. Dies führt dazu, dass die Leitungsspannen auf höheren Hierarchieebenen eher klein sind und nach unten hin zunehmen. Bei Abteilungen, in denen einfache, vorwiegend mit Routineaufgaben betraute Stellen zusammengefasst sind, etwa in einem Produktionsbereich mit Fließbändern, ist eine Leitungsspanne von fünfzig oder hundert Unterstellten keine Seltenheit. Geht es hingegen um die Lösung hochkomplexer Probleme in der Forschungs- und Entwicklungsabteilung, liegt die Leitungsspanne oft bei lediglich zwei bis fünf Mitarbeitern.

Eng verbunden mit der Leitungsspanne ist die **Leitungstiefe**. Sie gibt Auskunft darüber, wie viele Hierarchieebenen ein Unternehmen hat. Eine geringe Leitungstiefe führt zu einer flachen Hierarchiepyramide, während eine große Leitungstiefe eine steile Pyramide mit vielen Leitungsebenen bedingt.

Je kleiner die Leitungsspanne ist, desto größer ist die Leitungstiefe, d.h. desto mehr Hierarchieebenen gibt es in der Regel. Umgekehrt verringert sich mit einer Vergrößerung der Leitungsspanne meist die Zahl der benötigten Instanzen und Hierarchieebenen.[109] Die Hierarchiepyramide wird flacher – ein Kennzeichen vieler moderner Organisationsstrukturen. Abb. 3-17 verdeutlicht den Zusammenhang zwischen Leitungsspanne und Leitungstiefe.

Eine breite Leitungsspanne und eine geringe Leitungstiefe gelten heute als vorteilhaft, da man sich davon mehr Schnelligkeit und Flexibilität verspricht. Dies entspricht dem **Lean Management**, der schlanken Organisation, die sich unter anderem durch eine geringe Zahl von Hierarchieebenen auszeichnet. Inzwischen werden jedoch die abnehmenden Karrierechancen für den Führungsnachwuchs und die Desorientierung und Überforderung vieler Mitarbeiter mit entsprechend rückläufiger Produktivität zunehmend mit dem Lean Management in Verbindung gebracht.[110]

---

[109] vgl. Weinert (2002), S. 25

[110] vgl. Jones/Bouncken (2008), S. 625

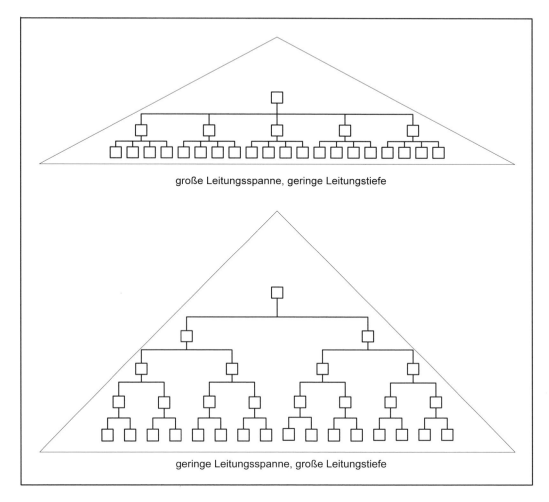

Abb. 3-17: Zusammenhang zwischen Leitungsspanne und Leitungstiefe

Die Vorteile einer steilen Unternehmenshierarchie sind gleichzeitig die Nachteile einer flachen Pyramide und umgekehrt.

Vorteile steiler Unternehmenshierarchien:

- **Leichtere Koordination:** Dem einzelnen Vorgesetzten sind weniger Mitarbeiter unterstellt, die Aufgabengebiete sind überschaubarer und lassen sich somit leichter abstimmen.
- **Mehr Zeit für die Mitarbeiter:** Weniger unterstellte Mitarbeiter erlauben es, mehr Zeit für Leitungsaufgaben und die Unterstellten aufzubringen.

- **Einfachere Kontrolle:** Weniger Mitarbeiter und überschaubarere Aufgaben bedeutet weniger Kontrollaufgaben, die dafür umso sorgfältiger wahrgenommen werden können. Da der Aufgabenbereich in der Regel kleiner ist, verringern sich die Fehler.

- **Mehr Aufstiegschancen:** Mehr Führungsstellen und Hierarchieebenen erhöhen die Karrieremöglichkeiten.

Vorteile flacher Unternehmenshierarchien:

- **Kurze Kommunikationswege:** Weniger Hierarchieebenen verringern die Informationsfilterung und den Informationsverlust. Informationen fließen schneller.

- **Entscheidungen vor Ort:** Entscheidungen können unmittelbar auf der Ebene getroffen werden, auf der das Problem anfällt. Das erhöht die Entscheidungsgeschwindigkeit und -genauigkeit.

- **Geringere Personalkosten für Führungskräfte:** Weniger Instanzen führen zu geringeren Personalkosten. Dieser Vorteil bleibt trotz zusätzlicher Personalentwicklungskosten und höherer Entgelte für besser qualifizierte ausführende Stellen bestehen.

- **Motivationssteigerung:** Die größere Autonomie ermöglicht mehr Selbstbestimmung und Eigenverantwortung, was sich positiv auf die Motivation der Mitarbeiter auswirkt.

- **Mehr Kreativität:** Eigenverantwortung und Selbstbestimmung fördern zudem den Ideenreichtum der Mitarbeiter.

3.4.3 Leitungssysteme

Leitungssysteme regeln die Frage, wie die Unter- und Überstellungsbeziehungen – genauer: die Weisungs- und Kommunikationsbeziehungen – im Unternehmen gestaltet werden sollen. Sie werden auch als **Liniensysteme** bezeichnet, weil die Zusammenhänge zwischen den Stellen mittels Linien dargestellt werden. **Grundformen** der Leitungssysteme sind

- Einliniensystem,
- Mehrliniensystem und
- Stab-Liniensystem.

3.4.3.1 Einliniensystem

Das Einliniensystem geht auf Henri Fayol zurück. Es zeichnet sich durch **das Prinzip der Einheit der Auftragserteilung** aus. Es besagt, dass jeder Mitarbeiter ausschließlich von seinem direkten Vorgesetzten Weisungen entgegennehmen darf. Damit können Weisungs- und Kommunikationsbeziehungen nur zwischen zwei hierarchisch unmittelbar aufeinander folgenden Organisationseinheiten bestehen. Sie werden durch eine durchgezogene Linie dargestellt.

Von jedem Mitarbeiter führt genau eine Linie zu seinem Vorgesetzten. Sie ist der allein zulässige formale Informations- und Kommunikationsweg. Man spricht auch vom **strengen Dienstweg**. Wird dieses Prinzip verletzt, wird laut Fayol „die Autorität geschwächt, die Disziplin gefährdet, die Ordnung gestört und die Stabilität bedroht."[111]

Probleme, die der Abstimmung zwischen Stellen unterschiedlicher Abteilungen bedürfen, können nicht durch direkte Kommunikation bzw. Selbstkoordination gelöst werden. Sie müssen entlang der Linie von unten nach oben bis zum nächsten gemeinsamen Vorgesetzten weitergemeldet werden. Von hier geht die Meldung zum jeweils anderen Betroffenen nach unten, von dem die Antwort auf gleichem Wege zurückkommt. Weder das Überspringen einer Ebene noch Beziehungen zwischen Stellen unterschiedlicher Abteilungen sind vorgesehen. Die Kommunikation erfolgt überwiegend durch persönliche Weisungen.

Da diese Art der Kommunikation äußerst schwerfällig ist, ließ Fayol eine Ausnahme, die sog. **Fayolsche Brücke**, zu. Sie ermöglicht die direkte Kommunikation über Abteilungen hinweg, was auch als **kleiner Dienstweg** bezeichnet wird.

Die Fayolsche Brücke ist an diese **Voraussetzungen** gebunden:

- Es muss sich um Stellen auf der gleichen Hierarchieebene handeln.
- Die direkten Vorgesetzten müssen der Kommunikation zuvor zustimmen und über das Ergebnis informiert werden.

Eine Kommunikation zwischen Stellen verschiedener Hierarchieebenen, die nicht durch eine Linie verbunden sind, ist ausdrücklich nicht vorgesehen. Abb. 3-18 verdeutlicht den Zusammenhang.

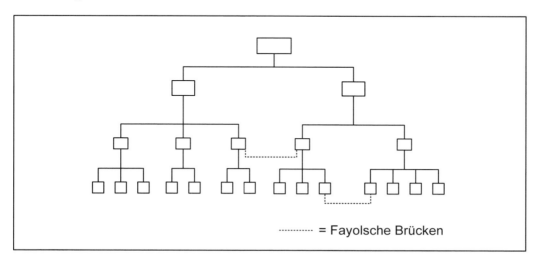

Abb. 3-18: Einliniensystem

---

[111] Fayol (1929), S. 20

Vorteile des Einliniensystems:

- klare Weisungs- und Kommunikationsbeziehungen
- einheitliche Willensbildung
- einheitliche, zielorientierte Entscheidungsfindung
- eindeutige Zuordnung von Kompetenz und Verantwortung
- leichte Kontrolle
- gute Verständlichkeit und Überschaubarkeit des Leitungssystems
- Schutz der Hierarchie vor Übergriffen
- fachübergreifend handelnde Generalisten als Vorgesetzte
- Stärkung des Sicherheitsgefühls der Mitarbeiter

Nachteile:

- hohe quantitative und qualitative Belastung der (Zwischen-)Instanzen durch Kommunikationsprozesse, die sie nicht betreffen
- Gefahr, dass die systematische Entscheidungsfindung vernachlässigt wird
- eventuelle Informationsfilterung und -verfälschung
- die nachgeordneten Stellen sind in hohem Maße von ihrer Instanz abhängig
- Hang zur Bürokratisierung
- die Positionsmacht des Vorgesetzten wird betont
- ein möglicherweise überdimensioniertes Kommunikationssystem
- möglicher Motivationsverlust auf den unteren Hierarchieebenen

Je mehr Hierarchieebenen es gibt und je komplexer und vielfältiger die Aufgaben der untergeordneten Organisationseinheiten sind, desto stärker treten die Nachteile des Einliniensystems hervor.[112] Dies gilt insbesondere für große Unternehmen mit umgangreichem Produktionsprogramm, die in einem komplexen, dynamischen Umfeld agieren.

Henri Fayol war sich der Nachteile des Einliniensystems durchaus bewusst. Er nahm sie jedoch in Kauf, da er der eindeutigen Zuweisung von Verantwortung größte Bedeutung beimaß.[113]

---

[112] vgl. Laux/Liermann (2005), S. 183

[113] vgl. Scherm/Pietsch (2007), S. 16.

3.4.3.2 Mehrliniensystem

An die Stelle der Einheit der Auftragserteilung tritt beim Mehrliniensystem, das von Frederick Taylor entwickelt wurde, das **Prinzip des kürzesten Weges**.

Das Mehrliniensystem zeichnet sich durch eine **Mehrfachunterstellung** der ausführenden Mitarbeiter aus und beruht auf dem **Funktionsmeistersystem**, das ursprünglich nur für den Fertigungsbereich entwickelt wurde. Es wurde später erweitert und Mehrliniensystem genannt.

Während die Vorgesetzten beim Einliniensystem Generalisten sind, ist hier das **Spezialistentum der Vorgesetzten** das zweite prägende Element neben dem kürzesten Weg (Abb. 3-19). Wie zu erkennen ist, wird die Mehrfachunterstellung nicht auf allen Hierarchieebenen angewandt. Sie bezieht sich auf das **Verhältnis zwischen Ausführungsstellen und unteren Instanzen**. Auf den oberen Hierarchieebenen gilt weiterhin das Einliniensystem.

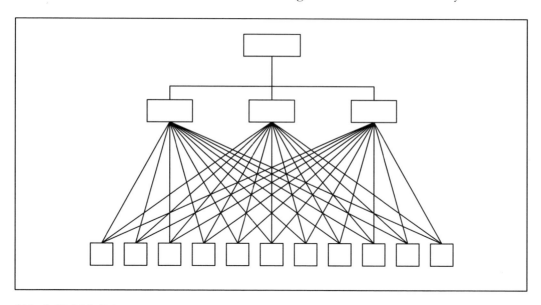

Abb. 3-19: Mehrliniensystem

Jede ausführende Stelle empfängt Weisungen von mehreren übergeordneten Instanzen, die als **Funktionsmeister** bezeichnet werden. Diese sind Fachleute im jeweiligen Aufgabenbereich. Jeder Spezialist ist befugt, allen ausführenden Mitarbeitern Weisungen zu seinem Spezialgebiet zu erteilen. Umgekehrt können sich die Mitarbeiter mit ihren Problemen an den jeweils fachlich versierten Funktionsmeister wenden und sind nicht allein von einem direkten Vorgesetzten abhängig. Taylor schlug bis zu **acht Vorgesetzte für eine Ausführungsstelle** vor.[114]

---

[114] vgl. Breisig (2006), S. 91

Das Mehrliniensystem in seiner reinen Form findet man allenfalls in kleinen Betrieben, etwa im Handwerk. Dank der geringen Zahl an Mitarbeitern und Funktionsmeistern entstehen dort nur selten Kompetenzkonflikte und Koordinationsprobleme.

Die Grundgedanken der Mehrfachunterstellung und des Spezialistentums wurden jedoch in andere Leitungssysteme, z.B. in die Matrix- und die Tensororganisation, integriert.[115] Es sind auch Verknüpfungen mit dem Einliniensystem vorstellbar, etwa der Art, dass die fachliche und disziplinarische Weisungsbefugnis gegenüber einem Mitarbeiter (zeitweise) bei unterschiedlichen Instanzen liegen (vgl. Kapitel 3.2.5.2).

Ein Beispiel für eine solche Kombination in einer Kaufhausfiliale zeigt Abb. 3-20.

Vorteile des Mehrliniensystems:

- Entlastung des Unternehmensleitung
- Betonung der Fachkompetenz des Vorgesetzten aufgrund seiner Spezialisierung
- kompetente Ansprechpartner für die Mitarbeiter
- kurze Kommunikationswege
- hohe Flexibilität

Die **Nachteile** sind:

- Zuweisung der Verantwortung nicht eindeutig
- Kompetenzkonflikte zwischen den Vorgesetzten
- mögliche widersprüchliche Anweisungen unterschiedlicher Instanzen
- Verunsicherung der Mitarbeiter, da die Zuständigkeiten der Vorgesetzten nicht klar abgegrenzt sind
- hoher Kommunikationsbedarf
- großer Koordinationsaufwand
- Gefahr „fauler Kompromisse"
- viele Instanzen erforderlich

---

[115] vgl. Schmidt (2000), S. 146

3.4 Gestaltungsparameter Konfiguration (Leitungssystem) · 103

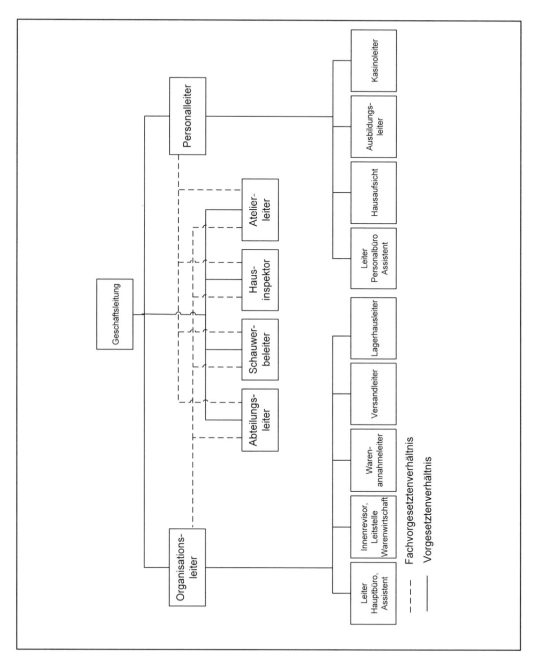

Abb. 3-20: Kombiniertes Einlinien- und Mehrliniensystem[116]

---

[116] entnommen aus: Schmidt (2000), S. 146

3.4.3.3 Stab-Liniensystem

Das Einlinien- sowie das Mehrliniensystem wurden aufgrund unterschiedlicher Problemlagen entwickelt, weshalb beide im historischen Kontext gesehen werden müssen.

Fayol ging es beim Einliniensystem vor allem um die klare Zuordnung von Aufgaben und Verantwortung sowie um die reibungslose Koordination der Stellen und Aufgaben. Taylor wollte mit dem Mehrliniensystem sicherstellen, dass qualifizierte Entscheidungen getroffen und darauf aufbauend sinnvolle Anweisungen erteilt werden.[117]

Beides ist bei der Gestaltung einer Organisationsstruktur von Bedeutung. Entsprechend wird durch das Stab-Liniensystem beides verbunden. Während die **klare Struktur** des Einliniensystems beibehalten wird, tritt der **Spezialistengedanke** des Mehrliniensystem hinzu. Damit handelt es sich um eine **Sonderform des Einliniensystems**, in welches **Leitungshilfsstellen**, insbesondere Stabsstellen und Assistenten, einbezogen werden. Die Nachteile des Einliniensystems sollen verringert und seine Vorteile nach Möglichkeit beibehalten werden.

Wichtigstes Merkmal des Stab-Liniensystems ist die **Trennung zwischen Entscheidungsvorbereitung** auf der einen und der **Entscheidung und Entscheidungsdurchsetzung** auf der anderen Seite.

Je höher die Instanzen im klassischen Einliniensystem in der Hierarchie angesiedelt sind, desto eher sind sie Generalisten. Der Überblick über die zu koordinierenden Aufgaben hat für sie vorrangige Bedeutung. Für eine fundierte Entscheidungsfindung im Einzelfall fehlt ihnen zum Teil die Zeit und zum Teil das Fachwissen. Beim Stab-Liniensystem wird es ihnen in Form von Stabsstellen (**Stabsspezialisten**) zur Verfügung gestellt.

Das Einliniensystem führt zudem häufig zur quantitativen Überlastung der Instanzen. Hier schaffen **Stabsgeneralisten** (Assistenten) Abhilfe, indem sie wechselnde Tätigkeiten aus dem Aufgabenbereich ihrer Instanz übernehmen.

Beim Stab-Liniensystem werden die Beziehung zwischen den Instanzen sowie zwischen den Instanzen und Ausführungsstellen mittels einer durchgezogenen Linie dargestellt, weshalb beide Stellenarten auch als **Linienstellen** bezeichnet werden.

Die Beziehung von Instanz und Leitungshilfsstelle wird gestrichelt. Meistens werden zusätzlich unterschiedliche Symbole verwandt. Es ist üblich, Instanzen als Rechtecke und Leitungshilfsstellen als Kreise oder Ovale abzubilden.

Die **Vorteile** des Stab-Liniensystems sind:

- die Instanzen werden durch Leitungshilfsstellen fachlich und quantitativ entlastet
- die Instanzen sind besser informiert
- die Qualität der Entscheidungen ist besser

---

[117] vgl. Kieser/Walgenbach (2007), S. 140

- passgenauere Weisungen
- schnellere Entscheidungsfindung

Als **Nachteile** erweisen sich:

- durch die organisatorische Trennung der Leitungsaufgaben kann es zu Konflikten zwischen Instanzen und Leitungshilfsstellen kommen
- möglicherweise Entwicklung einer überdimensionierten Stabsstruktur
- die Stäbe können wegen ihrer fachlichen Überlegenheit Entscheidungen manipulieren
- die Arbeit des Stabes wird möglicherweise nicht verwendet
- die Vorteile des Stab-Liniensystems hängen von der fachlichen und sozialen Kompetenz der Leitungsstellen ab
- wegen ihrer unterschiedlichen Sozialisation kann es zu Kontroversen zwischen Stabsstellen und Instanzen kommen
- Demotivation der Stäbe, die zwar das Fachwissen besitzen, aber keine Entscheidungsbefugnis haben

Heute werden Stäbe weit über den historischen Kontext hinaus eingesetzt. Es finden sich verschiedene **Einsatzformen**:

- **Stab-Liniensystem mit Führungsstab:** Hier wird lediglich der obersten Leitung eine Stabsstelle zugeordnet. Die anderen Hierarchieebenen verfügen über keine Leitungshilfsstellen und werden somit weder fachlich noch quantitativ entlastet (Abb. 3-21).

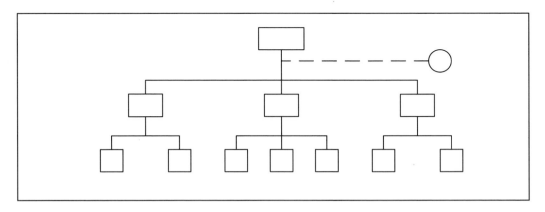

Abb. 3-21: Stab-Liniensystem mit Führungsstab

- **Stab-Liniensystem mit zentraler Stabsstelle:** Die Stabsstelle ist zwar formal der obersten Leitung zugeordnet, übernimmt aber auch Aufgaben für nachgelagerte Instanzen. Es handelt sich um eine Art zentrale Dienstleistungsstelle für das Unternehmen (Abb. 3-22).

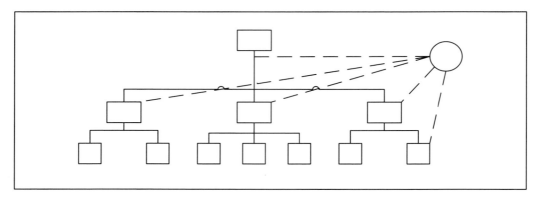

Abb. 3-22: Stab-Liniensystem mit zentraler Stabsstelle

- **Stab-Liniensystem mit Stäben auf mehreren Hierarchieebenen:** Neben der obersten Unternehmensleitung verfügen auch darunterliegende Instanzen über eigene Stäbe. Da diese nicht vernetzt sind, spricht man auch von dezentralen Stabsstellen (Abb. 3-23).

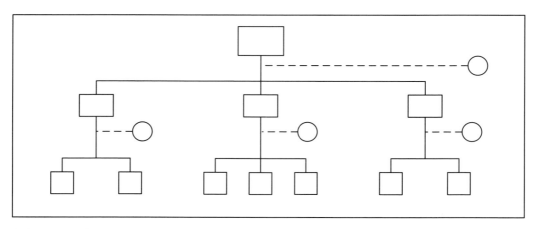

Abb. 3-23: Stab-Liniensystem mit Stäben auf mehreren Ebenen

- **Stab-Liniensystem mit Stabshierarchie:** Stäbe verschiedener Ebenen sind hier durch Über- und Unterordnungsbeziehungen verbunden. So entsteht ein hierarchisch aufgebautes Subsystem, in dem den höheren Stabstellen ein fachliches und teilweise auch ein disziplinarisches Weisungsrecht gegenüber den Stäben auf den unteren

Hierarchieebenen zusteht. Diese sind also ihrer Linieinstanz und gleichzeitig einer Stabsinstanz und somit zweifach unterstellt (Abb. 3-24).

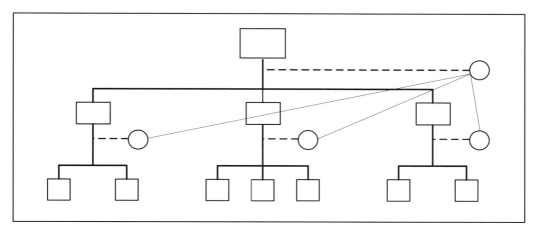

Abb. 3-24: Stab-Liniensystem mit Stabshierarchie

Bei den Stäben handelt es sich in der Praxis häufig nicht um einzelne Stellen, sondern um ganze Abteilungen. Eine **Stabsabteilung** hat wie jede andere Abteilung eine vorgesetzte Instanz. Sie wird **Stabsinstanz** genannt und verfügt gegenüber ihren Mitarbeitern über die gleichen Rechte wie jede andere Instanz, sie hat insbesondere Fremdentscheidungs-, Weisungs- und Kontrollbefugnis. Der wesentliche Unterschied zwischen Linieninstanzen und Stabsinstanzen besteht darin, wie sich **ihre Entscheidungen außerhalb der eigenen Abteilung auswirken**.

Entscheidungen von Linieninstanzen können sich auf andere Abteilungen auswirken. Beschließt z.B. der Leiter des Marketings entsprechend seiner Entscheidungsbefugnisse eine Werbekampagne für ein bestimmtes Produkt, wirkt sich seine Entscheidung zuerst und in erster Linie auf die ihm unterstellten Mitarbeiter aus, die seine Anweisungen ausführen müssen. Zudem ergeben sich auch Konsequenzen für andere Abteilungen. Da durch die Aktion die Verkaufszahlen steigen sollen, müssen in der Fertigungsabteilung mehr Produkte hergestellt werden. Die Einkaufsabteilung muss mehr Rohstoffe bestellen. Die erhöhte Produktion führt eventuell dazu, dass Überstunden notwendig sind oder Leiharbeitnehmer eingestellt werden müssen, hier kommt also die Personalabteilung ins Spiel.

Entscheidungen von Stabsinstanzen wirken sich dagegen nur innerhalb der eigenen Abteilung aus. Wie eine Linieninstanz trifft auch die Stabsinstanz Entscheidungen und gibt Anweisungen an ihre unterstellten Mitarbeiter, die von diesen ausgeführt werden. Insoweit besteht kein Unterschied zwischen Stabs- und Linieninstanz. Die Entscheidungen und Weisungen der Stabsinstanz münden dann jedoch in eine Entscheidungsvorlage für die übergeordnete Linieninstanz. Diese trifft die endgültige Entscheidung, die sich wiederum auf andere Instanzen und Abteilungen auswirken kann. Abb. 3-25 zeigt den Zusammenhang.

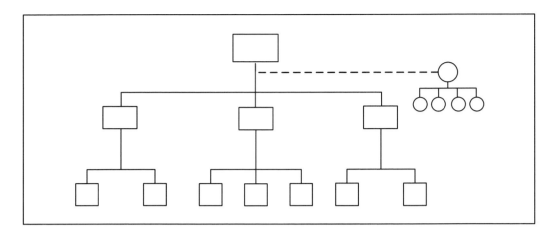

Abb. 3-25: Stab-Liniensystem mit Stabsabteilung

In der Abbildung sind den Linieninstanzen andere Instanzen bzw. Ausführungsstellen unterstellt, was durch die durchgezogene Linie zum Ausdruck gebracht wird. Der obersten Leitung ist zudem eine Stabsabteilung zugeordnet (gestrichelte Linie). Der Vorgesetzte der Stabsabteilung hat Entscheidungs- und Weisungsbefugnis gegenüber seinen unterstellten Mitarbeitern (durchgezogene Linien). Da sowohl die Stabsinstanz als auch die Stabsmitarbeiter Leitungshilfsstellen sind, werden runde Symbole verwendet.

Bei der Zusammenarbeit zwischen Stäben und Instanzen kommt es häufig zu **Konflikten.** Wie Untersuchungen gezeigt haben, liegen die Ursachen oft in Unterschieden bei Erfahrungen, Ausbildung, Ausdrucksweise sowie unterschiedlichem Sozialverhalten.[118]

Viele Stäbe haben keine oder kaum praktische Erfahrungen in Linienfunktionen. Dies wird häufig als Begründung dafür herangezogen, dass deren (angeblich) praxisfremde Vorschläge nicht von den Linieninstanzen akzeptiert oder nur halbherzig umgesetzt werden. Stäbe werden von den Linieninstanzen auch häufig als Bedrohung empfunden, weil die Qualifikation der Linieninstanzen in der immer komplexer werdenden Umwelt teilweise nicht mehr ausreicht, um in einem angemessenen Zeitraum optimale Entscheidungen zu treffen. Dies gilt umso mehr, je spezieller und umfangreicher die fachlichen Informationen sind, die die Stäbe verarbeiten müssen.

Es gibt zahlreiche Überlegungen, die Zusammenarbeit von Stäben und Instanzen harmonischer zu gestalten. Sie reichen von einer gezielten Mitarbeiterauswahl anhand typischer Persönlichkeitsprofile für Stabsstellen über Job Rotation bis zu teamorientierten Ansätzen mit gemeinsamer Entscheidungsverantwortung.[119] In der Praxis wird lediglich der erste Vorschlag umgesetzt.

---

[118] vgl. Schreyögg/Koch (2007), S. 301 f.

[119] vgl. ebd., S. 302

3.5 Gestaltungsparameter Kompetenzverteilung (Entscheidungsdelegation)

Im Rahmen der Konfiguration wurden die Über- und Unterstellungsverhältnisse festgelegt. Dabei wurden den Organisationseinheiten Entscheidungs- und Weisungsbefugnisse zugesprochen. Außerdem wurde die Struktur der Weisungsbeziehungen geregelt.

Offen geblieben ist, in welchem **Umfang** die Organisationseinheiten mit Entscheidungsbefugnissen ausgestattet werden sollen.[120] Die Verteilung von Entscheidungsbefugnissen von oben nach unten wird als **Entscheidungsdelegation** oder **Kompetenzverteilung** bezeichnet.

Die **primäre Fragestellung** lautet hierzu:

In welchem Umfang wird Entscheidungsbefugnis wird auf die unteren Organisationseinheiten verteilt?

In erster Linie dient die Entscheidungsdelegation dazu, die Instanzen hierarchieabwärts zu **entlasten**, indem die Berechtigung bestimmte Entscheidungen zu treffen, auf untere Ebenen abgegeben wird.

Wie bei Spezialisierung, Leitungsspanne und Leitungstiefe lässt sich auch bei der Entscheidungsdelegation kein **optimaler Delegationsgrad** festlegen. Zwar gibt es Berechnungsmodelle, die wegen ihrer realitätsfernen Annahmen jedoch kaum in der Praxis angewandt werden.[121]

Um dennoch sinnvoll delegieren zu können, hält man sich stattdessen an bewährte **Grundprinzipien**:[122]

- **Kongruenzprinzip:** Aufgabe, Kompetenz und Verantwortung müssen bei einer Organisationseinheit deckungsgleich sein.
- **Subsidiaritätsprinzip:** Aufgaben werden bis zu derjenigen Hierarchieebene delegiert, die sie aufgrund ihrer Qualifikation noch erfüllen kann.
- **Relevanzprinzip:** Durch die Delegation der Entscheidung sollen bedeutsame Aufgabenkomplexe gebildet werden.
- **Ausschöpfung des Informationspotenzials:** Die Entscheidungen werden von derjenigen Organisationseinheit getroffen, bei der die Informationen anfallen.
- **Qualifikations- und Kapazitätsadäquanz:** Stellen sollen so gebildet werden, dass die Potenziale der Aufgabenträger möglichst umfassend ausgeschöpft werden.

---

[120] vgl. Kieser/Walgenbach (2007), S. 165

[121] vgl. Laux/Liermann (2005), S. 217 ff.

[122] vgl. Bea/Göbel (2006), S. 305 f.

- **Ziel-Aufgaben-Kohärenz:** Die Stelleninhaber sollen mit der Erfüllung ihrer Aufgaben Einfluss darauf nehmen können, dass die vorgegebenen Ziele tatsächlich erreicht werden.
- **Minimalebene:** Die Delegation soll so erfolgen, dass der Koordinationsaufwand zwischen den Hierarchieebenen möglichst gering ist.

Vorteile der Entscheidungsdelegation:

- qualitative und quantitative Entlastung der oberen Instanzen
- hochwertige Entscheidungen durch einen mit dem Problem vertrauten Mitarbeiter
- Nutzung der Mitarbeiterpotenziale
- Motivationssteigerung
- schnelle Entscheidungsfindung vor Ort
- Förderung des Führungsnachwuchses
- weniger Koordinations- und Kommunikationsaufwand durch Entscheidung vor Ort

Nachteile:

- höhere Personalkosten durch mehr Entscheidungsträger
- hohe Kosten durch die zusätzliche Qualifizierung der Entscheidungsträger
- möglicherweise uneinheitliche Willensbildung
- Kontrollprobleme
- mögliche Überlastung und Überforderung der unteren Hierarchieebenen
- Demotivation der oberen Hierarchieebenen, da sie Macht und Ansehen verlieren

Die Ausgestaltung der Anreiz- und Kontrollsysteme sowie der Einsatz von Management-by-Methoden wie Management by Exceptions und Management by Objectives können eine einheitliche Zielorientierung fördern, die Kontrollprobleme verringern und außerdem dazu beitragen, dass Personalkosten und Leistung in einem angemessenen Verhältnis stehen.

Durch Personalentwicklungsmaßnahmen, eine gezielte Karriereplanung und neue, veränderte Karrierewege, etwa in Form von Parallelhierarchien (vgl. Kapitel 3.6.3.7), lassen sich eine Über- und Unterforderung sowie eine mögliche Demotivation vermeiden.

Die Entscheidungsdelegation führt zwangsläufig zu der Frage, inwieweit der Delegierende für die Entscheidungen des Untergebenen verantwortlich ist. Siehe dazu die Ausführungen zum Kongruenzgesetz in Kapitel 3.2.4.

3.6 Grundformen der Aufbauorganisation

3.6.1 Primärorganisation

3.6.1.1 Vorbemerkung

Durch die Kombination aller Gestaltungsparameter entsteht die Aufbauorganisation. Dabei werden drei idealtypische **Formen** unterschieden:

- Funktionale Organisation
- Divisionale Organisation
- Matrixorganisation

Ihre Systematisierung richtet sich nach der Art der **Spezialisierung auf der zweiten Hierarchieebene**. Wird auf der zweiten Hierarchieebene nur ein einziges Gliederungskriterium verwendet, spricht man von **eindimensionalen Formen der Aufbauorganisation**. Werden gleichzeitig zwei oder mehrere Dimensionen auf der zweiten Ebene eingesetzt, handelt es sich um **zwei- bzw. mehrdimensionale** Formen. Die funktionale und die divisionale Organisation sind eindimensionale Formen, die Matrixorganisation ist eine zweidimensionale Struktur.

Abb. 3-26 zeigt die Formen der **Primärorganisation**, die der Bearbeitung der üblichen, regelmäßigen Aufgaben und der Erreichung der kurzfristigen Unternehmensziele dient. In der Praxis tritt sie nicht immer in Reinform auf, stattdessen finden sich viele Kombinationen.

Spezialisierung nach	Form der Primärorganisation
Verrichtungen	Funktionale Organisation
Objekten	divisionale Organisation
Verrichtungen und Objekten gleichzeitig	Matrixorganisation

Abb. 3-26: Grundformen der Primärorganisation

Die Primärorganisation wird durch Sekundärorganisationen, die der Erfüllung besonderer Aufgaben dienen, ergänzt. Beide bestehen **nebeneinander und gleichzeitig**, da sie unterschiedliche Teile des Betriebsgeschehens abdecken. Sekundärorganisationen werden in Kapitel 3.6.2 erläutert.

3.6.1.2 Funktionale Organisation

Ist ein Unternehmen auf der zweiten Hierarchieebene ausschließlich **nach Verrichtungen gegliedert**, spricht man von funktionaler Organisation (Abb. 3-27).

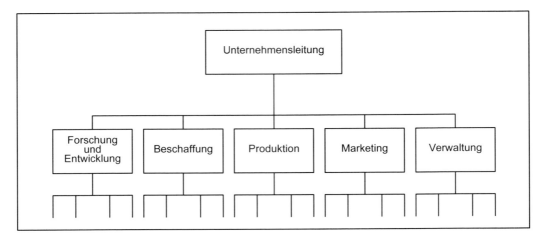

Abb. 3-27: Grundmodell der funktionalen Organisation

Die funktionale oder funktionsorientierte Organisation ist die **ursprüngliche Form** des Industrieunternehmens. Sie war insbesondere zu Zeiten der Verkäufermärkte anzutreffen, als die Produktdiversifikation noch gering war. Sie wird dann gebildet, wenn eine einzige Leitungsebene wegen des Wachstums nicht mehr ausreicht und eine weitere verrichtungsorientierte Ebene sinnvoll erscheint.

Bei kleineren Unternehmen entsteht meist unterhalb der Unternehmensleitung ein kaufmännischer und ein technischer Funktionsbereich, wobei die Aufgabenbereiche klar abzugrenzen und somit leicht kontrollierbar sind. Wächst das Unternehmen weiter, wird die funktionale Gliederung in der Regel auch auf der dritten Ebene beibehalten (Abb. 3-28).

Auf der dritten oder einer tieferen Hierarchieebene kann allerdings auch von der Verrichtungs- auf die Objektzentralisation umgestellt werden. Wie Abb. 3-29 zeigt, können zudem Leitungshilfsstellen einbezogen werden.

Unter diesen **Voraussetzungen** hat sich die funktionale Organisation bewährt:[123]

- die Funktionen sind gleichzeitig die Kernkompetenzen des Unternehmens[124]
- die Unterschiede auf den Absatzmärkten, z.B. unterschiedliche Länder, Sprachen etc., sind gering

---

[123] vgl. Schmidt (2000), S. 157

[124] zur Identifikation von Kernkompetenzen vgl. Helming/Buchholz (2008), S. 301 ff.

- die Kundengruppen unterscheiden sich nicht gravierend
- die Produkte sind weitgehend homogen

Entsprechend findet sich die funktionale Organisation noch heute in vielen mittelständischen und kleineren Unternehmen mit relativ homogenem Produktionsprogramm.

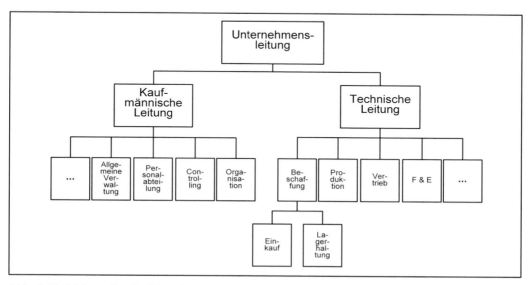

Abb. 3-28: Mehrstufige funktionale Organisation

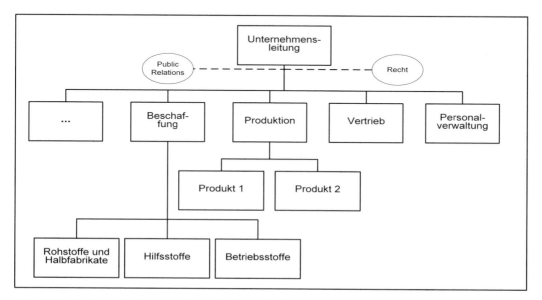

Abb. 3-29: Funktionale Organisation mit Objektgliederung auf der dritten Ebene mit Stäben

Die **Vorteile:**

- es lassen sich Spezialisierungs- und Größenvorteile realisieren
- auf quantitative Umweltbedingungen kann flexibel reagiert werden
- leichte Personalbeschaffung, da viele Ausbildungsberufe funktionsorientiert ausgerichtet sind, z.B. Maler, Schweißer, Maurer, Bäcker etc.
- klare Zuständigkeiten
- leichte Kontrolle aufgrund der geschlossenen Funktionsbereiche
- es lassen sich funktionsorientierte Spezialmaschinen und -werkzeuge einsetzen

Nachteile der funktionalen Organisation:

- funktionsorientierte Instanzen haben keine Gesamtübersicht über das Betriebsgeschehen
- bei den Instanzen kommt es oft zu Ressortegoismus
- zu geringe Orientierung am Markt und an den Kunden, da die Optimierung der Funktionen im Mittelpunkt steht
- die Funktionen lassen sich oft nicht genau abgrenzen
- hoher Kommunikations- und Koordinationsbedarf zwischen den Instanzen, da die Produkte und Dienstleistungen mehrere Abteilungen durchlaufen
- Schnittstellenprobleme erschweren die funktionsübergreifende Prozessorientierung
- keine Gewinnorientierung der einzelnen Organisationseinheiten, da die Produktverantwortlichkeit fehlt
- eingeschränkte Karrieremöglichkeiten, da die Mitarbeiter auf bestimmte Funktionen festgelegt sind

Die funktionale Organisation kann als klassisches **Einliniensystem** oder in der erweiterten Form des **Stab-Liniensystems** konzipiert werden. Damit treffen auf sie auch die Vor- und Nachteile der jeweiligen Konfigurationsform zu. Um die Nachteile zu verringern und die Vorteile beizubehalten, werden bei der Sekundärorganisation zusätzlich Organisationseinheiten mit nicht-funktionaler Weisungsbefugnis in die funktionale Organisation integriert, z.B. durch Projektorganisation oder durch strategische Geschäftseinheiten.[125]

---

[125] vgl. Bea/Göbel (2006), S. 378

3.6.1.3 Divisionale Organisation

Mit zunehmender Unternehmensgröße und Diversifikation verringern sich die Vorteile der funktionalen Organisation. Der Koordinationsaufwand zwischen den Funktionsbereichen wird immer größer, was die Gliederung nach Objekten sinnvoll macht. Die Organisation wird dann auf der zweiten Hierarchieebene nach Objekten zentralisiert.

Im Mittelpunkt der **divisionalen Organisation** steht die **Objektspezialisierung**. Die Organisationseinheiten, die dabei entstehen, nennt man **Divisionen, Sparten, Geschäftsbereiche** oder auch **Center**. Man spricht deshalb auch von **Spartenorganisation** und **Geschäftsbereichsorganisation**.

Typisch für die divisionale Organisation – aber nicht zwingend – ist die Gliederung nach Funktionen auf der dritten Ebene.

Da auf der zweiten Hierarchieebene nur ein einziges Spezialisierungsmerkmal eingesetzt wird, handelt es sich bei der divisionalen Organisation ebenso wie bei der funktionalen Organisation um eine **eindimensionale Organisationsstruktur**.

Statt der Objektzentralisation anhand von Produkten lassen sich auch Sparten anhand von **Kundengruppen** bilden, falls sich diese in besonderer Weise, etwa hinsichtlich der Losgrößen, des erwarteten Service oder der Vertriebskanäle, unterscheiden. In Großunternehmen ist auch die Zentralisation nach **Regionen** üblich, um den unterschiedlichen Wettbewerbsbedingungen oder den gesetzlichen Bestimmungen der betreffenden Länder Rechnung zu tragen.

In den USA gingen die ersten Unternehmen bereits in den dreißiger Jahren von der Funktional- zur Spartenorganisation über.[126] In Deutschland setzte der Trend zur Divisionalisierung Mitte der sechziger Jahre ein. Die divisionale Organisation ist heute die am weitesten verbreitete Organisationsform bei Großunternehmen.[127] Abb. 3-30 zeigt das Grundmodell.

Die Spartenorganisation kann ebenso wie die Funktionalorganisation als Einlinien- oder Stab-Liniensystem gestaltet werden.

Idealerweise sind die Sparten als eine Art **Unternehmen im Unternehmen** konzipiert und besitzen weitgehende Selbständigkeit.

Spartenorganisationen sind unter diesen **Voraussetzungen** erfolgreich:

- das Unternehmen muss hinreichend groß sein, damit sich selbständige Sparten bilden lassen
- Produktgruppen gelten als Kernkompetenzen
- ein heterogenes Produktionsprogramm, damit die Produkte zu eindeutig unterscheidbaren Gruppen zusammengefasst werden können

---

[126] vgl. Dillerup/Stoi (2006), S. 437

[127] vgl. Vahs (2007), S. 158; Krüger (2005), S. 199 f.

- jede Sparte muss zumindest die Funktionen Produktion und Absatz enthalten, da sonst keine selbständigen Divisionen vorliegen
- die Sparten müssen klar abgrenzbare Absatzmärkte haben, damit sie nicht miteinander konkurrieren

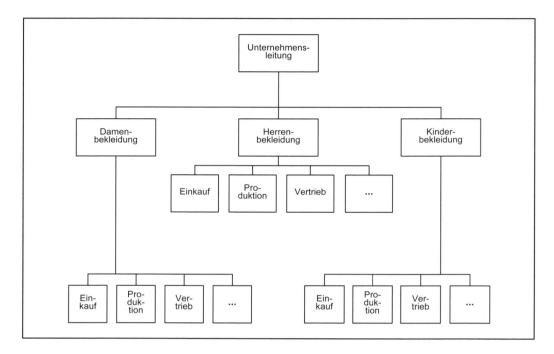

Abb. 3-30: Grundmodell der divisionalen Organisation

Vorteile der Spartenorganisation:

- geringerer Koordinationsaufwand zwischen den Divisionen, was zur schnelleren Entscheidungsfindung führt
- größere Transparenz
- durch die Beschränkung auf eine Produktgruppe erhöht sich die Sensibilität für Marktveränderungen
- größere Flexibilität und schnellere Reaktion innerhalb einer Sparte
- die Unternehmensleitung wird vom operativen Geschäft entlastet
- die Unternehmensleitung kann sich auf übergreifende, strategische Aufgaben konzentrieren

- die Spartenleiter identifizieren sich mit ihrer Aufgabe
- die Spartenleiter sind motiviert, weil sie weitgehend selbständig unternehmerisch handeln können
- da der Erfolg einer Sparte direkt messbar ist, können erfolgsabhängige Entgeltsysteme eingesetzt werden
- zunehmendes **Intrapreneurtum** (Intrapreneur ist eine Wortkombination aus „intracorporate" und „entrepreneur"), d.h. die Mitarbeiter aktivieren ihr unternehmerisches Potenzial
- die Delegation von Entscheidungen dient der Entwicklung von Führungsnachwuchskräften und Führungskräften aus den eigenen Reihen
- durch die Vorgabe betriebswirtschaftlicher Kennziffern für die jeweiligen Sparten lässt sich das Unternehmen leichter steuern
- die Prozesse werden effizienter, da die Spartenleiter Prozess- und Produktverantwortung übernehmen

Die **Nachteile** sind:

- die Sparten können ein zu großes Eigenleben entwickeln, d.h. sie stellen ihre Ziele zu sehr in den Vordergrund und orientieren sich zu wenig an den Zielen des Gesamtunternehmens
- es kann zu Verteilungskämpfen zwischen den Sparten um die knappen Ressourcen des Gesamtunternehmens, z.B. um finanzielle Mittel, kommen
- die Erfüllung kurzfristiger Ziele rückt in den Vordergrund, da Sparten eher operativ ausgerichtet sind
- die Probleme des Stab-Liniensystems bei der Zusammenarbeit zwischen Zentralbereichen und Divisionen verschärfen sich durch deren relative Entfernung
- erschwerte Integration neuer Produkte, insbesondere nach dem Zukauf fremder Unternehmen, da erst geprüft werden muss, ob und in welche Sparte sich diese Produkte einfügen lassen
- es werden zunehmend Generalisten als Führungskräfte benötigt, da in jeder Sparte unternehmerisches Handeln notwendig ist
- funktionsorientierte Spezialisierungsvorteile gehen verloren, vor allem im Produktionsbereich, sofern sie nicht die Zentralbereiche betreffen

In der Praxis sind die Divisionen in unterschiedlichem **Maße mit unternehmerischen Kompetenzen und Erfolgsverantwortung** ausgestattet:[128]

- **Cost-Center:** Die Steuerung der Sparten durch die Unternehmensleitung erfolgt mittels eines vorgegebenen Kostenbudgets. Die Spartenleiter haben vor allem die Aufgabe, die Leistungsprozesse optimal zu gestalten, um so die Kosten zu minimieren. Sie entscheiden nicht über das Umsatzvolumen und die Qualität der Erzeugnisse, da diese von der Unternehmensleitung vorgegeben werden. Häufig wird auch vorgegeben, ob Vorprodukte und Dienstleistungen extern einzukaufen oder zu festgelegten Verrechnungspreisen von anderen Unternehmenseinheiten zu beziehen sind. Diese Division ist lediglich eine Art großer Kostenstelle.

- **Revenue-Center:** Die Spartenleiter haben die Verantwortung für die Umsatzerlöse in ihrer Division. Sie haben jedoch keinen direkten Einfluss auf die Kosten der Produkte und können auch deren Preise nicht oder nur in engen Grenzen (z.B. Skonto oder Zahlungsziele) bestimmen. Es handelt sich meist um regionale Vertriebsgesellschaften, die die Produkte von ihren internen Zulieferern zu festen Transferpreisen übernehmen und sie auf dem externen Markt verkaufen. Ihr Erfolg wird anhand des Umsatzvolumens gemessen, das sie vor allem durch die Wahl der absatzpolitischen Instrumente beeinflussen können.

- **Profit-Center:** Hier übernimmt der Spartenleiter die Verantwortung für das wirtschaftliche Ergebnis seiner Division. Der Erfolg wird anhand des Gewinns oder des ROI (Return of Investment) ermittelt. Mit der größeren Verantwortung geht auch eine größere Entscheidungsbefugnis einher. So nimmt der Spartenleiter sowohl Einfluss auf die Kosten- als auch auf die Erlösseite. In der Regel gehören die gesamte Produktentwicklung und Produktion sowie der gesamte Einkauf und Absatz zur Sparte. Über das Investitionsvolumen wird hingegen von der Leitung des Gesamtunternehmens entschieden. Auch beim Produktionsprogramm behält sie sich in der Regel Mitspracherechte vor. Die Einrichtung eines Profit-Centers ist nur dann sinnvoll, wenn sich der Erfolg unmittelbar der Sparte zurechnen lässt.

- **Investment-Center:** Wenn der Spartenleiter auch über Investitionen in seiner Division und damit über die Verwendung des Gewinns entscheiden kann, handelt es sich um ein Investment-Center. Die Leitung des Gesamtunternehmens behält sich nur insofern ein Mitspracherecht vor, um sicherzustellen, dass die Investitionsentscheidungen den strategischen Unternehmenszielen entsprechen.

Die Grenzen zwischen Profit- und Investment-Center sind fließend, da auch der Leiter eines Profit-Centers häufig die Befugnis erhält, über einen Teil der Investitionen selbst zu entscheiden.

---

[128] vgl. Krüger (2005), S. 205 ff.; Scherm/Pietsch (2007), S. 177 f.; Krüger/v. Werder/Grundei (2007), S. 4 ff.; Pfähler/Vogt (2008), S. 746; Meissner (2004), S. 20

Bei allen Center-Konzepten ist problematisch, wie die Kosten und Erlöse zuzurechnen sind. Schwierigkeiten entstehen vor allem dann, wenn die Center häufig untereinander bzw. mit den Zentralbereichen Leistungen austauschen, da dann interne Verrechnungspreise festgelegt werden müssen. Die Unternehmensleitung kann über die Verrechnungspreise Einfluss darauf nehmen, wie erfolgreich die Sparten sind[129] und auf diesem Wege ihre Selbständigkeit beeinflussen.

Bei fast allen Spartenorganisationen werden **bestimmte Querschnittsfunktionen in Zentralabteilungen oder Zentralbereichen**, z.B. in der internen Revision, der Personalabteilung, dem Controlling, der zentralen Materialbeschaffung oder der Rechtsabteilung zusammengefasst (s. Abb. 3-31). Sie sind der Unternehmensleitung direkt zugeordnet und erbringen **spartenübergreifende Dienstleistungen**. Auf diese Weise wird der Autonomiegrad der einzelnen Sparten bewusst eingeschränkt.[130]

Es werden **drei Aufgabenbereiche** der Zentralabteilungen unterschieden:

- **Nutzung von Synergieeffekten:** Für alle Sparten werden zentrale Dienstleistungen erbracht. Damit lassen sich Größenvorteile besser abschöpfen, z.B. wenn die Materialbestellungen aller Divisionen über den zentralen Einkauf erfolgen. Aufgrund der größeren Bestellmengen lassen sich bessere Konditionen erzielen. Auch mit einem spartenübergreifenden Zentralbereich Forschung und Entwicklung lassen sich oft Synergieeffekte realisieren.

- **Allgemeine Aufgaben der Unternehmensleitung:** Dies sind Aufgaben, die für das Gesamtunternehmen anfallen und nicht einzelnen Sparten überlassen werden können oder sollen. Sie werden in Zentralbereichen zusammengefasst, z.B. die Konzernrechnungslegung, die Rechtsabteilung, die Führungskräfteschulung oder die Öffentlichkeitsarbeit.

- **Koordination der Sparten im Hinblick auf die Unternehmensziele:** Die Zentralabteilungen übernehmen oft Koordinationsaufgaben, mit denen die Sparten „auf Kurs" gehalten und auf die langfristigen Ziele des Gesamtunternehmens ausgerichtet werden sollen. So gibt etwa das Zentralcontrolling Richtwerte vor und legt die Controlling-Instrumente für alle Sparten fest. Oder die zentrale Personalabteilung konzipiert verbindliche, spartenübergreifende High-Potential-Programme für den Führungsnachwuchs.

Nicht nur die Aufgaben, auch die **Rechte der Zentralbereiche** sind unterschiedlich gestaltet. Zum Teil nehmen sie Aufträge der Sparten entgegen, zum Teil beraten sie die Spartenleiter und verfügen über Informations- und Empfehlungsrechte. Manchmal können Zentralabteilungen den Sparten sogar auf bestimmten Gebieten Weisungen erteilen. Man kann diese Konfiguration auch als eine besondere Art des Stab-Liniensystems sehen, die deutliche Tendenzen zu einem Mehrliniensystem bzw. einer Matrixorganisation aufweist.

---

[129] vgl. Bea/Göbel (2006), S. 385

[130] vgl. ebd., S. 383

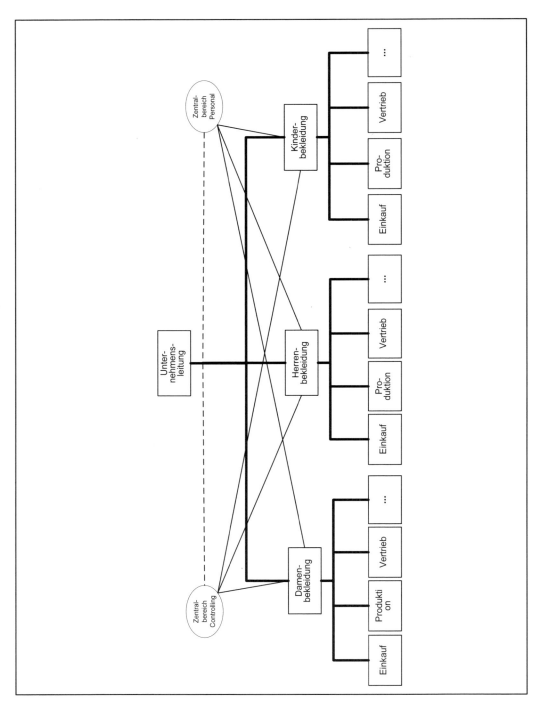

Abb. 3-31: Divisionale Organisation mit Zentralbereichen

3.6.1.4 Matrixorganisation

Die bisherigen Organisationsstrukturen zeichnen sich dadurch aus, dass auf der zweiten Hierarchieebene immer nur nach einer einzigen Dimension gegliedert wird, entweder nach Verrichtungen oder nach Objekten. Es handelt sich deshalb also um eindimensionale Strukturen.

Wird auf der zweiten Ebene gleichzeitig nach **zwei Dimensionen** gegliedert, spricht man von einer Matrixorganisation. Auf diese Weise werden Probleme parallel und gleichberechtigt aus zwei Blickwinkeln betrachtet. In der Regel wird eine **funktionale von einer divisionalen Organisation überlagert**.

Bei der Matrixorganisation können zudem **alternative Gliederungsdimensionen** herangezogen werden:[131]

- Verrichtung und Region
- Verrichtung und Kunden
- Objekt und Region
- Objekt und Kunden
- interne und externe Verrichtungen

Stabsstellen, Assistenten und/oder Zentralbereiche sind ebenso wie bei den anderen Grundformen möglich.

Man spricht deshalb von einer Matrixorganisation, weil ihre Darstellung einer Matrix entspricht (Abb. 3-32). In der Horizontalen werden üblicherweise die Funktionen und in der Vertikalen die Objekte dargestellt. Die funktions- und objektorientierten Einheiten der zweiten Hierarchieebene sind **gleichberechtigt**. Beide sind direkt der Unternehmensleitung unterstellt.

Die Linie von der Unternehmensleitung zu den objektbezogenen Einheiten ist nur aus Darstellungsgründen geknickt. Es bedeutet jedoch nicht, dass die Objekt-Manager in Abb. 3-32 hierarchisch unter den funktionsorientierten Instanzen stehen.

Die Leiter der Funktionalabteilungen sind für die effiziente Aufgabenerfüllung bzgl. ihrer Verrichtung hinsichtlich aller Objekte zuständig. Die objektorientierten Vorgesetzten sind wiederum für die Zielerreichung bei ihrem Objekt über alle Funktionen hinweg verantwortlich.

Die Mehrdimensionalität dieser Organisationsstruktur führt dazu, dass die **Matrixschnittstellen** (dicke Punkte) von zwei Vorgesetzten – entsprechend deren Spezialgebiet – Weisungen erhalten (Mehrfachunterstellung). Bei den Matrixschnittstellen handelt es sich um

---

[131] vgl. Robbins (2001), S. 494

Mitarbeiter der **dritten Hierarchieebene**, die in größeren Unternehmen selbst wiederum als Instanzen ihnen unterstellte Abteilungen führen.

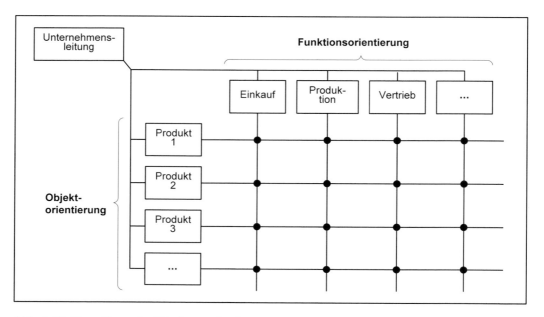

Abb. 3-32: Grundform der Matrixorganisation

Die Mehrfachunterstellung in der Matrixorganisation ist eine Anlehnung an das **Mehrliniensystem**. Krüger bezeichnet die Matrixorganisation sogar als **moderne Variante des Funktionsmeistersystems**.[132] Allerdings steht der Koordinationseffekt bei der Matrixorganisation wesentlich stärker im Vordergrund als die fachliche Spezialisierung der Instanzen beim Mehrliniensystem.

Damit die Matrixorganisation in der Praxis funktioniert, müssen diese **Voraussetzungen** erfüllt sein:[133]

- zwei Dimensionen, die sehr komplex und in gleichem Maße für das Unternehmen kritisch sind
- eine dynamische Umwelt, weshalb das Unternehmen auf innovative Lösungen angewiesen ist
- hochqualifizierte Mitarbeiter, die in der Lage sein müssen, zahlreiche Informationen zu verarbeiten und Probleme aus unterschiedlichen Perspektiven zu durchleuchten

---

[132] vgl. Krüger (2005), S. 200; Vahs (2007), S. 171
[133] vgl. Scherm/Pietsch (2007), S. 185; Müller-Stewens/Lechner (2003), S. 450

- hohe Sozialkompetenz aller Beteiligten, die sie befähigt, auf die Sichtweisen und Argumente anderer Mitarbeiter einzugehen und diese nachzuvollziehen
- kommunikations- und konfliktfähige Führungskräfte, die sich nicht durch Machtkämpfe profilieren wollen
- stressresistente Führungskräfte, die sich einem ständigen Koordinationsbedarf und entsprechenden Unsicherheiten gegenübersehen

Bei der Matrixorganisation werden die **Konflikte**, die aufgrund der Mehrfachunterstellung entstehen können, nicht als Problem, sondern als **positives Element** gesehen. Die Konflikte werden bewusst **institutionalisiert**, gezielt herbeigeführt und als sogar produktiv empfunden. Sie sollen dazu beitragen, einen entstehenden Abstimmungsbedarf möglichst frühzeitig zu erkennen und optimale, innovative Problemlösungen zu finden.[134]

Aus theoretischer Sicht werden Koordinationsprobleme bei der Matrixorganisation nicht mithilfe formaler Regeln gelöst. Stattdessen soll argumentiert, verhandelt und überzeugt werden, um auf diese Weise – verbunden mit einer prinzipiellen Kooperationsbereitschaft – zu sinnvollen Ergebnissen zu gelangen.

In der Praxis werden hingegen oft **Regeln zur Kompetenzverteilung** auf der zweiten Hierarchieebene aufgestellt, um das Konfliktpotenzial zu verringern:

- Die Objektmanager sind für das „was und wann" zuständig und die funktionsorientierten Instanzen bestimmen das „wie, wer und womit". Dennoch entstehen Probleme, da zwischen den Zuständigkeiten auch weiterhin Interdependenzen bestehen.[135]
- Einer Dimension wird seitens der Unternehmensleitung oft größere Kompetenz eingeräumt. Die zweite Dimension hat dann nur ergänzenden Charakter und gilt nicht als gleichberechtigt. Diese Manager fungieren eher als Berater der vorrangigen Dimension denn als eigenständige Entscheider.
- Die Matrix beschränkt sich auf bestimmte Aufgaben. Auch in diesem Fall hat eine der beiden Dimensionen meist eine schwächere Stellung.

Mit der Matrixorganisation wird versucht, die positiven Aspekte der funktionalen und der divisionalen Organisation zu vereinen.

Vorteile der Matrixorganisation:

- durch die Delegation von Entscheidungs- und Weisungsbefugnissen auf funktions- und gleichzeitig auf objektorientierte Manager wird die Unternehmensleitung entlastet
- durchdachtere und innovativere Problemlösungen, da die jeweiligen Themen aus unterschiedlichen Perspektiven betrachtet werden

---

[134] vgl. Thommen/Richter (2004), Sp. 828 ff.; Bea/Göbel (2006), S. 388 f.

[135] vgl. Bühner (2004), S. 164 f.

- kurze Kommunikationswege
- Sachkompetenz, Kooperations- und Überzeugungsfähigkeit haben Vorrang vor hierarchischer Macht
- indem die Führungskräfte an umfassenden Entscheidungsprozessen beteiligt werden, steigt ihre Motivation
- schnelle und flexible Reaktionen auf Veränderungen des Marktes

Nachteile der Matrixorganisation:

- der Erfolg bzw. Misserfolg von Entscheidungen lässt sich meist nicht zuordnen, da sie Kompromisse funktions- und objektorientierter Instanzen sind
- es kann zu Machtkämpfen zwischen den Führungskräften der zweiten Hierarchieebene kommen, da die Entscheidungsbefugnisse nicht klar geregelt sind
- die Abstimmung der verrichtungs- und objektorientierten Sichtweisen bringt einen hohen Kommunikations- und entsprechenden Zeitaufwand mit sich
- langsame und schwerfällige Entscheidungsfindung, da häufig Kompromisse notwendig werden
- damit beide Seiten „das Gesicht wahren können", kann es zu „faulen" Kompromissen kommen
- die einzelne Führungskraft hat weniger Verantwortungsbewusstsein, da sie die Entscheidungen nicht allein fällt
- die unterstellten Mitarbeiter haben das Bedürfnis sich abzusichern, da die Einheit der Auftragserteilung wegfällt
- die mehrfach unterstellten Mitarbeitern fühlen sich überfordert, was ihre Motivation sinken lässt
- hohe fachliche Anforderungen an Vorgesetzte und Mitarbeiter, die funktionale und objektbezogene Argumentationen nachvollziehen müssen
- alle Beteiligten müssen über eine hohe soziale Kompetenz verfügen
- die notwendige höhere Qualifikation der Beteiligten führt zu höheren Personalkosten
- Tendenz zu informalen Normen, da die fehlenden Regeln bei der Kompetenzverteilung von den Vorgesetzten und Mitarbeitern häufig negativ wahrgenommen wird
- die zahlreichen potenziellen Konflikte belasten gleichermaßen Vorgesetzte wie Mitarbeiter
- starke Bürokratisierung, da die Entscheidungsfindung und deren Ergebnisse dokumentiert werden müssen

Die Matrixorganisation wird in Industrieunternehmen vor allem in überschaubaren Unternehmensbereichen eingesetzt und selten auf die Gesamtorganisation übertragen.[136] Sie findet sich ferner in großen Dienstleistungsunternehmen, etwa in Unternehmensberatungen und internationalen Anwaltskanzleien.

Abb. 3-33 zeigt die Matrixstruktur der Unternehmensberatung Roland Berger, die in branchenorientierte und funktionsbezogene Competence Centern aufgeteilt ist. Damit soll erreicht werden, dass die interdisziplinär ausgerichteten Consultant-Teams über das jeweils für ihren Kundenauftrag erforderliche Know-how verfügen.[137]

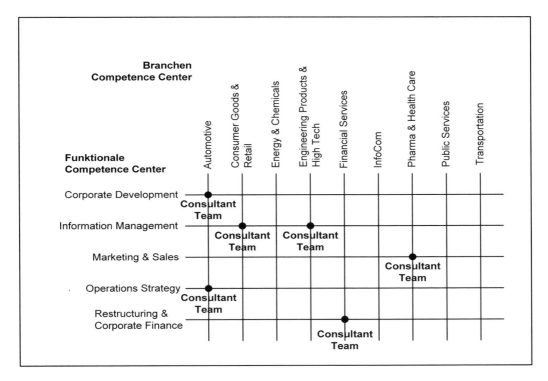

Abb. 3-33: Matrixstruktur der Unternehmensberatung Roland Berger[138]

---

[136] vgl. Picot/Dietl/Franck (2008), S. 256

[137] vgl. Klimmer (2007), S. 50

[138] entnommen aus: Klimmer (2007), S. 50

3.6.1.5 Erweiterungen der Grundformen

3.6.1.5.1 Tensororganisation

Die Tensororganisation ist eine Weiterentwicklung der Matrixorganisation. Auf der zweiten Hierarchieebene kommt neben Verrichtung und Objekt gleichberechtigt mindestens eine weitere gleichberechtigte Dimension hinzu. Üblicherweise sind es Kundengruppen und/oder Regionen. Auf diese Weise kann den spezifischen Anforderungen bedeutender Abnehmer bzw. regionalen Besonderheiten besser entsprochen werden. Es handelt sich um eine **drei- bzw. n-dimensionale Organisationsstruktur**. Abb. 3-34 zeigt ein Beispiel einer dreidimensionalen Tensororganisation.

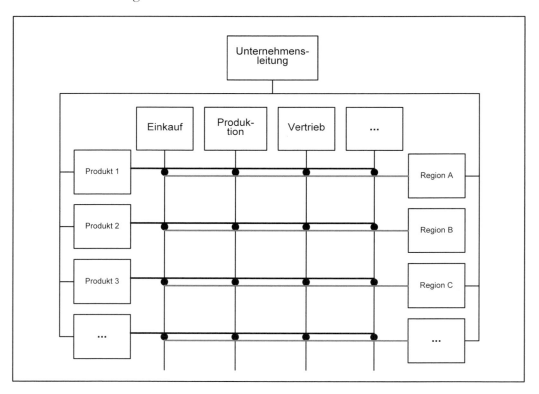

Abb. 3-34: Tensororganisation

Wie bei der Matrixorganisation sind auch bei der Tensororganisation die Führungskräfte auf der zweiten Hierarchieebene grundsätzlich gleichberechtigt. Damit sind die Mitarbeiter auf der nächsten Ebene drei- oder mehrfach unterstellt.

Die **Voraussetzungen** für den Einsatz der Tensororganisation entsprechen denen der Matrixorganisation, wobei mindestens eine weitere Dimension zu berücksichtigen ist.

Die **Vor- und Nachteile** entsprechen ebenfalls denen der Matrixorganisation. Durch die zusätzliche Dimension treten jedoch die Kommunikations- und Koordinationsprobleme in verstärktem Maße auf, außerdem nimmt die Unübersichtlichkeit zu. Die Unterstellung unter einen weiteren Vorgesetzten verstärkt die Überforderung der Mitarbeiter.

Diese Struktur wird vor allem von multinationalen Unternehmen präferiert, die sich in heterogenen Märkten, in unterschiedlichen Regionen und in einer instabilen Umwelt bewegen. So gliedert die Volkswagen AG ihre Tensororganisation nach Marken, Funktionen und Regionen.[139]

3.6.1.5.2 Holding-Organisation

Die Holding-Organisation ist eine Weiterentwicklung der Spartenorganisation. In großen Unternehmen werden die Sparten oft nicht mehr als Abteilungen geführt, sondern **rechtlich verselbständigt**. Das führt zu einem Verbund mehrerer rechtlich selbständiger Unternehmen unter einer einheitlichen Leitung, d.h. zu einem **Konzern** mit einer konzernleitenden **Dachgesellschaft (Corporate Center)**, die Beteiligungen an den rechtlich selbständigen **Tochterunternehmen** hält.

Tritt die Dachgesellschaft nicht selbst am Markt auf und betreibt sie nicht eigenständig operative Geschäfte, sondern verwaltet und koordiniert sie lediglich die Tochtergesellschaften, spricht man von einem **Holding-Konzern**. Während die Untergesellschaften vorrangig für die **Leistungserstellung und -verwertung** zuständig sind, steuert die Dachgesellschaft das Gesamtunternehmen.

Diese Art von Dachgesellschaft wird als **Holding** bezeichnet. Der Begriff wird auch als Überbegriff für die gesamte Konzernkonstruktion verwandt, während die Dachgesellschaft dann **Holding-Mutter** genannt wird.

Mithilfe der Holding-Organisation sollen kleinere, dezentrale selbständige Einheiten schneller und flexibler agieren können.[140] Zum Teil wird bewusst auf Größenvorteile oder Synergieeffekte verzichtet, stattdessen rücken Flexibilität und Innovationsfähigkeit in den Mittelpunkt.

Die Untergesellschaften sind häufig auf lokale Märkte ausgerichtet, was auch als „close to the customer" bezeichnet wird.[141]

Die Holding ist ein betriebswirtschaftliches Konzept und **keine Rechtsform**. Es geht ausschließlich darum, Dezentralisierungsvorteile bestmöglich zu nutzen.[142]

Die **Voraussetzungen** der Holding entsprechen denjenigen der divisionalen Organisation. Die rechtliche Verselbständigung ist jedoch nur dann gerechtfertigt, wenn die Sparten groß und unabhängig genug sind.

---

[139] vgl. Macharzina (2003), S. 425; Keller (2004), Sp. 421 ff.

[140] vgl. Krüger (2005), S. 209

[141] vgl. Vahs (2007), S. 177

[142] vgl. Schreyögg (2003), S. 137

Die einzelnen Divisionen können wiederum eigene, rechtlich selbständige Enkelunternehmen umfassen. In diesem Fall handelt es sich um eine **mehrstufige Holding-Konstruktion**, bei der die Tochtergesellschaften als **Zwischen-Holding** fungieren und die Koordination für die untergeordneten Einheiten übernehmen. Die Zwischen-Holdings werden ihrerseits von der Dachgesellschaft verwaltet.

Die Dach- bzw. Zwischen-Holdings **koordinieren** ihre Untergesellschaften mithilfe dieser Instrumente:[143]

- **Unternehmensverträge:** Zwischen der Dachgesellschaft und den Untergesellschaften wird ein Beherrschungsvertrag abgeschlossen, der der Holding-Mutter bestimmte Leitungs- und Weisungsbefugnisse einräumt. Er wird in der Regel um einen Gewinnüberlassungsvertrag ergänzt, der die Tochtergesellschaften verpflichtet, ihren Gewinn ganz oder teilweise an die Dachgesellschaft abzuführen.

- **Finanzhoheit:** Hier verteilt die Dachgesellschaft die finanziellen Mittel. Ihr obliegt die Finanzhoheit über alle Untergesellschaften, womit sie die Konzerninteressen gegenüber den Tochtergesellschaften wahren und durchsetzen kann.

- **Personalunion:** Wichtige Positionen in den Tochtergesellschaften werden von Personen besetzt, die auch bedeutsame Stellen in der Dachgesellschaft innehaben. So kann ein Vorstandsmitglied der Dachgesellschaft gleichzeitig im Aufsichtsrat einer Division sitzen.

Auf diese Weise nimmt die Dachgesellschaft in unterschiedlichem Maße Einfluss auf die **wirtschaftliche Selbständigkeit** der Tochtergesellschaften, während deren rechtliche Selbständigkeit unberührt bleibt.

Je nach **Leitungsintensität** lassen sich drei **Formen der Holding-Organisation** unterscheiden:[144]

- Finanz-Holding
- strategische Management-Holding
- operative Management-Holding

Bei einer **Finanz-Holding** obliegt der Dachgesellschaft lediglich die Anteilsverwaltung, womit sie sich auf die Wahrung der finanziellen Interessen des Holding-Konzerns beschränkt. Die Untergesellschaften genießen umfangreiche Freiheiten. Neben den operativen Geschäften überlässt ihnen die Dachgesellschaft die gesamte strategische Leitung mit Ausnahme der Finanzfunktion. Die Zentrale setzt die finanziellen Zielgrößen wie Gewinn, Cash

---

[143] vgl. Bea/Göbel (2006), S. 392 f.

[144] vgl. Krüger (2005), S. 209 f.

Flow oder ROI fest. Die Tochtergesellschaften erstatten in größeren Abständen in aggregierter Form Bericht über die Erreichung der finanziellen Ziele.[145]

Die Dachgesellschaft konzentriert sich auf das Halten („to hold"), Erwerben und Veräußern von Beteiligungen. Sie kümmert sich nicht um das operative Geschäft der Untergesellschaften.

Diese Form der Holding wird oft dann gewählt, wenn die Tochtergesellschaften nicht auf gemeinsame Ressourcen zurückgreifen und sich kaum Synergieeffekte erzielen lassen.[146]

Bei der **strategischen Management-Holding** obliegt der Dachgesellschaft die strategische Leitung des Konzerns. Entsprechend werden die Aktivitäten der Tochtergesellschaften koordiniert. Ihnen wird die Zuständigkeit und Verantwortung für das operative Geschäft zusammen mit all denjenigen Funktionen übertragen, die notwendig sind, um Gewinn zu erwirtschaften. In der Regel sind sie – in Abstimmung mit der Dachgesellschaft – auch für ihre bereichsspezifische strategische Ausrichtung zuständig. Bei ihnen sind zumindest Produktion und Absatz angesiedelt, meistens auch die Forschung und Entwicklung.

Die Untergesellschaften erstatten der Mutter regelmäßig ausführlichen Bericht über die erreichten Ergebnisse, z.B. über Gewinn, Umsatz und Kosten. Auf Anforderung sind sie verpflichtet, weiterführende, genauere Informationen zu liefern.

Eine strategische Management-Holding kommt der divisionalen Organisationsstruktur mit Profit- oder Investment-Centern am nächsten, wobei jedoch die rechtliche Selbständigkeit der Center hinzukommt.

Bei der **operativen Management-Holding** greift die Dachgesellschaft in das operative Geschäft ihrer Töchter ein. Grundsätzlich kann es zu Interventionen in alle betrieblichen Funktionen kommen. Daneben werden in größerem Umfang Funktionen aus den Tochtergesellschaften abgezogen und Zentralbereichen übertragen, z.B. der Einkauf oder die Personalentwicklung. Die Divisionen haben die Pflicht, die Dachgesellschaft laufend über das Erreichen operativer Ziele bis hin zu Details, z.B. die Veränderung einzelner Kostenarten, die aktuellen Lagerbestände etc., zu informieren.

Die operative Management-Holding gleicht am ehesten einer divisionalen Struktur mit Cost-Centern. Die Holding-Organisation weißt alle Vor- und Nachteile einer divisionalen Organisation auf. Es gibt weitere positive Merkmale und Schwachstellen.

Vorteile der Holding-Organisation:

- wegen der größeren Nähe zum Markt und der Eigenständigkeit der Tochtergesellschaften kann schnell und flexibel gehandelt werden
- die Divisionen können die Kapitalkraft und Marktpräsenz des Holding-Konzerns nutzen

---

[145] vgl. Schulte-Zurhausen (2002), S. 258

[146] vgl. Scherm/Pietsch (2007), S. 183

- durch die rechtliche Autonomie der Tochtergesellschaften wird das unternehmerische Handeln gestärkt
- indem sich die Untergesellschaften auf die Kernbereiche konzentrieren, erhöht sich die Kundenorientierung
- aufgrund der rechtlichen Selbständigkeit identifizieren sich die Mitarbeiter mehr mit ihrer Gesellschaft
- der mögliche Wechsel zwischen den verschiedenen Tochtergesellschaften und der Dachgesellschaft erhöht die Karrieremöglichkeiten
- es entsteht ein umfangreicher Manager-Pool für Führungsaufgaben
- Erfolge der Tochtergesellschaften, die einen eigenen Jahresabschluss erstellen müssen, können eindeutig zugeordnet werden
- Haftungsbegrenzung auf die rechtlich selbständigen Einheiten
- steuerliche Vorteile durch geschickte Ausgestaltung der Rahmenbedingungen

Die **Nachteile** sind:

- um Vorteile für den Holding-Konzern als Ganzes zu erzielen, muss zum Teil gegen die Interessen einzelner Tochtergesellschaften verstoßen werden
- schwammige Kompetenzabgrenzungen zwischen Management-Holding und Tochtergesellschaften
- die Gewinnabführung der Tochtergesellschaften führt zu Motivationsproblemen, vor allem wenn es zur Quersubventionierungen weniger erfolgreicher Untergesellschaften kommt
- durch den Abstand zur Dachgesellschaft aufgrund der rechtlichen Selbständigkeit der Töchter kann das „Wir-Gefühl" verloren gehen
- die Autonomie der Töchter kann zum Verlust von Größen- und Synergievorteilen im Konzern führen
- durch die oft umfangreichen Planungs- und Kontrollaktivitäten der Dachgesellschaft kann es zu mehr Bürokratie kommen
- die rechtliche Verselbständigung der Tochtergesellschaften bringt zusätzlichen finanziellen Aufwand mit sich, etwa für die Gründung, die Jahresabschlüsse und die Hauptversammlungen

3.6.2 Sekundärorganisationen

3.6.2.1 Vorbemerkung

Während mit den bisher beschriebenen Strukturen der Primärorganisation die üblichen, routinemäßigen Daueraufgaben geregelt werden sollen, dient die Sekundärorganisation der Erfüllung besonderer, bedeutsamer Aufgaben, die keine Routineaufgaben sind.

Sekundärstrukturen bestehen neben und gleichzeitig mit der Primärorganisation und unterstützen diese. Je nach Zielsetzung können sie dauerhaft oder zeitlich befristet sein.

Die Sekundärorganisation wird auch als duale Organisation, Parallelorganisation oder kolaterale Organisation bezeichnet.[147]

Abb. 3-35 zeigt mögliche ergänzende Aspekte.

Ergänzende Aspekte	Form der Sekundärorganisation
Produktorientierung	Produktmanagement-Organisation
Kundenorientierung	Kundenmanagement-Organisation
Marktorientierung	Marktmanagement-Organisation
Funktionsorientierung	Funktionsmanagement-Organisation
Strategische Planung	Strategische Geschäftseinheiten
komplexe und innovative, zeitlich befristete Problemstellungen	Projektorganisation
Karriere	Parallelhierarchien

Abb. 3-35: Formen der Sekundärorganisation

Bei der Projektorganisation handelt es sich um eine **zeitlich befristete** Sekundärstruktur. Die anderen genannten Formen der Sekundärorganisation sind **auf Dauer angelegte Ergänzungen** der Primärorganisation.

3.6.2.2 Produktmanagement-Organisation

Der Gedanke, in funktional organisierten Unternehmen auch die spezifischen Anforderungen unterschiedlicher Produktgruppen berücksichtigen zu müssen, führte zur Entwicklung von Produktmanagement-Organisationen.

---

[147] vgl. Vahs (2007), S. 146 f.

Die Anfänge einer **Produktmanagement-Organisation** (**Brand Management**) finden sich bereits in den zwanziger Jahren in den USA. So versuchte Procter & Gamble auf diese Weise, den Absatzschwierigkeiten bei Konsumartikeln, insbesondere bei der Seife „Carmay", zu begegnen.[148]

Die Produktmanagement-Organisation sieht – ergänzend zur Primärstruktur – die Bildung spezieller Produktmanager-Stellen zur Betreuung einzelner Produkte oder Produktgruppen vor. Sie wird häufig von Konsumgüterunternehmen mit funktionaler Organisation eingesetzt, die Markenartikel herstellen, da viele dieser Produkte ein spezielles Marketing erfordern. Damit will man die Vorteile der Funktionalorganisation erhalten und gleichzeitig der notwendigen Produkt- und Marktorientierung Rechnung tragen.

Ist der Diversifikationsgrad der Produkte sehr hoch, kann es sinnvoll sein, anstelle der Produktmanagement-Organisation eine produktorientierte Primärorganisation zu wählen. Die Produktmanagement-Organisation wird deshalb oft als **Vorstufe zur Spartenorganisation** gesehen.

Das Produktmanagement findet sich – allerdings eher selten – auch als Sekundärstruktur in Spartenorganisationen. Dabei handelt es sich meist um Divisionen mit unterschiedlichen Produkten, die einer gesonderten Betreuung bedürfen.

Produktmanager sind Produktspezialisten und Funktionsgeneralisten und nehmen eine Produkt-Markt-Querschnittsfunktion ein.[149] Ihre **Aufgaben** sind:

- das Sammeln und Aufbereiten aller produktrelevanten Informationen durch Markt-, Zielgruppen- und Wettbewerbsanalysen
- die Bewertung produktbezogener Marktchancen
- die Überprüfung, ob die Produkte besonderer Aktivitäten bedürfen
- produktspezifische Absatz-, Umsatz- und Kostenpläne
- die Ausarbeitung, Umsetzung und Kontrolle von Marketing-Konzepten
- die Unterstützung bei der Entwicklung von Produktneuheiten, -variationen und -verbesserungen
- Hilfestellung bei der Produkteinführung

Die Produktmanager sind dabei auf die Unterstützung der Primärabteilungen, insbesondere auf Marktforschung, Werbung, Produkt-Design etc. angewiesen. Sie verfügen häufig nicht über eine eigene Abteilung und Mitarbeiter, sondern sind auf sich allein gestellt.

---

[148] vgl. Breisig (2006), S. 127

[149] vgl. Klimmer (2007), S. 6

Eine Produktmanagement-Organisation ist unter diesen **Voraussetzungen** sinnvoll:[150]

- es handelt sich um ein heterogenes Produktprogramm
- für die Produkte gelten unterschiedliche Marktbedingungen
- die Marktkomplexität und Marktdynamik, etwa kurze Innovations- und Produktlebenszyklen, erfordern es, dass die einzelnen Produkte bzw. Produktgruppen gesondert betreut werden müssen
- **Produktmanager** verfügen über unterschiedliche **Kompetenzen**. Sie reichen von bloßen Informationsrechten und -pflichten über eine fundierte Entscheidungsvorbereitung, weitgehende Beratungsrechte und -pflichten bis zu fachgebundenen Entscheidungs- und Weisungsbefugnissen innerhalb der Primärabteilungen.

Der Übergang zur Matrixorganisation ist fließend.

Die **Vorteile** der Produktmanagement-Organisation sind:

- größere Kundennähe, da die Absatzpolitik an den Produktbesonderheiten ausgerichtet wird
- neue Trends und neue Anforderungen an Produkte können frühzeitig erkannt werden
- schnelle und effiziente Abstimmung produktbezogener Aktivitäten über die einzelnen Funktionsbereiche hinweg
- die Unternehmensleitung wird von Koordinationsaufgaben entlastet

Nachteile:

- zwischen den Vorgesetzten der Primärorganisation und den Produktmanagern kann es zu Kompetenzkonflikten kommen
- der Erfolg des Konzepts hängt in starkem Maße von den sozialen Kompetenzen des Produktmanagers ab
- hochqualifizierte Produktmanager bringen hohe Personalkosten mit sich

3.6.2.3 Kundenmanagement-Organisation

Während die Güter und Dienstleistungen des Unternehmens beim Produktmanagement im Mittelpunkt stehen, konzentriert sich das Kundenmanagement auf die Abnehmer dieser Leistungen. Um die Bedürfnisse einzelner Kunden oder Kundengruppen gezielt befriedigen zu können, erhalten sie einen festen Ansprechpartner, der sie in allen Belangen betreut.

Statt von Kundenmanagement-Organisation wird auch von **Key-Account-Management** gesprochen. Es ist auf bestimmte Kundengruppen, insbesondere auf Großkunden, aus-

---

[150] vgl. Schulte-Zuhausen (2002), S. 288

gerichtet. Vor allem in der **Investitionsgüterindustrie** ist es seit langem verbreitet, da hier viele Aufgaben kundenindividuell gelöst werden müssen. Seit den siebziger Jahren ist es auch in der deutschen **Konsumgüterindustrie** anzutreffen. So gibt es in vielen Konsumgüterunternehmen Kundenmanager (**Key-Account-Manager**), die große Handelsketten wie Aldi, Lidl etc. betreuen, da mit ihnen ein Großteil des Umsatzes erzielt wird.

Der Key-Account-Manager geht auf die speziellen Wünsche der einzelnen **Großkunden** ein. Dabei kann es um Sondergrößen einzelner Produkte, bestimmte Liefertermine und Liefermengen für einzelne Filialen, um besondere Verpackungen, gezielte Werbekampagnen, Preisverhandlungen und Ähnliches gehen. Neben der individuellen Betreuung haben die Kunden den Vorteil, dass ihnen bei allen Belangen stets derselbe Ansprechpartner zur Verfügung steht.

In letzter Zeit rücken auch **Privatkunden**, die als weitgehend homogene Gruppe mit gleichartigen Bedürfnissen gesehen werden, ins Blickfeld des Key-Account-Managements.

Die Kundenmanagement-Organisation wird sowohl ergänzend als auch alternativ zum Produktmanagement eingesetzt.

Dem Key-Account-Manager obliegen diese **Aufgaben**:

- das Sammeln und Auswerten von Informationen über den Kunden
- der Aufbau von Kontakten und die Kontaktpflege
- die Beratung des Kunden hinsichtlich der Produkte und Dienstleistungen des Unternehmens
- die Betreuung des Kunden bei allen anfallenden Problemen
- die Verhandlungen mit dem Kunden
- der Verkauf der Produkte und Dienstleistungen an den Kunden und der Abschluss von Verträgen
- die Abwicklung und Koordination der Kundenaufträge
- die Erstellung, Realisierung und Kontrolle eines auf den Kunden abgestimmten Marketing-Konzepts

Damit das Key-Account-Management **zum Erfolg führt**, müssen diese **Voraussetzungen** erfüllt sein:

- eine überschaubare Zahl besonderer Kunden, bei denen eine differenzierte Betreuung angebracht ist
- der Key-Account-Manager muss über umfassende Kenntnisse der Produkte und Dienstleistungen seines Unternehmens und der Besonderheiten des Kunden verfügen

- schneller Zugriff auf alle relevanten Kundeninformationen aufgrund eines hochwertigen Informations- und Kommunikationssystems
- der Key-Account-Manager muss innerhalb eines bestimmten Rahmens eigenständig entscheiden und handeln können

Für die Kompetenzen des Key-Account-Managers gelten die gleichen Ausprägungsalternativen wie bei der Produktmanagement-Organisation. Auch hier ist der Übergang zur Matrixorganisation fließend.

Vorteile der Key-Account-Managementorganisation:

- die Kundenprofile lassen sich differenzierter erfassen
- es können zielgruppenspezifische Marketing-Konzepte entwickelt werden
- die Vertriebsressourcen konzentrieren sich auf besonders wichtige Kunden
- Interessengegensätze zwischen dem Unternehmen und den Kunden können früh erkannt, diskutiert und abgebaut werden
- durch den Aufbau und die Förderung der Kundenbeziehungen werden die Wettbewerbsvorteile langfristig gesichert
- der innerbetriebliche Koordinationsaufwand bei der Kundengewinnung und -betreuung verringert sich, da beide Aufgaben in einer Hand liegen
- durch die einheitliche vertriebspolitische Vorgehensweise wird die Verhandlungsposition gegenüber dem Kunden gestärkt

Nachteile dieser Organisationsform:

- höhere Personalkosten durch hochqualifizierte Key-Account-Manager
- zwischen den Key-Account-Managern und der Vertriebsabteilung kann es zu Kompetenzkonflikten kommen

Eine besonders ausgeprägte Form der Kundenmanagement-Organisation ist das **Customer-Relationship-Management** (CRM).[151] Es umfasst alle kundenbezogenen Aktivitäten, von der ersten Kontaktaufnahme über die Intensivierung bis zur Wiederaufnahme von Kundenbeziehungen. Beim CRM geht es um die langfristige, positive Gestaltung der Kundenkontakte und die Optimierung aller kundenbezogenen Prozesse. Den Kunden werden nicht nur einzelne Produkte oder Dienstleistungen, sondern umfassende Problemlösungen angeboten. Dazu gehört es, die bestmögliche Kombination von Wertschöpfungspartnern, angefangen von den Zulieferern über die Logistikunternehmen und Mitarbeiter bis zur Verkaufsstelle des Kunden zu finden.[152] Der Übergang zur **Prozessorganisation** ist fließend.

---

[151] vgl. Bruhn (2002), S. 132 ff.

[152] vgl. Vahs (2007), S. 187 f.

3.6.2.4 Marktmanagement-Organisation

Strebt das Unternehmen eine Internationalisierung an, kann es sich als sinnvoll erweisen, eine an Ländern oder Regionen orientierte Sekundärorganisation aufzubauen, falls diese Marktsegmente gleiche Anforderungen an die Produkte oder Dienstleistungen stellen.

So gelten in der EU bestimmte Qualitätsstandards, die einzuhalten sind. Bei Kunden in streng islamischen Ländern müssen z.B. bestimmte Herstellungsstoffe (Alkohol, Schweinefleisch etc.) in Konsumgütern oder Medikamenten vermieden und stattdessen alternative Produkte angeboten werden.

Die Beachtung regionaler Besonderheiten obliegt dem **marktorientierten Manager**.

Die **Marktmanagement-Organisation** kann alternativ oder zusätzlich zum Kunden- und/oder Produktmanagement implementiert werden.

Die **Aufgaben** des marktorientierten Managers sind:

- das Sammeln und Aufbereiten aller Informationen über die regionalen Märkte
- die Bewertung, welche Produkte und Dienstleistungen in diesen Regionen abgesetzt werden können
- die Überprüfung, ob die jeweilige Region spezifische Aktivitäten erfordert
- die Vorbereitung und Kontrolle von Vertriebsaktivitäten, etwa hinsichtlich Konditionen und Distribution
- die Koordination aller marktbezogenen, an regionalen Besonderheiten orientierten Unternehmensaktivitäten

Für eine Marktmanagement-Organisation müssen diese **Voraussetzungen** erfüllt sein:

- das Unternehmen muss international ausgerichtet sein
- eine Anpassung an die gebietsspezifischen Kundenwünsche ist notwendig
- der Marktmanager muss über genaue Kenntnisse der regionalen Besonderheiten sowie der Produkte und Dienstleistungen des Unternehmens verfügen

Was die **Kompetenzen** des marktorientierten Managers anbelangt, gilt das Gleiche wie für die bereits beschriebenen Formen der Sekundärorganisation.

Vorteile der Marktmanagement-Organisation:

- es werden länder- bzw. regionenspezifische Produkt- und Marketingstrategien entwickelt
- die Unternehmensleitung wird von Koordinationsaufgaben entlastet
- effektive Durchführung aller länderrelevanten Aktivitäten über die Funktionsbereiche hinweg

Die **Nachteile** sind:

- es können Kompetenzkonflikte zwischen den Linienmanagern und Marktmanagern entstehen
- höhere Personalkosten durch den zusätzlichen Einsatz hochqualifizierter marktorientierter Manager

3.6.2.5 Funktionsmanagement-Organisation

Bei der funktionsorientierten Sekundärorganisation geht es darum, ausgewählte Funktionen bereichsübergreifend zu planen, koordinieren, realisieren und kontrollieren.[153]

Typische Bereiche des Funktionsmanagements sind das Controlling, das Qualitätsmanagement, das IT-Management und die Logistik, d.h. unternehmenswichtige Aufgaben, die nach einheitlichen Standards erfüllt werden sollen. In letzter Zeit ist in vielen Unternehmen das **Umweltmanagement** hinzugekommen.[154]

Eine Funktionsmanagement-Organisation ist dann angebracht, wenn sich die Unternehmensziele besser mit einer zentralen Planung und Koordination der verschiedenen Funktionen erreichen lassen.

Sie unterscheidet sich von den zur Primärorganisation gehörenden **Querschnittseinheiten**, die im Zusammenhang mit den Leitungshilfsstellen beschrieben wurden (vgl. Kapitel 3.2.5.3), vor allem dadurch, dass nicht die **zentrale Erfüllung** einer bestimmten Funktion im Mittelpunkt steht, sondern die **zentrale Planung und Koordination** dieser Funktion. So ist das Qualitätsmanagement nicht dazu da, Qualitätsarbeit für die einzelnen Abteilungen zu leisten, sondern mittels Planung und Koordination sicherzustellen, dass in den Abteilungen ein bestimmtes Qualitätsniveau erreicht wird.

Die Funktionsmanagement-Organisation kann sowohl in Spartenorganisationen als auch in funktionalen Organisationen eingerichtet werden.

Da es ein spezifischer Nachteil der Spartenorganisation ist, dass funktionsorientierte Spezialisierungsvorteile verloren gehen, leuchtet die Sinnhaftigkeit der Implementierung einer Funktionsmanagement-Organisation als Sekundärorganisation in diesem Fall unmittelbar ein.

Auch bei einer funktionalen Organisation kann eine funktional ausgerichtete Sekundärstruktur notwendig sein, obwohl bereits eine funktionale Primärorganisation existiert. Es geht dabei um verrichtungsorientierte Querschnittsfunktionen, bei denen die übergreifende Koordination dafür sorgt, dass die übergeordneten Ziele nicht aus den Augen verloren werden.

Die **Kompetenzen** des Managers können wiederum wie bei den anderen Formen der Sekundärorganisation ausgestaltet werden.

---

[153] vgl. Klimmer (2007), S. 61

[154] vgl. Schulte-Zurhausen (2002), S. 293

Vorteile des Funktionsmanagements:[155]

- durch die standardisierten Prozesse, die für das gesamte Unternehmen gelten, werden die Qualität und Effizienz wichtiger Funktionen sichergestellt
- durch die Zusammenfassung von funktionsorientiertem Know-how lassen sich die Organisationseinheiten gut koordinieren

Nachteile:

- es besteht die Gefahr, dass die Organisationseinheiten der Primärstruktur zu wenig Eigeninitiative entwickeln und sich stattdessen darauf verlassen, dass die Koordinationsstelle entsprechende Vorgaben macht
- aufgrund der vereinheitlichten Vorgehensweise werden länder- und produktspezifische Besonderheiten kaum berücksichtigt

3.6.2.6 Strategische Geschäftseinheiten

Da die Primärorganisation auf die Erfüllung der Routineaufgaben und auf die kurzfristige Zielerreichung ausgerichtet ist, ist sie bei strategischen Überlegungen wenig hilfreich. Deshalb werden **ergänzend Strategische Geschäftseinheiten** (SGE) oder. **Strategic Business Units** (SBU) gebildet, die die strategische Ausrichtung und das langfristige Überleben des Unternehmens sichern sollen.[156] Sie bilden die Basis für die strategische Planung in Großunternehmen und für die Strategieentwicklung in strategischen Geschäftsfeldern.

Strategische Probleme des Gesamtunternehmens lassen sich nur in Ausnahmefällen einheitlich bearbeiten. Dabei handelt es etwa um Fragen nach

- wichtigen Konkurrenten und ihren Strategien,
- dem Wachstum des Marktes,
- der Lebensdauer von Produkten,
- den Faktoren, die den größten Einfluss auf das Marktvolumen haben,
- den neuesten technologischen Entwicklungen und
- den wesentlichen Faktoren für den Erfolg bzw. Misserfolg.

In der Regel gibt es darauf keine Antworten, die für das gesamte Unternehmen gelten und auch keine allgemeingültigen Reaktionen. Vielmehr erfordern verschiedene Unternehmensbereiche, d.h. Strategische Geschäftseinheiten, **unterschiedliche Vorgehensweisen und Lösungen.**

---

[155] vgl. Klimmer (2007), S. 63

[156] vgl. Jones/Bouncken (2008), S. 462; Vahs (2007), S. 201

Strategische Geschäftseinheiten werden als Einheiten **definiert**,

- die homogene Produkte oder Dienstleistungen so zusammenfassen, dass die Kunden und deren Wettbewerber genau bekannt sind

bzw.

- die über bestimmte Kernfähigkeiten oder Kernprodukte verfügen, die dem Unternehmen Wettbewerbsvorteile verschaffen bzw. langfristig sichern sollen.

Die Bildung Strategischer Geschäftseinheiten ist ein schwieriges Unterfangen. Sie gilt in der Praxis als Kunst. Wichtige **Kriterien bei der Bildung** einer SGE:[157]

- eine eigenständige Marktaufgabe
- eine bedeutende, unternehmensrelevante Aufgabe
- eindeutig identifizierbare Konkurrenten
- es besteht Potenzial zur Erzielung relativer Wettbewerbsvorteile
- eigenständige Entscheidungen
- ausreichende Managementkompetenz der Führungskräfte

Strategische Geschäftseinheiten können in funktional als auch in divisional gegliederte Unternehmen und Matrix- oder Tensororganisationen integriert werden.

Grundsätzlich baut die Bildung Strategischer Geschäftseinheiten auf der vorhandenen Primärorganisation auf. Deren Organisationseinheiten müssen sich aber nicht zwangsläufig mit den SGEs decken, da sie nicht denselben Zweck verfolgen.

Wie Abb. 3-36 am Beispiel einer divisionalen Primärorganisation zeigt, gibt es bei der **organisatorischen Eingliederung** strategischer Geschäftseinheiten vier Alternativen:

- **Fall 1:** Die SGE ist mit einem bestimmten Bereich der Primärorganisation identisch. Dies ist die einfachste Variante. UB 3 der Primärorganisation entspricht z.B. SGE 6. Das Gleiche gilt für P1 und SGE 1. Die Vorgesetzten der Primärorganisation sind in der Regel jedoch nicht gleichzeitig Leiter der SGEs, womit die Mitarbeiter zweifach unterstellt sind.

- **Fall 2:** Mehrere Einheiten der Primärorganisation bilden zusammen eine strategische Geschäftseinheit. Unter strategischen Gesichtspunkten haben sie einen gemeinsamen Vorgesetzten, in der Primärorganisation sind sie unterschiedlichen Vorgesetzten unterstellt. D3 und D4 gehören in der Primärorganisation zu verschiedenen Unternehmensbereichen, aus strategischer Sicht sind sie Teile von SGE 4.

---

[157] vgl. Staehle (1994), S. 727; Bühner (2004), S. 208 f.

140 · 3 Gestaltung der Aufbauorganisation

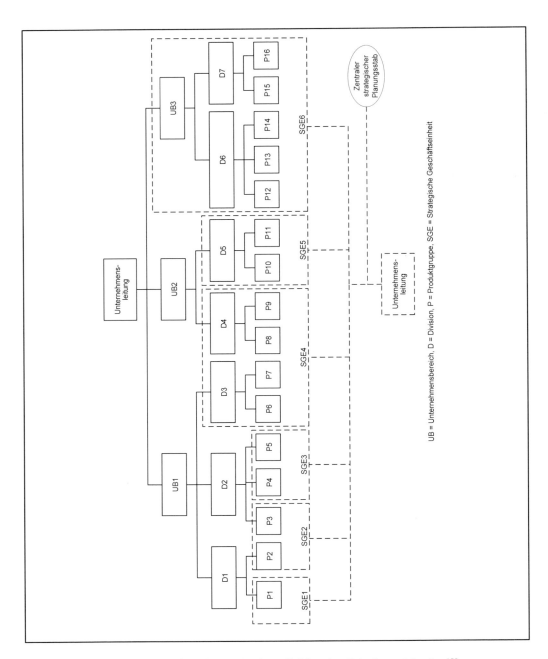

Abb. 3-36: Strategische Geschäftseinheiten in einer divisionalen Primärorganisation[158]

---

[158] entnommen aus: Szyperski/Winand (1979), S. 203.

- **Fall 3:** Eine Einheit der Primärorganisation wird in verschiedene SGEs unterteilt. In der Primärorganisation gibt es einen gemeinsamen Vorgesetzten, in der Sekundärorganisation sind die Untereinheiten verschiedenen Instanzen unterstellt. D4 und D5 unterstehen in der Primärorganisation derselben Instanz sind aber unterschiedlichen SGEs zugeordnet und haben deshalb bei strategischen Belangen unterschiedliche Vorgesetzte.

- **Fall 4:** Einzelne Teile aus verschiedenen primären Einheiten bilden gemeinsam eine SGE. So gehören P2 und P3 in der Primärorganisation zu unterschiedlichen Divisionen und sind in der Sekundärorganisation zur SGE2 zusammengefasst.

Die Zuordnung zu einer strategischen Geschäftseinheit muss angepasst werden, falls eine andere Kombination sinnvoller erscheint. Etwa wenn neue Konkurrenten hinzukommen, die Kunden neue Bedürfnisse entwickeln oder neue Strategien geplant sind.

Andernfalls würde eine **organisatorische Lücke** entstehen, die Organisation würde der Strategie gewissermaßen „hinterherhinken". Im Extremfall kann sie so ineffektiv sein, dass der Erfolg und die Überlebensfähigkeit des gesamten Unternehmens gefährden sind.

Strategische Geschäftseinheiten unterstehen direkt der Unternehmensleitung. Zur ihrer Koordination wird in der Regel ein zentraler strategischer Planungsstab oder ein Planungsausschuss gebildet.

Die **Vorteile** Strategischer Geschäftseinheiten sind:

- die Unternehmensleitung wird von der Umsetzung der Strategien entlastet
- es lassen sich detaillierte Untersuchungen der spezifischen Markt-, Kunden- und Wettbewerbssituation durchführen
- Führungskräfte, denen die strategischen Produkt-/Marktentscheidungen obliegen, übernehmen die Verantwortung
- die Zusammenarbeit von Primärorganisation und SGEs führt zu besseren Produkt-/Markt-Entscheidungen
- positive Auswirkungen auf die Personalentwicklung, da die Führungsnachwuchskräfte durch die Mitarbeit in der Sekundärorganisation früh in strategischem Denken geschult werden

Nachteile Strategischer Geschäftseinheiten:

- Konflikte und Machtprobleme, da die Vorgesetzten der SGEs und der primären Abteilungen meist nicht identisch sind
- Koordinationsprobleme, da die Strategieentwicklung bei der Unternehmensleitung und die Strategieumsetzung bei den Leitern der SGEs angesiedelt ist
- Akzeptanzprobleme auf Seiten der SGE-Leiter, da die Entscheidung über die Strategien und deren Ausführung getrennt sind

- es ist schwierig, Erfolgskomponenten zu definieren, da es Probleme bereitet, langfristige Wettbewerbsvorteile zu messen
- erfolgsorientierte Entgeltsysteme lassen sich kaum übertragen, da ihre eher kurzfristige Ausrichtungen nicht zur strategischen Orientierung der SGEs passt

3.6.2.7 Projektorganisation

3.6.2.7.1 Abgrenzung

In diesem Kapitel geht es um die organisatorische Struktur von Projekten, d.h. um mögliche Gestaltungsformen, sowie um die Eingliederung dieser **zeitlich befristeten** Sekundärorganisation in die Primärorganisation.

Die Projektorganisation schafft einen Ordnungsrahmen, in dem Projekte abgewickelt werden können, ohne dass sie das Routinegeschäft stören.[159]

Von der **Projektorganisation** ist das **Projektmanagement** zu unterscheiden. Zu ihm gehören alle projektbezogenen Aufgaben wie die Kostenplanung, Zeitpläne, die Mittelbereitstellung oder die Untersuchung logischer Abhängigkeiten zwischen den Teilprojekten und der Projektkontrolle.

Die Projektorganisation ist ein Teil des Projektmanagements. Sie wird auch als **Projektmanagement im engeren Sinn** bezeichnet.

Ein **Projekt** ist ein neuartiges, zeitlich befristetes Sonderproblem, das mit begrenzten Ressourcen gelöst werden muss. Es ist so komplex, dass eine meist interdisziplinäre Zusammenarbeit notwendig ist, um einseitige, ressort- oder abteilungsspezifische Lösungen zu vermeiden.

Ein Projekt zeichnet sich durch diese **Merkmale** aus:

- **Zielorientierung:** Die Aufgabenstellung ist genau definiert.
- **Komplexität:** Es geht um die Lösung eines umfangreichen Problems, das mehrere Bereiche betrifft.
- **Neuartigkeit:** Projekte befassen sich mit neuen Aufgabenstellungen und nicht mit Routineaufgaben.
- **Interdisziplinäres Handeln:** Ressort- bzw. abteilungsbezogenes Denken wird bewusst vermieden.
- **Einsatz von Spezialisten:** Die Projektmitarbeiter werden in der Regel anhand ihrer fachlichen Spezialisierung ausgesucht.

---

[159] vgl. Breisig (2006), S. 119

- **Zeitliche Befristung:** Das Projekt hat einen genau definierten Anfang und ein genau definiertes Ende.
- **Finanzielle Begrenzung:** Für das Projekt wird ein Budget festgelegt.
- **Begrenzte sachliche und personelle Ressourcen:** Für das Projekt werden bestimmte sachliche Hilfsmittel und eine bestimmte Mitarbeiterkapazität zur Verfügung gestellt.
- **In der Regel Teamarbeit**: Die meisten Projekte werden von Teams bearbeitet.

Ein Projekt kann ein **physisches Objekt** wie ein Bauvorhaben, die Entwicklung neuer Produkte oder den Umzug in ein neues Verwaltungsgebäude und **abstrakte Objekte** wie eine SAP-Einführung, die Schulung der Call-Center-Mitarbeiter oder eine Unternehmensfusion zum Gegenstand haben.

Neben den gemeinsamen Merkmalen weisen Projekte Eigenschaften auf, in denen sie sich **unterscheiden**:

- ihr zeitliche Umfang
- der Grad ihrer Besonderheit
- ihr Komplexitätsgrad
- ihr Schwierigkeitsgrad
- die Bedeutung des Projekts für die Gesamtziele des Unternehmens
- der Schaden, der entsteht, wenn die Projektziele nicht erreicht werden

Von diesen Eigenschaften hängt es ab, welche Art der Projektorganisation sich im Einzelfall am besten geeignet.

Man unterscheidet drei **Grundformen**:

- Stabs-Projektorganisation
- Matrix-Projektorganisation
- reine Projektorganisation

In der Praxis finden sich zahlreiche Mischformen.

Diese Grundformen der Projektorganisation ergänzen als zeitlich befristete Sekundärorganisation die Primärorganisation. Daneben gibt es auch Primärorganisationen, die selbst als Projektorganisation gestaltet sind. Solche Unternehmen wickeln ausschließlich Projekte ab, Sonderaufgaben sind bei ihnen gewissermaßen alltägliche Routine.

3.6.2.7.2 Stabs-Projektorganisation

Bei dieser Projektform wird ein Mitarbeiter von der Unternehmensleitung für einen bestimmten Zeitraum zum **Projektleiter** ernannt. Er ist in der Regel direkt dem Top Management unterstellt. Ähnlich wie bei einer Stabsstelle der Primärorganisation hat auch der Leiter eines Stabs-Projektes **keine Weisungsbefugnis**.[160]

Es wird zudem **kein Projektteam** gebildet, dennoch soll der Projektleiter das Projekt nicht allein durchführen. Wegen der Komplexität des Problems, die entsprechend der Definition zum Projekt gehört, wäre dies auch nicht möglich.

Die **Aufgaben** des Projektleiters:

- die Zerlegung des Projekts in Teilaufgaben
- die Verteilung der Aufgaben auf die betroffenen Abteilungen
- die Versorgung der Beteiligten mit Informationen
- die Koordination der Aktivitäten
- die Terminüberwachung
- die Überwachung des Projektfortschritts
- die Überprüfung, ob von den Projektzielen abgewichen wird
- die Beratung der Unternehmensleitung und der Linieninstanzen im Rahmen des Projektes
- die Kostenkontrolle

Die **Stabs-Projektorganisation** ist in Abb. 3-37 dargestellt.

Der Projektleiter verfügt **nicht über direkt unterstellte Projektmitarbeiter**, deshalb ist er auf die Unterstützung der Linienabteilungen angewiesen. Deren Mitarbeiter nehmen die Projektaufgaben neben ihren Routineaufgaben wahr. Sie verbleiben während der gesamten Projektdauer in ihren Abteilungen und erledigen die Projektteilaufgaben nur auf Anweisung ihres direkten Vorgesetzten.

Da der Projektleiter keine Weisungsbefugnis besitzt, muss er die Linieninstanzen von der Notwendigkeit und Dringlichkeit des Projekts überzeugen. Stabs-Projekte werden deshalb auch **Überzeugungsprojekt oder Einflussprojekt** genannt oder als **Projektkoordination** bezeichnet.

Das macht deutlich, dass der Projektleiter über große fachliche und soziale Kompetenz verfügen muss, da das Projekt andernfalls zum Scheitern verurteilt ist.

---

[160] vgl. Schwarze (2006), S. 299

3.6 Grundformen der Aufbauorganisation

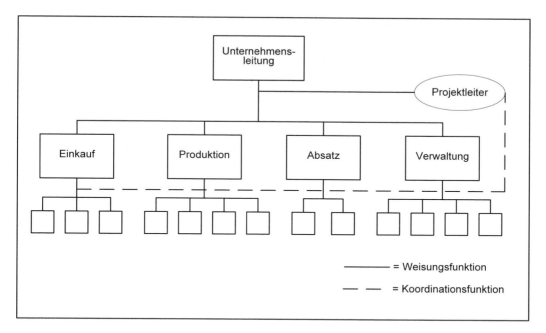

Abb. 3-37: Stabs-Projektorganisation

Eine Stabs-Projektorganisation muss diese **Voraussetzungen** erfüllen:

- erst ab einer gewissen Komplexität des Projektes ist die Abordnung von Mitarbeitern aus den betreffenden Abteilungen gerechtfertigt
- Teilaufgaben des Projektes müssen getrennt und weitgehend ohne bzw. mit nur gelegentlichen Absprachen erbracht werden können
- der Projektleiter muss Überzeugungskraft besitzen
- er muss bei den Beteiligten angesehen sein
- er muss über informale Macht verfügen
- das Projekt sollte nicht sehr dringlich sein
- ein eher geringer Schaden, sollte das Projekt scheitern
- das Projekt ist für die Ziele des Unternehmens von untergeordneter Bedeutung

Vorteile der Stabs-Projektorganisation:

- die laufende Arbeit in den Abteilungen bleibt weitgehend unbeeinträchtigt
- es sind lediglich geringfügige Ergänzungen der Organisationsstruktur notwendig

- die Projektmitarbeiter werden nur insoweit in Anspruch genommen als tatsächlich Aufgaben vorliegen
- die Mitarbeiter können an mehreren Projekten gleichzeitig mitarbeiten

Die **Nachteile**:

- der Projektleiter ist vom „Good Will" der Linienvorgesetzten abhängig, da er keine Weisungsbefugnis hat
- die Entscheidungsvorbereitung ist umständlicher als bei einem Projekt, bei dem der Projektleiter mit umfangreicheren Befugnissen ausgestattet ist
- schwerfällige Entscheidungsfindung, da die Linieninstanzen den üblichen Aufgaben ihrer Abteilungen Priorität geben
- ständiges Ringen um die Kapazitäten der Mitarbeiter
- wegen der genannten Nachteile kommt es oft zu Verzögerungen
- außer dem Projektleiter fühlt sich niemand für das Projekt verantwortlich
- der ständige Koordinationsbedarf des Projektleiters belastet die Linienvorgesetzten zusätzlich
- bei den Mitarbeitern, die neben ihren Routinearbeiten Projektaufgaben erfüllen müssen, kann es zur Überlastung kommen

Stabs-Projekte findet man in der Praxis häufig.[161] Sie bieten sich vor allem an, um die Leistungsfähigkeit der Führungsnachwuchskräfte zu überprüfen, da der Projektleiter zeigen muss, dass er zu mehr in der Lage ist, als Anweisungen zu erteilen. Letzteres kann jeder, der mit entsprechender formaler Macht ausgestattet ist. Bei Stabs-Projekten kommt es hingegen auf die sozialen Kompetenzen und vor allem auf die Fähigkeit an, zu motivieren. Auch die Wertschätzung wird sichtbar, die der Projektleiter bei höherrangigen Instanzen genießt.

3.6.2.7.3 Reine Projektorganisation

Bei dieser Projektform passt sich die Organisation am stärksten an die Anforderungen des Projektes an, da die Projektaufgaben vollständig aus der Primärorganisation ausgelagert werden und eine eigenständige, neue Organisationseinheit gebildet wird.

Die reine Projektorganisation wird auch als **Task Force** oder als **Pure Project Management** bezeichnet. Sie ist in Abb. 3-38 dargestellt.

Die Projektmitarbeiter werden für die Dauer des Projekts von ihren bisherigen Aufgaben entbunden und aus dem bestehenden Stellengefüge der Primärorganisation herausgelöst. Sie werden zu einem **Projektteam** zusammengefasst und bis zum Projektende einem Projektleiter unterstellt. Anschließend kehren sie meist wieder in ihre Abteilungen zurück.

---

[161] vgl. Vahs (2007), S. 197

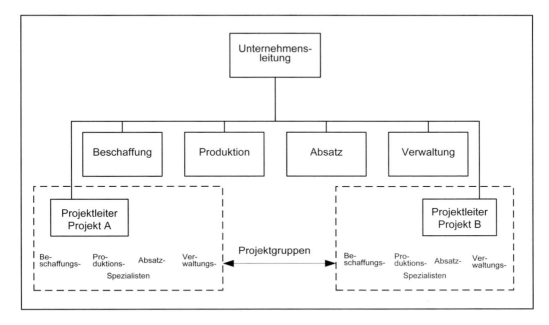

Abb. 3-38: Reine Projektorganisation

Die bisherigen Rangunterschiede spielen während des Projektes keine Rolle. Die Projektmitarbeiter können in der Primärorganisation auf einer niedrigen, der gleichen oder einer höheren Hierarchieebene als der Projektleiter tätig sein. Während des Projektes sind sie diesem unterstellt.

Die bevorzugte Arbeitsform ist die **Teamarbeit**.

In der Regel hat der Projektleiter die **fachliche Weisungsbefugnis** und bestimmt, wie die Projektaufgaben zu erfüllen sind. Demgegenüber verbleibt das **disziplinarische Weisungsrecht** beim Vorgesetzten der bisherigen Abteilung. Dazu gehört vor allem das Recht, personalpolitische Maßnahmen wie Versetzungen, Beförderungen oder Kündigungen gegenüber den Mitarbeitern einleiten und durchzuführen.

Die Weisungsbefugnisse werden deshalb getrennt, um die Verbundenheit mit der Primärabteilung aufrechtzuerhalten und den bisherigen Vorgesetzten mit in die Entscheidungen über den Mitarbeiter einzubeziehen. Fachliche Weisungen darf er ihm während der Projektdauer jedoch nicht erteilen. Bei länger dauernden Projekten wird die disziplinarische Weisungsbefugnis allerdings häufig geteilt, womit dem Projektleiter nicht nur die fachlichen, sondern auch kurzfristige disziplinarische Weisungsrechte eingeräumt werden. Die langfristigen disziplinarischen Entscheidungen obliegen weiterhin dem Vorgesetzten der „Heimatabteilung".[162]

---

[162] vgl. Schulte-Zurhausen (2002), S. 152

In der Luft- und Raumfahrtindustrie können Projekte bis zu zehn Jahre dauern, weshalb es bisweilen sogar zu **projektbezogenen Unternehmensausgründungen** kommt.[163] In derartigen Fällen werden dem Projektleiter alle fachlichen und disziplinarischen Weisungsbefugnisse übertragen.

Die Projektmitarbeiter werden ganz aus ihren Abteilungen herausgelöst und kehren am Ende des Projektes auf eine adäquate, aber nicht unbedingt dieselbe Stelle in derselben Abteilung zurück. Zum Teil werden sie auch neuen oder weiterführenden Projekten zugeteilt.

Mitarbeiter können auch nur **zeitweise** dem Projekt zugeteilt werden, falls dort nicht genug Arbeit anfällt.

Sollten die notwendigen Qualifikationen im Unternehmen nicht vorhanden oder sollten die entsprechenden Mitarbeiter in ihren Abteilungen unabkömmlich sein, können eigens für das Projekt befristet neue Mitarbeiter angestellt werden. Nach Beendigung des Projektes scheiden sie wieder aus dem Unternehmen aus, es sei denn, sie werden für weitere Projekte angestellt oder ihnen wird – etwa aufgrund ihrer Qualifikation – eine unbefristete Beschäftigung im Unternehmen angeboten.

Der **Projektleiter** muss über wesentlich mehr **Kompetenzen** als bei einem Stabs-Projekt verfügen. Er hat die volle Entscheidungsbefugnis über alle Ressourcen und übernimmt die alleinige **Verantwortung für die Durchführung und Zielerreichung** des Projektes. Er kann über sämtliche mit dem Projekt verbundenen Aufgaben entscheiden und ist gegenüber den Projektmitarbeitern weisungsberechtigt.

Eine reine Projektorganisation ist unter diesen **Voraussetzungen** sinnvoll:

- es handelt sich um komplexes und bedeutsames Projekt, das schnell zum Abschluss gebracht werden soll
- werden die Projektziele nicht erreicht, kann es zu einem hohen wirtschaftlichen Schaden kommen
- der Arbeitsumfang rechtfertigt die Freistellung der Mitarbeiter
- die freigestellten Mitarbeiter können kurzfristig durch andere ersetzt werden
- es ist ein qualifizierter und angesehener Projektleiter verfügbar, dem auch solche Mitarbeiter unterstellt werden können, die in der Primärorganisation gleich- oder höhergestellt sind

Vorteile:

- durch diese Projektform werden die laufenden Routineaufgaben nicht vernachlässigt
- indem sich alle Beteiligten auf das Projekt konzentrieren, kann es schnell abgewickelt werden

---

[163] vgl. Frese (2005), S. 523; Schreyögg (2003), S. 194

- es kommt kaum zu Konflikten zwischen den Fachabteilungen und der Projektleitung, da diese weitgehend selbständig ist
- schnelle und einheitliche Entscheidungen, da der Projektleiter volle Entscheidungsbefugnis besitzt
- auf Störungen und Abweichungen kann schnell reagiert werden, da keine Absprachen mit den Linienvorgesetzten erforderlich sind
- die Projektmitarbeiter identifizieren sich stärker mit dem Projekt, da es nicht als lästige Nebenpflicht empfunden wird

Die **Nachteile** der reinen Projektorganisation:

- hoher organisatorischer Aufwand
- erhebliche Umstellungskosten in der Primärorganisation
- wegen der freigestellten Mitarbeiter sind umfangreiche Vertretungsregelungen notwendig
- lange Vorbereitungsphase
- die Projektmitarbeiter müssen möglicherweise erst lernen, im Team zu arbeiten
- die Mitarbeiter sind sich nicht sicher, ob sich ihre Mitwirkung an dem Projekt positiv oder negativ auf ihre berufliche Zukunft in der Linienhierarchie auswirkt
- Rekrutierungsprobleme, falls einzelne Mitarbeiter ihre Abteilungen nicht für längere Zeit verlassen wollen
- Rekrutierungsprobleme, falls die Abteilungsleiter besonders qualifizierte Mitarbeiter nicht längere Zeit freistellen möchten
- mögliche Unterauslastung der Mitarbeiter, da diese vollzeitlich für das Projekt abgestellt werden
- möglicherweise Probleme bei der Wiedereingliederung in die hierarchische Struktur nach Projektende, da sich die Mitarbeiter an die Teamarbeit gewöhnt haben und diese bevorzugen
- die Mitarbeiter können aufgrund ihrer neuen Erfahrungen und Erkenntnisse das Interesse an ihrer bisherigen Stelle verlieren
- mögliche Entfremdung von der Fachabteilung, da sich einzelne Mitarbeiter stark mit dem Projekt identifizieren, vor allem bei langer Projektdauer

3.6.2.7.4 Matrix-Projektorganisation

Bei der **Matrix-Projektorganisation** wird die Primärorganisation durch **zusätzliche projektbezogene Weisungsrechte** überlagert, wodurch eine Art zeitlich befristete Matrixorganisation entsteht (Abb. 3-39).

Der **Projektleiter** trägt die **volle Verantwortung** für das Projekt. Anders als bei der reinen Projektorganisation verfügt jedoch nicht über direkt unterstellte Projektmitarbeiter. Ähnlich wie ein Stabs-Projektleiter delegiert er die Teilaufgaben an die Linienabteilungen. Die in ihren Abteilungen verbleibenden Mitarbeiter erfüllen die Projektaufgaben zusätzlich zu ihren regulären Aufgaben. Der Projektleiter kann jedoch **Weisungen** in den Linienabteilungen erteilen. Die Mitarbeiter sind also zweifach – ihrem Linienvorgesetzten ihm Rahmen ihrer regulären Aufgaben und dem Projektleiter im Rahmen der Sonderaufgaben – unterstellt. Da beide Manager formal gleichberechtigt sind, sind die Konflikte gewissermaßen vorprogrammiert.

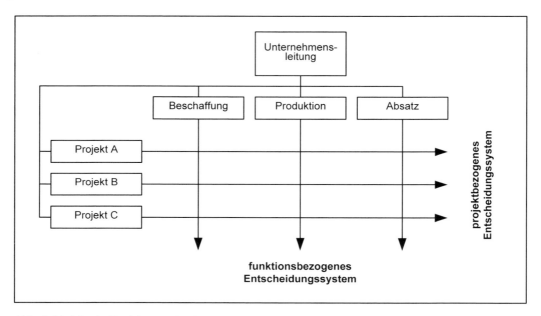

Abb. 3-39: Matrix-Projektorganisation

Aus diesen Gründen hat sich eine **modifizierte Form** der Matrix-Projektorganisation durchgesetzt, bei der der Projektleiter nicht direkt auf bestimmte Mitarbeiter zugreift.[164] Stattdessen wendet er sich an den zuständigen Fachabteilungsleiter, fordert bestimmte Leistungen an und legt den Termin für deren Erfüllung fest. Der Projektleiter bestimmt also das „was und bis wann".

---

[164] vgl. Schmidt (1994), S. 136

Die Abteilungsleiter bestimmen daraufhin, welche Mitarbeiter die Aufgabe übernehmen und welche Hilfsmittel sie dabei einsetzen. Sie sind also für das „wer" und „wie" zuständig. Sollten sich Projekt- und Linienmanager nicht einigen können, muss die übergeordnete Instanz entscheiden.[165]

Eine Matrix-Projektorganisation muss diese **Voraussetzungen** erfüllen:

- es sind mehrere Abteilungen betroffen, jedoch nicht in dem Maße, dass es gerechtfertigt wäre, Mitarbeiter freizustellen
- das Projekt kann in relativ klar zu trennende Teilaufgaben unterteilt werden, die sich einzeln bearbeiten lassen
- die Fachabteilungen verfügen über ausreichende Kapazität und ausreichend qualifizierte Mitarbeiter
- der Projektleiter verfügt neben den formalen Befugnissen über die notwendige informale Macht, um dem Projekt entsprechenden Nachdruck zu verleihen
- das Projekt ist dringlicher als ein Stabs-Projekt, jedoch nicht so dringlich, wie es bei einer reinen Projektorganisation notwendig wäre

Vorteile:

- geringer Umstellungsaufwand
- kaum Akzeptanzprobleme bei den Mitarbeitern, da sie nicht aus ihren Abteilungen herausgelöst werden
- die Mitarbeiter müssen nicht durch Stellvertreter ersetzt werden
- das Personal lässt sich je nach Bedarf flexibel einsetzen
- einfachere Koordination als beim Stabsprojekt, da der Projektleiter Weisungsbefugnis besitzt
- die Vorgesetzten in den Linienabteilungen fühlen sich für das Projekt mitverantwortlich, da sie an der Durchführung beteiligt sind

Die **Nachteile:**

- Projektleiter und Linienvorgesetzter konkurrieren um knappe Ressourcen
- werden mehrere Projekte gleichzeitig durchgeführt, kann sich der Konflikt verschärfen
- Verzögerungen, falls der Linienmanager dem Tagesgeschäft Vorrang einräumt

---

[165] vgl. Bühner (2004), S. 219

- Routine- und Projektaufgaben führen zu hohem Koordinierungsaufwand beim Linienvorgesetzten
- durch die Mehrfachbelastung kann es zur Überforderung der Mitarbeiter kommen

In letzter Zeit entscheidet man sich häufig für eine **ungleichberechtigte Form der Matrix-Projektorganisation**. In diesem Fall hat der Projektleiter mehr **Kompetenzen** als der Linienvorgesetzte. Bei Konflikten muss sich dieser den Wünschen des Projektleiters anpassen. Dies soll die vorrangige und zügige Erledigung des Projektes sicherstellen.

Da die Produktlebenszyklen immer kürzer werden und ständig entsprechende neue Projekte notwendig sind, wird diese Art der Matrix-Projektorganisation oft dauerhaft installiert.[166] Hinzu kommt, dass diese Projekte zügig erledigt werden müssen, um die neuen Produkte schnell auf den Markt bringen zu können.

Um die Bedeutung des Projektes zu unterstreichen, ist der **Projektleiter** in der Regel direkt der Unternehmensleitung unterstellt. Es besitzt ähnlich umfangreiche Weisungsbefugnisse und Entscheidungsrechte wie bei der reinen Projektorganisation. Er ist für die Ressourcen, die Durchführung und den Erfolg des Projektes und alle personellen Aspekte verantwortlich. Die Projektmitarbeiter verbleiben je nach Arbeitsaufwand in ihren Abteilungen oder werden für eine bestimmte Zeit aus ihnen herausgelöst.

Häufig werden diese Projekte unmittelbar von Mitgliedern der Unternehmensleitung betreut, um sofort auf Planabweichungen reagieren zu können und dem Projekt zusätzlich Gewicht zu verleihen.

3.6.2.8 Parallelhierarchien

Primärorganisationen sind hierarchisch gegliedert. Wegen des pyramidalen Unternehmensaufbaus verringern sich die Aufstiegsmöglichkeiten nach oben hin, da der Stellenkegel immer enger wird.

Da sich neue organisatorische Strukturen häufig am **Lean** Management orientieren, haben sie besonders flache Hierarchien. Verantwortung und Kompetenzen werden von oben nach unten delegiert und gleichzeitig erheblich ausgeweitet. Dies hat dazu geführt, dass die vertikalen Karrieremöglichkeiten, d.h. der Aufstieg in der **Führungslaufbahn**, noch stärker eingeschränkt sind. Regelmäßige, stufenweise Beförderungen in einem akzeptablen Zeitraum werden erschwert.

Auch die **Träger nicht-operativer Linienaufgaben** ohne Personalverantwortung haben weniger Aufstiegschancen. Dies gilt insbesondere für Spezialisten und Forscher. Ihnen stehen kaum hierarchieorientierte Karrieren offen, es sei denn, sie wechseln in Linienpositionen, die in der Regel jedoch kaum ihren Berufsvorstellungen noch ihrer Spezialisierung entsprechen.

---

[166] vgl. Bühner (2004), S. 220

Um Unzufriedenheit und Demotivation beim Führungsnachwuchs und bei Spezialisten zu vermeiden, führen große Unternehmen zunehmend alternative Laufbahnformen ein, die als **Parallelhierarchien** bezeichnet werden. Dafür sind auch die Bezeichnungen **Dual Hierarchy** und **Dual Ladder** üblich. Man findet sie vor allem im Forschungs- und Entwicklungssektor, im Vertrieb und im EDV-Bereich.[167]

Neben dem hierarchischen Aufstieg finden sich diese **alternativen Laufbahnen**:

- Fachlaufbahnen
- Projektlaufbahnen
- Funktionshierarchien

Fachlaufbahnen bieten die Möglichkeit, mit zunehmender fachlicher Qualifikation in einer Parallelhierarchie aufzusteigen. Die Positionen sind in der Regel mit einem bestimmten Titel, z.B. Ober-Ingenieur oder Senior Consultant, verbunden. Andere Statussymbole wie Dienstwagengröße oder Büroausstattung ähneln denen bei der Führungslaufbahn. Bei Fachlaufbahnen steigt das Entgelt ebenso wie bei einer hierarchischen Laufbahn.

Problematisch an Fachlaufbahnen ist die einseitige Spezialisierung, die den inner- und zwischenbetrieblichen Wechsel erschwert.[168] Einige Unternehmen fördern den Wechsel zwischen den Laufbahnarten im Rahmen ihrer systematischen Personalentwicklung bzw. planen ihn bei den Karriereschritten ihres Führungsnachwuchses ein.

Oft sind auch Karriereschritte in einer **Projektlaufbahn** vorgesehen. Die Karriereentwicklung kann auch ausschließlich innerhalb der Projekthierarchie oder der Fachlaufbahn vonstatten gehen.

Durch die Übernahme von Führungsverantwortung in Projekten kann eine Fachkraft zeitlich befristet Führungsaufgaben kennen lernen. Umgekehrt lernen Führungskräfte die Vorzüge der Spezialisierung kennen und können so – befreit von den Zwängen des Tagesgeschäfts – ihr Fachwissen zu vertiefen. Durch die bei den Projekten vorherrschende Teamarbeit werden außerdem die Kommunikations-, Kooperations- und Konfliktlösungsfähigkeiten gestärkt.[169]

Fach- und Projektlaufbahnen sind nur dann eine echte Alternative, wenn sie in- und außerhalb des Unternehmens als gleichwertig gelten.[170] Andernfalls sind sie für die Mitarbeiter kaum attraktiv. Deshalb ist es notwendig, die Distanz zwischen den Karriereschritten und die Schwierigkeit, die nächste Ebene zu erreichen, bei Parallelhierarchien und Führungslaufbahn ähnlich zu gestalten.

---

[167] vgl. Berthel/Becker (2003), S. 335

[168] vgl. Olesch (2003), S. 72 f.; Schmitt (2002), S. 80 f.; o.V. (2004), S. 55

[169] vgl. Majer/Mayrhofer (2007), S. 36 ff.; Modi/Tschabrun (2004), S. 38 ff.

[170] vgl. Schmitt (2002), S. 80

Vorteile von Fach- und Projektlaufbahnen:

- indem ein höherer formaler Status verliehen wird, werden gute Leistungen anerkannt
- bessere Karriereaussichten trotz flacher Unternehmenspyramide
- regelmäßige Karriereschritte
- durch den Wechsel zwischen den Laufbahnarten können die Mitarbeiter ihren Horizont erweitern

Nachteile:

- weniger Machtzuwachs bei Aufstieg in der Parallelhierarchie
- ein Aufstieg in der Parallelhierarchie wird häufig nicht als gleichwertig angesehen
- das Verbleiben in der Parallelhierarchie wird häufig als Misserfolg angesehen, da man es nicht geschafft hat, auf eine Führungsposition in der Linie zu wechseln
- die klassische Hierarchie bietet mehr Möglichkeiten, auf andere Positionen – auch außerhalb des Unternehmens – zu wechseln und sich weiterzuentwickeln
- es lassen sich nur schwer Kriterien finden, an denen die Leistung in der Parallelhierarchie gemessen werden kann
- in Unternehmen, die nicht mit den Karriereschritten in einer Parallelhierarchie vertraut sind, wird der Aufstieg in der Linienhierarchie mehr Wert beigemessen

In großen Unternehmen werden manchmal zusätzlich zu den Fach- und Projektlaufbahnen Funktionsstufen in der Führungslaufbahn eingeführt, womit **Funktionshierarchien innerhalb der Führungslaufbahn** gebildet werden.[171] Dabei wird auf die sachliche Bedeutung der Aufgaben und nicht auf die Hierarchieebene der Stelle abgestellt und ein entsprechendes Gehaltsband geschaffen.

Abb. 3-40 zeigt ein Beispiel. Im unteren Management sind in der Führungslaufbahn drei Bereiche mit drei Stellen dargestellt. Die grau unterlegten Stellen befinden sich auf verschiedenen Hierarchieebenen. Die linke Stelle ist zwei Stufen und die rechte Stelle eine Stufe unterhalb des hierarchischen Rangs der mittleren Stelle angesiedelt. Da sie unter **sachlichen Gesichtspunkten gleiche Bedeutung** für das Unternehmen haben, stehen sie in der Funktionshierarchie auf gleicher Ebene. Obwohl die drei Stellen mit unterschiedlichen Titeln ausgestattet sind und einen unterschiedlichen hierarchischen Rang in der Führungslaufbahn einnehmen, sind die materiellen und immateriellen Anreize etwa gleich. Das Entgelt für die graue Stelle in der linken Abteilung liegt innerhalb desselben Gehaltsbandes wie dasjenige für die zwei Stufen höher stehende graue Stelle der mittleren Abteilung und für die eine Stufe höhere graue Stelle der rechten Abteilung. Aus finanzieller Sicht treten der Titel und der hierarchische Rang gegenüber der Funktion in den Hintergrund. Die Funktionshierarchie

---

[171] vgl. Krüger (2005), S. 166 f.

wertet eine Stelle gehaltsmäßig auf oder ab. Auch die Dienstwagenregelungen, die Büroausstattung und ähnliche Merkmale werden oft angeglichen.

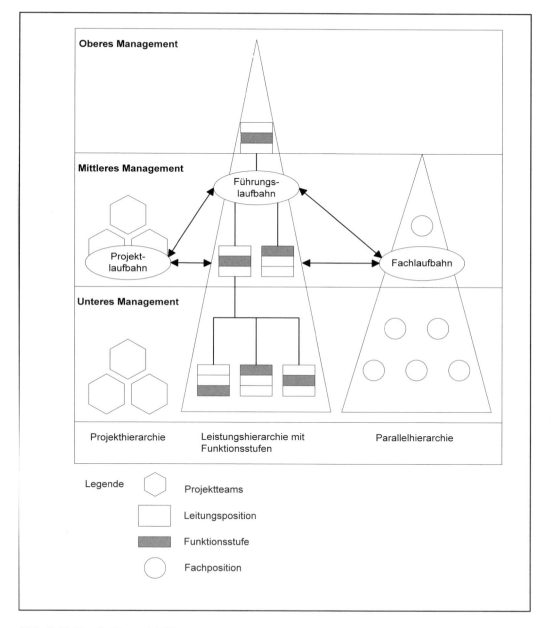

Abb. 3-40: Parallelhierarchie[172]

---

[172] entnommen aus: Krüger (2007), S. 167

3.7 Darstellungstechniken der Aufbauorganisation

3.7.1 Überblick

Darstellungen dienen dazu, organisatorische Sachverhalte verdichtet abzubilden und Zusammenhänge überblicksmäßig zu beschreiben. Sie können sowohl zur Illustration von Ist- als auch von Soll-Zuständen verwandt werden.

Durch die **Dokumentation von Ist-Zuständen** wird das Verständnis für organisatorische Sachverhalte verbessert und eine einheitliche Wahrnehmung erzielt. Schwachstellen können schneller erkannt und Verbesserungsmaßnahmen entsprechend schneller eingeleitet werden.[173] Die **Darstellung von Soll-Zuständen** ermöglicht es, angestrebte Änderungen aufzuzeigen und zu veranschaulichen.

Mit Darstellungen lässt sich auch das **Verhalten steuern**, da sich die Mitarbeiter mit ihrer Hilfe umfassend über Aufgaben, Kompetenzen, Verantwortungsbereiche etc. informieren können.

Aufbauorganisatorische Sachverhalte lassen sich auf diese unterschiedlichen Weisen darstellen:

- **Verbale Darstellungen:** Der Schwerpunkt liegt auf der ausführlichen Beschreibung und der Erklärung einzelner Strukturmerkmale und Regelungen. Es handelt sich um fortlaufende Texte, die der Übersichtlichkeit wegen meist in Absätze gegliedert werden sowie Hervorhebungen, Aufzählungen etc. enthalten.

- **Grafische Darstellungen:** Sie sollen organisatorische Zusammenhänge in übersichtlicher und oft auch vereinfachter Form aufzeigen. Dabei werden bildhafte Elemente wie Formen oder Symbole verwendet, die durch Schlagwörter ergänzt werden. Vollständige Sätze werden nicht benutzt.

- **Mathematische Darstellungen:** Hier werden organisatorische Regeln anhand von Formeln und mathematischen Auswertungen verdeutlicht.

Die drei Darstellungsarten können auch kombiniert werden.

Je mehr organisatorische Regeln festzuhalten sind, desto höher ist der **Organisationsgrad**. Er wird auch als **Formalisierungsgrad** bezeichnet. Ein hoher Organisationsgrad führt zu mehr Transparenz und erhöht die Verbindlichkeit der Regeln. Mit zunehmender Formalisierung steigt allerdings der Erstellungs- und Änderungsaufwand. Außerdem besteht die Gefahr, dass die Mitarbeiter die Regelungen als Besitzstand betrachten, was dazu führen kann, dass Eigeninitiative, Flexibilität und Kreativität nachlassen.[174]

---

[173] vgl. Schulte-Zurhausen (2002), S. 487

[174] vgl. Klimmer (2007), S. 67

Weit verbreitet sind:

- Organigramme
- Stellenbeschreibungen
- Funktionendiagramme
- Kommunigramme

Abb. 3-41 zeigt den Zusammenhang zwischen den Inhalten und den Darstellungstechniken der Aufbauorganisation.

Inhalte	Techniken
Aufgaben	Stellenbeschreibungen Funktionendiagramme
Leitungsbeziehungen	Organigramme Funktionendiagramme
Kommunikations- beziehungen	Kommunigramme

Abb. 3-41: Inhalte und Darstellungstechniken der Aufbauorganisation

Im **Organisationshandbuch** werden die betrieblichen Regelungen, zu denen neben der Aufbauorganisation auch die Prozessorganisation gehört, zusammengefasst. Es enthält häufig zusätzliche Informationen wie Aussagen zu den Unternehmenszielen, der Unternehmenspolitik, Auszüge aus der Satzung, Geschäftsbedingungen oder Lage- und Wegepläne. Das Organisationshandbuch ist eine Art „Gesetzbuch des Unternehmens", das als Nachschlagewerk für alle formalen Regeln dient.

Organisationshandbücher werden heute zumeist in elektronischer Form erstellt, um den Mitarbeitern per Intranet den direkten Zugriff auf die jeweils aktuellste Version zu ermöglichen.

3.7.2 Organigramme

3.7.2.1 Begriff und Aufgaben

Organigramme sind die grafische **Darstellung der Leitungsorganisation**, d.h. der hierarchischen Beziehungen. Sie werden auch als **Organisationspläne, Organisationsschaubilder, Stellenschaubilder** oder **Stellenpläne** bezeichnet. Organigramme sind die in der Praxis am häufigsten verwandte Darstellungstechnik.

Sie sind in allen Unternehmen und Non-Profit-Organisationen einsetzbar und dienen dazu, einen schnellen Überblick über die hierarchische Einordnung einer Stelle und deren Beziehungen im Unternehmensgefüge zu vermitteln.

Kunden, Lieferanten, Mitarbeiter und andere interessierte Gruppen finden schnell den richtigen Ansprechpartner. Das Unternehmensgeschehen wird transparenter.[175]

Organigramme veranschaulichen diese aufbauorganisatorischen Sachverhalte:

- die Verteilung der Aufgaben auf Stellen und Abteilungen
- die Zusammenfassung der Stellen zu Abteilungen
- Über- und Unterstellungsverhältnisse
- Kommunikations- und Weisungsbeziehungen
- Leitungsspannen und -tiefen
- die Einordnung von Leitungshilfsstellen

Vorteile von Organigrammen:

- schneller Überblick über die Aufbauorganisation
- leicht verständliche Darstellung
- bei Ist- und Soll-Darstellungen einsetzbar

Nachteile:

- die abgebildeten Strukturen werden stark vereinfacht
- reduzierte Übersichtlichkeit bei hohem Detailliertheitsgrad
- meist nur auf obere Hierarchieebenen bezogen
- hoher Erstellungs- und Änderungsaufwand
- die Verdeutlichung der Hierarchie kann demotivierend wirken

3.7.2.2 Symbole

Zur Darstellung der organisatorischen Einheiten in einem Organigramm werden geometrische Flächenformen verwendet. Ihre Beziehungen werden durch verschiedene Linien verdeutlicht.

---

[175] vgl. Bühner (2004), S. 45

Bei der Verwendung der Symbole haben sich bestimmte **Konventionen** herausgebildet:

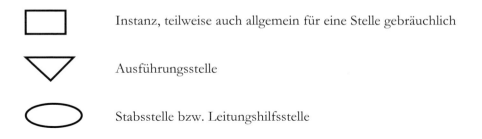

Bei **Stellenmehrheiten** werden der Übersichtlichkeit halber meist doppelte Linien verwendet. So bedeuten die folgenden Symbole, dass es sich um fünf Ausführungsstellen bzw. zwei Stabsstellen handelt.

Die Symbole können unterschiedliche **Informationen** enthalten:
- Stellenbezeichnung
- hierarchischer Rang der Stelle
- Kostenstellenzugehörigkeit
- Stellenkurzzeichen
- Ausschussbeziehungen
- Stellvertreterregelungen
- besondere Kommunikationshinweise wie E-Mail-Adressen, Telefonnummern, Raumbezeichnungen
- rechtliche Vollmachten
- Lohn- und Gehaltsgruppen
- Angaben zu den derzeitigen Stelleninhabern wie Namen und Titel

Da Organigramme schnell unübersichtlich werden, sollten die Symbole nicht zu viele Informationen enthalten, was sie überfrachten würde.

Zudem steigt mit dem Umfang der Angaben der Erstellungs- und Änderungsaufwand stark an. Namensnennungen führen beispielsweise dazu, dass bei jedem Wechsel eines Stelleninhabers das Organigramm geändert werden muss. Deshalb wird meist nur bei höheren Hierarchieebenen der Namen genannt. Ansonsten beschränkt man sich meist auf die Stellenbezeichnung.

Die **Beziehungen** zwischen den Organisationseinheiten werden durch **Linien** gekennzeichnet:

───────	Überordnungsbeziehung mit Entscheidungs- und Weisungsbefugnis
─ ─ ─ ─	Beziehung zwischen Leitungshilfsstelle und Instanz sowie Teilkompetenzen

Für Über- und Unterstellungsverhältnisse verwendet man **durchgezogene Linien**, für Teilkompetenzen bzw. Stabsbeziehungen **gestrichelte Linien**.

3.7.2.3 Organigrammformen

Bei der **Anordnung der Symbole** gibt es mehrere Alternativen. Die gängigsten sind:

- vertikale Pyramidenform
- horizontale Pyramidenform
- Säulendiagramm
- Blockdiagramm

Daneben gibt es weitere Möglichkeiten, die in der Praxis jedoch eher selten genutzt werden. Bei den folgenden Abbildungen wird die jeweils selbe Aufbauorganisation in unterschiedlichen Formen dargestellt.

Am häufigsten ist die **vertikale Anordnung** der Symbole zu finden. Sie entspricht dem pyramidenähnlichen Unternehmensaufbau. Je weiter oben eine Stelle im Organigramm eingezeichnet ist, desto höher steht sie in der Hierarchie. Untergeordnete Stellen finden sich unter dem Vorgesetzten der Abteilung und sind durch Linien mit diesem verbunden. Die durchgezogene Linie zeigt die Entscheidungs- und Weisungsbeziehungen.

Leitungshilfsstellen stehen direkt neben bzw. etwas unter der Instanz, zu der sie gehören. Die gestrichelte Linie zeigt, dass sie einer bestimmten Instanz unterstehen, gleichzeitig wird deutlich, dass keine Entscheidungs- und Weisungsbefugnis nach unten besteht, da die Linie unterbrochen ist.

Bei der horizontalen Pyramidenform lässt sich die Aufgabenverteilung gut übersehen. Der Leitungszusammenhang wird sehr deutlich. Außerdem lassen sich Leitungshilfsstellen leicht einzeichnen. Die Mitarbeiter erkennen, auf welcher Hierarchiestufe sie stehen.

Allerdings wird das hierarchische Denken durch die Pyramidenform stark betont, da sie deutlich sichtbar macht, welche Position der Einzelne in der Unternehmenshierarchie einnimmt.[176]

Abb. 3-42 zeigt vier Hierarchieebenen. Der obersten Leitung ist eine Leitungshilfsstelle zugeordnet, auf der darunterliegenden Ebene steht einer der Instanzen ebenfalls eine Leitungshilfsstelle zur Verfügung. Die Leitungsspanne der obersten Leitung beträgt drei Mitarbeiter. Auf den darunterliegenden Ebenen variieren die Leitungsspannen zwischen zwei und fünf Mitarbeitern.

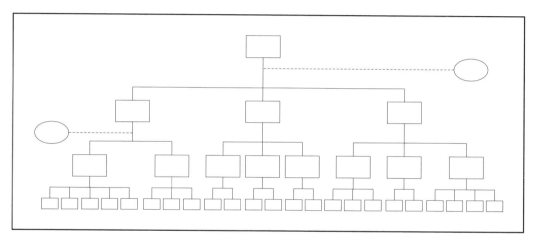

Abb. 3-42: Organigramm mit vertikaler Anordnung

Werden viele Stellen einbezogen, geraten horizontale Anordnungen schnell unhandlich, da sie zu sehr in die Breite gehen und den Umfang eines üblichen DIN A4 Blattes überschreiten. Deshalb werden in größeren Unternehmen meist nur Schaubilder für die obersten drei bis vier Hierarchieebenen erstellt. Bei Bedarf werden zusätzlich bereichs- oder abteilungsbezogene **Teilorganigramme** angefertigt.

Die aufbauorganisatorischen Beziehungen lassen sich auch **horizontal anordnen** (Abb. 3-43). Das Organigramm wird dazu um 90° gekippt und nicht mehr von oben nach unten, sondern von links nach rechts gelesen. Auf diese Weise lässt sich der vorhandene Platz besser ausnutzen.

---

[176] vgl. Schmidt (2003), S. 351

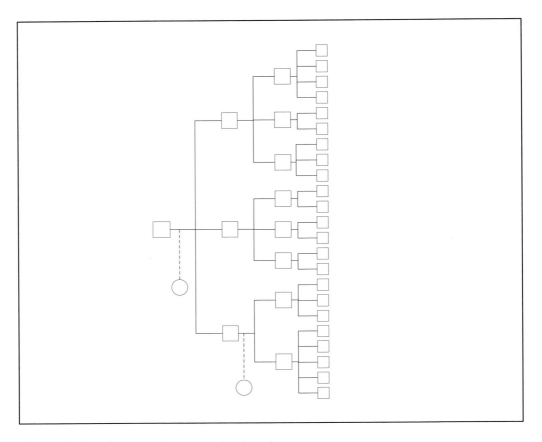

Abb. 3-43: Organigramm mit horizontaler Anordnung

Das **Säulendiagramm** in Abb. 3-44 ist eine Mischform, bei der die oberen zwei bis drei Hierarchieebenen horizontal und die darunterliegenden vertikal eingezeichnet werden.

Mit einem **Blockdiagramm** (Abb. 3-45) lässt sich sehr viel Platz sparen. Die Zwischenräume entfallen und die Hierarchieebenen werden direkt untereinander gestellt. Jede Ebene ist als Block dargestellt. Als Erstes wird die oberste Leitung eingezeichnet. Der darunterliegende Block wird entsprechend der Zahl der Instanzen in Segmente unterteilt. Unterhalb jeder Instanz wird der nächste Block wieder nach der Zahl der Unterstellten gegliedert.

Leitungshilfsstellen lassen sich nicht im Blockdiagramm darstellen. Bei sehr tiefen Gliederungen wird der zur Verfügung stehende Platz für die einzelnen Stellen immer kleiner und kann kaum mehr beschriftet werden.

Da der hierarchische Aspekt bei den bisherigen Organigrammen deutlich hervortritt, wurden mit dem Sonnendiagramm und der Ringsegmentform weitere Formen entwickelt, bei denen die **Über- und Unterstellungsverhältnisse nicht so sichtbar sind**.

3.7 Darstellungstechniken der Aufbauorganisation · 163

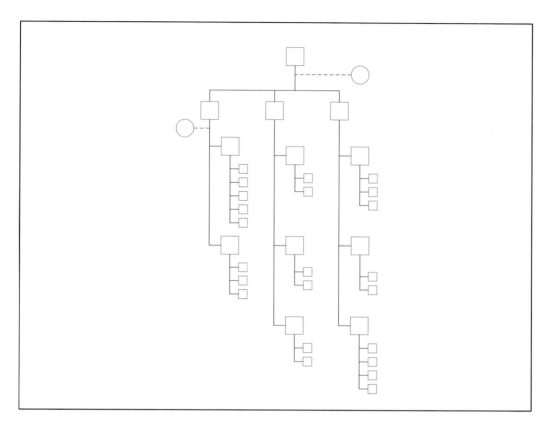

Abb. 3-44: Säulendiagramm

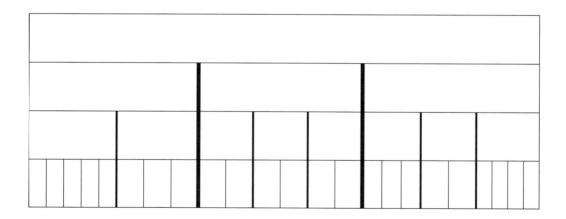

Abb. 3-45: Blockdiagramm

Beim **Sonnendiagramm** werden alle Stellen als Kreise abgebildet (Abb. 3-46). Im Mittelpunkt des Unternehmens steht die oberste Leitung, sie befindet sich deshalb in der Mitte des Organigramms. Die nächste Ebene wird satelittenartig darum herum angeordnet. Diese Instanzen sind ihrerseits das Zentrum für die ihnen unterstellten Mitarbeiter, die wiederum um sie herum platziert werden. Mit den anderen Stellen wird ebenso verfahren. Je weiter eine Stelle vom Unternehmensmittelpunkt entfernt ist, desto kleiner wird sie dargestellt und desto niedriger steht sie in der Hierarchie.

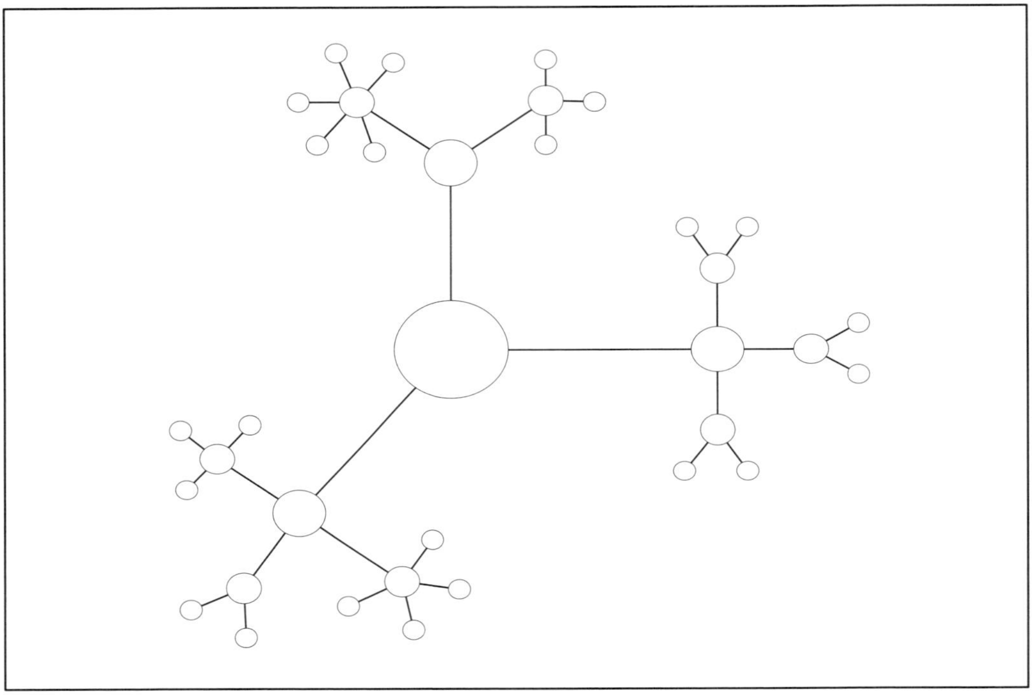

Abb. 3-46: Sonnendiagramm

Diese Darstellungsform soll die Kooperation zwischen Vorgesetzten und Mitarbeitern betonen, da die Stellen, die oben eingezeichnet sind, in der Unternehmenshierarchie nicht oben stehen. Leitungshilfsstellen werden nicht einbezogen, da dies gegen das Darstellungsprinzip verstoßen würde.

Die Kreisform erschwert jedoch die Beschriftung der Symbole. Hinzu kommt, dass die weiter entfernten Kreise immer kleiner werden.

Bei der **Ringsegmentform** wird ebenfalls ein Kreis verwandt (Abb. 3-47). Auch hier steht die oberste Leitung in der Mitte. Die darunterliegenden Hierarchieebenen werden als Ringe um das Zentrum dargestellt. Jeder Ring wird entsprechend der Zahl der Einheiten, die zu dieser Hierarchieebene gehören, in Segmente unterteilt. Je weiter ein Ring von der Mitte entfernt ist, desto tiefer stehen seine Elemente in der Unternehmenshierarchie.

3.7 Darstellungstechniken der Aufbauorganisation · 165

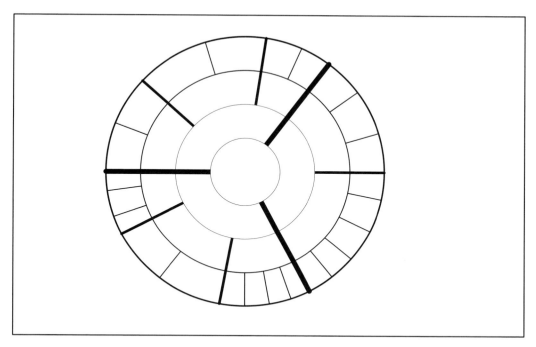

Abb. 3-47: Ringsegmentdiagramm

Bei dieser Darstellungsform ist der Platzbedarf relativ gering, da jede weitere Hierarchieebene nur einen weiteren, in Segmente unterteilten Ring erfordert. Wie beim Sonnendiagramm lassen sich die außenliegenden Segmente nur schwer beschriften. Auch hier können keine Leitungshilfsstellen eingezeichnet werden.

Das Ringdiagramm legt die Vermutung nahe, dass kleinere Segmente geringwertigere Aufgaben haben als große. Dies ist jedoch nicht der Fall. Die Breite des Segments hängt von der Leitungsspanne des Vorgesetzten und nicht von der Qualität der Aufgabenstellung ab. Die Wertigkeit der Aufgaben wird durch die Entfernung vom Mittelpunkt zum Ausdruck gebracht.

3.7.3 Stellenbeschreibungen

3.7.3.1 Definition und Abgrenzung

Während Organigramme einen ersten Überblick über das Unternehmensgefüge geben, befassen sich **Stellenbeschreibungen** detailliert mit den Stellen. Es handelt sich um formalisierte, verbale Beschreibungen der Aufgaben, Kompetenzen und Verantwortung der einzelnen Stelle und ihrer Beziehungen zu anderen Stellen.

Stellenbeschreibungen geben meist auch einen Überblick über die Anforderungen an den Stelleninhaber. Sie sind generell, also personenunabhängig, ohne Berücksichtigung des aktuellen Stelleninhabers angelegt. Im Anhang finden sich häufig Anforderungsprofile und Beurteilungskriterien.

Es gibt mehrere Begriffe, die synonym oder ergänzend verwendet werden, den Inhalt der Stellenbeschreibung jedoch nur unvollständig erfassen. Der Ausdruck **Arbeitsplatzbeschreibungen** wird in der Praxis recht häufig verwandt. Sie würden korrekterweise eher den Ort der Aufgabenerfüllung präzisieren, nicht jedoch die Inhalte der Stelle als solche. **Positionsbeschreibungen** und **Rollenbilder** enthalten die nicht eindeutig definierten Begriffe Position und Rolle. In der Praxis sind diese Bezeichnungen wenig verbreitet. **Dienstanweisungen** beziehen sich auf die Durchführung der Aufgaben und gehören damit eher zur Ablauforganisation. Bei **Pflichtenheft** entsteht der Eindruck, dass lediglich die Pflichten und nicht auch die Rechte beschrieben werden. Allein die englische Bezeichnung **Job Description** ist ein vollwertiges Synonym.

Stellenbeschreibungen haben vorrangig die Aufgabe, dem Stelleninhaber Informationen zu liefern, womit sie auch der zielorientierten Eingliederung der Mitarbeiter in die betriebliche Organisation dienen. Dabei wird sowohl auf vertikale, d.h. instanzielle, als auch auf horizontale, die Aufgaben betreffende Beziehungen, abgestellt. Damit soll die rationale, kontinuierliche und reibungslose Erfüllung der betrieblichen Aufgaben sichergestellt werden.

Stellenbeschreibungen sind so zu formulieren, dass die Flexibilität und Eigeninitiative der Mitarbeiter nicht eingeengt wird. Stattdessen sollte die klare Darstellung von Aufgaben, Kompetenzen und Verantwortungsbereichen dazu dienen, dass Freiräume für selbständiges Handeln und Kreativität entstehen.

3.7.3.2 Inhalte und Einsatzmöglichkeiten

Um diese Anforderungen erfüllen zu können, müssen Stellenbeschreibungen bestimmten formalen Anforderungen entsprechen. So ist darauf zu achten, dass Aussagen über Input, Prozess und Output einbezogen werden. Während es beim Input um das „womit", also z.B. um Aufträge, Informationen, Arbeitsmittel, Qualifikationen geht, steht beim Prozess das „wie", etwa die Zusammenarbeit, die Kommunikation sowie Über- und Unterstellungsverhältnisse im Vordergrund. Der Output befasst sich mit den erzielbaren Ergebnisse, der Qualität und Terminen.[177]

In der Praxis hat sich ein **Umfang** von ein bis drei Seiten bewährt. Die Stellenbeschreibungen bleiben damit **übersichtlich,** während gleichzeitig genügend Raum für **notwendige Details** bleibt.

Was den **Inhalt** anbelangt, sollte man sich auf diejenigen Aspekte konzentrieren, die für die Aufgabenerfüllung entscheidend sind.

Es gibt keinen allgemein üblichen **Aufbau** von Stellenbeschreibungen. Eine unternehmenseinheitliche Vorgehensweise erleichtert es aber allen Beteiligten, sich in den Unterlagen zurechtzufinden.

---

[177] vgl. Ulmer (2001), S. 34 ff.

Dazu ist eine systematische Gliederung in **sechs inhaltliche Teilbereiche** sinnvoll:

- **Allgemeine Informationen:** Dazu gehört zunächst die Stellenbezeichnung, die Auskunft über den Schwerpunkt des Aufgabenbereichs und die organisatorische Einordnung des Stelleninhabers gibt. Sie kann durch Stellenkurzzeichen ergänzt werden. Hier sind auch die Abteilung und das Sachgebiet, soweit sie sich nicht bereits aus dem Wortlaut der Stellenbezeichnung ergeben, aufzuführen. Des Weiteren finden sich in dieser Rubrik Informationen zum Rang des Stelleninhabers sowie über die Bedeutung der Stelle, ob es sich z.B. um einen Abteilungsleiter, einen Handlungsbevollmächtigten oder Prokuristen handelt. Für personalpolitische Zwecke wird zum Teil auch die Gehaltsgruppe genannt.

- **Instanzenbild:** Die instanzielle Einordnung der Stelle wird durch die Über- und Unterstellungsverhältnisse sowie die aktive und passive Stellvertretung präzisiert. Die Unterstellung gibt Auskunft über den direkten Vorgesetzten des Mitarbeiters, bzw. bei getrennten Vorgesetztenfunktionen über den fachlichen und disziplinarischen Vorgesetzten. Die Überstellung informiert über fachlich und/oder disziplinarisch unterstellte Mitarbeiter. Die Stellvertretung bestimmt, wer den Stelleninhaber bei Abwesenheit vertritt (passive Stellvertretung), bzw. wen der Stelleninhaber vertritt (aktive Stellvertretung).

- **Zielsetzung:** Hier wird beschrieben, welches Verhalten vom Stelleninhaber gewünscht ist. Damit wird ihm einerseits eine Orientierungshilfe und ein Maßstab zur Selbstkontrolle an die Hand gegeben, andererseits kann der Vorgesetzte die Informationen heranziehen, wenn er den Stelleninhaber beurteilen muss. Stellenbeschreibungen enthalten allerdings keine konkreten, operational formulierten Zielvereinbarungen für bestimmte Zeitperioden. Die Zielvereinbarungen bauen vielmehr auf den grundsätzlichen Aussagen der Stellenbeschreibung auf und ergänzen diese. Es ist unbedingt darauf zu achten, dass bei der Festlegung der Zielsetzung keine inhaltsleeren Formulierungen verwandt werden, die nichts zum Stellenverständnis beitragen.

- **Aufgabenbild:** Damit wird ein klar umrissener Handlungs- und Entscheidungsspielraum festgelegt. Der Aufgabenbereich wird präzisiert und die mit der Stelle verbundenen Aufgaben werden im Detail aufgelistet. Hinzu kommen Informationen über die Entscheidungs- und Weisungskompetenzen des Stelleninhabers. Bei ausführenden Stellen wird häufig auch der prozentuale Anteil der einzelnen Teilaufgaben fixiert. Bei Mitarbeitern mit höherer Qualifikation und bei Führungskräften ist eine Auflistung bzw. Kennzeichnung der erfolgskritischen Arbeitsinhalte sinnvoll, da sie dem Stelleninhaber vor Augen führt, auf welche Teilbereiche er sich besonders konzentrieren muss.

- **Kommunikationsbild:** Hier geht es insbesondere um Koordinations-, Beratungs-, Informations- und Berichtsaspekte. Viele Stellenbeschreibungen enthalten keine Hinweise auf die betriebsinternen und externen Kommunikationsbeziehungen, obwohl die Darlegung der Zusammenarbeit mit anderen Stellen für Mitarbeiter und Vorgesetze eine wichtige Informationsquelle ist.

- **Leistungsbild:** Auch Leistungsbilder sind – anders als in englischsprachigen Ländern üblich – hierzulande eher selten in einer Stellenbeschreibung enthalten. Sie konkretisieren die Anforderungen an den Stelleninhaber, die erforderlichen Kenntnisse und Erfahrungen, die für die Stelle notwendigen Ausgangsqualifikationen und die Leistungsstandards, die der Stelleninhaber erfüllen muss. Damit ist diese Rubrik eine wichtige Grundlage für das Anforderungsprofil und die Zielvereinbarungen.

Stellenbeschreibungen werden oft nur für die **unteren Hierarchieebenen** erstellt. Bei Führungskräften fehlen sie dagegen mit der Begründung, dass deren Aufgaben sich häufiger verändern und zu wenig genau festgelegt werden können. Eine Stellenbeschreibung ist sicher umso einfacher zu erstellen, je größer der Anteil der Routineaufgaben ist. Bei **Führungskräften** lässt sich die Stellenbeschreibung deshalb nur in beschränktem Maße konkretisieren. Der Schwerpunkt liegt hier stärker auf der Festlegung der Ziele und der Erwartungen an den Stelleninhaber. Entsprechend ist sie zu modifizieren.

Auch bei **Teamarbeit** wird häufig auf Stellenbeschreibungen verzichtet. In der Tat ist eine Aufgabenzuweisung auf einzelne Teammitglieder nicht sinnvoll und wird in der Regel auch nicht gewünscht. Das Team ist als Ganzes für den (Teil-)Prozess verantwortlich, ohne dass die einzelnen Aufgaben von vorneherein und auf Dauer bestimmten Mitarbeitern übertragen werden. Deshalb lassen sich Ziele, Aufgaben, Kompetenzen und Verantwortung nur für das Team als solches regeln. Separate Stellenbeschreibungen für jedes Team-Mitglied sind nicht zielführend.

Ein Team ist als **Mehrpersonenstelle** anzusehen, da die Aufgabenerfüllung in gemeinsamer Verantwortung liegt. Deshalb ersetzt die **Teambeschreibung** einzelne Stellenbeschreibungen. Sie weist dem Team als Einheit eine Aufgabe zu, außerdem werden seine Handlungsspielräume festgelegt. Team- und Stellenbeschreibung unterscheiden sich insbesondere dadurch, dass diese Aspekte auf eine Mehrpersonenstelle statt auf mehrere Einpersonenstellen bezogen werden. Zielsetzung und Aufgabenbild gelten für das Team als Ganzes.

Bei der Erstellung des Kommunikations- und des Leistungsbildes muss überprüft werden, ob eine Differenzierung nach einzelnen Teammitgliedern sinnvoll erscheint, etwa was die Koordination und Berichterstattung bzw. die besonderen Anforderungen an den Teamleiter und -sprecher und deren Stellvertreter anbelangt.[178] Die Teambeschreibung muss dann entsprechend ergänzt werden.

Es gibt **Fälle**, in denen Stellenbeschreibungen **keinen Sinn** machen. So sind in der Pionier- und Expansionsphase neugegründeter Unternehmen laufend einschneidende Anpassungen notwendig, die sich oft nur durch geschicktes Improvisieren bewältigen lassen. Aufgaben, Kompetenzen und Verantwortung lassen sich meist erst dann eindeutig zuordnen, wenn die oft hektische erste Pionierphase durchschritten ist und ruhigere Gewässer erreicht werden. Auch für Umstrukturierungsphasen, insbesondere für Rationalisierungs- und Expansionsphasen, etablierter Unternehmen sind Stellenbeschreibungen meist (zeitweise) nicht hilfreich.

---

[178] vgl. Ulmer (2001), S.124 ff.

In Zeiten, die hohe Flexibilität erfordern, sind Stellenbeschreibungen nur dann nützlich, wenn sie stets auf aktuellem Stand sind, was voraussetzt, dass sie ständig überprüft und der neuen Situation angepasst werden.

Vorteile von Stellenbeschreibungen:

- eindeutige Verteilung von Aufgaben, Kompetenzen und Verantwortung
- die Delegation wird eindeutig festgelegt
- klare Stellvertretungsregelungen
- eindeutige Unterstellungsverhältnisse
- Selbständigkeit und Eigeninitiative werden gefördert
- höhere Transparenz führt zu besserer Koordination der Stellen
- schnellere Einarbeitung und Integration der Mitarbeiter
- objektive Entgeltfindung
- objektive Mitarbeiterbeurteilung
- fundierte Grundlage für den gesamten Human-Resource-Kreislauf von der Personalbedarfsermittlung bis zur Freisetzung

Nachteile:

- die Einführung und die Änderungen sind mit hohem Aufwand verbunden
- die Mitarbeiter sehen den Inhalt der Stellenbeschreibung möglicherweise als sozialen Besitzstand an
- es kann zur Überorganisation kommen, falls den Mitarbeitern zu wenig Entscheidungsspielraum eingeräumt wird
- der hinter den einzelnen Aufgaben stehende Gesamtzusammenhang wird nicht sichtbar, womit sich Überschneidungen und Lücken nicht erkennen lassen

3.7.3.3 Verknüpfung mit anderen Führungsinstrumenten

Stellenbeschreibungen können bei vielen Führungsaufgaben unterstützend herangezogen werden.

- **Personalbeschaffung und -auswahl:** Eine sorgfältige und genaue Stellenausschreibung, die auf der Stellenbeschreibung beruht, führt in der Regel zu weniger Bewerbern, die jedoch im Sinne der Stellenanforderungen deutlich qualifizierter sind. Damit wird vermieden, ungeeigneten Bewerbern durch zu allgemeine Aussagen Hoffnung auf die ausgeschriebene Stelle zu machen. Einige Unternehmen ermöglichen es deshalb potenziellen Bewerbern, die Beschreibungen vakanter Stellen auf ihrer Website einzusehen. Um den besten Bewerber zu ermitteln, werden die Eignungsprofile mit dem Anforderungsprofil der ausgeschriebenen Stelle verglichen. Grundlage für das Anforderungsprofil ist die Stellenbeschreibung.

- **Entgeltsysteme:** Die Höhe des Entgelts hängt bei modernen Lohn- und Gehaltssystemen nicht nur vom Schwierigkeitsgrad der Arbeit, also von ihren Anforderungen ab, sondern auch von den Leistungen des Stelleninhabers. Dazu bedarf es einer Leistungsbewertung, die sich an der Stellenbeschreibung orientiert. Aus dem Aufgabenbild lassen sich die erfolgskritischen Tätigkeiten nach Art und Schwierigkeitsgrad ersehen, im Leistungsbild werden die erforderlichen Kenntnisse und Erfahrungen präzisiert. Die mit der Stelle verbundenen Ziele sind ebenfalls erkennbar. Die genauere Spezifizierung und die zeitlichen Vorgaben erfolgen durch darauf aufbauende, zeitbezogene Zielvereinbarungen. Die Qualität der Stellenbeschreibungen hat also Auswirkungen auf den kompletten Entgeltfindungsprozess.[179]

- **Management by Delegation:** Kennzeichen des MbD ist die weitgehende Delegation von Aufgaben, Entscheidungen und Verantwortungen auf untere Hierarchieebenen. So sollen Vorgesetze entlastet und andererseits die Eigeninitiative und -verantwortung sowie die Leistungsmotivation der Mitarbeiter gesteigert werden. Dazu ist es notwendig, möglichst genau die Aufgabenbereiche mit den entsprechenden Kompetenzen, die Zielsetzung der Stelle und die Verantwortungsbereiche des Stelleninhabers zu definieren, was durch die Stellenbeschreibungen erfolgt.

- **Management by Objectives:** Hier werden die Ziele gemeinsam von den Vorgesetzten und Mitarbeitern festgelegt, an die Stelle der Aufgabenorientierung tritt die Zielorientierung. Die Mitarbeiter sollen nicht einfach „vor sich hinarbeiten", sondern bestimmte Ziele anstreben. Die dazu notwendigen Maßnahmen trifft der Mitarbeiter selbst. Der Vorgesetzte beschränkt sich im Wesentlichen auf die Zielvereinbarung und kontrolliert, ob die Ziele erreicht werden. Besonders wichtig für die Verwirklichung des MbO ist es, eine zielorientierte Organisationsstruktur mit Stellenbeschreibungen zu schaffen, aus denen sich die eindeutige Zuordnung von Subzielen für die einzelnen Mitarbeiter ableiten lässt.[180]

- **Leistungsbeurteilungen und Mitarbeitergespräche:** Leistungsbeurteilungen erfolgen üblicherweise im Rahmen von Mitarbeitergesprächen. Sie dienen dazu, dem Mitarbeiter das Ergebnis seiner Leistung und sein Verhalten zu verdeutlichen. Der Stelleninhaber und sein Vorgesetzter setzen sich im Gespräch mit der Erfüllung der Zielvorgaben und den erfolgskritischen Tätigkeiten auseinander. Als Grundlage dazu dient neben den Zielvereinbarungen die Stellenbeschreibung. Das Ergebnis des Gesprächs findet Eingang in die Stellenbeschreibung, indem ungenaue Formulierungen, kritische

---

[179] vgl. Oechsler (2000), S. 433 f.

[180] vgl. Jung (2001), S. 491 ff.

Aufgabeninhalte, unklare Kompetenzen, falsche Leistungsanforderungen etc. berichtigt werden und die Stellenbeschreibung auf diese Weise aktualisiert wird.[181]

- **Personal- und Organisationsentwicklung:** Anhand der Stellenbeschreibungen lässt sich feststellen, ob und inwieweit ein Mitarbeiter den derzeitigen und künftigen Stellenanforderungen gewachsen ist. Sie liefern Anhaltspunkte, ob fachliche oder Verhaltensdefizite vorliegen, die sich mithilfe von Personalentwicklungsmaßnahmen beseitigen lassen. Außerdem werden die Vorgesetzten auf Lücken bei den Aufgabenzuordnungen aufmerksam gemacht. Da damit Problemlösungs- und Erneuerungsprozesse angeregt werden, initiieren und fördern Stellenbeschreibungen auch den organisatorischen Wandel.[182]

- **Qualitätsmanagement:** Für Qualitätsüberprüfungen sind Audits von großer Bedeutung. Dabei geht es in erster Linie um qualitätssichernde Maßnahmen. Ein Beispiel dafür ist die Normenreihe ISO 9000 ff.. Das Qualitätsbewusstsein der Mitarbeiter lässt sich unter anderem durch Stellenbeschreibungen erhöhen.

- **Personalfreisetzung:** Freisetzungsmaßnahmen müssen nicht nur besonders sorgfältig, sondern auch juristisch einwandfrei durchgeführt werden. Die Stellenbeschreibung dient dem Nachweis von Pflichtverletzungen oder mangelnder Qualifikation, womit sie nicht nur bei Abmahnungen, sondern auch bei arbeitsgerichtlichen Auseinandersetzungen von Bedeutung ist.

All dies gezeigt, wie wichtig Stellenbeschreibungen für den gesamten Human-Resource-Kreislauf sind. Sie sind ein wirkungsvolles Führungsinstrument, bieten dem Stelleninhaber mehr Transparenz und führen so dazu, dass er sich stärker mit seinen Aufgaben identifiziert.[183]

Die Erstellung und Überprüfung der Stellenbeschreibungen kann in die Mitarbeitergespräche einbezogen werden, womit sich der Aufwand für Änderungen deutlich reduzieren lässt. Durch die regelmäßige Überprüfung und Korrektur wird auch der Gefahr vorgebeugt, dass die Inhalte von den Mitarbeitern als sozialer Besitzstand angesehen werden. Ebenso lassen sich auf diese Weise mangelnde Entscheidungsspielräume erkennen und beseitigen.

Der unzureichenden Übersichtlichkeit über den Aufgabenerfüllungsprozess muss durch andere Instrumente, z.B. durch Funktionendiagramme, begegnet werden.

---

[181] vgl. Nicolai (2004), S. 179

[182] vgl. ebd.

[183] vgl. Oechsler (2000), S. 444

3.7.4 Funktionendiagramme

3.7.4.1 Begriff und Aufgaben

Mit einem Funktionendiagramm werden die Aufgaben einer Stelle und deren Zusammenhang zu anderen Stellen tabellarisch dargestellt. Es wird auch **Funktionenmatrix**, **IMV-Matrix** (Information-Mitarbeiter-Verantwortung-Matrix), **Kompetenzdiagramm** oder **Aufgaben-Kompetenzen-Matrix** genannt.[184]

Im Vergleich zur Stellenbeschreibung enthält das Funktionendiagramm keine ausführliche Beschreibung der Aufgaben und wesentlich weniger Informationen zur einzelnen Stelle. Dafür bezieht es die anderen an der Aufgabenerfüllung beteiligten Stellen mit ein und gibt einen Überblick über den **Zusammenhang**.

Obwohl es sich um ein sehr übersichtliches und relativ einfach zu erstellendes Instrument handelt, wird es nicht so häufig wie die bereits beschriebenen Darstellungsformen eingesetzt. Seit entsprechende Standard-Software zur Verfügung steht, nimmt seine Verbreitung jedoch zu.[185]

Ein Funktionendiagramm enthält diese **Informationen**:[186]

- alle Teile einer Gesamtaufgabe
- die beteiligten Stelleninhaber
- die interne Aufgabenverteilung
- eine Übersicht der Aufgaben jedes beteiligten Stelleninhabers

3.7.4.2 Symbole und Formen

Das Funktionendiagramm ist wie eine Matrix aufgebaut. In der **Vertikalen** werden die **Aufgaben** eines Bereichs eingetragen, die mit Schlagworten beschrieben werden. In der **Horizontalen** sind die beteiligten **Stellen** aufgelistet. Dabei wird die Stellenbezeichnung zugrunde gelegt. Die **Schnittstelle** zeigt die **jeweilige Funktion**, die eine bestimmte Stelle bei der Erfüllung der Aufgabe leistet. Dabei kann unterschiedlich vorgegangen werden.

- **Ankreuzen:** Bei einem einfachen Funktionendiagramm zeigt ein X lediglich an, welche Stellen an der Aufgabenerfüllung mitwirken, ohne dass die Art der Beteiligung deutlich gemacht wird. Zum Teil wird das X auch als Kurzzeichen für die Gesamtverantwortung verwendet, womit es dann bereits zur nächsten Vorgehensweise gehört.

---

[184] vgl. Klimmer (2007), S. 70

[185] vgl. Schmidt (2003), S. 356

[186] vgl. ebd.

- **Kurzzeichen:** Sie geben den Umfang und die Art der Zuständigkeit einer Stelle mithilfe eines oder weniger Buchstaben wieder. M steht beispielsweise für Mitarbeit, P für Planung, E für Entscheidung oder K für Kontrolle. Durch die Verwendung zusätzlicher, meist tiefergestellter Lettern werden diese Kurzzeichen zum Teil weiter präzisiert. So bedeutet K_V Kontrolle des Verlaufs und K_E Kontrolle der Ergebnisse.
- **Piktogramme:** Piktografische Zeichen sind in den letzten Jahren unüblich geworden, zumal sie ausführlicher Erläuterungen bedürfen, um die Zeichen deuten zu können. Sie sind schwierig zu erstellen. Entsprechende Standardsoftware steht nicht zur Verfügung. So steht ein Kästchen mit vielen Querstrichen für die Erteilung von Ratschlägen auf Rückfrage des Sachbearbeiters. Verlaufen die Striche schräg, hat die betreffende Stelle Hilfsarbeiten vorzunehmen. Eine Längsstraffierung bedeutet, dass diese Stelle die Aufgabe hat, sich Kenntnis zu verschaffen, ob bestimmte Aufgaben erledigt wurden. Entfallen mehrere Teilaufgaben auf einen Stelleninhaber, kann ein Kästchen auch mehrere Informationen enthalten. Dazu wird es in Unterkästchen aufgeteilt, die jeweils mit einem eigenen piktografischen Zeichen versehen werden. Die Übersichtlichkeit und Verständlichkeit leidet noch mehr.[187]

Werden Kurzzeichen oder Piktogrammen verwendet, müssen diese stets in einer Legende erläutert werden.

Abb. 3-48 zeigt ein Funktionendiagramm mit Kurzzeichen. Aus den **Zeilen** ist ersichtlich, wie die verschiedenen Stellen an einer Aufgabe beteiligt sind und welche Stellen keinen Anteil daran haben. So wirken Geschäftsleitung, Marketing-Leitung, Controlling, Logistik und Produktion nicht bei der Marktbeobachtung mit.

Die **Spalten** des Funktionendiagramms geben einen Überblick darüber, welche Teilaufgaben die einzelnen Stellen erbringen müssen. Sie werden in der Stellenbeschreibung konkretisiert.

Vorteile des Funktionendiagramms:

- vergleichsweise geringer Erstellungs- und Änderungsaufwand
- gute Übersichtlichkeit
- viele Informationen werden in übersichtlicher Form verdichtet
- leicht verständlich, wenn Kurzzeichen verwendet werden oder angekreuzt wird
- das Zusammenwirken mehrerer Stellen bei der Aufgabenerfüllung wird kompakt dargestellt
- fehlende oder unzweckmäßige organisatorische Regelungen werden deutlich

---

[187] vgl. Wittlage (1993), S. 136 ff.

STELLEN / AUFGABEN	Geschäftsführung	Marketingleitung	Produktmanagement	Forschung & Entwicklung	Controlling	Vertrieb	Einkauf	Logistik	Produktion	Externe
Marktbeobachtung			D	M		M	M			M
Neuproduktentwicklung		E	D/E	M	M	M/E	M/I	M/I	M/I	M/I
Sortimentspflege			D							
Verkaufsplanung	E	E	D/E	M/I	M	M/E	M/I	M/I	M/I	M/I
Beschaffung von Verpackungen und Etiketten	E	M	M		M	D/E		I	M	M
...										

Abb. 3-48: Funktionendiagramm[188]

Die **Nachteile:**

- Unübersichtlichkeit, wenn zu viele Stellen und Aufgaben einbezogen werden
- Sonderfälle lassen sich nicht darstellen
- Kurzzeichen geben die Sachverhalte nur unvollständig wieder
- Mehrfachunterstellungen können nicht abgebildet werden
- Piktogramme führen zur Verwirrung

3.7.5 Kommunigramme

Kommunigrammen dienen dazu, Kommunikationsbeziehungen übersichtlich darzustellen. Sie werden bei der Planung der Kommunikationsmittel herangezogen. So bieten sich etwa bei häufigen internationalen Kontakten Videokonferenzen an, da sie wesentlich weniger Zeit als Reisen in Anspruch nehmen, womit mehr Zeit für die Aufgabenerfüllung zur Verfügung steht.

---

[188] entnommen aus: Klimmer (2007), S. 71

Kommunikationsbeziehungen sind insbesondere durch diese Kriterien charakterisiert:

- die abgebenden Stellen
- die aufnehmenden Stellen
- die Kommunikationsdauer
- die Kommunikationshäufigkeit

Abb. 3-49 zeigt ein Kommunigramm, bei dem die beteiligten Stellen als Kreise dargestellt sind, die beschriftet werden können. Je dicker die Verbindungslinie, desto größer die Kommunikationshäufigkeit der Einheiten untereinander.

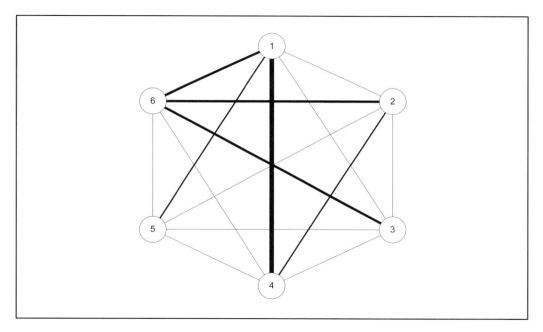

Abb. 3-49: Kommunigramm in Kreisform

Soll die Kontakthäufigkeit genauer angegeben werden, kann dies mittels eines **Kommunigramms in Dreiecksform** geschehen (Abb. 3-50).

Untersuchungen zu den Kommunikationsbeziehungen erübrigen sich heute jedoch weitgehend. Die moderne und kostengünstige Informationstechnik macht es möglich, dass die meisten Mitarbeiter beliebig oft und schnell miteinander kommunizieren können, womit persönliche Zusammentreffen und räumliche Nähe immer mehr an Bedeutung verlieren.

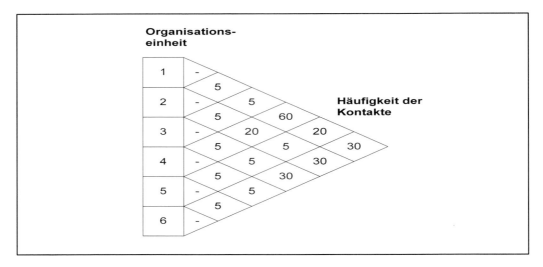

Abb. 3-50: Kommunigramm in Dreiecksform

3.8 Zusammenfassung und Ausblick

Die Aufbauorganisation wird mittels der Strukturvariablen Spezialisierung, Koordination, Konfiguration und Kompetenzverteilung gestaltet.

Bei der Spezialisierung geht es darum, zu regeln, wie die Arbeitsteilung sinnvoll durchgeführt und Stellen gebildet werden können.

Die Koordination regelt die Abstimmung zwischen den einzelnen Stellen, bildet Abteilungen.

Mit der Konfiguration werden die Über- und Unterstellungsverhältnisse und das Leitungssystem des Unternehmens festgelegt.

Mit der Kompetenzverteilung, d.h. den Regeln zur Verteilung der Entscheidungsbefugnisse, ist die Gestaltung der Aufbauorganisation und damit die Bildung einer formalen Unternehmenshierarchie abgeschlossen.

Für jede Strukturvariable gibt es verschiedenen Optionen, die unter bestimmten Voraussetzungen sinnvoll und mit bestimmten Vor- und Nachteilen verbunden sind. Deren individuelle Ausgestaltung führt zur primären Aufbauorganisation des Unternehmens.

So unterschiedlich die betriebliche Organisation auch ist, überall ist ein Trend zur Selbstkoordination, gestützt durch neue Kommunikationsformen wie soziale Netzwerke und Blogs, zu beobachten.

Als Grundformen der Aufbauorganisation gelten die funktionale, die divisionale und die Matrixorganisation. Klassische Erweiterungen sind die Tensor- und die Holding-Organisation.

Ein zentraler Mangel der Primärorganisationen liegt in ihrer Schwäche, kein Klima für das Gedeihen von neuen Ideen und somit kaum Innovationen zu schaffen.[189] Häufig werden deshalb in der Praxis zusätzlich verschiedene Formen von Sekundärorganisationen implementiert.

Die wichtigsten sind Produkt-, Kunden-, Markt- und Funktionsmanagement-Organisation. Sie gewährleisten die besondere Beachtung verschiedener für das Unternehmen bedeutsamer Problembereiche.

Strategische Geschäftseinheiten sollen sicherstellen, dass das Unternehmen strategisch ausgerichtet wird und das kurzfristige Geschäft nicht zu sehr in den Vordergrund rückt.

Mit der Projektorganisation lassen sich zeitlich befristete, bedeutsame und umfangreiche Sonderaufgaben meistern.

Parallelhierarchien ermöglichen es trotz der Tendenz zu flachen Hierarchien, karriereorientierten Mitarbeitern Aufstiegsmöglichkeiten zu bieten.

Es kann nicht grundsätzlich bestimmt werden, welche Form der Aufbauorganisation die beste ist, da es nicht gelingt, klare Ursache-/Wirkungszusammenhänge herzustellen. So lässt sich nicht exakt quantitativ erfassen, wie sich große Autonomie auf die Leistung eines Stelleninhabers auswirkt.[190] Es gibt jedoch etliche Untersuchungen, welche Organisationsstrukturen in bestimmten Umweltsituationen vorherrschen.[191] Daraus wird geschlossen, dass es sich um die jeweils geeignetste Aufbauorganisation handelt. So bevorzugen Unternehmen, die in einer sicheren Umwelt agieren, eher bürokratische Strukturen mit vielen Hierarchieebenen. Je unsicherer die Umweltsituation ist, desto stärker ist die Tendenz zur Verflachung der Hierarchie.

Beruht die Unsicherheit auf der Wettbewerbssituation, herrscht eine personale Spezialisierung und Koordination vor. Wird die Unsicherheit durch den technologischen Wandel hervorgerufen, wird eine Koordination mittels Plänen und Programmen bevorzugt.

Je größer das Unternehmen, desto mehr werden die Entscheidungen dezentralisiert. Gleichzeitig nehmen Spezialisierung und Standardisierung zu.

Auch zwischen der Wettbewerbsstrategie und der Organisationsstruktur besteht ein Zusammenhang. So weisen Unternehmen, die die Kostenführerschaft anstreben, eher eine funktio-

---

[189] vgl. Staehle (1994), S. 732

[190] vgl. Bea/Göbel (2006), S. 406

[191] Einen ausführlichen Überblick geben Macharzina (2003), S. 449 ff.; Kieser/Walgenbach (2007), S. 200 ff. und Dillerup/Stoi (2006), S. 440 ff.

nale Organisation auf, während die Differenzierungsstrategie eher bei divisionaler Organisation anzutreffen ist.[192]

Interessanterweise hat die in der Theorie vielbeachtete Matrixorganisation in der Praxis kaum Bedeutung erlangt.[193] Wird Kostenführerschaft angestrebt, gilt sie als zu aufwendig. Für die Differenzierungsstrategie ist sie wegen der internen Abstimmungsprobleme und der notwendigen Kompromisse nicht konsequent genug auf den Markt ausgerichtet. Verschiedene Untersuchungen zeigen im Übrigen, dass Anspruch und Realität weit auseinanderklaffen.[194] Echte Matrixkonzepte sind deshalb meist nur in einzelnen Unternehmensbereichen anzutreffen und werden selten auf das Gesamtunternehmen übertragen.

Wolf untersuchte die Struktur und Strategie von 156 deutschen, national und international tätigen Unternehmen und deren Veränderungen innerhalb von 40 Jahren.[195] Danach nimmt die funktionale Organisation zu Gunsten divisionaler Strukturen deutlich ab. Es werden verstärkt Zentralbereiche gebildet, zudem hat die Holding-Organisation stark an Bedeutung gewonnen. Es finden sich auch mehr Matrixformen und gemischte Strukturen.

Insgesamt orientieren sich deutsche Unternehmen stark an angloamerikanischen Vorbildern. Die neuen Trends bei der Gestaltung der betrieblichen Organisation werden jedoch mit einer gewissen zeitlichen Verzögerung übernommen.

Wiederholungsfragen

1. Welche Strukturvariablen werden bei der Aufbauorganisation verwendet?
2. Was versteht man unter Art- und Mengenteilung?
3. Welche Vorteil- und Nachteile hat die Spezialisierung?
4. Wodurch unterscheidet sich eine Stelle von einem Arbeitsplatz?
5. Worin liegt der Unterschied zwischen Fach- und Methodenkompetenz?
6. Was versteht man unter rechtlicher Kompetenz?
7. Erläutern Sie das Kongruenzprinzip der Organisation.
8. Können Maschinen Aufgabenträger sein?
9. Worin unterscheidet sich eine Mehrpersonenstelle von einer Abteilung?
10. Wann gehört eine Instanz zum Top Management?

---

[192] vgl. Hungenberg (2004), S. 315

[193] vgl. Hungenberg (2004), S. 315; Helfrich (2002), S. 33

[194] vgl. Staehle (1994), S. 680

[195] vgl. Wolf (2000), S. 414 ff.

11. Worin unterscheiden sich Middle und Lower Management?
12. Was ist der Unterschied zwischen Leitungs- und Führungsaufgaben?
13. Wie kann die Willensbildung bei Pluralinstanzen erfolgen?
14. Was versteht man unter Leitungshilfsstellen?
15. Sind Leitungshilfsstellen auch Leitungsstellen?
16. Was kennzeichnet Dienstleistungsstellen?
17. Wo liegen die Gemeinsamkeiten und Unterschiede von Ausführungs- und Leitungshilfsstellen?
18. Wie lassen sich Stellen bemessen?
19. Was versteht man unter Generalisierungstendenzen?
20. Erläutern Sie die bekanntesten neuen Methoden der Arbeitsstrukturierung.
21. Welche Vorteile verspricht man sich von einer Generalisierung?
22. Wie kann die Abstimmung zwischen den Stellen und Abteilungen geregelt werden, wenn die Organisationseinheiten nicht selbst darüber bestimmen sollen?
23. Welche Möglichkeiten der Koordination gibt es, wenn die Organisationseinheiten die Abstimmung weitgehend selbst vornehmen sollen?
24. Geben Sie einen Überblick über die Instrumente der Fremdkoordination.
25. Was versteht man unter Koordination durch persönliche Weisungen?
26. Welche Vor- und Nachteile bietet die Koordination durch Programme?
27. Was versteht man unter Management by Objectives?
28. Unter welchen Voraussetzungen kann eine Koordination durch Selbstabstimmung erfolgen?
29. Welcher Koordinationsmechanismus wird bei der Koordination durch interne Märkte verwendet?
30. Worin unterschieden sich reale interne Märkte von fiktiven internen Märkten?
31. Weshalb ist die Koordination mittels der Unternehmenskultur so schwierig?
32. Was versteht man unter Koordination durch Professionalisierung?
33. Welche zentralen Probleme entstehen bei der Konfiguration?
34. Wovon hängt die Leitungsspanne einer Instanz ab?
35. Was ist der Unterschied zwischen Leitungsspanne und Leitungstiefe?
36. Welche Vorteile hat eine steile Unternehmenshierarchie?
37. Was spricht für eine flache Hierarchiepyramide?

38. Erläutern Sie das Grundprinzip des Einliniensystems.
39. Was versteht man unter einer Fayolschen Brücke?
40. Welche Vor- und Nachteile weist das Mehrliniensystem auf?
41. Was versteht man unter einem Stab-Liniensystem?
42. Welche Formen von Stab-Liniensystemen kennen Sie?
43. Worin unterscheiden sich Stabs- und Linieninstanzen?
44. Weshalb kommt es bei der Zusammenarbeit von Stäben und Instanzen häufig zu Konflikten?
45. Welche Vor- und Nachteile sind mit der Entscheidungsdelegation verbunden?
46. Was versteht man unter einer funktionalen Organisation?
47. Unter welchen Voraussetzungen hat sich die funktionale Organisation bewährt?
48. Wann ist der Wechsel von der funktionalen zur divisionalen Organisation sinnvoll?
49. Was kennzeichnet eine divisionale Organisation?
50. Welche Vor- und Nachteile treten bei der Spartenorganisation auf?
51. Was versteht man unter Zentralabteilungen und welchen Zweck erfüllen sie?
52. Worin unterscheiden sich die verschiedenen Center-Formen?
53. Was kennzeichnet die Matrixorganisation?
54. Unter welchen Voraussetzungen sind Matrixorganisationen sinnvoll?
55. Wie löst man in der Praxis das Kompetenzproblem zwischen den beiden Dimensionen der Matrixorganisation?
56. Welche Vor- und Nachteile hat die Matrixorganisation?
57. Was versteht man unter einer Tensororganisation?
58. Wann ist eine Tensororganisation sinnvoll?
59. Welche Aufgaben hat die Dachgesellschaft bei einer Holding-Struktur?
60. Welche Formen der Holding-Organisation kennen Sie?
61. Ist das Mehrliniensystem eine ein- oder zweidimensionale Organisationsform?
62. Warum handelt es sich beim Stab-Liniensystem um eine eindimensionale Organisationsstruktur?
63. Worin unterscheiden sich Primär- und Sekundärorganisation?
64. Welche Sekundärstrukturen kennen Sie?
65. Welche Besonderheiten weist das Key-Account-Management auf?

66. Was versteht man unter Customer-Relationship-Management?
67. Was kennzeichnet die Marktmanagement-Organisation?
68. Welche Vor- und Nachteile hat eine Marktmanagement-Organisation?
69. Was versteht man unter strategischen Geschäftseinheiten?
70. Welche Alternativen gibt es bei der organisatorischen Einordnung von strategischen Geschäftseinheiten?
71. Welche Vor- und Nachteile hat das Führen mittels strategischen Geschäftseinheiten?
72. Was kennzeichnet ein Projekt?
73. Worin unterscheiden sich Projektorganisation und Projektmanagement?
74. Welche Grundformen der Projektorganisation kennen Sie?
75. Welche Besonderheiten weist die Task Force auf?
76. Warum werden disziplinarische und fachliche Weisungsbefugnisse bei der reinen Projektorganisation meist getrennt?
77. Weshalb wird eine Task Force eher selten eingesetzt?
78. Worin unterscheiden sich Matrixorganisation und Matrix-Projektorganisation?
79. Was versteht man unter der modifizierten Form der Matrix-Projektorganisation?
80. Wann empfiehlt sich eine Matrix-Projektorganisation?
81. Weshalb werden Parallelhierarchien gebildet?
82. Was versteht man unter einer Fachlaufbahn?
83. Welche Möglichkeiten bietet eine Projektlaufbahn für die Mitarbeiter?
84. Weshalb ist die Akzeptanz von Parallelhierarchien auf Mitarbeiterseite oft gering?
85. Was versteht man unter einem Organigramm?
86. Welche Sachverhalte werden mithilfe von Organigrammen dargestellt?
87. Welche Inhalte sollten Stellenbeschreibungen haben?
88. Was ist die Aufgabe von Stellenbeschreibungen?
89. Wozu dienen Funktionendiagramme?
90. Welcher Zusammenhang besteht zwischen Funktionendiagrammen und Stellenbeschreibungen?

4 Gestaltung der Prozessorganisation

4.1 Vorbemerkung

4.1.1 Ablauforganisation versus Prozessorganisation

Die Gestaltung der Aufbauorganisation ist mit der Bildung einer formalen Unternehmenshierarchie abgeschlossen. Bei der Strukturierung des Ablaufs wird der Blick nun auf den Vollzug der Leistungserstellung und -verwertung, d.h. auf die Prozesse, gelenkt. Deren zügige, kostengünstige und qualitativ hochwertige Gestaltung ist die Aufgabe der **Prozessorganisation**.

Nach traditioneller Auffassung vervollständigt die Organisation der Abläufe die in der Aufbauorganisation vorgenommenen Zuordnungen. Sie strukturiert vorrangig die Arbeitsabläufe innerhalb einzelner Stellen und Bereiche.

Dazu wird das Analyse-Synthese-Konzept, das in der Aufbauorganisation angewendet wird, in Form einer Arbeitsanalyse und -synthese übertragen. Es verfeinert die aufbauorganisatorischen Regelungen, indem die Teilaufgaben niedrigster Ordnung in der Arbeitsanalyse als **Elementaraufgaben** übernommen werden und nach den aus der Aufbauorganisation bekannten Kriterien mehrfach in Arbeitsgänge, Gangstufen und Gangelemente weiter untergliedert werden. Dafür werden bis zu sieben Stufen vorgeschlagen.[196]

Je einfacher und stereotyper die Aufgaben sind, desto tiefer soll die Gliederung sein. Im Fertigungsbereich ist sie traditionell ausgeprägter als in der Verwaltung.

Die Gangelemente werden im Anschluss an die Arbeitsanalyse in der Arbeitssynthese unter räumlichen und zeitlichen Aspekten sachlich und logisch zusammengefasst und einem Aufgabenträger zugeordnet. Dabei geht jedoch der Blick über die Abteilungsgrenzen hinweg weitgehend verloren. Es wird kaum berücksichtigt, dass ein Prozess mehrere Abteilungen durchläuft und – um ihn optimal zu gestalten – eine ganzheitliche Betrachtung notwendig wäre. Entsprechend kommt es oft zu beträchtlichen Schnittstellenproblemen.

Die klassische Organisationslehre misst der Aufbauorganisation absolute Priorität bei und sieht die Strukturierung der Prozesse lediglich als nachgelagertes, raum-zeitliches Gestaltungsproblem. Prozesse wurden deshalb früher viel zu wenig beachtet. Inzwischen geht man davon aus, dass die Vernachlässigung der Prozesse und der Tatsache, dass Prozesse stellen- und abteilungsübergreifend ablaufen, zu einem **Zerrbild der organisatorischen Wirklichkeit** führt.[197]

---

[196] vgl. Nordsieck (1962), S. 40 ff.

[197] vgl. Schulte-Zurhausen (2002), S. 45

Die unterschiedliche Sichtweise wird auch dadurch deutlich, dass die Bezeichnung **Ablauforganisation** in den letzten Jahren zunehmend durch den Begriff **Prozessorganisation** verdrängt wurde.

Dafür, dass sich das Denken in Prozessen durchgesetzt und die **Prozessgestaltung als ein entscheidender Erfolgsfaktor** angesehen wird, gibt es mehrere Gründe:[198]

- die Individualisierung der Kundenbedürfnisse
- immer kürzer werdende Produktlebenszyklen
- hohe Personalkosten für Koordinierungstätigkeiten
- die bessere Nutzung des Mitarbeiterpotenzials durch die Verringerung der hochgradigen funktionalen Spezialisierung
- Mitarbeitermotivation durch abwechslungsreiche Aufgaben
- größere Handlungsspielräume durch Einbezug der Fortschritte der Informations- und Kommunikationstechnologie

Die **Wettbewerbsfähigkeit** eines Unternehmens hängt heute in besonderem Maße davon ab, ob es gelingt, alle Geschäftsprozesse zügig, kostengünstig, flexibel, fehlerfrei und – mit oberster Priorität an den **Wünschen der internen oder externen Kunden** ausgerichtet – abzuwickeln. Die Prozessorganisation kann somit nicht länger nur als Anhängsel der Aufbauorganisation gesehen werden. Aufbaustrukturen und Abläufe müssen vielmehr **simultan** gestaltet werden.

Um dies zu erreichen, differenziert die Prozessorganisation das Gesamtunternehmen in **Geschäftsprozesse** und weiter in einzelne **Teilprozesse** bis hin zu sog. **Elementarprozessen**. Abteilungsgrenzen werden dabei nicht beachtet. Abb. 4-1 verdeutlicht diesen Sachverhalt am Beispiel einer funktionalen Organisation.

Im Extremfall wird sogar gefordert, mit der Prozessstrukturierung zu beginnen und die Aufbauorganisation hintanzustellen. Einer der deutschsprachigen Hauptvertreter dieser Vorgehensweise ist Gaitanides.[199] Er sieht das Unternehmen als eine Summe von Prozessen zur Umwandlung von Inputs in Outputs. Zur Prozessgestaltung wird zunächst eine Prozessanalyse vorgenommen, um die Gesamtprozesse in Teilprozesse zu gliedern und in eine sinnvolle Reihenfolge zu bringen. Außerdem werden zeitliche und räumliche Notwendigkeiten festgelegt. Die Stellen- und Abteilungsbildung richten sich an den spezifischen Anforderungen des Ablaufs der betrieblichen Prozesse aus. Sie folgen deren Gestaltung nach.[200]

---

[198] vgl. Bea/Göbel (2006), S. 368 f.

[199] vgl. Gaitanides (2007)

[200] vgl. Krüger (2005), S. 178

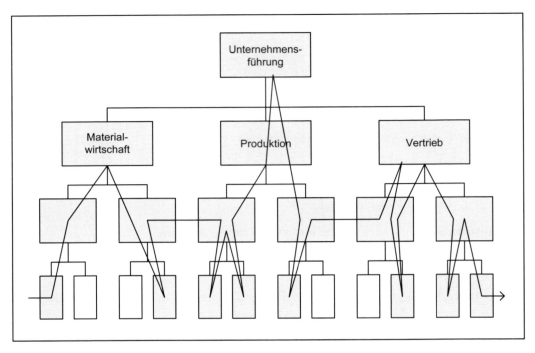

Abb. 4-1: Prozessabwicklung in einer funktionalen Organisation[201]

Vorteile einer stärkeren Prozessorientierung:[202]

- Die **Abhängigkeiten** zwischen einzelnen Tätigkeiten unterschiedlicher Stelleninhabern und die damit verbundene **Schnittstellenproblematik** werden **verringert**, wenn die Organisation von vornherein auf die relevanten Prozesse ausgerichtet wird.

- Es besteht die Möglichkeit, eine oder mehrere Stellen für einen gesamten Prozess verantwortlich zu machen. Die **ganzheitliche Prozessverantwortung** ermöglicht den Stelleninhabern Freiräume bei der Gestaltung der eigenen Aufgaben. Als Koordinationsinstrument gewinnt die Selbstabstimmung erheblich an Bedeutung.

- Die größere Eigenverantwortung für umfassendere Aufgabenbereiche soll die **Motivation der Mitarbeiter** steigern.

- Durch die strikte **Kundenorientierung** der Prozessorganisation wird das überbetriebliche Denken gefördert und die **Konzentration auf wertschöpfende Aktivitäten** erreicht.

---

[201] entnommen aus: Vahs (2007), S. 216

[202] vgl. ebd., S. 218 f.

- Diese Schwerpunktsetzung erfordert von allen Mitarbeitern **unternehmerisches Denken** und organisationales Lernen, wodurch **kontinuierliche Verbesserungsprozesse** ausgelöst werden.

Die gedanklich-analytische Trennung in Lehrbüchern hat nur noch rein didaktische Gründe. Sie dient vor allem dazu, die Auseinandersetzung mit organisatorischen Fragestellungen zu erleichtern.

4.1.2 Prozessorganisation als Primär- oder Sekundärorganisation

Eng verbunden mit der zunehmenden Bedeutung der Prozessorganisation ist die Frage nach ihrer **strukturellen Integration**. Dabei geht es darum, ob sie als **Primär- oder als Sekundärorganisation** gebildet werden soll.

Eine Prozessorganisation, die als **Sekundärorganisation** gestaltet wird, überlagert eine bereits vorhandene aufbauorganisatorische Primärorganisation. Damit entsteht eine prozessorientierte Matrixstruktur bzw. Tensorstruktur, wenn bereits eine primäre Matrixorganisation vorhanden ist.

Die funktionsübergreifenden Prozesse werden von einem Prozessmanager über mehrere Stellen und – wenn notwendig – über Abteilungsgrenzen hinweg betreut. Man verspricht sich davon die Vorteile, die eine Matrix- bzw. Tensororganisation ansonsten auch aufweist (vgl. Kapitel 3.6). Diese Form des Prozessmanagements kommt in der Praxis am häufigsten vor.

Ein Beispiel für eine Prozessorganisation, die als Sekundärorganisation eine funktional gegliederte Primärorganisation überlagert, zeigt Abb. 4-2.

Bei der konsequentesten Umsetzung der Prozessorientierung wird die Prozessorganisation selbst als **Primärorganisation** konzipiert. Dabei wird das gesamte Unternehmen als eine Vielzahl miteinander vernetzter Wertschöpfungsprozesse gesehen. Jeder Prozess bildet für sich eine Organisationseinheit, die eigenverantwortlich und ganzheitlich ihren Auftrag erfüllt. Die **kleinste organisatorische Einheit** ist also ein **Prozess** und keine Stelle.

Diese Vorgehensweise führt zum **Case Management**,[203] bei dem die Koordination der Organisationseinheiten nicht über die Hierarchie, sondern über die Kunden-Lieferanten-Beziehungen erfolgt. Gemeint sind nicht nur die direkten, nach außen gerichteten, sondern auch die indirekten, internen Prozesse, da zumindest theoretisch alle Leistungen prinzipiell auch von außen bezogen werden könnten.

Dies erfordert von den Führungskräften und Mitarbeitern ein völliges Umdenken. Die herkömmlichen, gewohnten Strukturen gelten nicht mehr. Stattdessen sind unternehmerisch denkende Prozessmanager und Prozessmitarbeiter gefragt, die sich flexibel auf die Kundenwünsche einstellen.[204]

---

[203] vgl. Seidenbiedel (2001), S. 170 f.

[204] vgl. Vahs (2007), S. 238

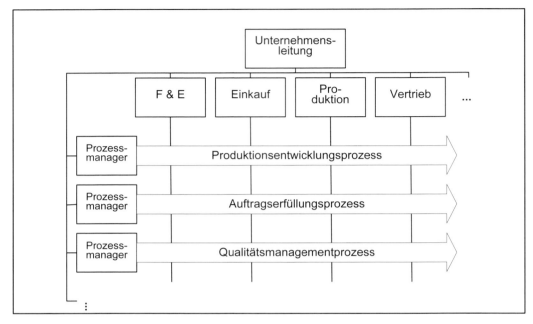

Abb. 4-2: Prozessorganisation als Sekundärorganisation

Der Prozessmanager erhält Weisungs- und Entscheidungsbefugnis für sämtliche Planungs-, Durchführungs- und Kontrollaspekte. Er gliedert seinen Geschäftsprozess selbständig in sinnvolle Teilprozesse, die er seinen Mitarbeitern zuweist.

Die Unternehmensleitung übernimmt neben strategischen Aufgaben lediglich die Koordination der Geschäftsprozesse und interveniert nur in Ausnahmefällen, wenn Probleme in einer Case Gruppe nicht vor Ort gelöst werden können. Unterstützt wird sie von unternehmens- bzw. **prozessübergreifenden Zentralfunktionen** wie dem Human Resources Management und dem zentralen Finanzbereich. In der Praxis hat sich diese Vorgehensweise bislang allerdings noch nicht durchgesetzt.

4.2 Grundlagen der Prozessorganisation

4.2.1 Begriffsbestimmungen

Bevor man sich Gedanken über die optimale Gestaltung von Prozessen machen kann, muss geklärt werden, was unter einem Prozess zu verstehen ist.

Er ist eine Folge logisch zusammenhängender Aktivitäten, die darauf ausgerichtet sind,

- eine bestimmte Leistung
- zielgerichtet

- innerhalb eines vorgegebenen Zeitraumes
- nach bestimmten Regeln zu erstellen.

Es handelt sich bei einem Prozess um einen **inhaltlich abgeschlossenen Vorgang**, der unabhängig von vor-, neben- oder nachgelagerten Vorgängen betrachtet werden kann. Ein Prozess wird durch ein bestimmtes **Ereignis**, etwa einen Kundenauftrag, ausgelöst und benötigt einen definierten **Input** an Ressourcen, um ein vorgegebenes Arbeitsergebnis, den **Output**, zu erzeugen.[205]

Innerhalb eines Prozesses entsteht nach dem Anstoß durch die Kombination der Ressourcen ein Wertzuwachs, der als **Wertschöpfung** bezeichnet wird. Darunter versteht man die Differenz zwischen dem Wert des Inputs zu Beginn des Prozesses und dem Wert des Outputs nach Beendigung des Prozesses.

Bei der Wertschöpfung muss es sich nicht notwendigerweise um einen geldlichen Wertzuwachs handeln. Man denke etwa an **Non Profit Organisationen**, die nicht gewinnorientiert handeln. Wenn der Prozessgedanke auf sie übertragen werden soll, sind auch immaterielle Werte bzw. Wertzuwächse als Wertschöpfung anzusehen. Beispiele sind Verbesserungen beim Umweltschutz, Erleichterungen bei der Kindererziehung oder die Steigerung des Erholungswertes.

Unter Prozess**organisation** versteht man die dauerhafte, zielgerichtete Strukturierung von Prozessen, sodass das geforderte Prozessergebnis möglichst effizient erreicht wird.

4.2.2 Merkmale von Prozessen

Prozesse zeichnen sich durch diese Merkmale aus:[206]

- **Aufgaben- und Zielorientierung:** Prozesse sind auf definierte Ergebnisse, die **Prozessziele**, ausgerichtet. Diese werden vor Beginn des Prozesses zwischen den Leistungserbringern und -empfängern festgelegt. Die Ziele können durch die Erfüllung von **Aufgaben** erreicht werden.

- **Anstoß und Beendigung durch ein Ereignis:** Prozesse werden durch eine neue Situation, ein bestimmtes Ereignis, angestoßen. Man unterscheidet zwischen internen, externen und zeitlichen Ereignissen. **Interne Ereignisse** werden durch den Prozessmanager bzw. seine Mitarbeiter angestoßen. **Externe Ereignisse** haben einen von außen gegebenen Input als Grundlage, etwa den Eingang einer Bestellung. **Zeitliche Ereignisse** werden zu einem bestimmten Zeitpunkt in Gang gesetzt, z.B. durch den Beginn oder das Ende eines Geschäftsjahres. Ein Prozessergebnis selbst kann wiederum Ereignis für den Anstoß eines neuen Prozesses sein. Ein Prozess endet, wenn ein anfangs definiertes **Endereignis** eintritt.

---

[205] vgl. Klimmer (2007), S. 78; Vahs (2007), S. 222; Schulte-Zurhausen (2002), S. 49 f.

[206] vgl. Vahs (2007), S. 224 ff.; Klimmer (2007), S. 78 ff.

- **Transformation von Input zu Output:** Die angestrebten Ergebnisse entstehen durch die Kombination von Ressourcen. Als **Input** können materielle und immaterielle Güter eingesetzt werden, z.B. Rohstoffe und Informationen. Entsprechend kann auch der **Output** aus materiellen und immateriellen Leistungen, etwa einem fertiggestellten Produkt oder einer Dienstleistung, bestehen.

- **Abfolge mehrerer Aktivitäten:** Die Kombination der Ressourcen erfolgt in einer **festgelegten Reihenfolge** von inhaltlich miteinander verknüpften Aktivitäten (Arbeitsgänge), die entweder nacheinander oder parallel ablaufen.

- **Einsatz von Ressourcen:** Um die Ziele zu erreichen, müssen **Arbeitskräfte, Sachmittel und Informationen** kombiniert werden.

- **Quelle und Senke:** Jeder Prozess hat mindestens eine **Quelle (Lieferant)**, die den Input liefert und mindestens eine **Senke (Kunde)**, die das Prozessergebnis empfängt. Externe Quellen und Senken gehören nicht zum Unternehmen. Es handelt sich um außenstehende Geschäftspartner, mit denen Beschaffungs- oder Absatzbeziehungen bestehen. Interne Prozessquellen und -senken sind vor- bzw. nachgelagerte Teile einer Prozesskette, die im Unternehmen ausgeführt wird.

- **Definierte Durchlaufzeit:** Prozesse beginnen und enden zu bestimmten Zeitpunkten. Sie haben eine festgelegte Dauer.

- **Kundenorientierung:** Die konsequente Ausrichtung der Prozesse an den Wünschen der Kunden ist ein weiteres wesentliches Merkmal.

4.2.3 Arten von Prozessen

Weder in der Literatur noch in der Praxis findet sich eine einheitliche Klassifizierung der Prozessarten.

Im Rahmen der organisatorischen Gestaltung erscheint, wie in Abb. 4-3 dargestellt, die **Systematisierung nach fünf Gesichtspunkten** zweckmäßig:

- Prozessgegenstand
- Ebene der Aktivitäten
- Marktbezug
- Wiederholungsgrad
- Art der Tätigkeiten

4.2 Grundlagen der Prozessorganisation

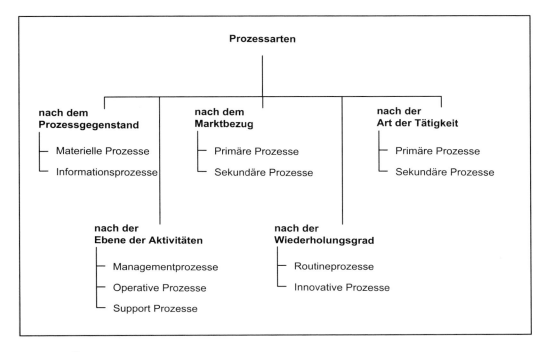

Abb. 4-3: Überblick über die Prozessarten

Die Gliederung **nach dem Prozessgegenstand** stellt auf die betrieblichen Leistungen ab. Diese können aus materiellen Gütern und immateriellen Dienstleistungen bestehen sowie eine Kombination aus beiden sein. Entsprechend unterscheidet man zwischen materiellen Prozessen und Informationsprozessen:

- Unter **materiellem Prozessen** versteht man die Bearbeitung, die Lagerung und den Transport von physisch existierenden, realen Objekten, d.h. von Roh-, Hilfs- und Betriebsstoffen sowie von Halb- und Fertigfabrikaten. Durch deren Kombination entstehen neue physische Objekte. Bei der Gestaltung der materiellen Prozesse kommt der räumlichen und zeitlichen Anordnung der Prozessaktivitäten besondere Bedeutung zu.

- **Informationsprozesse** sind auf die Beschaffung, Verarbeitung, Weiterleitung und Speicherung von Informationen ausgerichtet. Sowohl der Input als auch der Output von Informationsprozessen besteht aus Daten. Beispiele sind die Beratung von Kunden, die Entwicklung eines Marketing-Konzepts oder die Erstellung der Gewinn- und Verlustrechnung. Aus praktischen Gründen wird auch die Handhabung der materiellen Datenträger – also der DVDs, CDs, Festplatten, Formulare, Akten etc. – zu den Informationsprozessen gezählt.

Nach der **Ebene der Aktivitäten** lassen sich Management-, operative und Supportprozesse unterscheiden:

- **Managementprozesse** beschäftigen sich mit der Führung des Unternehmens oder eines Teilbereiches. Sie dienen der Festlegung von Zielen, Strategien und Maßnahmen und schließen die Planung, Steuerung und Kontrolle mit ein. Nach ihrer Bedeutung für das Unternehmen und dem Zeithorizont lassen sie sich weiter in **strategische und operative Managementprozesse** untergliedern. Die Entwicklung einer Marketing-Strategie ist ein Beispiel für die erste und die Festlegung von Produktionskennzahlen für ein Quartal ein Beispiel für die zweite Form von Managementprozessen.

- **Operative Prozesse** werden auch **Kern- oder Leistungsprozesse** genannt. Sie befassen sich mit der Erstellung und Vermarktung der betrieblichen Leistungen für externe Kunden. Diese können materieller oder immaterieller Art sein. Beispiele sind die Herstellung eines PCs in einem Industrieunternehmen oder die Erstellung einer Steuererklärung durch einen Steuerberater.

- Klimmer nimmt eine Ergänzung um **Support-Prozesse** vor. Dabei handelt es sich um Unterstützungsprozesse, die sowohl auf der Management- als auch auf der operativen Ebene zu finden sind.[207] Sie umfassen alle Aktivitäten, die diese Prozesse überhaupt erst ermöglichen. Sie haben nur indirekte Bedeutung für die Leistungserstellung und sind für Externe nicht sichtbar. Dazu gehören z.B. die Personalbeschaffung, die Kostenrechnung oder die Wartung von Maschinen.

Betrachtet man Prozesse danach, ob sie einen **Marktbezug** haben, ergibt sich eine Gliederung in **primäre und sekundäre Prozesse**:

- **Primäre Prozesse** haben einen unmittelbaren Bezug zum Leistungsprogramm des Unternehmens. Sie sind auf Erstellung und Absatz ausgerichtet. Beispiele für primäre Prozesse sind Fertigung, Marketing und Vertrieb.

- **Sekundärprozesse** haben die Aufrechterhaltung der Betriebsbereitschaft zum Ziel. Sie unterstützen die kontinuierliche Ausführung der primären Prozesse und haben keinen direkten Bezug zur Leistungserstellung. Dazu gehören etwa Wartungsaufgaben, die Personalenentwicklung und das Controlling.

Je nach **Wiederholungsgrad** unterscheidet man zwischen Routineprozessen und innovativen Prozessen. Dies bietet sich immer dann an, wenn durch eine Prozessanalyse Arbeitsschritte standardisiert werden sollen, um die Effizienz zu steigern:[208]

- **Routineprozesse** zeichnen sich durch häufige Wiederholungen aus, die in gleicher oder ähnlicher Form erfolgen. Die einzelnen Aktivitäten sind genau bekannt und

---

[207] vgl. Klimmer (2007), S. 82

[208] vgl. ebd., S. 84

weitgehend standardisiert. Ein Beispiel ist die Herstellung von Großserien am Fließband.

- Dagegen findet eine Wiederholung in gleicher Art und Weise bei **innovativen Prozesse** nicht oder nur sehr selten statt. Sie sind kaum strukturiert, die Aktivitätsfolgen und die einzusetzenden Ressourcen sind ebenso wie der zeitliche Aufwand nicht genau vorhersehbar. Innovationsprozesse haben Produkt-, Prozess- oder Strukturinnovationen zum Gegenstand. Sie können sich auf technische Aspekte oder auf neue administrative Verfahren erstrecken.[209]

Stellt man die **Art der Tätigkeiten** in den Mittelpunkt, ergibt sich eine Aufteilung in Fertigungs- und Verwaltungsprozesse. In beiden Fällen finden sowohl materielle als auch informationelle Prozesse statt, allerdings in unterschiedlichem Umfang:

- **Fertigungsprozesse** betreffen die Bearbeitung bzw. Herstellung von materiellen Gütern. Ein Beispiel für einen Fertigungsprozess ist die Lackierung der Pkw bei einem Automobilhersteller.

- **Verwaltungsprozesse** beziehen sich auf die Abwicklung administrativer Aufgaben. Dabei kann es um Dienstleistungen für den externen Markt sowie die direkte und indirekte Unterstützung der Fertigungsprozesse gehen. Es handelt sich in erster Linie um die geistige Umwandlung von Input- in Output-Informationen.

4.2.4 Prozessketten

Die Prozesse laufen nicht isoliert ab, sie sind über ihre Output-Input-Beziehungen verbunden. Diese Verknüpfungen erfolgen nicht beliebig, sondern aus funktionalen Gründen.

Diese zeitliche und sachlich-logische Verknüpfung von mehreren inhaltlich zusammenhängenden Prozessen bezeichnet man als **Prozessketten**.[210] Aus organisatorischer Sicht sind zunächst die **Geschäftsprozesse** von besonderer Bedeutung. Darunter versteht man eine Prozesskette, bei der diese Aktivitäten miteinander verbunden sind:[211]

- die Erstellung und der Vertrieb materieller Güter oder Dienstleistungen

- die Steuerung und Verwaltung der Ressourcen durch Mitarbeiter

- die Beeinflussung der Umwelt, d.h. der Kunden, Lieferanten und der sonstigen Öffentlichkeit

---

[209] vgl. Schulte-Zurhausen (2002), S. 53

[210] vgl. Vahs (2007), S. 228

[211] vgl. Schulte-Zurhausen (2002), S. 54

Geschäftsprozesse sollen zu einem zuvor definierten Ergebnis führen und so einen **Beitrag zur Wertschöpfung** und zum Unternehmenserfolg leisten.[212] Ein Beispiel für grundlegende Geschäftsprozesse in einem Industrieunternehmen zeigt Abb. 4-4.

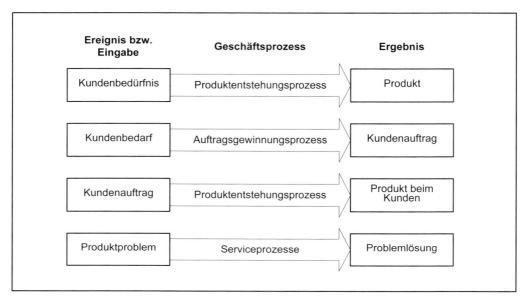

Abb. 4-4: Grundlegende Geschäftsprozesse in einem Industrieunternehmen[213]

Prozessketten bilden aufgrund ihres unterschiedlichen Detaillierungsgrads eine Prozesshierarchie. Die Geschäftsprozesse stehen auf der obersten hierarchischen Ebene. Sie sind aus den Sachzielen des Unternehmens abgeleitet und stellen seine grundlegenden Aufgaben dar. Sie werden deshalb auch als **Schlüssel- oder Hauptprozesse** bezeichnet. Ihre Prozessergebnisse sind unmittelbar für die Kunden auf den externen Märkten bestimmt.

Wird ein Geschäftsprozess schrittweise in seine **Teilprozesse** zerlegt, entsteht eine **Prozesshierarchie**. Die Zerlegung wird solange fortgeführt, bis eine weitere Teilung nicht mehr sinnvoll erscheint.

Die unterste Hierarchieebene in der Prozessorganisation bilden die **Elementarprozesse**. Sie können komplett an einem Arbeitsplatz ohne Unterbrechung ausgeführt werden und haben zwischendurch keine Verbindung zu anderen Arbeitsplätzen oder Prozessen. Abb. 4-5 zeigt eine Prozesshierarchie am Beispiel des Geschäftsprozesses Auftragserfüllung.

---

[212] zu mögliche Wettbewerbsvorteilen vgl. Dietl/Frank/Royer (2008), S. 332 ff.

[213] entnommen aus Dillerup/Stoi (2006), S. 485

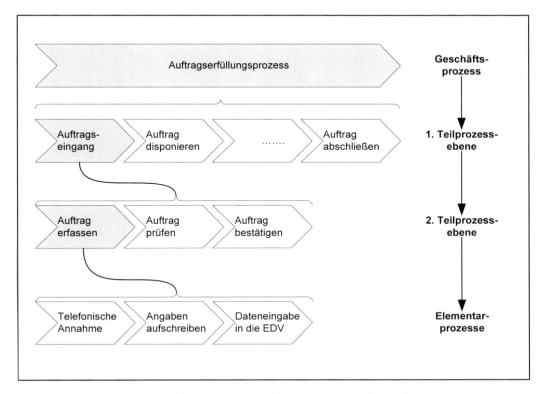

Abb. 4-5: Prozesshierarchie am Beispiel des Geschäftsprozesses Auftragserfüllung[214]

In der Praxis werden diejenigen Prozesse, die sich häufig wiederholen, in der Regel tief gegliedert, da man sich davon eine Optimierung des Prozessablaufs verspricht. Selten auftretende Prozesse sind hingegen tendenziell geringer differenziert. Dies gilt auch für Prozesse mit niedriger Wertschöpfung.

Die Verbindung aller Geschäftsprozesse wird in Anlehnung an Porter **Wertschöpfungskette** genannt.[215]

Werden neben den unternehmensinternen auch unternehmensübergreifende Prozesse, insbesondere auf der Beschaffungsseite, berücksichtigt, spricht man von **Supply Chain Management**. Es reicht häufig weit in die vorgelagerten Entwicklungs- und Konstruktionsphasen hinein.[216] Ein Beispiel für eine unternehmensübergreifende Wertschöpfungskette zeigt Abb. 4-6.

---

[214] entnommen aus: Dillerup/Stoi (2006), S. 486

[215] vgl. Porter (2000), S. 63; Vahs (2007), S. 229

[216] vgl. Schmitt (2006), S. 91

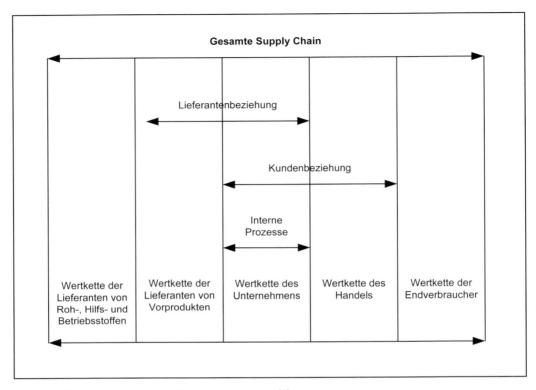

Abb. 4-6: Bereiche des Supply Chain Managements[217]

Eine Prozessstrukturierung, die sich stark am Output orientiert, **wird Customer Relationship Management** (CRM) genannt.[218] Die Einbeziehung der verschiedenen Stufen der Wertschöpfungskette reicht hier im Extremfall vom Forschungs- und Entwicklungszentrum einer Universität über die Rohstofflieferanten, die verschiedenen Zulieferer, die unternehmensinternen Prozesse und die Zwischenhändler bis hin zum Endverbraucher.

4.2.5 Gegenstand der Prozessorganisation

Prozesse gut zu organisieren bedeutet, sie so zu gestalten, dass der bestmögliche Prozess-Output erreicht wird. Allerdings sind **nicht alle Prozesse organisierbar**, sondern nur solche, die durch **Wiederholungsvorgänge** gekennzeichnet sind.[219] Dabei ist nicht entscheidend, dass die Ergebnisse identisch sind, stattdessen geht es um regelmäßig wiederkehrende Gemeinsamkeiten oder Ähnlichkeiten. Wesentlich ist, dass immer wieder ähnliche Folgen

---

[217] in Anlehnung an Otto (2002), S. 99 und Klimmer (2007), S. 84

[218] vgl. Krüger (2005), S. 177

[219] vgl. Kosiol (1976), S. 57

von Aktivitäten durchgeführt werden. Nur dann lassen sich solche Prozesse weitgehend standardisieren und routinisieren.[220] Sie sind **Gegenstand der Prozessorganisation**.

Bei **Managementprozessen** ist diese regelmäßige Wiederholung in der Regel nicht gegeben. Sie können deshalb in der Regel nicht standardisiert werden, sondern laufen aufgrund der Verschiedenheit der Probleme stets unterschiedlich ab, sodass eine Organisierbarkeit hier nicht möglich ist.

Auch den **Innovationsprozessen** fehlt die Eigenschaft der Wiederholungen. Sie finden oft nur einmal statt. Die Dauer, der Umfang und die Art dieser Aktivitäten sind unsicher, womit – ebenso wie bei den Managementprozessen – eine dauerhafte Strukturierung nicht sinnvoll erscheint. Damit entziehen auch sie sich der Möglichkeit der Organisation.

Bei beiden Prozessarten lässt sich deshalb lediglich ein **grober Rahmen** für die einzelnen Phasen festlegen. Allerdings wird dieser zum Teil bereits als eine **Form der Prozessorganisation** angesehen, insofern wären auch **Management- und Innovationsprozesse organisierbar**. Details sind dann jeweils im Einzelfall zu klären und nicht im Voraus zu strukturieren.

Management- und Innovationsprozesse stehen wegen ihrer hohen Komplexität und geringen Wiederholung nicht im Mittelpunkt der Prozessorganisation. Den Schwerpunkt bildet vielmehr die Gestaltung der **Ausführungsprozesse**, die **Arbeitsorganisation,** da sich die Ausführungsprozesse durch

- häufige Wiederholung,
- geringe Komplexität,
- große Ähnlichkeit,
- relativ große Konstanz und
- hohen Dokumentationsbedarf auszeichnen.[221]

4.2.6 Ziele der Prozessorganisation

4.2.6.1 Überblick

Mit der optimalen Gestaltung von Prozessen werden mehrere **Ziele** verfolgt:
- die Minimierung der Durchlaufzeiten
- die Minimierung der Prozesskosten und
- die Sicherstellung der geforderten Qualität

---

[220] vgl. Schulte-Zurhausen (2002), S. 57

[221] vgl. Breisig (2006), S. 141 f.

Vahs bezieht zusätzlich die Beibehaltung bzw. Steigerung der **Innovationsfähigkeit** mit ein.[222] So entsteht das **magische Viereck der Prozessgestaltung** (Abb. 4-7).

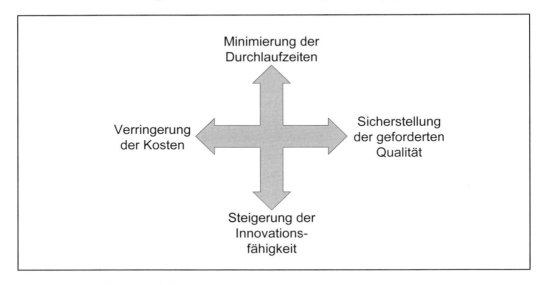

Abb. 4-7: Magisches Viereck der Prozessgestaltung

Die Bedeutung dieser Ziele und der daraus abzuleitenden Unterziele variiert im Einzelfall. In den letzten Jahren wurden der Minimierung der Materialbestände, der Verkürzung von Durchlaufzeiten und der Termintreue besondere Aufmerksamkeit geschenkt.[223]

Zwischen den Zielen der Prozessorganisation bestehen vielfältige Beziehungen. Oft kommt es kurzfristig zu einer **Zielkonkurrenz**. Erhöht man den Zielerreichungsgrad des einen Ziels, führt dies zwangsläufig zur Verringerung bei anderen Zielen. So steigen bei einer Minimierung der Durchlaufzeiten oft kurzfristig die Prozesskosten, etwa weil neue Maschinen angeschafft werden oder Mitarbeiter neue Vorgehensweisen erlernen müssen. Gleichzeitig werden aber auch Optimierungsanstrengungen gemacht, womit auf Dauer die laufenden Kosten sinken. Maßnahmen zur Verbesserung der Prozessqualität verursachen häufig zunächst längere Durchlaufzeiten. Mit der Zeit verringert sich dann die Fehlerrate, die Qualität steigt und die Kosten sinken.

Auf (sehr) lange Sicht kann deshalb in der Regel **Zielharmonie** unterstellt werden.

Bei der Prozessorganisation geht es nicht allein darum, **wie** Prozesse gestaltet werden, sondern auch darum, **ob** sie im eigenen Unternehmen stattfinden sollen, oder ob **Outsourcing**, d.h. die Ausgliederung bisher selbst erbrachter Leistungen, eine sinnvolle Alternative ist.[224]

---

[222] vgl. Vahs (2007), S. 236

[223] vgl. Klimmer (2007), S. 90

[224] vgl. Gauss (2008), S. 6; Franck (2008), S. 12

Für diese Aufgaben können unternehmensfremde Zulieferer gesucht oder die betreffenden Mitarbeiter und Ressourcen in rechtlich selbständige Einheiten ausgelagert und Teilprozesse auf diese übertragen werden.

Outsourcing ist immer dann sinnvoll, wenn Externe den Prozess kostengünstiger, schneller und qualitätvoller bewältigen können.

4.2.6.2 Minimierung der Durchlaufzeiten

Unter Durchlaufzeit versteht man die gesamte Zeitspanne, die ein materieller oder informationeller Prozess vom Anstoß bis zur Beendigung benötigt. Sie endet mit der Übergabe an den Folgeprozess bzw. mit der Abgabe an den Kunden.

Die **Minimierung der Durchlaufzeit** setzt an **drei Komponenten** an:

- **Durchführungszeit:** Darunter versteht man den Zeitaufwand, der notwendig ist, um Inputs in Outputs zu transformieren. Die Durchführungszeit enthält **Ausführungszeiten** und **Rüstzeiten**. Während der Ausführungszeiten wird die Be- und Verarbeitung der Inputs vorgenommen. Rüstzeiten dienen der Vorbereitung der eigentlichen Arbeitsgänge.

- **Transportzeiten:** Sie werden auch – insbesondere, wenn es sich um informationelle Prozesse handelt – als **Transferzeiten** bezeichnet. Sie umfassen die Zeit, die benötigt wird, um ein Prozessergebnis an interne Prozesskunden zu übermitteln.

- **Liegezeiten:** Den Zeitraum, in dem Objekte nicht bearbeitet und auch nicht transportiert werden, nennt man Liegezeit. Beispiele sind die Dauer zwischen Auftragseingang und Auftragsbearbeitung oder der Zeitraum, den eingekaufte Materialien bis zur Weiterverarbeitung im Lager verbringen. Liegezeiten können in allen Prozessphasen anfallen. Ihre Ursachen sind vielfältig, etwa defekte oder zu wenige Produktionsanlagen, zu langsam arbeitende oder fehlende Arbeitskräfte sowie fehlendes oder mangelhaftes Material.

Den Zusammenhang zwischen den drei Komponenten der Durchlaufzeit verdeutlicht Abb. 4-8.

Die Durchlaufzeiten werden oft als Indiz für die **Qualität** eines Prozesses angesehen. Während der Rüst- und Liegezeiten werden keine wertschöpfenden Tätigkeiten durchgeführt. Es gilt also, sie möglichst weit zu verringern. Je besser die Teilprozesse einer Prozesskette aufeinander abgestimmt sind, desto weniger Rüst- und Liegezeiten fallen an und desto mehr Zeit verbleibt für die eigentliche Wertschöpfung bzw. desto schneller wird ein vorgegebenes Wertschöpfungsziel erreicht.

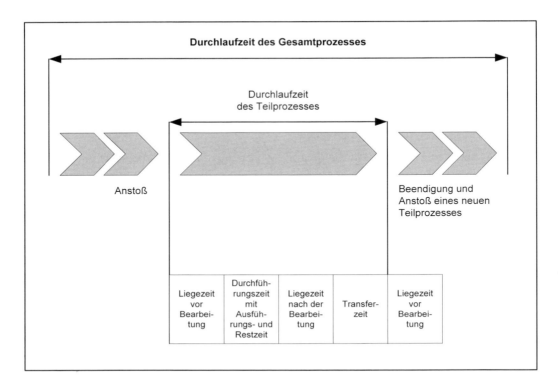

Abb. 4-8: Komponenten der Durchlaufzeit eines Prozesses

Die Liegezeiten machen in der Praxis bei vielen Prozessen den größten Teil der Durchlaufzeit aus. Empirische Untersuchungen in Produktionsunternehmen haben gezeigt, dass oft nur ein Zehntel der Durchlaufzeit für die eigentliche Verarbeitung verwendet wird.[225]

Natürlich sind kurze Durchlaufzeiten nicht nur in der Industrie, sondern auch im Dienstleistungssektor von Bedeutung. Ihrer Minimierung kommt deshalb in der Prozessorganisation besondere Bedeutung zu. Sie wird als einer der wichtigsten Gründe für Reorganisationsmaßnahmen bei Prozessen angesehen.

Eine Verringerung der Durchlaufzeiten ist mit sinkenden Kosten der Kapitalbindung und meist auch mit geringeren Personalkosten verbunden. Sie wirkt sich außerdem positiv auf die Zufriedenheit der Kunden aus, da diese Lieferfähigkeit und Termintreue in der Regel als besonders wichtig ansehen. Ferner wird das Image des Unternehmens durch die Einhaltung der Termine positiv beeinflusst.

Auf Märkten mit kurzen Produktlebenszyklen spielen die Durchlaufzeiten zudem bei Entwicklungsprozessen und bei der Einführung neuer Produkte eine wichtige Rolle. Wenn

---

[225] vgl. Schmelzer/Sesselmann (2004), S. 195.; Schulte-Zurhausen (2002), S. 73; Eversheim (1995), S. 29

Konkurrenten ein ähnliches Produkt früher auf den Markt bringen oder es schneller bekannt machen, sichern sie sich Marktanteile und können frühzeitig Markteintrittsbarrieren, z.B. in Form von Preissenkungen, aufbauen.[226]

4.2.6.3 Minimierung der Prozesskosten

Prozesskosten bestehen im Wesentlichen aus den Rüst-, Ausführungs-, Transport- und Lagerkosten eines Prozesses. Hinzu kommen Kosten für die Koordination der Abläufe und Kosten, die durch Fehler entstanden sind. Kurze Durchlaufzeiten tragen ebenso wie eine hohe Prozessqualität zur Reduzierung der Prozesskosten bei.

Diese Größen werden als **Messzahlen** bei der Verringerung der Prozesskosten verwendet:

- Höhe der Herstellkosten
- Verhältnis zwischen Einzel- und Gemeinkosten
- Anteil der fixen und variablen Kosten
- Höhe der Prozesskosten insgesamt

Aufgabe der Prozessorganisation ist es, mithilfe dieser Informationen dafür zu sorgen, dass Maßnahmen ergriffen werden, um die Prozesskosten möglichst niedrig zu halten.

Dazu ist die Durchführung einer **Prozesskostenrechnung** notwendig, welche die traditionelle Kostenrechnung **ergänzen** muss, da der Prozessablauf ansonsten zu ungenau abgebildet würde.[227] Sie ermittelt detailliert, welche Ressourcen in den einzelnen Geschäftsprozessen und Teilprozessen bzw. Prozessabschnitten verbraucht wurden und welche Kosten für diesen Verbrauch angefallen sind. So lassen sich Soll-Ist-Vergleiche anstellen, auf deren Grundlage dann die Prozesskosten optimiert werden.

Nur wenn alle Kapazitäten, vor allem Mitarbeiter und Sachmittel, möglichst gut ausgelastet sind, kann eine Kostenreduzierung gelingen. Sie ist also eng mit der **Maximierung der Kapazitätsauslastung** verbunden, da umso weniger unproduktive Leerzeiten und **Leerkosten** entstehen, je stärker die Ressourcen beansprucht werden.

Wenn der Arbeitsanfall nicht gleichmäßig ist, kommt es zum Konflikt zwischen der Maximierung der Kapazitätsauslastung und der Minimierung der Durchlaufzeiten, dem **Dilemma der Prozessorganisation**. Es entsteht, weil die Optimierung des Leistungserstellungsprozesses aus zwei unterschiedlichen Blickwinkeln und mit unterschiedlichen Zielsetzungen betrachtet wird (Abb. 4-9).

---

[226] vgl. Klimmer (2007), S. 88
[227] vgl. Horváth (2006), S. 529 f.; Mayer/Coners/Hardt (2005), S. 123 ff.

200 · 4 Gestaltung der Prozessorganisation

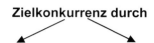

Zielkonkurrenz durch

Aufgabenträger- und sachmittelbezogene Sichtweise der Prozesse	**Objektbezogene Sichtweise der Prozesse**
Mögliche Maßnahmen zur Maximierung der Kapazitätsauslastung	Mögliche Maßnahmen zur Minimierung der Durchlaufzeiten
• Reduktion der Wartezeiten der Aufgabenträger	• Verringerung der Bearbeitungszeiten
• Verringerung der Anzahl der Aufgabenträger	• Reduktion der Transportzeiten
	• Verringerung der Liegezeiten
• Erhöhung der Anzahl der durchzuführenden Aufgaben	• Steigerung der Anzahl der Aufgabenträger
• Reduktion der Leerzeiten bei Sachmitteln	• Erhöhung des Sachmittelumfangs
• Verringerung der Sachmittelanzahl	

Abb. 4-9: Dilemma der Prozessorganisation

Bei der Maximierung der Kapazitätsauslastung stehen die Aufgabenträger und die Sachmittel im Zentrum. Es gilt, ihren Einsatz zu optimieren, indem sie möglichst weit ausgelastet werden und möglichst geringe Leerkosten anfallen. Diese sind umso geringer, je weniger Leerzeiten bei den Aufgabenträgern entstehen und je häufiger die Sachmittel genutzt werden. Aus diesem Grund sollte die bereitgestellte Kapazität an Mitarbeitern und Sachmitteln möglichst knapp bemessen sein.

Allerdings verlängern sich dadurch oft die Durchlaufzeiten, da es zu Wartezeiten bei der Auftragsbearbeitung kommen kann, wenn die Mitarbeiter bereits mit anderen Aufgaben beschäftigt sind.

Man verstößt mit der Verbesserung der Kapazitätsauslastung also gleichzeitig gegen das Ziel der Minimierung der Durchlaufzeiten, bei dem der Auftrag im Mittelpunkt steht. Er durchläuft den Betrieb am schnellsten, wenn jederzeit genügend Aufgabenträger und Sachmittel zu seiner Bearbeitung zur Verfügung stehen. Diese sind andererseits nicht ausgelastet, wenn der Auftragsanfall ungleichmäßig ist. Sie warten dann ohne Aufgabe, bis das nächste Objekt zu ihnen gelangt.

Das Dilemma der Prozessorganisation wird kurzfristig gelöst, indem die konkurrierenden Ziele gewichtet werden und ein Kompromiss zwischen kurzen Durchlaufzeiten mit geringer Kapazitätsauslastung und hohen Kosten auf der einen und längeren Durchlaufzeiten mit hoher Kapazitätsauslastung und geringen Kosten auf der anderen Seite gefunden wird. Wie die Bewertung im Einzelfall aussieht, hängt von vielen Faktoren ab, beispielsweise der Wettbewerbssituation, den Rentabilitätszielen und der Liquidität.[228]

4.2.6.4 Sicherstellung der geforderten Qualität

Unter Qualität ist die Übereinstimmung zwischen den erwarteten und den tatsächlichen Eigenschaften einer Leistung zu verstehen. Sie ist für die Kunden ein entscheidendes Kaufkriterium und hat großen Einfluss auf die Zufriedenheit mit dem Produkt.

Die Qualität des Endproduktes hat zwei **Dimensionen**:

- Zum einen muss die erstellte Leistung selbst mängelfrei sein und über eine uneingeschränkte technisch-funktionale Gebrauchstauglichkeit verfügen. Man spricht hier von **objektiver Qualität**.

- Daneben gibt es die **subjektive Qualität** einer Leistung. Sie ist an der Befriedigung der individuellen Bedürfnisse der Kunden ausgerichtet und geht über die bloße Funktionsfähigkeit weit hinaus.

Unternehmen versuchen, den Kundenerwartungen an die objektive und subjektive Qualität ihrer Leistungen Rechnung zu tragen.

Wenn die Wünsche der Kunden von Anfang an berücksichtigt werden, vermeidet man Fehlentwicklungen und erhöht die Wahrscheinlichkeit, dass die Leistungen vom Abnehmer gewünscht und nachgefragt werden.[229] Man verspricht sich davon eine hohe Kundenloyalität und -bindung.

Qualität bezieht sich jedoch nicht nur auf das Endprodukt, sondern ebenso auf den gesamten Prozess der Leistungserstellung. Wie wichtig Unternehmen die **Prozessqualität** nehmen, zeigt sich in dem zunehmenden Bemühen um eine Zertifizierung nach den **ISO 9000 ff.-Normen**. Hier wird berücksichtigt, dass die Qualität eines Produktes nicht erst am Ende der Wertschöpfungskette entsteht und entsprechend auch nicht erst dort überprüft werden darf.

Ein fehlerhaftes Produkt, das zurückgebaut, verbessert und dann nochmals neu zusammengesetzt werden muss, verursacht erhebliche zusätzliche Kosten. Besser ist es, bereits im Laufe des Prozesses die Qualität zu überprüfen und bei Abweichungen von vorgegebenen Sollgrößen sofort gegenzusteuern. Die Qualität des Produktes sollte also durch die Einhaltung einer definierten Prozessqualität bei der Leistungserstellung gewährleistet werden. Das Streben nach Qualität eines Produktes findet damit in dem Streben nach Fehlerfreiheit des Erstellungsprozesses seinen Ausdruck.

Prozessqualität wird als Voraussetzung für **Produktqualität** angesehen. Dies gilt sowohl für Prozesse, die die Erstellung von materiellen Gütern zum Ziel haben, als auch für Dienstleistungsprozesse und für interne Prozesse ebenso wie für externe Prozesse.

---

[228] vgl. Schmidt (2003), S. 371

[229] vgl. Schulte-Zurhausen (2002), S. 72

Qualitativ hochwertige Prozesse sind durch **hohe Prozesssicherheit** gekennzeichnet. Sie enthalten wenige iterative Schleifen, die festgelegte Durchlaufzeit wird eingehalten, der Prozessablauf erfolgt reibungslos, und die vorgegebenen Prozesskosten werden nicht überschritten.

In der Praxis zieht man diese **Messgrößen für die Prozessqualität** heran:[230]

- **Qualitätskosten:** Insbesondere die **Fehlleistungskosten** sind hier zu nennen. Sie zeigen an, wie hoch die Kosten für das Suchen und Beseitigen von Fehlern und für den zusätzlichen Ressourcenverbrauch sind. Qualitätsverbessernde Maßnahmen sollen dazu führen, diese Prozesskosten zu minimieren.

- **Fehlerquote:** Fehlerhaft sind alle Prozesse, bei denen die **Erwartungen** der internen oder externen Kunden **nicht vollständig erfüllt** sind. Um die Fehlerquote zu ermitteln, werden die Prozessfehler ins Verhältnis zur Gesamtzahl der Prozesse gesetzt. Sie wird in der Regel in Prozent ausgedrückt.

  Eine in diesem Zusammenhang sowohl im Produktions- als auch im Dienstleistungsbereich verbreitete Managementmethode ist **Six Sigma**.[231] Sie verwendet die Kennzahl **ppm** bzw. **FpMM**, das bedeutet parts per million bzw. Fehler pro Million Möglichkeiten. Es wird angestrebt, 3,4 Fehler pro eine Million Möglichkeiten nicht zu überschreiten.[232]

- **First Pass Yield:** Diese Messgröße zeigt an, wie viele Ereignisse bereits im ersten Durchlauf des Prozesses fehlerfrei und ohne Nacharbeit erfüllt wurden. Der Wert kann zwischen 0 und 1 liegen. Je größer die Anzahl der Fehler ist, desto mehr geht er gegen 0. Eine Verbesserung des Wertes führt in der Regel zu sinkenden Fehlleistungskosten.[233] Bei 1 ist völlige Fehlerfreiheit gegeben.

Wenn die komplette Wertschöpfungskette in den Qualitätsverbesserungsprozess einbezogen wird, spricht man von **Total Quality Management** (TQM).[234] Dessen oberstes Gebot ist es, alle Handlungen am Kundennutzen auszurichten und **fehlerfreie Leistungen durch fehlerfreie Prozesse** zu erreichen. Das Qualitätsbewusstsein soll auf alle Mitarbeiter und in alle Unternehmensbereiche ausgedehnt werden.

Unterstützt wird TQM durch den Einsatz moderner Informations- und Kommunikationstechnik.

In letzter Zeit gewinnt die **Radiofrequenzidentifikationstechnologie** (RFID) im Produktionsbereich an Bedeutung. Dabei handelt es sich um eine „Technologie zur Kennzeichnung

---

[230] vgl. Klimmer (2007), S. 90

[231] vgl. Wolf (2006), S. 70 f.

[232] vgl. Rehbehn/Yurdakul (2005), S. 60

[233] vgl. Schmelzer/Sesselmann (2004), S. 199

[234] vgl. ausführlich Breisig (2006), S. 264 ff.

und anschließenden berührungslosen Identifikation beliebiger physischer Objekte über Funk"[235]. Sie bietet die Möglichkeit, einen Informationsträger jederzeit im Hinblick auf seine Solldaten dezentral zu kontrollieren. Bei signifikanten Abweichungen wird eine Steuerungsstelle automatisch informiert. Für eine überbetriebliche Prozesskette würde das z.B. bedeuten, dass eine zum Kunden gelieferte Produktpalette automatisch Nachschub beim Lieferanten anfordert, wenn ein vorgegebener Sollwert unterschritten wird.[236]

4.2.6.5 Steigerung der Innovationsfähigkeit

Innovationsprozesse können sich auf Produkt-, Prozess- oder Strukturinnovationen erstrecken. Sie betreffen alle Bereiche des Unternehmens und beziehen sich auf Verbesserungen der Technologie im Fertigungsbereich genauso wie auf Veränderungen der Arbeitsabläufe im Verwaltungsbereich.

Von der **Prozessorientierung bei Innovationen** verspricht man sich, dass erforderliche Neuerungen schneller erkannt und entsprechende Maßnahmen schneller und flexibler initiiert und umgesetzt werden.

Dazu müssen die Mitarbeiter frühzeitig und dauerhaft in die Gestaltung und Verbesserung der Prozesse eingebunden werden. So lassen sich ihre Kompetenzen und ihre Kreativität bestmöglich nutzen.

Die Idee geht auf das aus Japan stammende **Kaizen** zurück, das auf das fortwährende Streben aller Mitarbeiter nach Verbesserung abzielt.[237] In Deutschland wird es unter dem Schlagwort **kontinuierlicher Verbesserungsprozess** (KVP) angewendet. Alle Mitarbeiter sollen diejenigen Prozesse, an denen sie beteiligt sind, ständig auf Schwachstellen durchforsten. Ihre Verbesserungsvorschläge müssen von den Vorgesetzten beachtet, eine Nichtberücksichtigung muss begründet werden. Oft ist ein Prämiensystem zur Motivationssteigerung integriert.

4.3 Vorgehensweise zur Prozessgestaltung

4.3.1 Vorbemerkung

Prozessgestaltung bedeutet, dass Prozesse verbindlich festgelegt, regelmäßig überprüft und weiterentwickelt werden, wenn neue Erkenntnisse vorliegen.

In den letzten Jahren sind zahlreiche Publikationen zum Thema Prozessgestaltung erschienen. Die meisten stammen von Unternehmensberatungen und basieren auf praktischen

---

[235] Fleisch/Müller-Stewens (2008), S. 273

[236] vgl. ebd., S. 277 f.

[237] vgl. Stevens/ten Have/ten Have/van der Elst (2005), S. 472

Erfahrungen der Consultants. Sie betonen, dass **schlecht gestaltete Prozesse** die Unternehmensziele gefährden.

Typische Auswirkungen sind:[238]

- geringe Ausbringungsmenge pro Zeiteinheit
- Unzufriedenheit der Kunden aufgrund von Nichtbeachtung ihrer Wünsche
- hohe Fehlerquoten im Prozess
- schlechte Produktqualität
- ständiger Änderungsbedarf
- hohe Kosten
- lange Durchlaufzeiten
- schlechte Qualität der empfangenen und abgegebenen Informationen
- fehlende Transparenz
- ungenügende Termintreue
- zu hohe oder zu geringe Materialbestände
- mangelnde Flexibilität
- unausgeschöpfte Potenziale
- unmotivierte Mitarbeiter

Zur Vorgehensweise bei der Prozessgestaltung als auch bzgl. der verwendeten Begrifflichkeiten existiert eine unübersehbare Zahl von Vorschlägen und Konzepten. Im Laufe der Zeit hat sich jedoch ein gängiges **Vorgehensmodell** herauskristallisiert, welches die Prozessgestaltung in diese **Phasen** untergliedert:[239]

- Prozessdefinition und -analyse
- Prozessstrukturierung (= Prozessgestaltung im engeren Sinn)
- Prozesseinführung
- Prozessoptimierung

---

[238] vgl. Schmelzer/Sesselmann (2004), S. 4; Klimmer (2007), S. 85

[239] vgl. Schulte-Zurhausen (2002), S. 75 ff.; Scherm/Pietsch (2007), S. 195 ff.

4.3.2 Prozessdefinition und -analyse

Bei der Prozessorganisation geht man davon aus, dass sich die Anforderungen des Marktes bzw. der Kunden in der Organisation widerspiegeln müssen. Da jedes Geschäftsfeld unterschiedliche Merkmale, Erfolgsfaktoren und Anforderungen aufweist, gilt es zunächst, diese zu identifizieren. Erst danach kann die Frage beantwortet werden, welche Art von Prozessen notwendig sind, um die Anforderungen der Leistungsempfänger zu erfüllen. Dazu gibt es zwei unterschiedliche **Vorgehensweisen**. Die Auswahl hängt davon ab, ob der jeweilige Geschäftsprozess auf eine allgemein übliche Weise oder unternehmensspezifisch gestaltet werden soll:

- **Orientierung an idealtypischen Prozessmodellen:** Die Prozessstruktur wird anhand standardisierter Prozessmodelle festgelegt. Man geht davon aus, dass in den meisten Unternehmen weitgehend identische Prozesse ablaufen und die branchen- oder unternehmensspezifischen Besonderheiten nur geringfügig sind. Das Unternehmen SAP bietet z.B. umfangreiche Standard-Software an, die regelmäßig verbessert und an neue betriebswirtschaftliche und technologische Entwicklungen angepasst wird.[240]

- **Entwicklung eigener unternehmensspezifischer Prozessmodelle:** Hier wird unterstellt, dass sich die Prozesse von Unternehmen zu Unternehmen stark unterscheiden. Deshalb müssen jeweils spezifische Probleme, Schwachstellen, Stärken, Strategien etc. berücksichtigt werden und unternehmensspezifische Modelle entwickelt werden.

Aufgrund begrenzter finanzieller oder personeller Ressourcen werden meist nicht alle Prozesse in die Prozessanalyse einbezogen. Man setzt **Prioritäten** hinsichtlich ihrer Bedeutung für das Unternehmen. Wichtige und somit **kritische Prozesse** sind solche, die für die Kundenzufriedenheit maßgeblich sind, die Wettbewerbsposition stark beeinflussen oder durch hohen Ressourcenverbrauch gekennzeichnet sind.

Im Anschluss an diese Vorauswahl gilt es, die Prozesse zu analysieren und eine detaillierte Prozessstruktur festzulegen. Die Transparenz ist für eine sinnvolle Prozessgestaltung unabdingbar. Dazu müssen die betrachteten Prozesse zunächst **beschrieben und anschließend bewertet** werden.

Die wichtigsten **Dimensionen**, anhand derer Prozesse beschrieben werden können, sind:[241]

- **Prozessgegenstand:** Darunter versteht man Objekt, Menge und Zeitraum eines Prozesses.

- **Input und Output:** Dazu gehören der Anstoß für den Prozess, Lieferanten und Arten des Input, Art und Empfänger des Output.

---

[240] vgl. Klimmer (2007), S. 103 f.

[241] vgl. ebd., S. 107

- **Prozessablauf:** Hier steht die Frage nach der Art und Reihenfolge der Aktivitäten und deren Auslöser im Mittelpunkt. Auch die Beschreibung möglicher Ablaufvarianten gehört dazu.

- **Ressourcen:** Qualität und Menge der benötigten personellen, finanziellen, informationellen und materiellen Ressourcen werden festgelegt.

- **Schnittstellen mit anderen Prozessen:** Man betrachtet die Wechselwirkung zwischen Prozessen, d.h. die materiellen und informationellen Input-Output-Beziehungen eines Prozesses zu anderen Prozessen.

- **Notwendigkeit von Dokumenten:** Hier wird festgelegt, welche Unterlagen für und über den Prozess benötigt werden, z.B. Arbeits- und Verfahrensanweisungen und Prüfberichte.

- **Prozesssteuerung:** Sie beschäftigt sich mit dem Problem, anhand welcher Kriterien der Prozess gelenkt werden soll, wie die Messung der Steuerungskriterien zu erfolgen hat und wie deren Ergebnisse kommuniziert sowie Veränderungen eingeleitet werden sollen.

- **Prozessbeteiligte und -verantwortliche:** Hier wird festgehalten, welche Stellen wie und in welchem Umfang am Prozess mitarbeiten und welche Verantwortung zu übernehmen haben.

Bei der Prozessbeschreibung werden umfangreiche Geschäftsprozesse zunächst anhand der Kriterien Verrichtung oder Objekt in Teilprozesse bis hin zu Elementarprozessen zerlegt. Für jeden Teil- bzw. Elementarprozess werden dabei Beginn und Ende, Input, Aktivitäten und Output festgelegt. Diese Vorgehensweise, bei der eine Prozesshierarchie entsteht (vgl. Kapitel 4.2.4), wird als **Dekompression** bezeichnet.[242] Sie entspricht der organisatorischen Differenzierung in der Aufbauorganisation (vgl. Kapitel 2.2).

Für die **Auflösungstiefe** eines Prozesses gibt es keine eindeutigen Regeln, sie hängt von der Art des Prozesses ab. Wenn ein Prozess mithilfe einer speziellen Software abgebildet werden soll, ist in der Regel eine tiefere Differenzierung notwendig. Das gilt auch für Routineprozesse mit hoher Wiederholungsrate. So kann man Probleme detailgenau erkennen und den Ablauf optimieren.

Teilprozessen, die selten durchgeführt werden oder die eine geringe Bedeutung für die Wertschöpfung haben, widmet man weniger Aufmerksamkeit und beschreibt und gliedert sie eher oberflächlich.

Die Prozesshierarchie eines Geschäftsprozesses wird in die **Prozesslandschaft** des Unternehmens eingebettet. Sie verdeutlicht den Zusammenhang zwischen den Prozessen und zeigt die Schnittstellen auf, welche die einzelnen Prozesse miteinander verbinden.

---

[242] vgl. Scherm/Pietsch (2007), S. 193 f.; Dillerup/Stoi (2006), S. 494; Schulte-Zurhausen (2002), S. 87

Je genauer ein Prozess beschrieben wird, desto leichter fällt im Anschluss die **Prozessanalyse**. Sofern es sich um bereits bestehende Prozesse handelt, ermittelt man zunächst die Ist-Situation und stellt fest, ob und in welchem Umfang die Prozessziele bisher erreicht werden. Dann deckt man mögliche Schwachstellen auf, an denen eine Neugestaltung ansetzen kann.

Zur besseren Analyse werden **Referenzwerte** herangezogen. Das können unternehmensinterne Soll-Werte, Branchenwerte oder Vergleiche mit anderen Unternehmen im Rahmen eines Benchmarking sein.

Mögliche **Analysekriterien** sind:[243]

- **Kosten:** Hier sind sowohl die Kostenarten als auch die Höhe der Kosten von Interesse. Es wird untersucht, welche Kosten in welcher Höhe für den (Teil-)Prozess bzw. prozessübergreifend anfallen.

- **Kapazitätsauslastung:** Sie betrachtet die Auslastung der beteiligten Stellen und den Nutzungsgrad der Anlagen.

- **Produktivität und Rentabilität:** Hier geht es um den Anteil wertschöpfender Tätigkeiten und die Ausbringungsmenge pro Mitarbeiter, Arbeitsgruppe, Schicht etc. in einem bestimmten Zeitraum. Auch Kennziffern zur Umsatz- und Eigenkapitalrentabilität werden erhoben.

- **Zeit:** Dabei handelt es sich um Analysen bzgl. der Durchlauf-, Bearbeitungs-, Rüst-, Transport- und Liegezeiten in einem Prozess.

- **Qualität:** Die Prozesse werden bzgl. der Fehler- und Ausschussquote untersucht. Die Dauer und die Häufigkeit von Nacharbeiten sind ebenfalls relevant. Auch die Reklamations- und Retourquote sowie die Kundenzufriedenheit gehören zur Qualitätsanalyse.

Eine differenzierte Schwachstellenanalyse deckt zunächst die vorhandenen Problembereiche auf und ermittelt anschließend die möglichen Ursachen, deren Beseitigung mittels einer organisatorischen Umgestaltung des Prozesses zu einer Verbesserung der Situation führen soll.

4.3.3 Prozessstrukturierung

Die Ergebnisse der Prozessdefinition und -analyse bilden die Grundlage für die Prozessstrukturierung. **Idealtypische Gestaltungsmuster**, wie sie für die Aufbauorganisation existieren, können in der Prozessorganisation aufgrund der Vielzahl heterogener Prozesse nicht formuliert werden.

---

[243] vgl. Klimmer (2007), S. 108

Gleichwohl gibt es in der Praxis einige **Grundregeln**, die beachtet werden sollten:[244]

- Wenn eine Aktivität keinen Beitrag zur Wertschöpfung leistet, ist sie in der Regel unnötig und kann eliminiert werden. Ansonsten ist sie auf einen unbedingt notwendigen Umfang zu reduzieren.
- Aktivitäten, die gleichzeitig in mehreren Stellen durchgeführt werden, sollten bei einer Stelle zusammengefasst werden, um Doppelarbeit zu vermeiden.
- Aktivitäten, die durch Automatisierung schneller und effizienter erfüllt werden könnten, sind zu automatisieren.
- Aktivitäten, die bei einem gleichen Wertschöpfungsbeitrag schneller oder einfacher als bisher durchgeführt werden könnten, sind neu zu gestalten.
- Wenn eine Aktivität nicht zwingend auf verschiedene Aufgabenträger verteilt werden muss, sollte sie nur von einer Stelle durchgeführt werden.
- Zusammenhängende Aktivitäten sind zu bündeln und zu integrierten Prozessketten zusammenzufassen.
- Häufige Fremdkontrollen sollten durch vermehrte Selbstkontrolle ersetzt werden.
- Fehleraufdeckende Kontrollen sollten durch Kontrollen ersetzt werden, die auf Fehlervermeidung ausgerichtet sind.
- Manuelle Kontrollen sollten gegenüber automatisierten Kontrollen in den Hintergrund treten.
- Voneinander unabhängige Aktivitäten eines Prozesses sollten nach Möglichkeit parallel bearbeitet werden, um Durchlaufzeiten zu verringern.
- Sämtliche Teilprozesse sollten regelmäßig darauf überprüft werden, ob sich die Geschwindigkeiten erhöhen lassen.

Die Prozessstrukturierung ist in **mehrere Phasen** untergliedert:

- **Festlegung der (Teil-)Prozessstruktur:** Die **Bildung von Teil- und Elementarprozessen** und die Aufstellung einer **Prozesshierarchie** sind bei umfangreichen Prozessen bereits im Rahmen der Prozessanalyse notwendig. Ansonsten werden sie zu Beginn der Prozessstrukturierung durchgeführt.

  Anschließend muss man entscheiden, in welcher **Reihenfolge** die Teilprozesse ablaufen sollen. Häufig ist sie bereits durch die Input-Output-Beziehungen weitgehend determiniert und ergibt sich aus sachlichen und technischen Überlegungen. Es entstehen **Prozessketten**.

---

[244] vgl. Weinert (2002), S. 92 f.

Das Ergebnis ist die **Prozessarchitektur**, die den Standardablauf eines Prozesses beschreibt. Sie besteht aus der **Prozesshierarchie**, d.h. der hierarchischen Darstellung der Teilprozesse eines Geschäftsprozesses sowie den **Prozessketten**, d.h. deren Input-Output-Beziehungen.

Falls es sinnvoll erscheint, vom Standardablauf abgeleitete **Prozessvarianten** zu definieren, werden sie nun beschrieben. Dazu ist lediglich noch erforderlich, auf die Abweichungen einzugehen. Ein solcher Standardablauf wäre z.B. die Vorgehensweise bei der Vergabe eines Bankkredites. Ab einer gewissen Kredithöhe wird vom Standardverfahren abgewichen und eine höherrangige Stelle mit umfangreicheren Kompetenzen eingeschaltet. Die Prozessvariante muss nur für diese abweichende Vorgehensweise festgelegt werden.

- **Integration der Prozesse:** In dieser Phase steht die **Vermeidung von Redundanzen** im Mittelpunkt. Wenn ein Geschäftsprozess in mehreren Geschäftsfeldern vorkommt, ist zunächst zu prüfen, ob und inwieweit es eventuell doch einen inhaltlichen Unterschied gibt, der auf den ersten Blick nicht erkennbar ist. Anschließend ermittelt man, ob der Stellenwert dieses Prozesses innerhalb der betroffenen Geschäftsfelder unterschiedlich ist. Danach wird der Prozess demjenigen Geschäftsfeld, in dem er die größte Bedeutung hat, zugeordnet. Andernfalls erfolgt die Auslagerung und Integration auf einer höheren Ebene. Es ist jedoch darauf zu achten, dass die Zahl der Prozessvarianten dadurch nicht zu groß und unübersichtlich wird. Beispielsweise könnte man den Teilprozess Auftragseingang, wenn er sich in mehreren Geschäftsprozessen findet, übergreifend zusammenfassen und auslagern.

- **Design der Prozessketten:** In dieser Phase geht es um die **Gestaltung des Ablaufs im engeren Sinn**. Zunächst werden der **Zeitaufwand** für die Teilprozesse und für den Gesamtprozess ermittelt und Soll-Zeiten festgelegt. Anschließend definiert man **Leistungsanforderungen**. Sie beziehen sich auf den Input und den Output. Der Output eines Teilprozesses ist – außer am Ende der Prozesskette – gleichzeitig der Input für den nächsten Teilprozess. Je genauer die Abstimmung mit Kunden und Lieferanten zu den Prozessergebnissen, desto reibungsloser läuft die Prozesskette ab. Eine schriftliche Fixierung der Leistungsanforderungen unterstützt die Einhaltung der Vorgaben.

  Durch die **Festlegung von regelmäßigen, standardisierten Prozesskontrollen** kann dann festgestellt werden, ob alle Aktivitäten richtig, vollständig und zeitgenau ablaufen und die vorgegebenen Prozessanforderungen eingehalten werden. Außerdem sollen Prozesskontrollen sicherstellen, dass die Prozessziele erreicht werden.[245] Diese beziehen sich vor allem auf die Leistungsmerkmale Quantität, Qualität, Durchlaufzeit und Kosten.

  Inwieweit ein Prozess den Anforderungen entspricht, wird mithilfe prozessspezifischer Kennzahlen, den **Kontrollindikatoren**, die auf ein frühzeitiges Erkennen und

---

[245] vgl. Hentze/Heinecke/Kammel (2001), S. 185

Beseitigen von Schwachstellen ausgerichtet sind, ermittelt. Zu diesem Zweck werden im Prozessverlauf feste Kontrollpunkte definiert. Für Entwicklungsprozesse verwendet man zum Beispiel die Kontrollindikatoren Time to Market, Einhalten der Anforderungen im Lastenheft und Anzahl der Änderungen. Kennzahlen für Produktionsprozesse sind Durchlaufzeit, Ausschussquote, Nutzungs- und Leerzeiten der Anlagen und Vertriebskosten. In Dienstleistungsprozessen werden häufig Lieferzeiten und Anzahl der Reklamationen herangezogen.

Auch die **Gestaltung der Informationsinfrastruktur** gehört zum Design der Prozessketten. Dabei geht es um die Bereitstellung aller benötigten Informationen zum richtigen Zeitpunkt in der richtigen Menge und Qualität am richtigen Ort.

Es schließt sich die **zeitliche und räumliche Gestaltung** der Abläufe an. Ziel ist es, die Durchlaufzeiten zu verringern und die Auslastung der Aufgabenträger zu steigern. Die räumliche Strukturierung der Prozesse bezieht sich auf die Anordnung der Arbeitsplätze und ihre ergonomische Gestaltung. Außerdem werden Art und Länge der Transportwege festgelegt, die wiederum Auswirkungen auf die Durchlaufzeiten haben.

Den **Abschluss** des Prozesskettendesigns bildet die **Prozessdokumentation**, die Transparenz bei Prozessinhalten, -zielen und -strukturen schaffen soll. Die Ausführungen sind umso detaillierter, je geringer die Entscheidungs- und Handlungsspielräume der Mitarbeiter und je repetitiver die Aktivitäten sind. Eine umfassende Prozessdokumentation erleichtert den Nachweis eines Qualitätsmanagements, der für die Zertifizierung nach den ISO 9000 ff.-Normen erforderlich ist.

- **Zuweisung von Prozessverantwortung:** In der Aufbauorganisation werden im Rahmen der Stellen- und Abteilungsbildung die Zahl der benötigten Stellen bestimmt und die Aufgaben, Kompetenzen und Verantwortungsbereiche der Stelleninhaber festgelegt. Hinzu kommt nun die **Zuweisung der Prozessaktivitäten** und der **Prozessverantwortung** zu Stellen und Abteilungen auf Grundlage der Prozessdokumentation.[246] Es ist sinnvoll, komplette Abläufe zusammenzufassen und einer Stelle oder Arbeitsgruppe zu übertragen.

Zwei grundsätzliche Vorgehensweisen sind denkbar. Zum einen kann man prozessorientierte Organisationseinheiten bilden und mit der entsprechenden Entscheidungskompetenz ausstatten. Sie übernehmen die Prozessaufgaben und die Prozessverantwortung. Die Prozessorganisation ist dann eine **Primärorganisation**, und das Gefüge des Unternehmens besteht aus einem System miteinander verknüpfter Prozesse. In der Praxis trifft man diese Vorgehensweise allerdings nur selten an.

Meist wird der Prozess so gestaltet, dass er über mehrere Organisationseinheiten bzw. Unternehmensbereiche abläuft. Er wird in verschiedenen Abteilungen anteilig durchgeführt, die mit Teilen des Prozesses und entsprechender Kompetenz und Verantwor-

---

[246] vgl. Hentze/Heinecke/Kammel (2001), S. 185.; Scherm/Pietsch (2007), S. 195

tung ausgestattet sind. Man baut also auf der bestehenden primären Aufbauorganisation auf und fügt Prozesse als **Sekundärorganisation** ein.

Bei dieser Vorgehensweise ist es sinnvoll, zusätzlich einen **Prozessmanager**, den sog. **Prozesseigner**, zu bestimmen, der für den Gesamtprozess verantwortlich ist. Ihm obliegt die Koordination der Teilprozesse über die Abteilungsgrenzen hinweg. Außerdem ist er für die Einhaltung der vorgegebenen Durchlaufzeiten, Qualitätskriterien und Kosten verantwortlich.

- **Gegebenenfalls Verkettung mit externen Prozessen:** Sofern Kunden, Lieferanten, Transportunternehmen und andere Externe in die Prozessgestaltung einbezogen werden, ist eine zwischenbetriebliche Kopplung der Geschäftsprozesse notwendig. Sie wird als **externe Prozessverkettung** bezeichnet. So sollen z.B. Lieferanten passgenaue Teilfabrikate liefern und externe Transportunternehmen die fertigen Waren zum richtigen Zeitpunkt zu den Kunden bringen. Die Qualitätsanforderungen, Design- und Verpackungswünsche und sonstigen Forderungen der Auftraggeber werden von vornherein bei Produktentwicklung, Fertigung, Verpackung und Lieferung berücksichtigt.

  Die Weitergabe der notwendigen Informationen zwischen den Beteiligten wird häufig per **Electronic Data Interchange** (EDI) vorgenommen. Darunter versteht man den direkten Austausch von genormten und formatierten Daten per Datenfernübertragung vom Informations- und Kommunikationssystem (IuK-System) des Senders zum IuK-System des Empfängers. Diese Vorgehensweise ermöglicht eine schnelle, fehlerfreie und papierlose Abwicklung von Routinefällen. Der Einsatz der Radiofrequenzidentifikationstechnologie (RFID) ist ebenfalls hilfreich, er erleichtert die Kommunikation und führt zu einer schnelleren und genaueren Informationsübertragung[247] (vgl. Kapitel 4.6.2.4).

4.3.4 Prozesseinführung

An die Prozessstrukturierung schließt sich die Prozesseinführung an. Mitarbeiter und Führungskräfte sind über ihre Aufgaben zu informieren, ggf. müssen Personalentwicklungs- und -beschaffungsmaßnahmen eingeleitet werden. Die physischen Arbeitsplätze und die notwendige Informationsverarbeitungstechnik müssen bereitgestellt werden.

Für die Implementierung wird in der Regel ein **fester Zeit- und Kostenrahmen** vorgegeben. Drei unterschiedliche **Vorgehensweisen** stehen zur Verfügung:[248]

- **Pilothafte Einführung:** Die neuen Prozesse werden zunächst in einem kleinen, überschaubaren Bereich eingeführt und erprobt. Die dabei gesammelten Erfahrungen wertet man anschließend aus. Falls erforderlich, wird die Projektstruktur anschließend korrigiert. Der verbesserte Prozess wird dann nach und nach in anderen Organisati-

---

[247] vgl. Fleisch/Müller-Stewens (2008), S. 280

[248] vgl. Klimmer (2007), S. 116

onseinheiten umgesetzt. Auf diese Weise können die wichtigsten Schwachstellen frühzeitig erkannt und beseitigt werden. Allerdings besteht das Risiko, dass innovative Vorgehensweisen nur sehr zögerlich umgesetzt werden und es sehr lange dauert, bis es zu einer umfassenden Implementierung der neuen Prozesse kommt.

- **Schrittweise Umsetzung:** Anhand eines festen Stufenplans werden die Prozesse Schritt für Schritt in den betroffenen Organisationseinheiten eingeführt. Da die anderen Bereiche weiterhin arbeitsfähig sind, reduzieren sich die Umsetzungsrisiken. Umfang und Geschwindigkeit der Implementierung lassen sich den Gegebenheiten des Unternehmens anpassen. Allerdings kann es Verwirrung auslösen, dass gleichzeitig unterschiedliche organisatorische Vorgaben gültig sind.

- **Schlagartige Implementierung:** Diese Vorgehensweise wird auch als „Big Bang" bezeichnet. Nach sorgfältiger Vorbereitung werden zu einem festgelegten Zeitpunkt in allen Bereichen gleichzeitig die neuen Prozesse eingeführt. Auf die alten, gewohnten Pfade kann nicht mehr ausgewichen werden, da sie nicht mehr existieren. Die Mitarbeiter werden gezwungen, sofort umzudenken und nach neuen Vorgaben zu arbeiten. Es besteht das Risiko, dass Schwachstellen aufgrund der hohen Komplexität erst mit Verzögerung erkannt und Gegenmaßnahmen sehr spät eingeleitet werden.

4.3.5 Prozessoptimierung

Da Kundenwünsche, Marktsituation, Beziehungen zu Lieferanten und Kreditgebern etc. ständigen Veränderungen unterworfen sind, ist die Prozessgestaltung kein einmaliger Akt. Vielmehr sind regelmäßige **Audits** erforderlich, um eventuellen Optimierungsbedarf zu ermitteln. Diese Überprüfungen sind an den Zielen der Prozessgestaltung ausgerichtet und gehen insbesondere zwei Fragen nach:[249]

- **Werden die zuvor definierten Vorgaben im Rahmen des Prozesses umgesetzt bzw. eingehalten?**

- **Bewähren sich die Vorgaben und eignen sie sich dazu, die gewünschten Prozessergebnisse zu erzielen?**

Es hat sich als sinnvoll erwiesen, ein **Auditprogramm** zu erstellen, in dem alle notwendigen Überprüfungen zeitlich und inhaltlich festgehalten werden. Als Faustregel wird empfohlen, alle Prozesse mindestens einmal im Jahr zu auditieren.[250] In der Praxis dürften sich die Überprüfungen jedoch eher an der Zeitspanne orientieren, die bis zur nächsten Rezertifizierung nach den ISO-Normen vergeht.

Sofern man Abweichungen feststellt, werden nach einer Ursachenanalyse Verbesserungsmaßnahmen eingeleitet.

---

[249] vgl. Wilhelm (2007), S. 73

[250] vgl. ebd.

Es können zwei unterschiedliche **Vorgehensweisen** zum Einsatz kommen, die sich ergänzen. Sie werden auch als **evolutionärer und revolutionärer Ansatz** bezeichnet:

- **Kontinuierliche Verbesserungsprozesse (KVP):** Man unterstellt, dass die Prozessleistung durch Verbesserungen auf der Ausführungsebene ständig gesteigert werden kann. Sie erfolgen in kleinen Schritten und können bzw. sollen von allen beteiligten Stellen initiiert werden.

  Hinter KVP steht die japanische Philosophie des Kaizen, die davon ausgeht, dass kein Prozess so gut ist, dass er nicht weiter verbessert werden könnte. Durch viele kleine Schritte wird die Leistungsfähigkeit allmählich gesteigert. Deshalb gibt es keine festen Zielvorgaben, vielmehr vollzieht sich der Verbesserungsprozess langsam und schrittweise in eine bestimmte Richtung. So können z.B. einzelne Prozessschritte in ihrer Reihenfolge vertauscht, verwendete Dokumente optimiert, Prozessschritte anderen Organisationseinheiten zugeordnet, Verschwendungen beseitigt oder Prozesse vereinfacht werden.

  Schwerpunkt ist die Verringerung nicht-wertschöpfender Aktivitäten. Da aber die zur Verfügung stehenden Ressourcen in der Regel begrenzt sind, ist es in der Praxis kaum möglich, alle denkbaren Verbesserungsmaßnahmen umzusetzen. Der Prozessmanager muss beurteilen, welche Schritte den größten Erfolg versprechen.

- **Abrupte Prozessreorganisation:** Sie stellt nicht auf kleine Schritte, sondern auf eine grundlegende Erneuerung bestehender Prozesse ab. Man spricht auch von Prozess-Reengineering.

  Dabei geht es nicht nur darum, die Leistungsfähigkeit eines Prozesses zu verbessern, sondern sie auch **gewaltig und plötzlich** zu steigern und sich dadurch von der Konkurrenz deutlich abzusetzen. Dazu wird die gesamte Spezifikation eines Prozesses inklusive seiner Leistungsanforderungen in Frage gestellt. Sämtliche Phasen der Prozessgestaltung werden von neuem durchlaufen. Das Ergebnis ist ein vollständig neuer Prozess.

  Diese Vorgehensweise wird eher selten angewendet, am häufigsten bei Prozessen, die für den Unternehmenserfolg von erheblicher Bedeutung sind. Eine langsame, schrittweise Optimierung macht hier in der Regel keinen Sinn. Prozess-Reengineering ist allerdings mit hohen Risiken verbunden, da sich erst im Nachhinein herausstellt, ob die neue Gestaltung den Prozesszielen tatsächlich besser entspricht.

Abb. 4-10 zeigt, dass sich schrittweise Prozessverbesserungen und abrupte Reorganisationen oft ablösen. Zunächst werden kontinuierliche Verbesserungsmaßnahmen ergriffen und so die Leistungsfähigkeit eines Prozesses fortlaufend gesteigert. Wenn der Punkt erreicht ist, an dem eine weitere Verbesserung nicht mehr möglich erscheint, steht eine abrupte Reorganisation an. Oft nimmt die Leistungsfähigkeit danach kurzzeitig ab, bis Routine eintritt und sie wieder ansteigt.

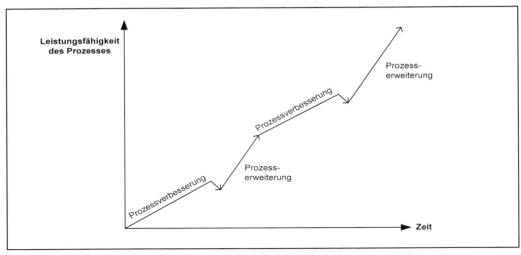

Abb. 4-10: Zusammenhang zwischen Prozessverbesserung und -erneuerung[251]

4.4 Besonderheiten der Organisationsgestaltung von Fertigung und Verwaltung

4.4.1 Vorbemerkung

Im Fertigungsbereich ist es seit langem selbstverständlich, ständig auf eine Verbesserung und optimale Gestaltung der Abläufe hinzuarbeiten.[252] Die Prozessorientierung stellt deshalb für materielle Prozesse keine völlig neue Denkweise dar. Dagegen findet in der Verwaltung eine systematische Analyse und Optimierung der Arbeitsprozesse erst seit einigen Jahren statt. Entsprechend groß sind hier die Rationalisierungspotenziale. Einige Beispiele für mögliche Regelungen zeigt Abb. 4-11.

Die Fertigungs- und Verwaltungsorganisation wird auch als **Arbeitsorganisation** bezeichnet.[253] Nicht die Gestaltung von Führungsaktivitäten, sondern von **Ausführungsprozessen** steht hier im Mittelpunkt. Um die Ziele der Prozessorganisation zu erreichen, ist es notwendig, die logischen Folgebeziehungen der Ausführungsprozesse unter **mengenmäßigen, zeitlichen und räumlichen Gesichtspunkten** zu konkretisieren.[254] Denn zum einen sind die Mitarbeiter in der Regel an mehreren Prozessen beteiligt, zum anderen greifen die Prozesse zeitlich und räumlich ineinander.

---

[251] vgl. Imai (2001), S. 59

[252] vgl. Schulte-Zurhausen (2002), S. 107

[253] vgl. Breisig (2006), S. 141

[254] vgl. Schmidt (2006), S. 367

4.4 Besonderheiten der Organisationsgestaltung von Fertigung und Verwaltung

		Dimensionen	Beispiele
Menge	wie viel	Anzahl	pro Tag müssen bis zu 100 Lieferungen bewältigt werden
		Gruppierung	Bestellungen gehen in Stapeln > 10 an den Versand
Zeit	wann	Zeitpunkt der Aufgabenerledigung	Übermitteln der Rechnungsdaten an die Buchhaltung um 16 Uhr
		zeitliche Folge und Dauer der Aufgabenerfüllung	erst E-Mails öffnen, dann speichern, dann weiterleiten (dafür stehen täglich 20 Min. zur Verfügung)
		Zeitpunkt der Weiterleitung von Informationen	Abgabe einer Verkaufsstatistik jeweils zum Monatsende
	wie lange	Zeitraum der Bearbeitung	verpacken und versenden in der Zeit von 13 bis 17 Uhr
Raum	wo	Standort	- Arbeitsplatz Versand: in Tiefparterre - Standort Drucker: im Raum X - Ort des Buchlagers: im Keller
	woher/wohin	Wege	- Abholen der Post vom Posteingang - Übermittlung der Auftragsdaten an den Versand über vorhandenes Netzwerk

Abb. 4-11: Mengenmäßige, zeitliche und räumliche Strukturierung von Ausführungsprozessen[255]

Die Organisationslehre verwendet hierfür die Begriffe **personale, temporale und lokale Synthese**. Es geht um diese Problembereiche:

- **Spezialisierungsart der Teilprozesse:** Hier liegt der Schwerpunkt auf der Frage, ob die Aktivitäten verrichtungs- oder objektorientiert gestaltet werden.

- **Spezialisierungsgrad:** Inhalt und Umfang der Teilaufgaben eines Arbeitnehmers werden festgelegt. Je höher der Spezialisierungsgrad ist, desto häufiger muss ein Mitarbeiter seine Aufgaben wiederholen.

- **Automatisierungsgrad:** Hier ist zu entscheiden, ob es sinnvoller ist, einzelne Teilprozesse manuell durchzuführen oder sie automatisiert ablaufen zu lassen.

- **Standardisierung:** Hier geht es um die Frage, ob ein Prozess unter Verwendung vorgegebener Arbeitsmethoden immer auf dieselbe Weise abläuft oder ob es Spielraum für individuelle Vorgehensweisen gibt.

---

[255] in Anlehnung an Schmidt (2006), S. 100

- **Reihenfolge der Auftragsbearbeitung:** Hier werden Regelungen erstellt, die die Durchlaufzeiten der Teilprozesse minimieren. Gleichzeitig sollen die Kosten gering gehalten und die vorhandenen Kapazitäten bestmöglich genutzt werden.

- **Anordnung der Prozessstationen:** Wenn die Anordnung der Prozessstationen passend zu einem speziellen Prozess vorgenommen wird, liegt eine prozessgebundene Vorgehensweise vor. Alternativ ist es möglich, Stationen so zu bilden, dass unterschiedliche Teilprozesse ablaufen können. Man spricht dann von prozessungebundener Anordnung. Der Aufbau der Prozessstationen ist eng mit der Art der Spezialisierung der Teilprozesse verbunden.

- **Arbeitsplatzgestaltung und Gestaltung der Arbeitsumgebung:** Bei der Gestaltung von Arbeitsplätzen und Arbeitsumwelt sind wirtschaftliche, ergonomische und soziale Gesichtspunkte zu berücksichtigen.

Die ersten vier Bereiche werden im Rahmen der **personalen Synthese** bearbeitet. Die genaue Reihenfolge der Prozessbearbeitung legt die **temporale Synthese** fest. Die **lokale Synthese** beschäftigt sich mit den beiden letzten Aspekten.

4.4.2 Organisation im Fertigungsbereich

Hier werden allgemeine Aspekte der Arbeitsorganisation im Fertigungsbereich behandelt. Spezielle Fragen gehören eher in die Industriebetriebswirtschaftslehre bzw. in die Produktionswirtschaft und die Logistik. Auch die Wirtschaftinformatik setzt hier an.

4.4.2.1 Strukturierung der Arbeitsteilung und -verteilung (personale Synthese)

Die personale Synthese im Fertigungsbereich beschäftigt sich vorrangig mit zwei Problemen:

- **Arbeitsteilung** zwischen den Aufgabenträgern
- **Arbeitsverteilung**, d.h. Festlegung des Arbeitspensums

4.4.2.1.1 Strukturierung der Arbeitsteilung

Bei der Arbeitsteilung geht es darum, Elementarprozesse sinnvoll auf einen Aufgabenträger zu übertragen. Sie sind so zusammenzufassen und aufeinander abzustimmen, dass die Durchlaufzeiten möglichst gering sind und die Aufgabenträger bestmöglich ausgelastet werden. Dabei ist zu berücksichtigen, dass sich in der Fertigung die meisten Elementarprozesse wiederholen.

Häufig ist die Reihenfolge der Teilprozesse durch das Arbeitsverfahren bereits vorgegeben, ansonsten muss zunächst eine logische Folge gebildet werden. Alle Abläufe bestehen aus einer Kombination von sechs möglichen **Grundformen** von Folgebeziehungen.[256] Sie sind in Abb. 4-12 wiedergegeben.

---

[256] vgl. Fischermanns/Liebelt (2000), S. 47 ff.; Wilhelm (2007), S. 48 ff.

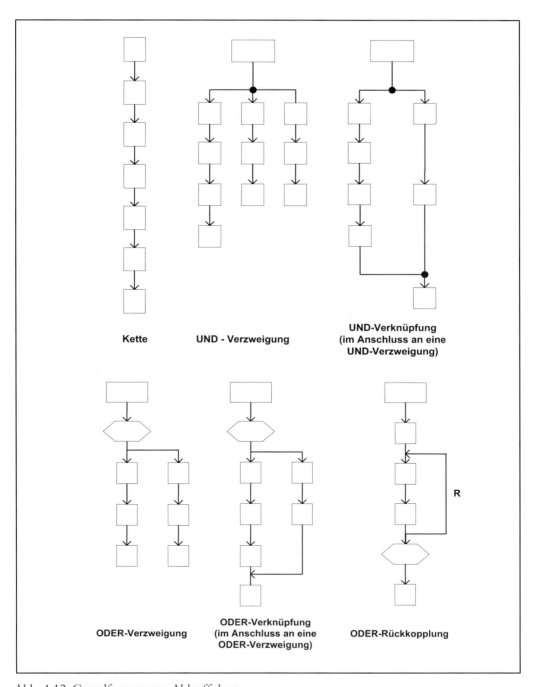

Abb. 4-12: Grundformen von Ablauffolgen

Als **Kette** bezeichnet man eine unverzweigte Abfolge von Prozessschritten, die einzeln nacheinander durchgeführt werden. Sie ist die einfachste Form der Folgebeziehung.

Bei einer **UND-Verzweigung** werden Prozessschritte nebeneinander und unabhängig voneinander durchgeführt. Der Beginn der Aufspaltung wird meist durch einen Punkt gekennzeichnet. UND-Verzweigungen sind nur möglich, wenn genügend Aufgabenträger und Sachmittel zur Verfügung stehen, um gleichzeitig arbeiten zu können.

Eine **UND-Verknüpfung** tritt auf, wenn Aktivitäten zunächst arbeitsteilig durchgeführt und anschließend zu einem gemeinsamen Ergebnis zusammengeführt werden. Der Beginn der Verknüpfung wird meist mit einem Punkt markiert. Der Prozessschritt, der unmittelbar auf die Zusammenführung folgt, kann erst erfüllt werden, wenn die vorangegangenen Aufgaben komplett bearbeitet sind, sodass es bei einem schnelleren Teilprozess zu Wartezeiten kommen kann. Je genauer die Parallelprozesse aufeinander abgestimmt sind, desto geringer sind die Zeitdifferenzen.

Von einer **ODER-Verzweigung** spricht man, wenn ab einem bestimmten Prozessschritt mehrere alternative, sich gegenseitig ausschließende Vorgehensweisen (exklusives ODER) möglich sind. Das Element, an dem die Verzeigung beginnt, wird als Raute dargestellt.

Wenn nach einer ODER-Verzweigung in einem späteren Prozessstadium die alternativen Vorgehensweisen wieder einheitlich fortgeführt werden, d.h. die Oder-Zweige wieder zusammengefasst werden, spricht man von einer **ODER-Verknüpfung**.

Bei einer **ODER-Rückkopplung** ist die Fortführung des Arbeitsprozesses ab einem bestimmten Arbeitsschritt an eine Bedingung geknüpft. Die davor liegenden Teilprozesse werden solange wiederholt, bis diese Bedingung erfüllt ist. Den Pfeil, mit dem die Rückkopplung dargestellt wird, kennzeichnet man in der Regel mit einem R.

Art und Umfang der Arbeitsteilung orientieren sich an ökonomischen und sozialen Gesichtspunkten.

Früher bevorzugte man im Fertigungsbereich einen hohen Grad der Arbeitsteilung, verbunden mit geringer Entscheidungsbefugnis. Die Übertragung von Kontroll- und Planungsaktivitäten auf übergeordnete Einheiten und eine zentrale Instandhaltung waren selbstverständlich.

Heute geht man davon aus, dass eine weniger starke Spezialisierung wirtschaftlicher und humaner ist. Es werden Maßnahmen ergriffen, um Prozesse zu generalisieren, wie beispielsweise die Bildung von teilautonomen Arbeitsgruppen, Job Enlargement und Job Enrichment.[257] Auf die jeweiligen Vor- und Nachteile wurde bereits an anderer Stelle ausführlich eingegangen (vgl. Kapitel 3.2.8).

---

[257] vgl. dazu ausführlich Kieser/Walgenbach (2007), S. 331 ff.; Picot/Dietl/Franck (2008), S. 386 ff.; Kirchler/Hölzl (2005), S. 303 ff.

4.4.2.1.2 Bestimmung des Arbeitspensums

Die Festlegung des Arbeitspensums ist der zweite Schwerpunkt der personalen Synthese. Die Höhe des Arbeitspensums hängt vor allem von

- der Leistungsfähigkeit des Mitarbeiters,
- den zur Verfügung stehenden Sachmitteln und Arbeitsmethoden und
- der Arbeitsmenge ab.

Die **Leistungsfähigkeit** eines Mitarbeiters wird durch seine körperlich-geistigen Anlagen, sein **Wissen** und sein **Können** bestimmt.

Inwieweit ein Arbeitnehmer seine Leistungsfähigkeit tatsächlich ausschöpft, hängt von seiner **Leistungsdisposition** ab. Darunter versteht man das momentane körperliche und seelische Befinden eines Menschen. Die Leistungsdisposition verändert sich unter anderem durch Faktoren wie Ermüdung und Erholung, Lebensalter und Gesundheitszustand. Außerdem beeinflusst der menschliche Biorhythmus das Befinden. Auch psychische Faktoren spielen eine Rolle. **Wissen** und **Können** sind Bestandteile der Kompetenz des Mitarbeiters (vgl. Kapitel 3.2.4.2).

Neben der Leistungsfähigkeit beeinflussen die zur Verfügung stehenden **Sachmittel und Methoden** den Umfang des Arbeitspensums. Zur Durchführung von Fertigungsprozessen benötigt man Sachmittel, deren Spektrum von einfachen Handwerkzeugen bis zu hochwertigen technischen Geräten reicht. Ihre Funktionalität hat Auswirkungen auf Qualität, Kosten und Dauer der Prozesse.

Insbesondere in der Fertigung werden einfache, früher von Mitarbeitern durchgeführte Tätigkeiten immer mehr durch maschinelle Arbeitsleistung substituiert. Es wird automatisiert, wenn Arbeitsgenauigkeit und -qualität der Maschine höher sind als diejenigen der Menschen. Außerdem sind die Kosten in der Regel niedriger, wenn Maschinen einen Prozess ausführen.

Die Frage nach dem angemessenen Umfang der Sachmittelverwendung, also dem **optimalen Automatisierungsgrad,** kann nicht allgemeingültig beantwortet werden. In jedem einzelnen Fall müssen die Vor- und Nachteile der Automatisierung abgewogen werden.

Vorteile der Automatisierung:[258]

- geringere Personalkosten
- gleichbleibende Genauigkeit und Qualität auch bei großen Mengen
- größere Arbeitsgeschwindigkeit
- Vermeidung einseitiger körperlicher Belastung

---

[258] vgl. Klimmer (2007), S. 101

Die **Nachteile** sind:[259]

- hohe Investitionskosten
- hohe Fixkosten
- geringere Flexibilität gegenüber den Markterfordernissen bei stark spezialisierter Technologie

Durch den Einsatz einer Maschine oder eines Werkzeugs ist die **Arbeitsmethode** häufig bereits festgelegt. Auch sonst überlässt man ihre Auswahl selten einem einzelnen Mitarbeiter. Vielmehr werden generelle Regelungen erstellt, auf welche Weise eine bestimmte Arbeit zu erfüllen ist, d.h. es findet eine **Standardisierung** statt. Sie ist vor allem bei sich häufig wiederholenden Arbeitsprozessen sinnvoll, bei denen **gleichzeitig** Kosten, Durchlaufzeiten und Qualität von zentraler Bedeutung sind.

Vorteile der Standardisierung von Arbeitsmethoden:

- Reduzierung der Durchlaufzeiten durch Lerneffekte
- effiziente Ausnutzung der Sachmittel, die für die Arbeitsmethode benötigt werden
- Verringerung der Herstellkosten
- Verbesserung der Prozessqualität
- Steigerung der Prozesssicherheit und Verringerung der Fehlerquote

Nachteile, die mit der Standardisierung von Arbeitsmethoden verbunden sind:

- hoher zeitlicher Erstellungs- und Aktualisierungsaufwand
- Verringerung der Kreativität und Flexibilität der Mitarbeiter
- Einschränkung der Entscheidungsfreiheit der Mitarbeiter
- negative Auswirkungen auf die Motivation

Die Leistungsfähigkeit der Mitarbeiter, der Sachmitteleinsatz und die Methodenauswahl haben Auswirkungen auf die **Arbeitsmenge**, die ein Mitarbeiter bewältigen muss. Sie ist die dritte Komponente, die bei der Festlegung des Arbeitspensums bedacht werden muss.

Ein dauerhaft leistbares Arbeitspensum entspricht einer Arbeitsmenge, mit der ein durchschnittlicher Mitarbeiter ausgelastet ist. Es geht also um eine **Standardleistung**, nicht um einzelne Höchstleistungen. Tägliche oder gar stündliche Festlegungen von Arbeitsmengen sind nicht Gegenstand der personalen Synthese. Die kurzfristige Steuerung der Arbeitsmengenverteilung ist Bestandteil der temporalen Synthese.

---

[259] vgl. Klimmer (2007), S. 102

4.4.2.2 Zeitliche Strukturierung (temporale Synthese)

Die temporale Synthese hat die vorrangige Aufgabe, die Durchlaufzeiten möglichst gering zu halten. Im Idealfall gibt es nur Bearbeitungszeiten und keine Rüst-, Liege- oder Transportzeiten. Gleichzeitig soll die Auslastung der Arbeitnehmer und der Maschinen möglichst hoch sein.

Um dieses Ziel zu erreichen, baut man auf den Arbeitspensen auf, die in der personalen Synthese festgelegt wurden, und bestimmt die zeitliche Abfolge der Arbeitsmengen der Mitarbeiter, die gemeinsam an einem Prozess arbeiten. Sowohl die Aktivitäten der einzelnen Aufgabenträger als auch die Teilaufgaben werden zeitlich abgestimmt. Je besser die Angleichung ist, desto geringer sind die Wartezeiten und desto weniger Zwischenlager müssen eingerichtet werden.

Nur bei einer gelungenen Leistungsabstimmung ist es sinnvoll, leistungsorientiertes Entgelt zu zahlen. Wenn es dagegen immer wieder ablaufbedingte Unterbrechungen der Arbeit gibt und die Mitarbeiter auf fehlendes Material oder Zulieferungen von anderen Stellen warten müssen, hängt die Höhe ihrer Leistungsmenge stärker vom Zufall als von ihrer individuellen Leistung ab.

Besonders schwierig ist die temporale Synthese, wenn die Teilprozesse für einzelne Aufträge unterschiedlich lang sind und immer wieder unterschiedliche Stellen damit betraut werden, da dann das Ziel der Minimierung der Durchlaufzeiten mit den Forderungen nach maximaler Kapazitätsauslastung und hoher Termintreue kollidiert.[260]

Dieses **Dilemma der Prozessorganisation** ist am besten mit einer simultanen Termin- und Kapazitätsplanung zu lösen.

Kleine und mittlere Unternehmen gehen in der Regel so vor, dass zunächst eine grobe Terminplanung mit vorläufigen Anfangs- und Endterminen für einzelne Prozessabschnitte vorgenommen wird. Personelle und maschinelle Kapazitätsgrenzen bleiben noch unberücksichtigt. Ausgangspunkt sind entweder der frühestmögliche Bearbeitungsbeginn (**Vorwärtsrechnung**) oder der vom Auftraggeber vorgegebene spätestmögliche Fertigstellungstermin (**Rückwärtsrechnung**). Später wird die Grobplanung durch eine Terminfeinplanung unter Berücksichtigung der vorhandenen Kapazitäten ergänzt.

Zur optimalen Kapazitätsterminierung sind eine Vielzahl von rechnergestützten, analytischen Methoden im Rahmen des Operations Research entwickelt worden, die in den meisten kleinen Unternehmen aufgrund des großen zeitlichen Aufwands für die Vielzahl von notwendigen Eingaben jedoch kaum angewendet werden. Dort dominieren heuristische Vorgehensweisen in Form von **Prioritätsregeln**, die die einzelnen Aufträge nach nur einem Zielkriterium in eine Rangfolge bringen.

---

[260] vgl. Bea/Göbel (2006), S. 353

Oft verwendete Prioritätsregeln sind:[261]

- **Kürzeste Operationszeit-Regel:** Derjenige Auftrag, der die kürzeste Fertigungszeit erfordert, wird zuerst erfüllt. Umfangreichere Aufträge mit langen Durchlaufzeiten werden dann bei jedem neuen Teilprozess wieder nach hinten ans Ende der Warteschlange gestellt.

- **Frühester Liefertermin-Regel:** Der Auftrag, der zuerst beendet werden muss, besitzt die höchste Priorität. Alle Aufträge, deren Liefertermin noch nicht in naher Zukunft liegt, werden solange nach hinten geschoben, bis sie dringlich sind, und dann vorgezogen.

- **Dynamischer Wert-Regel:** Vorrang hat der Auftrag, der bisher die höchsten Herstellkosten verursacht hat, also zurzeit den größten Wert darstellt. Aufträge mit niedrigeren Kosten werden anschließend bearbeitet.

- **First-come-first-serve-Regel:** Sie wird auch als First-in-first-out-Regel bezeichnet. Die Aufträge werden in der Reihenfolge des Eingangs abgearbeitet. Dringlichkeit oder Kosten finden keine Beachtung.

- **Schlupfzeit-Regel:** Der Auftrag mit der geringsten Schlupfzeit, d.h. dem kürzesten Zeitraum zwischen Liefertermin und restlicher Durchlaufzeit, wird zuerst erfüllt. Alle Aufträge mit geringerer Dringlichkeit, die aber eventuell hohe Finanzierungs- oder Lagerkosten verursachen, werden nachrangig bearbeitet.

Ein Optimum kann mit diesen Methoden nicht erreicht werden. Deshalb ist es häufig notwendig, kurzfristige Steuerungsmaßnahmen zu ergreifen und mit Aushilfskräften und Springern zu arbeiten.

In größeren Unternehmen wird die Prozessorganisation im Fertigungsbereich heute üblicherweise mithilfe computergestützter Produktionsplanungs- und Steuerungssysteme (**PPS-Systeme**) vorgenommen. Dabei handelt es sich um Entscheidungsunterstützungsprogramme, die Mitarbeiter, Maschinen sowie deren Arbeits-, Informations- und Kommunikationsbeziehungen berücksichtigen.[262]

Zur bedarfsgerechten Einsatzplanung der Mitarbeiter wird PEP- (Personaleinsatzplanungs-) Software hinzugezogen.[263]

Aufgabe eines PPS-Systems ist es, alle Produktionsprozesse vom Start bis zur Auslieferung eines Auftrags so zu arrangieren, dass unter den vorgegebenen Bedingungen die angestrebten Ziele erreicht werden. PPS-Systeme gibt es von auf Großbetriebe spezialisierten Herstellern (z.B. SAP und Oracle) und in einfacherer Form für kleinere Unternehmen (z.B. von Microsoft). Üblicherweise werden Standard-Bauelemente unternehmensspezifisch zusammenge-

---

[261] vgl. Bea/Göbel (2006), S. 356; Schmidt (2006), S. 102; Schulte-Zurhausen (2002), S. 118

[262] vgl. Blohm/Beer/Seidenberg/Silber (2008), S. 438

[263] vgl. o.V. (2005 b), S. 18

setzt. Bei sehr großen Unternehmen erfolgen auch gezielte anwenderbezogene Neuentwicklungen.

In der Regel enthält ein PPS-System Module, die sukzessive abgearbeitet werden. Es beginnt mit der **Produktionsprogrammplanung**. Hier werden die Produktarten und -mengen festgelegt. Anschließend werden Materialmengen, Termine sowie maschinelle und personelle Kapazitäten unter Berücksichtigung der vorgegebenen Anforderungen geplant. Die **Produktionssteuerung** sorgt darauf aufbauend für die Durchsetzung und Sicherung des Planvollzugs.[264]

4.4.2.3 Räumliche Strukturierung (lokale Synthese)

Der Schwerpunkt der lokalen Synthese liegt auf der Gestaltung der räumlichen Anordnung der Arbeitsplätze.

Das Ergebnis dieser Zusammenfassung wird als **Organisationstyp der Fertigung** bezeichnet. Er bestimmt maßgeblich die Art des Durchlaufs der zu bearbeitenden Aufträge und beeinflusst die Länge der Transportwege und -zeiten und damit die Durchlaufzeit. Welcher Organisationstyp jeweils am besten geeignet ist, hängt vor allem vom **Leistungs- oder Fertigungstyp** ab, der u.a. durch die Anzahl der zu fertigenden Objekte festgelegt wird.

Daneben geht es bei der lokalen Synthese auch um die **Gestaltung der Arbeitsplätze und der Arbeitsumgebung**. Es werden ergonomische Aspekte der Arbeitssituation mit dem Ziel untersucht, gute Voraussetzungen für ein hohes Leistungsvermögen und eine hohe Leistungsbereitschaft zu schaffen.

Die Ergonomie ist die Lehre von der menschlichen Arbeit. Sie befasst sich mit der Anpassung der Arbeitssituation an die Eigenschaften und Fähigkeiten der arbeitenden Menschen unter wirtschaftlichen und humanitären Gesichtspunkten. Die optimale Konstruktion der Werkzeuge und der technischen Einrichtungen sowie die Verbesserung der Bewegungsabläufe sind dabei von großer Bedeutung. Eine sachgerechte Arbeitsumgebung lässt sich außerdem durch Beeinflussung von Temperatur, Luftfeuchtigkeit, Zugluft, Lichtstärke und -einfall, Lärm und Farbgestaltung erreichen.

4.4.2.3.1 Organisationstypen der Fertigung

In der Praxis gibt es unendlich viele Möglichkeiten, Arbeitsobjekte, Mitarbeiter und Sachmittel zu kombinieren und räumlich anzuordnen. Sie basieren alle auf **drei Grundformen** von Organisationstypen, die nach den Prinzipien der Verrichtungs- bzw. Objektzentralisation systematisiert werden. Abb. 4-13 gibt einen Überblick.

Bei der **Werkstattfertigung** werden gleichartige Verrichtungen zu einer fertigungstechnischen Einheit zusammengefasst. Es findet also eine **Verrichtungszentralisation** statt. Das Ergebnis sind funktional spezialisierte Fertigungsstätten, z.B. Fräserei, Schleiferei, Lackiererei und Montagewerkstätten. Die dortigen Mitarbeiter sind auf die Erfüllung dieser Verrichtun-

---

[264] vgl. ausführlich Günther/Tempelmeier (2005), S. 303 ff.

gen spezialisiert. Meist nutzen sie an ihren Funktionsbereich angepasste Universalmaschinen und Werkzeuge, die vielseitig einsetzbar sind und in unterschiedlichen Prozessen zur Bearbeitung variierender Produkte verwendet werden können.

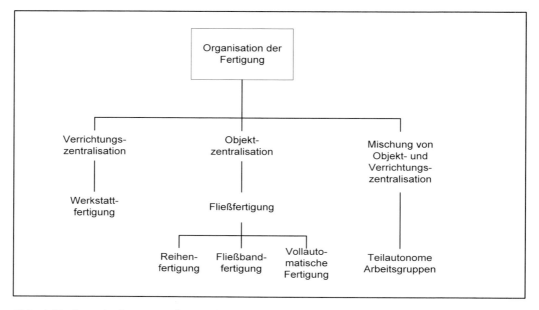

Abb. 4-13: Organisationstypen der Fertigung

Wie Abb. 4-14 zeigt, können Werkstattfertigungen sehr flexibel auf Kundenwünsche reagieren. Die ständig wechselnde Bearbeitungsfolge bringt allerdings erhebliche Probleme für die Arbeitsvorbereitung mit sich. Sie führt in einzelnen Werkstätten zu Engpässen, während andere nicht ausgelastet sind.

Die zu bearbeitenden Aufträge wandern von Werkstatt zu Werkstatt. Je nachdem welche Verrichtungen in welcher Reihenfolge notwendig sind, kann eine Werkstatt mehrmals oder gar nicht angelaufen werden. Außerdem müssen die notwendigen Fertigungsteile für jeden Arbeitsgang in die jeweils zuständige Werkstatt befördert werden.[265] Wenn es zu Wartezeiten kommt, ist zur Entkopplung der Fertigungsschritte die Einrichtung von **Zwischenlagern** nötig.

In Abb. 4-14 wandert Objekt A von Werkstatt 1 zu 2, danach zu 4 und 5, bevor das fertige Objekt A im Endlager aufbewahrt wird. Objekt B lässt nach Werkstatt 1 die Werkstatt 2 aus und wird zunächst in 3 und 4 und erst anschließend in 2 und darauf in 5 bearbeitet. Produkt C durchläuft die Fertigungswerkstätten in der Reihenfolge 1 - 2 - 5 und 4, bevor es ins Endlager kommt.

---

[265] vgl. Blohm/Beer/Seidenberg/Silber (2008), S. 277

4.4 Besonderheiten der Organisationsgestaltung von Fertigung und Verwaltung

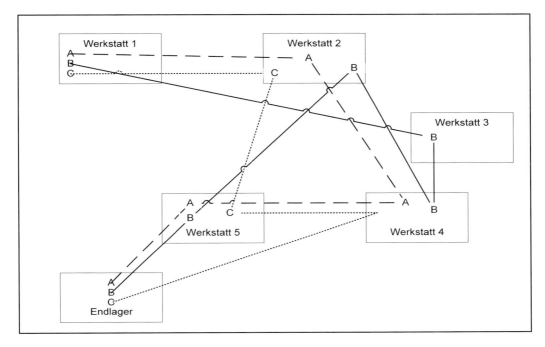

Abb. 4-14: Ablauf in einer Werkstattfertigung

Die funktional spezialisierten Mitarbeiter müssen den häufig wechselnden Anforderungen, die sich aufgrund unterschiedlicher Produkte und Fertigungsaufträge ergeben, gerecht werden. Deshalb ist eine Arbeitsteilung bis hin zu einzelnen Handgriffen nicht sinnvoll. Vielmehr sind die Mitarbeiter in Werkstätten meist breit qualifizierte Facharbeiter und Meister.

Die Werkstattfertigung eignet sich besonders für wechselnde Aufträge, die nur in geringem Maße wiederholt werden, und für wenig strukturierte Aufgaben, bei denen eine hohe Flexibilität gefordert ist. Schwerpunkte sind **Einzelaufträge und kleine Serien**.

Vorteile der Werkstattfertigung:

- hohe Flexibilität bei Kundenwünschen
- leichte Abteilungsbildung
- große Anpassungsfähigkeit bei unvorhergesehenen Ereignissen
- hoher Nutzungsgrad der Universalmaschinen
- hohes Qualitätsniveau
- bei Nachfrageänderungen leichte Umstrukturierung einzelner Werkstätten, ohne dass die gesamte Fertigungsstruktur betroffen ist
- hohe Motivation durch abwechslungsreiche Aufgaben

Die **Nachteile:**

- lange Transportwege
- hohe Transportkosten
- unregelmäßige, oft lange Durchlaufzeiten
- hohe Lager- und Zinskosten aufgrund der Notwendigkeit von Zwischenlagern
- aufwendige Fertigungssteuerung
- ungleichmäßige Auslastung der Kapazitäten
- Leerkosten durch mangelnde Auslastung der Werkstätten
- hohe Rüstkosten durch häufige Umstellung des Produktionsprogramms bzw. der Fertigungsprozesse
- hohe Personalkosten wegen der höheren Qualifikation der Mitarbeiter
- mangelnde Transparenz des Fertigungsprozesses
- hoher Flächenbedarf

Den Gegenpart zur Werkstattfertigung bildet die **Fließfertigung**, die nach dem Prinzip der **Objektzentralisation** gestaltet wird. **Reihen-, Fließband- und vollautomatische Fertigung** sind verschiedene Ausprägungen dieses Organisationstyps.

Wenn die Organisation eines Fertigungsprozesses auf einen ganz bestimmten Auftrag oder ein Objekt zugeschnitten wird, handelt es sich um eine **Reihenfertigung**. Auch die Bezeichnungen Linien- oder **Straßenfertigung** sind gebräuchlich. Arbeitsplätze und Maschinen werden dazu „in einer Reihe", d.h. in der notwendigen Bearbeitungsreihenfolge dieses Auftrags ausgerichtet, sodass die Fertigung ohne Unterbrechung durchgeführt werden kann. Es handelt sich somit um eine Objektzentralisation. Im obigen Beispiel würden für die Fertigung von Produkt A die Arbeitsplätze 1 - 2 - 4 - 5 hintereinander gelegt. Nummer 3 wäre unnötig. Bei Produkt B wäre die Reihenfolge 1 - 3 - 4 - 2 - 5 und bei C 1 - 2 - 5 - 4. Hier entfällt der Bearbeitungsschritt 3.

Da die Arbeitsplätze bei der Reihenfertigung nur ungefähr zeitlich aufeinander abgestimmt werden, sind – wenn auch sehr begrenzt – Produktvariationen möglich, sofern sich die dafür notwendigen Arbeitsschritte im vorgegebenen zeitlichen Rahmen halten. Auch sind kleine Zwischenlager, Puffer genannt, zwischen den Arbeitsplätzen üblich. Sie dienen dem Ausgleich von geringfügigen Schwankungen und Störungen. Größere Abweichungen sind nicht möglich.

Bei der **Fließbandfertigung** werden die Arbeitsschritte nicht nur hintereinander angeordnet, sondern zusätzlich **zeitlich exakt** aufeinander abgestimmt. Außerdem werden die Werkstücke mithilfe von Fließbändern von Arbeitsplatz zu Arbeitsplatz befördert. So werden die Transportzeiten und -wege minimiert.

Die zeitliche Abstimmung der Teilaufgaben, die als **Taktung** bezeichnet wird, führt dazu, dass an allen Arbeitsplätzen dieselbe Zeit, die sog. **Taktzeit**, für die Verrichtungen zur Verfügung steht. Leerzeiten fallen nicht mehr an, nicht eingeplante Produktvariationen sind nicht mehr möglich.

Eine Extremform der Fließbandfertigung ist die **vollautomatische Fertigung**. Sie setzt CNC- (Computerized Numerical Control-) Maschinen ein. Dabei handelt es sich um computergesteuerte Maschinen, die Objekte transportieren, in die richtige, für die Bearbeitung erforderliche Lage bringen und auch gleich bearbeiten. Die Qualitätskontrolle und das Aussortieren von Ausschuss sowie die Zustandskontrolle der Maschinen können ebenfalls integriert werden. Menschen werden nur noch für die Programmierung und Überwachung des Fertigungsprozesses benötigt.

Die Fließfertigung ist durch eine hohe **Stellenspezialisierung** gekennzeichnet. Häufig müssen die eingesetzten Spezialmaschinen und Werkzeuge erst für einen bestimmten Fertigungsprozess entwickelt werden. An die Qualifikation der Mitarbeiter stellt die Fließfertigung relativ geringe Anforderungen. Im Extremfall sind nur wenige Handgriffe immer wieder auszuführen. Ausführende Arbeit wird von dispositiven Aufgaben weitgehend getrennt. Diese werden in der Regel zentralen Planungs- und Kontrollabteilungen überlassen. Die negativen Auswirkungen einer extremen Arbeitsteilung, wie sie in der Fließfertigung stattfindet, wurden bereits in Kapitel 3.2.8 behandelt.

Fließfertigung bietet sich bei gut strukturierten und standardisierten Aufgaben an, die sehr oft wiederholt werden. Klassischerweise wird sie in der **Großserien-, Großsorten- und Massenproduktion** eingesetzt.[266] Hier besteht eine relativ große Wahrscheinlichkeit, dass die festgelegten Prozesse über einen längeren Zeitraum nicht verändert werden müssen.

Die **Vorteile** der Fließfertigung sind:

- einfache Fertigungssteuerung
- kurze Transportwege
- geringe Transportkosten
- Verringerung bzw. Abschaffung von Zwischenlagern
- kurze Durchlaufzeiten
- einfacher, übersichtlicher Produktionsprozess
- unproblematische Terminplanung, Maschinenbelegung und Reihenfolgeplanung
- gleichmäßige Kapazitätsauslastung
- schnelle und einfache Ersetzbarkeit der Arbeitnehmer

---

[266] vgl. Blohm/Beer/Seidenberg/Silber (2008), S. 281

- niedrige Personalkosten aufgrund gering qualifizierter Mitarbeiter
- Spezialisierungsvorteile durch weitgehend homogene Produkte
- hohe Produktivität

Nachteile der Fließfertigung:

- hoher Kapitalbedarf durch den Einsatz von Spezialmaschinen
- geringe Flexibilität bei Kundenwünschen
- mangelnde Anpassungsfähigkeit bei Nachfragerückgang
- hohe Störanfälligkeit des Fertigungsprozesses
- hoher Instandhaltungsaufwand
- einseitige körperliche Belastung der Mitarbeiter durch ständig wiederkehrende Verrichtung weniger Handgriffe
- psychische und soziale Probleme bei den Mitarbeitern aufgrund der Monotonie der Aufgaben

Bei der **Reihenfertigung** treten diese Vor- und Nachteile in abgeschwächter Form auf.

Die **dritte Grundform** von Organisationstypen der Fertigung sind die **teilautonomen Arbeitsgruppen**.

Ursprünglich wurden sie vor allem deshalb eingesetzt, um die sozialen, psychischen und körperlichen Belastungen von Mitarbeitern der Fertigung und die damit verbundene Arbeitsunzufriedenheit zu verringern.[267] Heute hat man längst erkannt, dass sich damit die wichtigsten Vorteile der Werkstatt- und Fließfertigung kombinieren lassen und gleichzeitig ein großer Teil der negativen Folgen vermieden wird. Das Konzept geht mittlerweile weit über die soziale Verbesserung der Fertigungsorganisation hinaus.

Bei der Bildung der Teams fasst man Aufgabenträger und die notwendigen Maschinen und Werkzeuge zu **Funktionsgruppen** zusammen. Innerhalb einer Gruppe gilt das **Objektprinzip**. Die Gruppen sind untereinander nach dem **Verrichtungsprinzip** verbunden.[268]

Jede Arbeitsgruppe übernimmt die Verantwortung für einen zusammenhängenden Aufgabenkomplex. Entscheidungs-, Planungs-, Ausführungs- und Kontrollmaßnahmen führen die Mitarbeiter selbst durch, sodass Vorgesetzte im Extremfall überflüssig sind. Die Verbindung der Gruppen erfolgt über Leistungsziele und Qualitätsstandards. Jede Gruppe übergibt ihren fertiggestellten Auftrag an die nächste, bis das Endprodukt zum Kunden geht.

---

[267] vgl. Kirchler/Schrott (2005), S. 521 f.

[268] vgl. Bea/Göbel (2006), S. 361

Da Aufgaben, die früher auf anderen Hierarchieebenen bzw. in anderen Abteilungen durchgeführt wurden, nun von den teilautonomen Arbeitsgruppen erfüllt werden, ergeben sich im gesamten Unternehmen zwangsläufig weitreichende Veränderungen der Arbeitsteilung.

Die **Besonderheiten** der teilautonomen Gruppen leiten sich aus dem Begriff ab:

- Gruppenarbeit und
- Teilautonomie

Bei der **Gruppenarbeit** ist nicht mehr die einzelne Stelle die kleinste organisatorische Einheit, stattdessen wird die Arbeitsgruppe selbst zum **organisatorischen Basissystem**. Eine Gruppe weist diese Merkmale auf:

- Zusammenfassung von komplexen Teilaufgaben
- Übertragung des Aufgabenkomplexes auf eine Personenmehrheit und nicht auf mehrere einzelne Mitarbeiter
- gemeinsame Aufgabenerfüllung in Teamarbeit
- Zuordnung von passenden technischen Hilfsmitteln und von entsprechender Informations- und Kommunikationstechnik

Man kann sinnvollerweise nur dann von Teamarbeit oder **echter Gruppenarbeit** sprechen, wenn

- mehrere Personen
- über einen längeren Zeitraum
- in unmittelbarer Zusammenarbeit
- nach gemeinsamen Werten und Regeln
- gemeinsame Aufgaben bewältigen, um dadurch
- gemeinsame Ziele zu erreichen.
- Dazu entwickeln die Mitglieder ein Wir-Gefühl und
- eine bestimmte Rollenverteilung innerhalb der Gruppe.

Grundlegend für die Gruppenarbeit ist das **Prinzip des gegenseitigen Vertretens**. Jedes Gruppenmitglied beherrscht mehrere Aufgaben, um einen systematischen Arbeitsplatzwechsel zu gewährleisten und kurzfristig für einen verhinderten Kollegen einspringen zu können.

Beim zweiten Charakteristikum, der **Teilautonomie**, unterscheidet man

- Autonomiebereiche und
- Autonomiegrade.

Die **Autonomiebereiche** teilautonomer Gruppen sind in der Praxis unterschiedlich ausgeprägt. Da die Gruppenmitglieder einem Lernprozess unterliegen, beginnt man in der Regel zunächst mit einigen wenigen Autonomiebereichen, die dann im Laufe der Zeit systematisch erweitert werden.

Ihre Entscheidungen können sich z.B. auf diese Bereiche beziehen:[269]

- Aufgabenverteilung innerhalb der Gruppe
- Arbeitsgeschwindigkeit
- Pausenregelung
- kleinere Reparaturen und Wartungsaufgaben
- Wahl eines Koordinators und Gruppensprechers
- Vertretungsregelungen
- Materialumschlag und -transport
- Urlaubsplanung
- Serienplanung
- Wareneingangskontrolle
- Prozess- und Qualitätskontrolle
- kontinuierliche Verbesserungsprozesse
- Auswahl von Produktionsmethoden
- Wahl der technologischen Ausstattung
- Notwendigkeit von Personalentwicklungsmaßnahmen
- Mitsprache bei der Neueinstellung von Gruppenmitgliedern
- Mitsprache bei der Entlassung von Gruppenmitgliedern

Je nach Fähigkeiten und Potenzial der Gruppenmitglieder ergeben sich für die Autonomiebereiche sukzessive neue Erweiterungs- und Veränderungsmöglichkeiten. Dies gilt auch für die **Autonomiegrade**, die für jeden Autonomiebereich unterschiedlich gestaltet und jederzeit variiert werden können. Dabei unterscheidet man:

- Alleinentscheidungsrecht
- Mitbestimmungsrecht

---

[269] vgl. Antoni, C.H. (1994), S. 36 f.

- Vetorecht
- Informationsrecht

Die Autonomie der Gruppe ist in jedem Fall durch Plan- und Zeitvorgaben sowie durch Produktions- und Qualitätsvorgaben begrenzt.[270] An strategischen Entscheidungen und gesamtbetrieblichen Beschlüssen hinsichtlich des Produktionsprogramms sind teilautonome Gruppen nicht beteiligt.

Ihre **erfolgreiche Arbeit** hängt davon ab, ob das technische Arbeitsumfeld, die Arbeitsumgebung und die Führungsorganisation angepasst und die notwendigen personellen Veränderungen vorgenommen werden. Teilautonome Arbeitsgruppen bieten sehr gute Möglichkeiten zur Persönlichkeitsentfaltung, Selbstverwirklichung und sozialen Interaktion.

Auch die **Arbeitstechnologie** ist an die neue Arbeitssituation anzupassen. Dabei geht es nicht nur um die Werkzeuge und Sachmittel für den Produktionsprozess. Die zusätzlichen Aufgaben der Teams erfordern, dass bedarfsgerechte Informations- und Kommunikationstechnik zur Verfügung gestellt wird. Außerdem werden zur Koordination und Kommunikation Besprechungsräume benötigt.

Besonders weitreichende Änderungen betreffen die **Führungsorganisation**. Wenn anspruchsvollere Aufgaben in die Gruppenarbeit integriert sind, wird die nächst höhere Ebene (Meister, Vorarbeiter, Gruppenleiter) nicht mehr oder nur noch in geringerem Umfang benötigt. Außerdem ist kooperatives Führen notwendig. Die Vorarbeiter müssen in die Gruppe eingebunden werden, aus Gruppenleitern und Meistern werden Gruppenmanager und Koordinatoren.

Des Weiteren muss ein effektives **Kennzahlensystem** aufgebaut werden, da die Kommunikations- und Informationsbeziehungen zwischen den Arbeitsgruppen zunehmen und die Koordination über Leistungsvorgaben erfolgt.

Schließlich ist auch die **Entgeltstruktur** der Gruppensituation anzupassen.

Die **personellen Änderungen** erfordern umfangreiche Personalentwicklungsmaßnahmen hinsichtlich der Fach-, Methoden- und Sozialkompetenz sowohl bei den Gruppenmitgliedern als auch auf den anderen betroffenen Hierarchieebenen. Um Unsicherheit abzubauen und die Akzeptanz zu fördern, ist zudem eine rechtzeitige und umfassende Information der Gruppenmitglieder und der anderen Betroffenen nötig.

Eine besondere Form der teilautonomen Gruppen sind **Fertigungsinseln**. Deren zentrales Merkmal ist die „räumliche Zusammenfassung des zur Fertigung einer Teilfamilie erforderlichen Teilespektrums, der Maschinen und Anlagen sowie der Mitarbeiter"[271].

Alle Teile, die mit gleichen Maschinen und Werkzeugen gefertigt werden können, verbindet man zu **Fertigungsfamilien**. Die benötigten Maschinen und Werkzeuge werden räumlich in

---

[270] vgl. Schulte-Zurhausen (2002), S. 140

[271] Bühner (2004), S. 277

einer sog. **Insel** konzentriert. Die Gruppen erhalten feste Autonomiebereiche und -grade für die Erfüllung des Fertigungsprozesses.

Fertigungsinseln bestehen meist aus sechs bis acht Mitarbeiter. Da man davon ausgeht, dass nicht immer alle Arbeitsplätze gleichmäßig ausgelastet sind, ist die Zahl der Arbeitsplätze in der Regel höher als die Mitarbeiterzahl. Jedes Mitglied der Arbeitsgruppe muss deshalb mehrere Funktionen beherrschen und an mehreren Arbeitsplätzen tätig sein können. Viele Unternehmen berücksichtigen den Grad der zusätzlichen Qualifikation sowie die Fähigkeit und Bereitschaft, wechselnde Aufgaben zu übernehmen, bei der Vergütung.

Vorteile von teilautonomen Arbeitsgruppen:

- optimale Nutzung der Human Resources
- hohe Arbeitszufriedenheit
- geringere Fluktuations- und Absentismusrate
- breite Einsetzbarkeit der Gruppenmitglieder
- große Flexibilität bei Änderungen des Produktionsprogramms
- kurze Transportwege und übersichtlicher Materialfluss
- Produktivitätssteigerungen
- hohes Qualitätsniveau

Die **Nachteile** des Einsatzes teilautonomer Arbeitsgruppen:

- Notwendigkeit umfassender Umstrukturierungen
- hoher sozialer Druck in der Arbeitsgruppe
- zum Teil langwierige Entscheidungsfindung
- hohe Personalentwicklungskosten für die Anpassung der Kompetenzen
- hohe Personalkosten aufgrund der besseren Qualifikation der Mitarbeiter
- hohe Investitionskosten für zusätzliche Sachmittel
- hohe Anlaufkosten

Die bisherigen empirischen Untersuchungen zu teilautonomen Gruppen belegen große ökonomische Vorteile. Inwieweit sie dauerhaft sehr gute Ergebnisse liefern, ist noch abzuwarten, weil vor allem Pilotgruppen mit freiwilligen Teilnehmern betrachtet wurden, die neuen Konzepten gegenüber besonders aufgeschlossen waren.

Möglicherweise werden die Ergebnisse auch durch den sog. **Hawthorne-Effekt** verfälscht.[272] Danach führt allein die Tatsache, dass die untersuchten Gruppen im Mittelpunkt der Aufmerksamkeit von Vorgesetzten, Beratern und Wissenschaftlern stehen, zu einer Leistungssteigerung.

Inwieweit die Erfolge auf diesen Effekt, auf das Engagement der freiwillig teilnehmenden Mitarbeiter oder tatsächlich auf das Konzept der teilautonomen Arbeitsgruppen zurückzuführen sind, ist deshalb bis auf weiteres unklar. Die Praxis zeigt, dass sich nicht alle Mitarbeiter in teilautonome Arbeitsgruppen integrieren lassen, weil sie entweder nicht in der Lage oder bereit sind, komplexere und wechselnde Tätigkeiten zu übernehmen, oder weil sie nicht teamfähig oder -willig sind.

4.4.2.3.2 *Leistungstypen*

Je homogener die Erzeugnisse und je größer die Stückzahl, desto stärker wird der Fertigungsprozess auf die herzustellenden Produkte ausgerichtet. Die Entscheidung, welcher Organisationstyp für die Fertigung am besten geeignet ist, hängt also im Wesentlichen von zwei Faktoren ab:

- Homogenität der Aufträge und
- Wiederholungshäufigkeit einzelner Fertigungsprozesse

Nach der Ausprägung dieser Merkmale unterscheidet man diese **Leistungstypen**:[273]

- Einzelfertigung
- Serienfertigung
- Sortenfertigung
- Massenfertigung

Neben dem Leistungstyp spielen bei der Auswahl vor allem die baulichen Gegebenheiten im Fertigungsbereich, Art und Umfang der vorhandenen Transportsysteme, die Qualifikation der eingesetzten Mitarbeiter und die finanziellen Ressourcen eine wichtige Rolle. Den **Zusammenhang zwischen Organisations- und Leistungstypen** zeigt Abb. 4-15.

Einzel- und Massenfertigung bilden die Extremformen, zwischen denen Serien-, Sorten- und Chargenfertigung liegen.

Bei der **Einzelfertigung** werden individuelle Produkte, die den Wünschen des Kunden entsprechen, hergestellt. Dabei wird zwischen **einmaliger und wiederholter Einzelfertigung** unterschieden. Im ersten Fall wird jeder einzelne Auftrag auf Kundenwunsch konstruiert

---

[272] vgl. Bühner (2004), S. 275

[273] vgl. Blohm/Beer/Seidenberg/Silber (2008), S. 277; Schulte-Zurhausen (2002), S. 110; Wetzel/ Fischer/Mentze/Nieß (2001), S. 155

und gefertigt. Bei der wiederholten Einzelfertigung wird ein Auftrag mit geringfügigen Abwandlungen mehrmals hergestellt. Die ursprüngliche Konstruktion kann weitgehend wiederverwendet werden. Die Abstände zwischen den Fertigungszeiten sind jedoch so groß, dass die erforderlichen Fertigungseinrichtungen nicht vorgehalten werden, sondern im Bedarfsfall neu angeschafft bzw. zusammengefügt werden müssen. Die Arbeitsvorbereitung ist bei der Einzelfertigung deshalb sehr umfangreich.

Organisationstypen / Fertigungstypen	Werkstattfertigung	Reihenfertigung	Fließbandfertigung	Vollautomatische Fertigung	Teilautonome Arbeitsgruppen
Einzelfertigung	X				X
Kleinserienfertigung	X				X
Sortenfertigung	X	X			X
Großserienfertigung			X	X	X
Massenfertigung			X	X	

Abb. 4-15: Zusammenhang zwischen Organisations- und Leistungstypen der Fertigung

Einzelfertigung findet man vor allem in der **Investitionsgüterindustrie**, z.B. im Hoch- und Tiefbau, Schiffsbau und Großmaschinenbau.

Wenn mehrere gleichartige Produkte hergestellt werden, deren Zahl begrenzt ist, handelt es sich um eine **Serienfertigung**. Sie erfolgt in der Regel auf Wunsch eines Kunden, der auch die zu erstellende Menge, die sog. **Losgröße**, festlegt. Je nach Auftragsvolumen unterscheidet man zwischen **Groß- und Kleinserienfertigung**. Die Produkte einer Serie sind homogen, die Fertigung ist stark standardisiert. Für jede neue Serie müssen die technischen Einrichtungen umgerüstet und angepasst werden. Bei großen Serien müssen sie teilweise extra entwickelt werden.

Serienfertigung findet man beispielsweise in der **Auto-, Möbel- und Elektroindustrie**.

Bei eng verwandten Produkten, die nur geringe Unterschiede im Herstellungsprozess aufweisen, kann man mit denselben Maschinen und Werkzeugen verschiedene Varianten herstellen, ohne dass in größerem Umfang Umrüstarbeiten erforderlich sind. Man nennt diese Produkte

4.4 Besonderheiten der Organisationsgestaltung von Fertigung und Verwaltung

Sorten und den Produktionsprozess **Sortenfertigung**. Sorten werden meist in großen Mengen hergestellt, und die Sortenzusammensetzung wird über längere Zeit konstant gehalten. Die Sortenfertigung ist in der **Konsumgüterindustrie** weit verbreitet. Beispiele sind die Herstellung von Bier, Zigaretten und Kraftstoff.

Eine Sonderform der Sortenfertigung ist die **Chargenfertigung**. Hier sind die Unterschiede zwischen den Produkten nicht beabsichtigt, sondern entstehen von selbst. Sie treten auf, weil der Fertigungsprozess aus technischen Gründen nicht immer genau gleich ablaufen kann oder weil die Ausgangsmaterialien geringfügig variieren. Bei der Herstellung von Farben und Lacken entstehen beispielsweise bei jeder Fertigung Produkte mit geringfügigen farblichen Abweichungen, sodass die einzelnen Chargen nicht gemeinsam weiterverarbeitet werden können. Deshalb sind solche Produkte mit Chargennummern gekennzeichnet, die angeben, aus welchem Produktionsprozess ein Erzeugnis stammt.

Die **Massenfertigung** ist durch eine sich ständig wiederholende Fertigung gleichartiger Produkte gekennzeichnet. Die Stückzahlen werden auf unbegrenzte Zeit und mit unbegrenzten Wiederholungen geplant, es wird also keine Losgröße festgelegt. Deshalb ist es sinnvoll, dass im Fertigungsprozess genau passende Maschinen, Werkzeuge, Fließbänder etc. eingesetzt werden. Oft werden Maschinen und Werkzeuge eigens für diese Produktionsprozesse konstruiert. Ein typisches Beispiel für Massenfertigung ist die Energieerzeugung.

4.4.3 Organisation im Verwaltungsbereich

In diesem Kapitel werden allgemeine Aspekte der Arbeitsorganisation im Verwaltungsbereich behandelt. Wirtschaftsinformatiker betrachten die detaillierte Organisation der Prozesse im Verwaltungsbereich bzw. der Erstellung von Dienstleistungen zunehmend als ihre Domäne.

4.4.3.1 Personale, temporale und lokale Synthese

Nicht nur in der Fertigung sind Arbeitsabläufe zu organisieren, auch die Erfüllung von **Verwaltungsaufgaben** muss geregelt werden. Sie bestehen hauptsächlich aus dem Austausch, der Bewertung und der Bearbeitung von **Informationen**.

In der **personalen Synthese** werden **Spezialisierungsgrad und -art** der Verwaltungsaufgaben bestimmt. Da Denkprozesse den Schwerpunkt bilden, ist die Zerlegung der Aufgaben in sehr kleine Arbeitselemente – anders als bei vielen Fertigungsprozessen – nicht sinnvoll. Der Spezialisierungsgrad ist deshalb in der Regel geringer als im Fertigungsbereich.

Die Art der Spezialisierung kann verrichtungs- oder objektzentralisiert gestaltet werden. Eine Gliederung des Personalbereichs in Führungskräfte-, Mitarbeiter- und Azubi-Betreuung stellt beispielsweise eine Objektzentralisation dar. Die Spezialisierung auf Controlling-, Marketing- oder Finanzierungsaufgaben ist ein Beispiel für eine Verrichtungszentralisation.

Die **Automatisierung** von Routineaufgaben ist im Verwaltungsbereich durch den umfangreichen Einsatz von Informations- und Kommunikationstechnik sehr ausgeprägt, man denke nur an viele Tätigkeiten in der Buchhaltung oder die Erstellung eines Betriebsabrechnungsbogens in der Kosten- und Leistungsrechnung. Trotzdem oder gerade deshalb ist die **Standardisierung** der verbleibenden Verwaltungsaufgaben deutlich geringer ausgeprägt als in der Fertigung. Der Mitarbeiter hat in der Regel mehr Freiraum bei der Auswahl seiner Vorgehensweisen und Arbeitsmethoden.

Die Festlegung der **Reihenfolge der Auftragsbearbeitung**, die im Rahmen der **temporalen Synthese** erfolgt, wird unter logischen und sachlichen Gesichtspunkten vorgenommen. Da Verwaltungsaufgaben häufig heterogen sind, kann man ein genaues Pensum oder gar feste Taktzeiten nur in seltenen Fällen bestimmen. So dauert die Bearbeitung einer Kundenbeschwerde nicht immer gleich lang, auch wenn die prinzipielle Vorgehensweise jeweils identisch ist. Deshalb werden zwar meist die Prozessschritte, aber keine genauen Vorgabezeiten definiert.

Auch eine detaillierte **Leistungsabstimmung** zwischen den Mitarbeitern erfolgt in der Regel nicht. Nur bei wenigen, sehr stark standardisierten Aktivitäten ist eine genaue zeitliche Bestimmung überhaupt möglich. Ansonsten. Ansonsten werden lediglich relativ grobe Festlegungen von üblichen Arbeitsmengen vorgenommen, die für jeden Mitarbeiter etwa gleich groß sind.

In der **lokalen Synthese** überwiegt im Verwaltungsbereich die **verrichtungsorientierte Anordnung der Arbeitsplätze**. Man richtet Büros für den Einkauf, das Lager, das Marketing, die Personalbetreuung etc. ein. Aufträge, die verschiedene Bereiche betreffen, durchlaufen die jeweiligen Abteilungen. Der abteilungsübergreifende Kommunikationsbedarf ist deshalb sehr hoch.[274]

Der ergonomischen **Gestaltung der Arbeitsplätze und der Arbeitsumgebung** wird aus Motivationsgründen eine besonders große Bedeutung beigemessen. Selbstverständlich werden humanitäre und gesundheitliche Aspekte bei der Gestaltung berücksichtigt. Allerdings sind in der Verwaltung die Arbeitsplatzmerkmale viel mehr als im Fertigungsbereich auch ein **Statussymbol**.

4.4.3.2 Auswirkungen der Informations- und Kommunikationstechnologie auf die Organisation des Verwaltungsbereichs

Die Verwaltungsorganisation hat sich durch den Einsatz moderner Informations- und Kommunikationstechnik stark verändert. Die Gründe, weshalb man auf moderne Technologie setzt, entsprechen denjenigen in der Fertigung:

- Steigerung der Arbeitsproduktivität
- Erhöhung der Arbeitsqualität
- Beschleunigung des Informationsflusses
- Verbesserung der Servicequalität

---

[274] vgl. Bea/Göbel (2006), S. 364

Es sind neue Formen der Zusammenarbeit zwischen den Mitarbeitern sowie zwischen Mitarbeitern und Unternehmen entstanden, bei denen Abteilungsgrenzen und hierarchische Strukturen verwischen und an Bedeutung verlieren.[275]

Zwei wichtige Entwicklungen sind zu beobachten:[276]

- Dezentralisierung von Arbeitsplätzen
- Dezentralisierung von Entscheidungen

4.4.3.2.1 *Dezentralisierung von Arbeitsplätzen*

Mit der Flexibilisierung des Arbeitsortes verabschiedet man sich von dem Postulat, dass eine Arbeitsleistung immer am selben Ort zu erbringen ist. In den letzten Jahren haben sich wichtige zwei Formen herausgebildet:

- Desk-Sharing-Konzepte oder virtuelle Büros
- Telearbeit oder Telework

In vielen dienstleistungsorientierten Unternehmen, in denen Kommunikation eine große Rolle spielt, halten sich Mitarbeiter nur selten an ihrem Arbeitsplatz auf. Sie befinden sich bei Kunden, bei Lieferanten, bei Kollegen, in Konferenzräumen etc. Ein großer Teil der Büros ist demzufolge regelmäßig unbesetzt, dennoch fallen Miet-, Heizungs-, Reinigungs- und Stromkosten etc. an. Auch während der Urlaubszeit und bei Dienstreisen stehen Büros leer bzw. sind Arbeitsplätze unbesetzt.

Desk-Sharing-Konzepte oder **virtuelle Büros** versuchen diesen Leerstand zu verringern, indem Mitarbeiter auftragsbezogen zusammengefasst werden und ggf. bei neuen Aufgaben ihren Arbeitsplatz wechseln.[277] Im Extremfall steht gar kein fester Arbeitsplatz mehr zur Verfügung, stattdessen melden die Mitarbeiter ihren Bedarf in der Zentrale an und erfahren beim Eintreffen im Unternehmen, wo ein Schreibtisch bzw. ein Büro für sie reserviert ist.[278]

Die benötigte Informations- und Kommunikationstechnik wird ihnen während ihrer Anwesenheit bedarfsgerecht zur Verfügung gestellt. Just-in-time werden auch die benötigten Arbeitsunterlagen, Schreibtischutensilien und persönlichen Dinge herbeigeschafft. Sie sind in der Regel in einem Rollcontainer eingeschlossen, der in einem Lagerraum abgestellt wird, solange der Mitarbeiter nicht anwesend ist bzw. sie nicht benötigt. Einige Unternehmen haben mit dieser Vorgehensweise die Arbeitsplätze auf die Hälfte ihrer Mitarbeiterzahl reduzieren können.[279]

---

[275] vgl. Kieser/Walgenbach (2007), S. 412

[276] vgl. Bühner (2004), S. 337 ff.

[277] vgl. o. V. (2002), S. 54 f.

[278] vgl. Kröger/Dürand/Seeger (1998), S. 106 f.

[279] vgl. Gsteiger (1996), S. 71

Vorteile virtueller Büros:

- Kosteneinsparungen bei Miete, Heizung, Strom und Reinigungsarbeiten
- bessere Kommunikations- und Kontaktmöglichkeiten
- kürzere und schnellere Informationswege
- Motivationssteigerung bei den an einem Projekt beteiligten Mitarbeiter, die sich aufgrund der räumlichen Nähe häufiger besprechen können
- Steigerung der Kreativität durch räumliche Nähe der Teammitglieder
- größere Befriedigung sozialer Bedürfnisse durch wechselnde Zimmernachbarn

Nachteile:

- Verlust an Individualität
- keine eigene Gestaltung des Arbeitsplatzes möglich
- Verlust von Statussymbolen bei Führungskräften

Desk-Sharing-Konzepte eignen sich nicht gleichermaßen für alle Stellen. Bei Mitarbeitern, die keine häufig wechselnden Aufgaben erfüllen, interner Ansprechpartner für andere Mitarbeiter sind, spezielle (technische) Arbeitsmittel benötigen oder üblicherweise ihre Aufgaben an einem festen Ort erfüllen, kommen die Vorteile nicht zum Tragen. Beispiele dafür sind Logistik- und Controlling-Abteilungen, Rechenzentren und Personalabteilungen.

Viele Aufgaben müssen gar nicht im Unternehmen erfüllt werden, sondern können stattdessen als **Telearbeit** (Telework) ausgeführt werden.

Unter Telearbeit versteht man Tätigkeiten, die ganz oder teilweise an einem Arbeitsplatz verrichtet werden, der außerhalb der zentralen Betriebsstätte liegt. Der Arbeitsplatz ist mittels Informations- und Kommunikationstechnik mit dem Unternehmen verbunden. Telework eignet sich für Arbeiten, die keinen häufigen, direkten Kontakt zu anderen Stellen erfordern, z.B. Programmierarbeiten, standardisierte Sachbearbeitungsaufgaben oder bestimmte kreative Tätigkeiten.

Eine Befragung des Instituts der deutschen Wirtschaft im Jahr 2003 ergab, dass Telearbeitsplätze in Deutschland noch immer wenig verbreitet sind. Von 878 befragten Unternehmen boten lediglich 7,8 Prozent solche Arbeitsplätze an.[280]

Nach dem räumlichen **Dezentralisationsgrad** unterscheidet man diese **Formen** der Telearbeit, zwischen denen in der Praxis Mischformen existieren:

- Home Based Telework
- Center Based Telework

---

[280] vgl. Flüter-Hoffmann/Solbrig (2003), S. 9

- On-site Telework
- mobile Telework

Die **Home Based Telework**, die Telearbeit zu Hause, ist die bekannteste und am weitesten verbreitete Form der Telearbeit. Im Extremfall steht dem Mitarbeiter gar kein eigener Arbeitsplatz beim Arbeitgeber zur Verfügung. Da der Mitarbeiter in seiner häuslichen Umgebung arbeitet, spricht man auch von **Homeoffice**.

Um seine Aufgaben zu erfüllen, benötigt der Arbeitnehmer zusätzliche Räumlichkeiten und passende Arbeits- und Kommunikationsmittel vor Ort. Mit dem Unternehmen tritt er per Internet und Telefon in Kontakt. Auf diesem Wege erhält er die notwendigen Informationen und Arbeitsanweisungen und liefert auch seine Arbeitsergebnisse ab. Die Kosten für Technik und Kommunikation trägt in der Regel der Arbeitgeber. Einige Unternehmen beteiligen sich auch an den Kosten für die Räumlichkeiten.

Häufig wird diese Form der Telearbeit mit Teilzeitarbeit kombiniert. Sie wird insbesondere von Personen geschätzt, die Familie und Beruf in Einklang bringen möchten. Auch für Behinderte mit eingeschränkter Mobilität schafft Home Based Telework bessere Integrationsmöglichkeiten.[281] Dem Unternehmen bietet sie Gelegenheit, qualifizierte und eingearbeitete Mitarbeiter zu gewinnen bzw. zu halten, die es ansonsten eventuell verlieren würde.

An den Arbeitnehmer werden neben der fachlichen Qualifikation hohe soziale **Anforderungen** gestellt. Es muss ihm gelingen, in der häuslichen Umgebung familiäre und berufliche Verpflichtungen zu trennen.[282] Als „Einzelkämpfer" muss er in der Lage sein, sich selbst zu motivieren, zu disziplinieren und zu kontrollieren und mit der sozialen Isolation fertig zu werden. Da die Kommunikation nicht face-to-face, sondern schriftlich per Internet oder Intranet bzw. per Telefon abläuft, muss er über ein sehr präzises Ausdrucksvermögen und hohe sprachliche Sensibilität verfügen, weil Mimik und Gestik die Kommunikation nicht unterstützen können.

Um die Nachteile zu verringern, wird in vielen Arbeitsverträgen inzwischen eine regelmäßige vertraglich geregelte Anwesenheitspflicht im Unternehmen vereinbart, z.B. nimmt der Mitarbeiter immer dienstags am Jour fix der Arbeitsgruppe teil und verbringt diesen Arbeitstag im Unternehmen. Da er zwischen mehreren Arbeitsplätzen wechselt, wird eine solche Kombination als **alternierende Telearbeit** bezeichnet. Der dafür benötigte betriebliche Arbeitsplatz kann z.B. als Desk-Sharing-Platz zur Verfügung gestellt werden. Auch die regelmäßige Teilnahme an Fortbildungsveranstaltungen wird oft vertraglich festgehalten.

BMW stellte in einem zweijährigen Pilotprojekt fest, dass die Fehlzeiten von Telearbeitnehmern deutlich niedriger sind als bei Mitarbeitern, die ihren Arbeitsplatz im Unternehmen

---

[281] vgl. Bühner (2004), S. 338; Fauth-Herkner/Leist (2002), S. 76

[282] vgl. Winker (2001), S. 52 ff.

haben. Teleworker legen Behörden- und Arztbesuche seltener in die Arbeitszeit und fangen nach Krankheiten früher an zu arbeiten, da sie das Haus nicht verlassen müssen.[283]

Vorgesetzte wenden gegen Home Based Telework oft ein, dass sie keine Kontrolle über die Arbeit ihres Mitarbeiters haben. Dies ist jedoch nur insofern richtig, als hinsichtlich der Arbeitszeit Informationen fehlen. Ein traditionelles Führungsverständnis, das auf direkten Anweisungen und häufigen Kontrollen beruht, ist hier nicht angebracht. Der Vorgesetzte muss seine Art zu führen ändern. Personalisierte, direkte Führung muss zugunsten von klaren Zielvereinbarungen und Management by Objectives verringert werden.[284] Mit diesen Maßnahmen kann der Vorgesetzte die Arbeitsergebnisse und die Zielerreichung kontrollieren und nicht das „Sitzen am Schreibtisch".

Aus ökologischer Sicht wird die Umwelt entlastet, da keine bzw. weniger Fahrten zum Unternehmen nötig sind.

Vorteile der Home Based Telework:

- Ersparnis von Büros bzw. Arbeitsplätzen im Unternehmen
- Verringerung von Heizungs-, Strom- und Reinigungskosten im Unternehmen
- Anreizinstrument für das Personalmarketing
- geringere Personalnebenkosten, z.B. Fahrgeldzuschuss, Zuschuss zum Kantinenessen
- weniger Fluktuation bei qualifizierten Mitarbeitern
- geringere Fehlzeiten
- leichtere Vereinbarkeit von Beruf und Familie
- Motivationssteigerung durch Vereinbarung von beruflichen und privaten Interessen
- höhere Kreativität durch ruhigere Arbeitsatmosphäre
- Anpassung der mengenmäßigen und zeitlichen Aufgabenerfüllung an den persönlichen Leistungsrhythmus
- flexiblere Freizeitgestaltung
- höhere Arbeitszufriedenheit
- Zeit- und Kostenersparnis für den Mitarbeiter durch Wegfall der Fahrten zum Unternehmen
- Entwicklungschancen für ländliche, strukturschwache Gebiete

---

[283] vgl. Sauermann (2005), S. 38

[284] vgl. Pesch (2005), S. 57; Köppel/Sattler (2009), S. 26 ff.

- leichtere Eingliederung benachteiligter Arbeitnehmergruppen ins Erwerbsleben
- Schonung der Umwelt durch weniger Pendelverkehr
- Entlastung der Verkehrswege

Die **Nachteile** sind:
- zusätzliche Kosten für Infrastruktur in der häuslichen Umgebung des Mitarbeiters
- mögliche Probleme des Datenschutzes und der Datensicherheit
- geringere Kontrollmöglichkeiten bzgl. der tatsächlichen Arbeitszeiten
- zusätzlicher Platzbedarf in der häuslichen Umgebung des Mitarbeiters
- geringer Kontakt zu Kollegen und Geschäftspartnern
- Gefahr mangelnder Identifikation mit dem Unternehmen und seinen Zielen
- Probleme bei der Trennung zwischen Berufs- und Privatleben
- Gefahr sozialer Isolation
- Gefahr, als Teleworker bei Beförderungen und Personalentwicklungsmaßnahmen übergangen (vergessen) zu werden

Die **Vor- und Nachteile** der Home Based Telework gelten in geringerem Umgang auch für die **Center Based Telework**.

Sie ist durch die Einrichtung von **Satellitenbüros** gekennzeichnet, die eine Art ausgelagerte Betriebsstätte darstellen. Dazu fasst man mehrere Telearbeitsplätze zusammen und stellt von Unternehmensseite Arbeitsräume zur Verfügung. Diese befinden sich in der Nähe der Wohnorte der Mitarbeiter, meist nicht in Innenstadtlage, sondern am Stadtrand. Häufig werden sie bewusst an der Peripherie von Ballungszentren eingerichtet. Für viele Mitarbeiter verkürzt sich damit der Anfahrtsweg zur Arbeitsstätte.

Dem Unternehmen entstehen geringere Mietkosten, da das Mietniveau für Büroräume niedriger als in den Innenstädten ist. Datenschutz und Datensicherheit können im Vergleich zur Home Based Telework besser gewährleistet werden. Die Ausstattung mit Hard- und Software ist weniger aufwändig, denn nicht jeder Mitarbeiter muss über alle Komponenten verfügen. So benötigt man nur einen gemeinsamen Kopierer und ein Faxgerät. Außerdem wird die soziale Isolation reduziert. Durch Anwesenheitspflicht und Zeiterfassungssysteme können auch die Kontrollmöglichkeiten verbessert werden.

Eine Sonderform der Center Based Telework sind **Nachbarschaftsbüros**. Ähnlich wie die Satellitenbüros befinden sie sich außerhalb der Ballungszentren in räumlicher Nähe der Wohnorte der Mitarbeiter. Sie werden jedoch nicht nur von den Arbeitnehmern eines Unternehmens genutzt. Vielmehr teilen sich mehrere Unternehmen die Räumlichkeiten und möglicherweise bestimmte Serviceeinrichtungen wie Sekretariat, Telefondienst, Empfang und Hausmeisterdienst.

Telearbeit, die bei einem Kunden oder Geschäftspartner stattfindet, bezeichnet man als **Onsite Telework**. Der Mitarbeiter hat für einen längeren Zeitraum, meist bis zum Abschluss eines umfangreichen Auftrags, keinen Arbeitsplatz im Unternehmen, sondern arbeitet unmittelbar beim Kunden bzw. Geschäftspartner. Durch IuK-Technik ist er mit seinem Unternehmen verbunden. Nach Beendigung des Auftrags arbeitet er entweder bei einem anderen Kunden oder kehrt an seinen Arbeitsplatz im Unternehmen zurück.

Bei der weitestgehenden Form von Arbeitsplatzdezentralisierung, der **mobilen Telework**, hat der Mitarbeiter überhaupt keinen festen Arbeitsplatz mehr. Den Kontakt zum Unternehmen hält er mithilfe von IuK-Technik aufrecht. Typische Beispiele für solche Stellen sind Außendienstjobs.

4.4.3.2.2 Dezentralisation von Entscheidungen

Da die Kommunikation durch den Einsatz neuer Technologien erleichtert wird, entsteht mehr Spielraum für Entscheidungsdezentralisation. Benötigte Informationen sind einfacher und schneller zu bekommen, weshalb Entscheidungen von hierarchisch niedrigeren Stellen getroffen werden können, wodurch sich deren Entscheidungsfindung qualitativ und zeitlich verbessert.[285] Gleichzeitig wird die **Informationsmacht** der Vorgesetzten, der früher das Vorrecht hatte, Informationen nach seinen Interessen zu verteilen oder exklusiv für sich zu behalten, verringert.

Die Mitarbeiter erhalten durch die Dezentralisation interessantere und umfassendere Aufgaben als früher. Sie sind allerdings auch stärker gefordert, da nun ihnen – und nicht mehr ihren Vorgesetzten – die Entscheidungen obliegen und sie aus der Fülle der Informationen die relevanten auswählen und bewerten müssen. Ihre Qualifikation muss deshalb höher sein als früher, gleichzeitig steigt ihre Verantwortung. Davon verspricht man sich eine höhere Motivation, da die Mitarbeiter komplexere Aufgaben bearbeiten, Eigeninitiative ergreifen und ihre Kreativität entfalten können.

Die Entscheidungsdezentralisation ist eng mit der Entscheidungsdelegation verknüpft, bei der es darum geht, dass der Vorgesetzte Entscheidungsbefugnisse an seine Mitarbeiter abgibt. Durch die Delegation kommt es zur Entscheidungsdezentralisation. Auf ihre Vor- und Nachteile wurde bereits in Kapitel 3.5 hingewiesen.

4.5 Darstellungstechniken der Prozessorganisation

4.5.1 Überblick

Darstellungstechniken bilden organisatorische Sachverhalte verdichtet ab und beschreiben Zusammenhänge überblicksmäßig. Sie werden sowohl zur Illustration von Ist- als auch von Sollzuständen verwendet.

---

[285] vgl. Bühner (2004), S. 340 ff.

Die **Dokumentation von Istzuständen** dient dem besseren Verständnis von organisatorischen Sachverhalten und fördert eine einheitliche Wahrnehmung bei den Betrachtern. Schwachstellen können schneller erkannt und Verbesserungsmaßnahmen eingeleitet werden.[286] Die **Darstellung von Sollzuständen** ermöglicht es, angestrebte Änderungen festzuhalten und den Betrachtern zu veranschaulichen.

Neben der Dokumentationsaufgabe haben Darstellungstechniken der Prozessorganisation eine **verhaltenssteuernde Wirkung**. Sie bieten den Mitarbeitern die Möglichkeit, sich über Prozesse, Zusammenhänge, Aktivitäten, Verantwortungsbereiche etc. umfassend zu informieren.

Prozessorganisatorische Sachverhalte können auf unterschiedliche Weise dargestellt werden:

- **verbale Darstellungen:** Der Schwerpunkt der verbalen Dokumentation liegt auf der ausführlichen Beschreibung und Erklärung einzelner Strukturmerkmale und Regelungen. Es handelt sich um fortlaufende Texte, die der besseren Übersichtlichkeit wegen durch Absätze, Hervorhebungen, Aufzählungen etc. gegliedert werden.

- **grafische Darstellungen:** Sie zielen darauf ab, organisatorische Zusammenhänge in übersichtlicher und oft vereinfachter Form aufzuzeigen. Dazu werden bildhafte Elemente wie geometrische Formen, Linien und Symbole verwendet, die durch Schlagwörter ergänzt werden. Vollständige Sätze werden in der Regel nicht gebildet.

- **mathematische Darstellungen:** Hier werden organisatorische Regeln anhand von mathematischen Formeln und Auswertungen verdeutlicht.

Kombinierte Darstellungen sind ebenfalls möglich.

Folgende, in der Praxis weit verbreitete Darstellungstechniken der Prozessorganisation werden näher beschrieben:

- verbale Prozessbeschreibungen und Arbeits- und Verfahrensanweisungen
- Ablaufdiagramme
- Flussdiagramme
- Prozesslandkarten

Die Darstellungen der Prozessorganisation werden in das **Organisationshandbuch** aufgenommen, das auch die Regelungen zur Aufbauorganisation enthält. Nichtorganisatorische Informationen wie Aussagen zu Unternehmenszielen und zur Unternehmenspolitik, Ausschnitte aus der Satzung, Geschäftsbedingungen oder Lage- und Wegepläne sind in der Regel ebenfalls Bestandteil des Organisationshandbuches.

---

[286] vgl. Schulte-Zurhausen (2002), S. 487

4.5.2 Verbale Prozessbeschreibungen und Arbeits- und Verfahrensanweisungen

Die strukturierte Darstellung eines Arbeitsprozesses mit allen relevanten Informationen bezeichnet man als Prozessbeschreibung.

Sie kann rein verbal in Form eines fortlaufenden Textes erfolgen oder mit Grafiken kombiniert werden. Einrückungen, Unterstreichungen, Aufzählungen und andere Gestaltungen des Textlayouts fördern die Übersichtlichkeit.

Der Detailgrad einer Prozessbeschreibung hängt von den jeweiligen unternehmensspezifischen Anforderungen ab. In der Praxis haben sich diese **Inhalte** als sinnvoll erwiesen:[287]

- **Zweck:** Die Prozessaufgabe wird erläutert und der Prozess grob definiert.
- **Prozessziele:** Es wird möglichst genau beschrieben, was mit dem Prozess erreicht werden soll. Dazu sind Messgrößen für die Zielerreichung anzugeben und Kontrollintervalle festzulegen. Auch diejenigen Stellen, die für die Überprüfung verantwortlich sind, werden genannt.
- **Verwendete Begriffe:** Abkürzungen und Fachbegriffe werden kurz erläutert, damit sichergestellt ist, dass die Regelungen für die beteiligten Mitarbeiter verständlich sind.
- **Ablaufbeschreibung:** Sie bildet den Kern der verbalen Prozessbeschreibung und enthält die ausführliche Darstellung aller anfallenden Tätigkeiten sowie einen Überblick über die jeweiligen Zuständigkeiten. Für eine bessere Anschaulichkeit und Verständlichkeit werden Prozessbeschreibungen oft durch Ablauf- und Flussdiagramme ergänzt.
- **Geltungsbereich:** Hier wird aufgeführt, in welchem Bereich des Unternehmens und in welcher Situation der Prozess durchgeführt werden soll.
- **Weitere Dokumente:** Sofern andere Dokumente, z.B. Beschreibungen angrenzender Prozesse, Arbeits- und Verfahrensanweisungen, gesetzliche Vorschriften etc. berücksichtigt werden müssen, werden sie entweder in die Prozessbeschreibung mit aufgenommen oder es wird darauf verwiesen.

Eine Prozessbeschreibung muss derart gestaltet und formuliert sein, dass die betroffenen Mitarbeiter sie vollständig verstehen können, sich schnell zurechtfinden und sich verpflichtet fühlen, entsprechend zu handeln. Das gilt vor allem dann, wenn die Prozessbeschreibung ein Bestandteil des Qualitätsmanagements ist und z.B. bei einer Zertifizierung nach ISO 9000 ff. herangezogen wird.

In der Praxis wird oft mit **standardisierten Prozessdefinitionsblättern** gearbeitet.[288] So ist gewährleistet, dass alle Prozessbeschreibungen gleich aufgebaut sind und die Mitarbeiter sich schnell in den Unterlagen zurechtfinden. Ein Beispiel zeigt Abb. 4-16.

---

[287] vgl. Klimmer (2007), S. 19 f.; Jung (2002), S. 55 f.

4.5 Darstellungstechniken der Prozessorganisation

Definitionsblatt für den Teilprozess:		
Prozesskategorie:	Hauptprozess:	
Auslösendes Ereignis:	Abschließendes Ereignis:	Menge/Periodizität:
Zielsetzungen:		
Relevante Umwelten (Interessenpartner, andere Prozesse):		
Wesentliche Outputs:	Wesentliche Inputs:	
Hauptaktivitäten:	Beteiligte Funktionen:	Stärken/Schwächen:

Abb. 4-16: Prozessdefinitionsblatt[289]

Vorteile:

- guter Überblick über den Gesamtablauf
- eindeutige, leicht verständliche Informationen
- wenig Akzeptanzprobleme
- gute Basis für Einarbeitung neuer Mitarbeiter

---

[288] vgl. Klimmer (2007), S. 120

[289] entnommen aus: Jung (2002), S. 46

Nachteile:

- aufwändige Erstellung
- regelmäßige Überprüfungen und Änderungen notwendig
- Zusammenhänge mit anderen Prozessen werden nur knapp erläutert

Arbeits- und Verfahrensanweisungen ergänzen die Prozessbeschreibungen. Sie verdeutlichen, wie bestimmte Tätigkeiten im Detail auszuführen und die Ergebnisse der Aktivitäten zu dokumentieren und weiterzuleiten sind.

Arbeitsanweisungen sind in der Regel an einen einzelnen Mitarbeiter gerichtet und erläutern ihm, wie er seine Aufgabe zu erfüllen hat. Verfahrensanweisungen haben dagegen nicht den Mitarbeiter, sondern den Arbeitsprozess im Blickfeld. Sie werden für eine Arbeitsgruppe erstellt und betreffen mehrere Arbeitsplätze.[290] Es handelt sich um exakte Anleitungen, die oft sehr tief gegliedert sind. Häufig werden sogar einzelne Arbeitsschritte mit genauen Anweisungen versehen. Auch die Reihenfolge der Arbeitsschritte sowie die zu verwendenden Werkzeuge und Transportmittel sind vorgeschrieben.

Die Erstellung von Arbeits- und Verfahrensanweisungen ist zeit- und arbeitsaufwändig. Deshalb werden sie vor allem bei Aufgaben angewendet, bei denen Gesetze und Verordnungen ihren Einsatz verlangen. Auch bei gefährlichen Arbeiten kann eine detailgenaue Anweisung sinnvoll sein, um Schaden von den Mitarbeitern fernzuhalten. Hilfreich sind sie außerdem, wenn eine einheitliche Vorgehensweise unabhängig von wechselnden ausführenden Personen erforderlich ist.

Die **Vorteile** von Arbeits- und Verfahrensanweisungen sind:

- hohe Transparenz der Vorschriften
- große Verbindlichkeit durch Schriftform
- Grundlage für Qualitätsmanagement
- leichtere Einarbeitung neuer Mitarbeiter

Die **Nachteile:**

- hoher Erstellungsaufwand
- ständige Überprüfung und Aktualisierung notwendig
- Gefahr der Demotivation, da Eigeninitiative und Kreativität unterdrückt werden
- Gefahr der Unübersichtlichkeit bei großem Umfang

Den Prozessbeschreibungen und ihren Ergänzungen in Form von Arbeits- und Verfahrensanweisungen entsprechen die **Stellenbeschreibungen** in der Aufbauorganisation.

---

[290] vgl. Klimmer (2007), S. 125 f.

4.5.3 Ablaufdiagramme

Prozessbeschreibungen sind wenig hilfreich, wenn es darum geht, einen Überblick zu erhalten, welche Stellen an einem Arbeitsprozess beteiligt sind. Diese Darstellung ist Aufgabe der Ablaufdiagramme.

Dazu wird eine Tabelle in Form einer Matrix erstellt. In die Zeilen trägt man die verschiedenen Teilprozesse oder Elementarprozesse bzw. bei tieferer Gliederung die Prozessschritte ein, in den Spalten werden die beteiligten Stellen aufgelistet. An den Schnittpunkten wird mithilfe **standardisierter Symbole** die Art der Beteiligung eingetragen (vgl. Abb. 4-17).

Üblicherweise enthält ein Ablaufdiagramm diese Angaben:

- **Verantwortung:** Sie bezieht sich auf die fehlerfreie und termingerechte Durchführung der Aktivitäten. Auch die Kostenverantwortung gehört häufig dazu.
- **Mitarbeit:** Es geht darum, welche Mitarbeiter in den Prozess einbezogen sind.
- **Entscheidung:** Hier wird deutlich, welche Stelle bei welchem Prozessschritt entscheidungs- und weisungsbefugt ist.
- **Information:** Mit dem Symbol für Information werden Stellen gekennzeichnet, die über getroffenen Entscheidungen, mögliche Probleme und erzielte Ergebnisse zu informieren sind.

Bei Bedarf ist jederzeit eine Erweiterung des Ablaufdiagramms möglich. Eine Legende, die die verwendeten Symbole erläutert, gehört zum Ablaufdiagramm dazu.

Vorteile:

- Übersicht über die Prozessbeteiligten
- transparenter Überblick über den Ablauf eines größeren Prozesses
- einfache Handhabung
- leichte Anpassung bei Änderungsbedarf
- leichtere Einarbeitung neuer Mitarbeiter

Nachteile von Ablaufdiagrammen:

- Probleme bei der Darstellung verzweigter Abläufe
- logische Abhängigkeiten können nicht dargestellt werden

Aufgrund dieser Nachteile ist der Einsatz von Ablaufdiagrammen nur bei einfachen Abläufen mit wenigen Bearbeitungsobjekten sinnvoll.[291]

---

[291] vgl. Schulte-Zurhausen (2002), S. 499

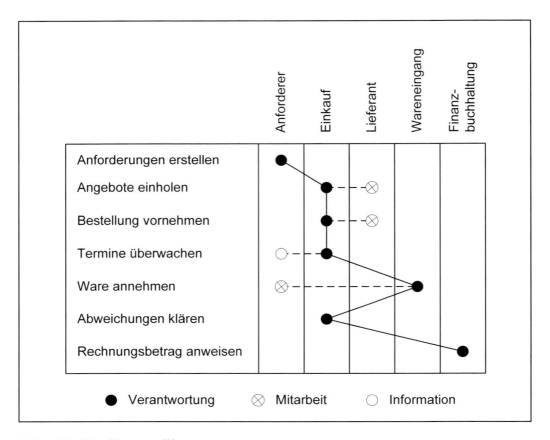

Abb. 4-17: Ablaufdiagramm[292]

Ablaufdiagramme bilden den Gegenpart zu **Funktionendiagrammen** in der Aufbauorganisation.

4.5.4 Flussdiagramme

Flussdiagramme oder Folgepläne dienen dazu, die logischen und zeitlichen Aufgabenfolgen in einem Prozess darzustellen. Durch Verwendung von Symbolen, Verbindungslinien, Verzweigungen oder Rückkopplungen können auch komplexe Prozesse mit logischen Wenn-Dann-Bedingungen und Abhängigkeiten aufgezeigt werden.[293] Abb. 4-18 gibt einen Überblick über die wichtigsten Symbole von Flussdiagrammen. Abb. 4-19 zeigt als Beispiel den Prozess einer Autoreparatur.

---

[292] entnommen aus: Schulte-Zurhausen (2002), S. 498

[293] vgl. Klimmer (2007), S. 123

Symbol	Bedeutung	Symbol	Bedeutung
▭	Ablaufelement (Aktivität, Teilprozess, Arbeitsplatz, Arbeitssystem, Untersystem)	Flusslinie	Und-Verzweigung mit Und-Zusammenführung
◇	Oder-Verzweigung mit Oder-Zusammenführung	◇↻	Oder-Rückkopplung
K2 / S3	Konnektor (der bei K2 unterbrochene Ablauf wird auf Seite 3 fortgesetzt)	S2 / K2	Konnektor (der hier fortgesetzte Ablauf wurde bei K2 auf Seite 2 unterbrochen)
⊤	Ablaufbeginn innerhalb des Untersuchungsbereiches (interne Quelle)	⊥	Ablaufende innerhalb des Untersuchungsbereiches (interne Senke)
⊥	Ablauf soll nicht weiter dargestellt bzw. untersucht werden (Abbruchsenke)	⊥	Zeitliche Unterbrechung des Ablaufes
⬭	Arena (Ablaufelemente, die außerhalb des Untersuchungsbereiches liegen)		

Abb. 4-18: Symbole von Flussdiagrammen

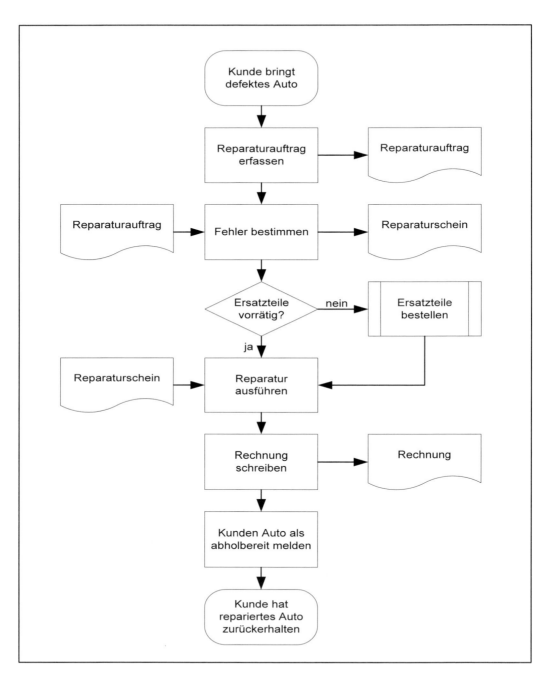

Abb. 4-19: Flussdiagramm[294]

---

[294] entnommen aus: Wilhelm (2007), S. 54

Vorteile von Flussdiagrammen:

- übersichtliche Darstellung von Prozessstrukturen
- leichte Verständlichkeit und Erlernbarkeit
- umfangreiche Software zur Erstellung auf dem Markt vorhanden
- Ergänzungen durch weitere Dokumentationen leicht möglich

Nachteile:

- platzaufwändig
- unübersichtlich bei umfangreichen Prozessen
- hoher Erstellungs- und Änderungsaufwand

4.5.5 Prozesslandkarten

In einem Flussdiagramm wird jeder Prozess mit seinen einzelnen Schritten und beteiligten Stellen für sich betrachtet. Prozesslandkarten fassen mehrere Flussdiagramme zusammen und geben einen Überblick über die Zusammenhänge. Sie stellen laut DIN 9001 die **Abfolge und Wechselwirkung der Prozesse** eines Betriebes dar. Die einzelnen Prozesse werden in detaillierten Ablaufplänen erläutert. Diese **Informationen** sind ersichtlich:[295]

- existierende Prozesse
- Input-/Output-Beziehungen zwischen den Prozessen
- Beziehungen zwischen internen und externen Kunden und Lieferanten
- Prozesse zwischen dem Unternehmen und internen und externen Kunden und Lieferanten

Den Zusammenhang zwischen Prozesslandkarte und Flussdiagrammen zeigt Abb. 4-20.

Die **Vorteile** sind:

- schneller Überblick über die Prozessorganisation
- leicht verständliche Darstellung
- sowohl für Ist- als auch für Soll-Darstellungen einsetzbar

Nachteile von Prozesslandkarten:

- starke Vereinfachung der Strukturen
- hoher Erstellungs- und Änderungsaufwand

---

[295] vgl. ebd., S. 34

- bei Darstellung vieler Prozesse schnell unübersichtlich, deshalb meist nur für Hauptprozesse geeignet

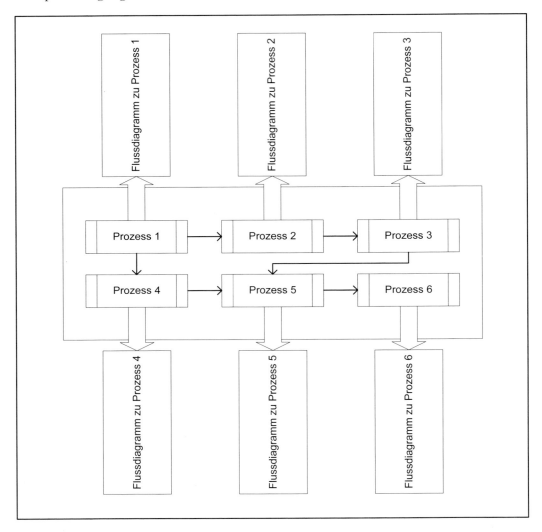

Abb. 4-20: Zusammenhang von Prozesslandkarte und Flussdiagrammen

Prozesslandkarten haben in der Prozessorganisation ungefähr die gleiche Bedeutung wie **Organigramme** in der Aufbauorganisation.

4.6 Zusammenfassung und Ausblick

Im Rahmen der Prozessorganisation wird der Ablauf der Leitungserstellung festgelegt, ohne dass Abteilungsgrenzen berücksichtigt werden. Gut organisierte Prozesse werden als wichtige Voraussetzung für die Zielerreichung des Unternehmens gesehen. Sie sollen die Zufriedenheit der Kunden mit den Gütern und Dienstleistungen des Unternehmens steigern und den Lieferanten zeigen, dass sie mit einem zuverlässigen Partner zusammenarbeiten. Außerdem erleichtern sie es den Führungskräften, sich stärker strategischen Aufgaben und nicht nur dem Tagesgeschäft zu widmen. Aus Sicht der Mitarbeiter verbessern gut strukturierte Prozesse die Arbeitssituation, indem sie Handlungssicherheit schaffen.[296]

Aus diesen Gründen rückt die Prozessorganisation immer stärker ins Blickfeld organisatorischer Überlegungen.

Die Ausrichtung der Organisation am Leistungserstellungsprozess ist nicht neu. Innovativ ist allerdings die konsequente Ausrichtung aller Prozesse am Kunden sowie die unternehmensübergreifende, ganzheitliche Sichtweise verbunden mit einem prozessorientierten Anreiz- und Kontrollsystem.[297] Die heutigen informationstechnischen Möglichkeiten zur Abbildung und Steuerung von Prozessen erleichtern diese Aufgabe erheblich.

In vielen kleinen und mittleren Betrieben findet man jedoch nach wie vor wenig durchdachte Prozesse, bei denen oft improvisiert werden muss.

Dabei geht es bei der Prozessorganisation nicht allein darum, **wie** Prozesse durchgeführt werden, sondern auch **ob** sie im eigenen Haus abgewickelt werden oder ob **Outsourcing**, also die Ausgliederung bislang selbst erbrachter Leistungen, eine Alternative darstellt.[298] In diesem Fall kann man unternehmensfremde Zulieferer suchen oder die betreffenden Mitarbeiter und Ressourcen in rechtlich selbständige Einheiten auslagern und Teilprozesse dorthin übertragen.

Sehr wahrscheinlich werden Unternehmenskooperationen mit Kunden und Lieferanten in nächster Zeit weiter zunehmen und bislang getrennte, unternehmensspezifische Prozesse stärker mit Prozessen anderer Unternehmen verzahnt bzw. aufeinander abgestimmt werden. Die Schnittstellenoptimierung muss also in zunehmendem Maße nicht nur bei Teilprozessen im Unternehmen, sondern auch bei kooperierenden Unternehmen sowie zwischen Unternehmen und Markt stattfinden.

Die Prozessgestaltung erfolgt in den Schritten Prozessdefinition und -analyse, -strukturierung, -einführung und -optimierung. Es reicht nicht aus, die Prozesse einmalig zu organisieren und Schwachstellen zu beseitigen. Vielmehr sind eine ständige Überprüfung der Qualität der Prozesse und ihre regelmäßige Anpassung an die Marktgegebenheiten notwendig.

---

[296] vgl. Wilhelm (2007), S. 4 f.

[297] vgl. Vahs (2007), S. 259

[298] vgl. Gauss (2008), S. 6; Franck (2008), S. 12

Die Bedeutung der Prozessorganisation wird in den nächsten Jahren also weiter wachsen. Je härter der Wettbewerb ist und je wichtiger die Berücksichtigung von Kundenwünschen ist, desto weniger kann es sich ein Unternehmen leisten, Prozesse zu vernachlässigen und damit Ressourcen zu verschwenden. Gleichzeitig müssen die Arbeitnehmer davon überzeugt werden, bislang übliche funktionsorientierte Vorgehensweisen zugunsten einer ganzheitlichen Sichtweise aufzugeben. Um ihre neuen Aufgaben zu erfüllen, müssen sie entsprechend qualifiziert und mit einem passenden Handlungsspielraum ausgestattet werden. Das lässt langfristig auch positive Auswirkungen auf ihre Motivation erwarten.[299]

Wiederholungsfragen

1. Worin unterscheiden sich Ablauf- und Prozessorganisation?
2. Welche Vorteile sind mit einer stärkeren Prozessorientierung verbunden?
3. Was versteht man unter einer Prozessorganisation, die als Sekundärorganisation gestaltet wird?
4. Wie wird ein Prozess definiert?
5. Welche Merkmale kennzeichnen einen Prozess?
6. Nach welchen Gesichtspunkten werden Prozesse systematisiert?
7. Worin unterscheiden sich materielle von informationellen Prozessen?
8. Welche Prozessarten unterscheidet man, wenn man Prozesse nach der Aktivitätsebene gliedert?
9. Worin besteht der Unterschied zwischen einem primären und einem sekundären Prozess?
10. Wie entstehen Prozessketten?
11. Was ist ein Geschäftsprozess?
12. Was versteht man unter einer Prozesshierarchie?
13. Welche Prozesse können im Allgemeinen nicht organisatorisch gestaltet werden?
14. Welche Ziele hat die Prozessorganisation?
15. Was versteht man unter dem magischen Viereck der Prozessgestaltung?
16. Von welchen Komponenten hängt die Minimierung der Durchlaufzeiten ab?
17. Welche Aufgaben hat die Prozesskostenrechnung?
18. Was versteht man unter dem Dilemma der Prozessorganisation?

---

[299] vgl. Dillerup/Stoi (2006), S. 500 f.

19. Worin unterscheiden sich objektive und subjektive Qualität?
20. Welcher Zusammenhang besteht zwischen Prozess- und Produktqualität?
21. Wann spricht man von einem Total Quality Management?
22. Was bedeutet KVP?
23. In welche Phasen ist die Prozessgestaltung untergliedert?
24. Welche Auswirkungen haben schlecht gestaltete Prozesse?
25. Welche Vorgehensweisen bieten sich bei der Prozessdefinition an?
26. Aus welchen Phasen besteht die Prozessstrukturierung?
27. Welche Vorgehensweisen gibt es bei der Prozessimplementierung?
28. Wie hängen Prozessverbesserungen und abrupte Prozessreorganisation zusammen?
29. Was versteht man unter Arbeitsorganisation?
30. Worum geht es bei der personalen Synthese im Rahmen der Arbeitsorganisation?
31. Welche Grundformen von logischen Folgen gibt es?
32. Wovon hängt die Festlegung des Arbeitspensums ab?
33. Welche Aufgabe hat die temporale Synthese?
34. Was versteht man unter Automatisierung?
35. Welche Vorteile bietet die Automatisierung?
36. Welche Nachteile sind mit einer Standardisierung verbunden?
37. Welche Aufgabe haben PPS-Systeme?
38. Worum geht es bei der lokalen Synthese in der Fertigung?
39. Unter welchen Bedingungen ist eine Werkstattfertigung sinnvoll?
40. Welche Nachteile hat die Werkstattfertigung?
41. Was versteht man unter Reihenfertigung?
42. Was sind teilautonome Gruppen?
43. Was versteht man unter Fertigungsinseln?
44. Welche Leistungstypen der Fertigung gibt es?
45. Welcher Zusammenhang besteht zwischen Organisations- und Leistungstypen?
46. Welche Voraussetzungen müssen bei einer Serienfertigung gegeben sein?
47. Welche Besonderheiten weisen Sorten auf?
48. Wodurch ist eine Chargenfertigung gekennzeichnet?

49. Welche Entwicklungen im Verwaltungsbereich werden durch die Informations- und Kommunikationstechnik beschleunigt?
50. Welche Vorteile hat Desk-Sharing?
51. Welche Formen der Telearbeit kennen Sie?
52. Was versteht man unter Center Based Telework?
53. Wozu dienen Arbeits- und Verfahrensanweisungen?
54. Welche Aufgabe hat ein Flussdiagramm?
55. Was ist eine Prozesslandkarte?

5 Neuere organisatorische Konzepte

In den letzten Jahren sind zahlreiche neue Konzepte zur Organisationsgestaltung entstanden. Und ständig kommen weitere hinzu, während andere, zunächst hochgelobte, verschwinden. Außerdem gibt es **erhebliche inhaltliche Überschneidungen**, die Konzepte sind deshalb nicht eindeutig abgrenzbar. Allen gemeinsam ist der konsequente Einsatz moderner Informations- und Kommunikationstechnik.

Im Zusammenhang mit neuen Organisationskonzepten fällt häufig der Begriff **hybride Organisation**. Als Hybrid wird ein Mischwesen, welches nicht eindeutig zuzuordnen ist, bezeichnet.

Bei **hybriden Organisationen** entstehen durch die Verschmelzung von Elementen aus Markt und Hierarchie neue organisatorische Strukturen.[300] Man will einerseits bestimmte Prozesse im Unternehmen – „in der **Hierarchie**" – halten, gleichzeitig erscheint eine vollständige Integration aus verschiedenen Gründen nicht sinnvoll, etwa weil bestimmte Kompetenzen, Technologie, Kontakte zu Kunden oder personelle und finanzielle Ressourcen fehlen. Deshalb werden Kontakte zum **Markt**, vor allem zu Zulieferern und Konkurrenten intensiviert und regionale und überregionale Kooperationen gebildet. Die Grenzen zwischen dem eigenen und den anderen Unternehmen verschwimmen, es entsteht ein Mischwesen, ein Hybrid.

In diesem Kapitel werden neuere organisatorische Konzepte, ausgewählt nach ihrer praktischen Bedeutung und ihrem Bekanntheitsgrad, vorgestellt.

---

[300] vgl. Wiechermann/Nieberding (2004), S. 92.; Dillerup/Stoi (2006), S. 460; Sydow/Möllering (2004), S. 209

5.1 Modulare Organisation

Das Konzept der Modularisierung wird seit langem bei komplexen technischen Systemen angewandt. Man zerlegt eine Gesamtheit in mehrere kleine, überschaubare und weitgehend abgeschlossene Einheiten, die man als Module oder Segmente bezeichnet. Sie sind kombinierbar und über definierte Schnittstellen miteinander verbunden.

Diese Vorgehensweise lässt sich auch auf die organisatorische Gestaltung von Unternehmen übertragen. Dazu bildet man Module, die konsequent an den Prozessen und den Anforderungen der Kunden ausgerichtet sind. Auf diese Weise sollen Schnittstellenprobleme, die durch Hierarchien und Abteilungsgrenzen entstehen, verringert werden. Das Ergebnis sind vergleichsweise unkomplizierte Strukturen, die dazu beitragen sollen, Fehlerraten, Kosten und zeitlichen Aufwand zu reduzieren. Zu diesem Zweck wird jedes Modul mit Entscheidungskompetenz und Ergebnisverantwortung ausgestattet. Die für ein Modul verantwortlichen Mitarbeiter werden als **Moduleigner** bezeichnet.

Die Modularisierung ist immer mit dem Einsatz von Informations- und Kommunikationstechnik verbunden. Denn um die Module zu integrieren, müssen die beteiligten Mitarbeiter sämtliche benötigten Informationen schnell zur Hand haben, stärker als bislang kommunizieren und sich häufiger selbst untereinander abstimmen.[301]

Typische **Merkmale** von modularisierten Unternehmen sind:[302]

- **Prozessorientierung:** Die Ausrichtung aller Aktivitäten an den wertschöpfenden Prozessen bildet die Grundlage jeder Modularisierung.

- **Kundenorientierung:** Mit der Neuausrichtung auf Prozesse ist auch die Fokussierung auf die Kunden, d.h. sowohl auf interne als auch externe Module, verbunden.

- **Integration:** Ähnliche Teilaufgaben, d.h. solche mit hohem Interdependenz- und Wiederholungsgrad, werden zu einem Modul verknüpft.

- **Beherrschbare Einheiten:** Die Integration ist so vorzunehmen, dass die entstehenden Module nicht zu umfangreich werden. Sie müssen beherrschbar und überschaubar sein, damit die Beteiligten den Blick für die sachlichen Zusammenhänge innerhalb ihres Moduls nicht verlieren. Deshalb hängt die Größe eines Moduls nicht nur von der Art des Prozesses, sondern auch von den Kompetenzen der Beteiligten ab.

- **Entscheidungskompetenz und Ergebnisverantwortung:** Zur ganzheitlichen Abwicklung eines Moduls gehört auch, dass die Mitarbeiter Entscheidungen selbst treffen und für die Ergebnisse ihres Handelns verantwortlich sind.

---

[301] vgl. Picot/Neuburger (2004), Sp. 897 f.

[302] vgl. ebd., Sp. 898 f.

Das Ergebnis der Modularisierung ist ein System von sich selbst steuernden, weitgehend autonomen Einheiten, die mit ihren internen und externen Zulieferern und Kunden verbunden sind und Leistungen austauschen.

Das Prinzip der Modularisierung kann auf allen Organisationsebenen angewendet werden. Es bezieht sich auf Stellen, Teams, Abteilungen, Geschäftsbereiche etc. Auch ganze Unternehmen können als Module eines Verbundes mit anderen Unternehmen angesehen werden.[303]

Eine modulare Organisation ist vor allem für Unternehmen mit komplexem Produktionsprogramm geeignet, die viele Produktvarianten anbieten und global agieren.[304] Einen Überblick über häufige **Formen modularer Organisation** gibt Abb. 5-1.

Ebene	Modulare Organisation
unternehmensübergreifende Wertschöpfungskette	• externe Netzwerke
Gesamtunternehmen	• weitgehend selbständige Profit-Center und Investment-Center • Fraktale
Prozesse	• teilautonome Arbeitsgruppen • Fertigungsinseln • Fertigungssegmente
Teilprozesse	• autarke Arbeitsweisen • kooperative Arbeitsweisen • virtuelle Teams

Abb. 5-1: Formen der modularen Organisation

Bei einer **unternehmensübergreifenden Modularisierung** werden das Unternehmen, die Zulieferer, die Kreditgeber, die Großhändler etc. als Module eines Gesamtsystems gesehen, die gemeinsam kundenorientiert arbeiten.

Auf **Unternehmensebene** lassen sich die beispielsweise Sparten einer divisionalen Organisation als Module interpretieren. Voraussetzung ist jedoch ihre weitgehende Selbständigkeit,

---

[303] vgl. Picot/Neuburger (2004), Sp. 897

[304] vgl. Vahs (2007), S. 541; Schulte-Zurhausen (2002), S. 276

d.h. sie müssen als **Profit- oder Investment-Center** strukturiert sein. Wesen die Module ganz bestimmte Eigenschaften auf, werden sie auch als **Fraktale** bezeichnet vgl. Kapitel 5.2).

Auf **Prozessebene** werden Module relativ häufig gebildet. Ein Beispiel aus der Arbeitsorganisation sind die **teilautonomen Arbeitsgruppen**, die mit genau festgelegten Autonomiebereichen und -graden vorgegebene Ziele selbständig und eigenverantwortlich erreichen.

Ein weiteres Beispiel sind die **Fertigungsinseln**, bei denen die organisatorischen Einheiten auch räumlich zusammengefasst sind.

Bei **Fertigungssegmenten** handelt es sich um mehrere aufeinander aufbauende Module, die verschiedenen Wertschöpfungsstufen angehören und zu einer größeren Einheit zusammengefasst werden.

Segmente und Insellösungen findet man mittlerweile nicht mehr nur in der Fertigung. Vor allem im Vertrieb werden sie zunehmend eingeführt, um die optimale ganzheitliche Betreuung eines Kunden zu gewährleisten.

Bei **Teilprozessen** kann die Modularisierung auf zwei Arten erfolgen. Bei **autarken Formen** wird einem einzelnen Mitarbeiter ein Modul vollständig und eigenverantwortlich übertragen. Häufig werden standortunabhängige Formen der Arbeitsstrukturierung wie Telework eingesetzt. Wenn das Modul einem Team, das sich weitgehend selbst organisiert, übertragen wird, handelt es sich um eine **kooperative Vorgehensweise**.

Von **virtuellen Teams** spricht man, wenn die Zusammenarbeit der Mitglieder mithilfe der Informations- und Kommunikationstechnik erfolgt und eine Kommunikation von Angesicht zu Angesicht nur in Ausnahmefällen stattfindet.

Vorteile modularer Organisation:

- hohe Kompetenz der Mitarbeiter
- hohe Motivation der Mitarbeiter
- optimale Berücksichtigung des Kongruenzprinzips
- schnelle Aufgabenerfüllung durch Verringerung von Schnittstellenproblemen
- hohe Kreativität und Flexibilität
- hohe Markt- und Kundenorientierung

Nachteile modularer Organisation:

- hohe fachliche und soziale Anforderungen an die Mitarbeiter
- hohe Personalkosten für gut qualifizierte Mitarbeiter
- Probleme bei der Festlegung der Modulgrößen und deren Zuordnung zu den beteiligten Einheiten

- Konflikte an den Modulschnittstellen aufgrund unterschiedlicher Interessen der Moduleigner
- Probleme bei der Nutzung nicht teilbarer Ressourcen (z.B. Maschinen) durch mehrere Module

Häufig diskutierte Resultate der Modularisierung auf Unternehmensebene bzw. auf der Ebene der Wertschöpfungskette sind u.a.:

- Fraktale
- Netzwerke
- virtuelle Unternehmen

5.2 Fraktale Organisation

Der Begriff Fraktal stammt aus der Mathematik. Fraktale sind weitgehend autonome Teile eines Ganzen, die sich aufgrund ihres Wertesystems und ihrer Zielsetzung selbstähnlich sind und innerhalb eines komplexen Systems möglichst autonom agieren. Jedes Fraktal enthält die Gesamtstruktur des Ganzen, es verfolgt dessen Ziele und organisiert und optimiert sich weitgehend selbst.[305]

Von einer **fraktalen Organisation** spricht man, wenn die unternehmensinterne Modularisierung so weitgehend ist, dass im Ergebnis selbständige, eigenverantwortliche Unternehmenseinheiten entstehen, die eindeutig beschreibbare Ziele und Leistungen aufweisen. Sie sind jedoch nicht voneinander unabhängig, sondern arbeiten auf gemeinsame Ziele hin. Es handelt sich gewissermaßen um Unternehmen im Unternehmen, die „jeweils als Ganzes die Ziele, die Struktur und die Kultur des übergeordneten Ganzen in sich abbilden und durch vielfältige, dynamische und selbstorganisierte Informations- und Leistungsbeziehungen miteinander vernetzt sind."[306]

Fraktale können Unternehmensbereiche, Abteilungen, Teams oder einzelne Mitarbeiter sein, die unternehmerisch handeln und ihre Aufgaben selbständig in Abstimmung mit anderen Fraktalen und immer an den Wünschen der Kunden orientiert erfüllen. Durch Fraktale sollen die Komplexität und Regelungsdichte reduziert und gleichzeitig die Anpassungsfähigkeit des Systems und die Motivation der Mitarbeiter erhöht werden.

Fraktale weisen diese **Eigenschaften** auf:

- **Selbstähnlichkeit:** Fraktale weisen untereinander große Ähnlichkeit auf, was die konstruktive Zusammenarbeit fördert. Sie erbringen in ähnlicher Art und Weise Dienstleistungen und können deshalb gut nachvollziehen, was die anderen Fraktale tun.

---

[305] vgl. Schulte-Zurhausen (2002), S. 277

[306] Vahs (2007), S. 542

- **Selbstorganisation:** Idealerweise strukturieren sich Fraktale ohne äußere Eingriffe selbst. Deshalb sollten sie eine bestimmte Größe nicht überschreiten.
- **Selbstoptimierung:** Fraktale können sich je nach Bedarf verändern, auflösen oder neu zusammensetzen. Sie richten sich dabei an den Unternehmenszielen und internen und externen Einflussfaktoren aus.
- **Ganzheitlichkeit:** Jedes Fraktal erbringt für seine internen oder externen Kunden ganzheitliche, weitgehend homogene Leistungen, die zu den Leistungen der anderen Fraktale passen und diesen vor- oder nachgelagert sind.
- **neue Formen der Arbeitsstrukturierung:** Für die Mitarbeiter bedeutet diese Ganzheitlichkeit, dass neue Formen der Arbeitsstrukturierung wie Job Enrichment, teilautonome Arbeitsgruppen etc. eingesetzt werden und auf hochgradige Arbeitsteilung verzichtet wird. Generalisten werden Spezialisten vorgezogen.
- **Kernkompetenz:** Ein Fraktal erstellt nur Leistungen, für die es qualifiziert ist. Zusätzliche Leistungen bezieht es von anderen internen oder externen Fraktalen.
- **Zielorientierung:** Ihre Ziele leiten Fraktale aus dem Zielsystem des Unternehmens ab. Sie werden mit den Zielen der anderen Fraktale abgestimmt.
- **Dynamik:** Fraktale besitzen ein hochentwickeltes, vernetztes Informations- und Kommunikationssystem, das es ihnen ermöglicht, sich schnell an veränderte Rahmenbedingungen anzupassen.

Ein gemeinsames **Wertesystem**, an dem das Handeln aller Fraktale ausgerichtet wird, ist eine wichtige **Voraussetzung** für das Funktionieren einer fraktalen Organisation.

Da sich Fraktale selbst organisieren und untereinander vernetzt sind, verringert sich der Koordinationsbedarf durch Vorgesetzte. Deshalb werden weniger Führungskräfte als in einer klassischen Aufbauorganisation benötigt und **flachere Hierarchien** gebildet.[307]

Das Führungsverhalten und die eingesetzten Führungsinstrumente müssen angepasst werden. Kooperativer Führungsstil, ausführliche Kommunikation, Teamarbeit und Delegation sind notwendig. Die Führungskraft fungiert in erster Linie nicht mehr als Weisungsgeber, sondern wird zum **Coach**.

Unabdingbar ist ferner ein ausgereiftes **Qualitätsmanagement**, welches ermöglicht, in fehlerfreien Prozessen fehlerfreie Leistungen zu erbringen. Des Weiteren sind Zielvereinbarungen mittels **Management by Objectives,** verbunden mit einem entsprechend gestalteten **Entgeltsystem,** erforderlich.

---

[307] vgl. Wittlage (1998), S. 231 f.

5.3 Netzwerkorganisation

Unter Netzwerken versteht man komplexe, mehrdimensionale Beziehungen zwischen selbständigen Organisationseinheiten. Sie werden gebildet, um **Wettbewerbsvorteile zu realisieren** und **Marktrisiken zu verringern**[308] und sind durch eine relativ stabile, arbeitsteilige Zusammenarbeit und gemeinsame Ziele gekennzeichnet.

Durch Modularisierung der Organisation entstehen **interne und externe Netzwerke**. Erstere dienen der Koordination von unternehmensinternen Aktivitäten. Bei Letzteren geht es um die Abstimmung von Beziehungen zwischen selbständigen Unternehmen.

Interne (intraorganisationale) Netzwerke bestehen aus mehreren Unternehmenseinheiten mit intensiven horizontalen und/oder vertikalen Beziehungen. Nicht die Hierarchie, sondern die kollegiale Zusammenarbeit zwischen gleichberechtigten Fachleuten steht dabei im Vordergrund. Interne Netzwerke überlagern und ergänzen in der Regel die bestehenden primären Organisationsstrukturen und sind eine Art **Sekundärorganisation**, die oft nicht bewusst geschaffen wird, sondern sich im Laufe der Zeit von selbst herausbildet und dann zum festen Bestandteil der informalen Organisation eines Unternehmens wird.

Bei **externen (interorganisationalen) Netzwerken** handelt es sich um eine Kooperation von Unternehmen, die an einem gemeinsamen, **unternehmensübergreifenden Wertschöpfungsprozess** beteiligt sind. Anders als beispielsweise bei einer Holding gibt es in der Regel keine Kapitalverflechtungen und keine Mutter-Tochter-Beziehungen der Unternehmen, die Zusammenarbeit beruht vielmehr auf langfristigen Verträgen und auf dem gegenseitigen Vertrauen der Beteiligten.

Diese **Merkmale** sind für externe Netzwerke typisch:[309]

- **Unternehmensübergreifende Planung und Steuerung:** Die gemeinsame Gestaltung der Wertschöpfungskette soll dazu führen, dass alle Beteiligten ihre Interessen verwirklichen können.

- **Permanente Verbesserung:** Alle Aktivitäten der Netzwerkpartner werden ständig im Hinblick auf eine Verbesserung überprüft.

- **gemeinsames Zielsystem:** Die Gestaltung der Wertschöpfungskette orientiert sich am Nutzen für den Endkunden. Davon werden die gemeinsamen Ziele und Aktivitäten abgeleitet.

- **Aufbau eines Wissensmanagements:** Misstrauen und Konkurrenzdenken werden von vertrauensvoller Partnerschaft abgelöst. Dazu gehört auch, dass alle Beteiligten Wissen, Ideen und Erfahrungen austauschen und bestrebt sind, aufgrund dieser Informationen ihre Leistungen innerhalb des Netzwerkes zu verbessern.

---

[308] vgl. Vahs (2007), S. 543; Schulte-Zurhausen (2002), S. 264; Bea/Göbel (2006), S. 442

[309] vgl. Klimmer (2007), S. 137 f.

- **Einsatz von Informations- und Kommunikationstechnik:** Die ausgefeilten Planungs-, Steuerungs- und Kontrollsysteme von Netzwerken basieren auf dem Einsatz hochentwickelter Informations- und Kommunikationstechnik.

Jedes Unternehmen der Netzwerkorganisation ist auf bestimmte Aktivitäten spezialisiert und besitzt dort seine Kernkompetenzen. Die Unternehmensgrenzen sind durchlässig und lösen sich zum Teil ganz auf.

Die **Beziehungsintensität** in Netzwerkorganisationen reicht von losen, nicht vertraglich geregelten Informationsbeziehungen bis zu **fokalen Netzen**, in denen ein dominanter Partner die Art und den Umfang der Einbindung der anderen Unternehmen bestimmt, wie es beispielsweise in der Automobilindustrie zwischen Herstellern und Zuliefererbetrieben der Fall ist.[310]

In der Praxis findet man sowohl kleine, regionale Netzwerke, bei denen mittelständische Firmen kooperieren, um ein Projekt aufzuteilen und das finanzielle Risiko zu streuen, als auch Netzwerke international agierender Unternehmen.[311]

Zum Teil schließen sich mittelständische Unternehmen zu sog. **Brachenclustern** zusammen, wie dies beispielsweise bei den österreichischen Automobilzulieferern der Fall ist. Das Netzwerk AC Styria (ACS) besteht aus rund 180 Unternehmen, die durch Bündelung von Leistungen und Kompetenzen gemeinsam erfolgreich sein wollen.[312] Ein weiteres Beispiel ist das regionale Cluster der optischen Technologie im Raum Berlin-Brandenburg, dem etwa 90 Unternehmen angehören.[313] Auch im **Non Profit-Bereich** werden Netzwerke gebildet. Die Clusterbildung von benachbarten Kommunen mit dem Ziel der Wirtschaftsförderung gehört inzwischen zum Alltag.[314]

In Japan ist es üblich, dass interorganisationale Netzwerke durch gegenseitige Minderheitsbeteiligungen gefestigt werden. Außerdem wird besonders viel Wert auf informale Beziehungen und Familienbande gelegt. Diese Form der Netzwerkorganisation bezeichnet man als **Keiretsu**.[315]

Interorganisationale Netzwerke werden in der einschlägigen Literatur auch als **grenzenlose Organisation, Business Web, Supply Chain Management, Strategische Allianzen, Franchising oder Joint Ventures** bezeichnet.[316]

---

[310] vgl. Albers/Wolf (2003), S. 53

[311] vgl. Brüning (2006), S. 456 ff.

[312] vgl. Seiser (2009), S. 12

[313] vgl. Sydow/Zeichenhardt (2008), S. 156 ff.

[314] vgl. Harriehausen (2009), S. V 17

[315] vgl. Jones/Bouncken (2008), S. 178 f.

[316] vgl. Bea/Göbel (2006), S. 444 ff.; Bühner (2004), S. 176 ff.; Breisig (2006), S. 233 ff.

Vorteile der Netzwerkorganisation:

- Zugang zu Ressourcen, Märkten und Know-how der Partner
- Möglichkeit, größere Aufträge zu übernehmen
- Risikobegrenzung
- Beibehaltung der Selbständigkeit
- Erschließung von Kostensenkungspotenzialen
- Optimierung der gesamten Wertschöpfungskette
- Konzentration auf die Kernkompetenzen
- hohe Flexibilität, Kreativität und Anpassungsfähigkeit
- schnelle Reaktion auf geänderte Kundenwünsche
- höhere Marktpräsenz

Nachteile von Netzwerken sind:

- schwierige Vertrauensbildung bei den Mitgliedern
- höherer Koordinations- und Kommunikationsaufwand
- schwierige Zusammenführung divergierender Ziele zu einem gemeinsamen Zielsystem
- Gefahr von Know-how-Verlust
- Gefahr der Vernachlässigung eigener Strategien
- Kontrollverluste durch Integration der Partner

Da kleine und mittlere Firmen durch Integration in interorganisationale Netzwerke wie große Unternehmen agieren können, ohne ihre wirtschaftliche und rechtliche Selbständigkeit einzubüßen, verliert die **Unternehmensgröße** als Wettbewerbsfaktor an Bedeutung. Stattdessen werden **Beziehungen** zu anderen Unternehmen immer wichtiger.

5.4 Virtuelle Organisation

Virtuell ist eine Situation oder ein Gebilde, wenn es zwar der Wirkung, aber nicht dem Wesen nach existiert. Es sind alle Merkmale eines realen Objektes vorhanden – außer der Situation oder dem Gebilde selbst.

Der Begriff der **virtuellen Organisation** wurde erstmals von Davidow und Malone Anfang der neunziger Jahre verwendet.[317] Es handelt sich um anpassungsfähige, temporäre Bündnisse von Unternehmen, die wirtschaftlich und rechtlich selbständig sind und es bleiben, aber nach außen als Einheit auftreten.

In der Regel geht es darum, ein größeres Projekt kooperativ und arbeitsteilig abzuwickeln. Dabei kann es sich um Dienstleistungen oder physische Objekte handeln. Aus Sicht des Kunden scheint die Leistungserbringung „aus einer Hand" zu kommen.

Nachdem die gemeinsame Aufgabe erfüllt ist, wird die virtuelle Organisation aufgelöst, oder die Beteiligten gruppieren sich für ein neues Projekt um. Sie wird deshalb auch als **dynamisches Netzwerk** bezeichnet und bisweilen als **Unterform der Netzwerkorganisation** mit wenig stabilen, auftragsorientierten Beziehungen gesehen.[318]

Virtuelle Organisationen sind durch diese **Merkmale** gekennzeichnet:[319]

- **Temporäre Kooperation für ein bestimmtes Projekt:** Die Zusammenarbeit der Partner beschränkt sich auf zuvor definierte Aufgaben. Anschließend können sich neue, gemeinsame Projekte ergeben. Die Konstellation der beteiligten Unternehmen kann dabei variieren.

- **Selbständige Einheiten:** Die Partner bewahren ihre rechtliche und wirtschaftliche Unabhängigkeit.

- **Spezifische, unterschiedliche Kompetenzen der Beteiligten:** Jeder Beteiligte bringt seine Kernkompetenzen ein. Sie ergänzen sich zu einer Gesamtkompetenz der virtuellen Organisation, die die Ressourcen und Kompetenzen der einzelnen Partner bei weitem übersteigt.

- **Keine hierarchischen Beziehungen und keine zentrale Organisation:** Zwar treten virtuelle Unternehmen gegenüber Dritten als Einheit auf, doch auf eine formale Organisation und hierarchische Struktur wird in der Regel ebenso verzichtet wie auf umfangreiche vertragliche Regelungen. Man vertraut darauf, dass jedes Unternehmen die internen Absprachen einhält.

- **Räumliche Verteilung:** Die Standorte der Partner befinden sich in der Regel nicht innerhalb einer Region, sondern sind weit verstreut.

- **Unterstützung durch Informations- und Kommunikationstechnik:** Sie dient der Koordination der Aufgaben und dem Austausch von Informationen zwischen den Beteiligten.

---

[317] vgl. Davidow/Malone (1992)

[318] vgl. Jones/Bouncken (2008), S. 194; Bea/Göbel (2006), S. 454; Picot/Neuburger (2004), Sp. 899

[319] vgl. Bea/Göbel (2006), S. 455

Eine virtuelle Organisation weist zwar keine hierarchische Struktur auf, meist gibt es aber ein (wechselndes) Unternehmen, das die Koordination der Aktivitäten übernimmt. Es wird als **broker** oder **hub firm** bezeichnet.[320]

Vorteile der virtuellen Organisation:

- hohe Flexibilität
- schnelle Reaktionsfähigkeit
- große Kreativität
- Kostenreduzierung
- Kundenorientierung
- bessere Marktchancen durch Zusammenfassung der Kernkompetenzen
- größere Unabhängigkeit von Standort und Zeit

Nachteile:

- hoher Koordinationsaufwand
- schwierige Vertrauensbildung
- Gefahr, dass sich einzelne Partner als Trittbrettfahrer erweisen
- hohe Vorbereitungs- und Anlaufkosten
- Probleme bei der Zuweisung von Verantwortung
- komplizierte Steuerung wegen fehlender Struktur

Neben virtuellen Organisationen, die aus selbständigen Unternehmen bestehen, gibt es auch **intraorganisationale Formen**. Dabei handelt es sich um eine Variante der **Projektorganisation**, bei der die Organisationseinheiten eines Unternehmens problembezogen und standortübergreifend vernetzt werden, wobei häufig **Telearbeit** eingesetzt wird. Die Projektorganisation wird zur vorrangigen Struktur der Aufgabenerfüllung und damit zur **Primärorganisation**.

Die Unternehmensberatung Accenture, die aus Anderson Consulting hervorgegangen ist, bezeichnet sich beispielsweise als internen virtuellen Verbund. Die Mitarbeiter werden je nach Auftrag und Kompetenzen immer wieder neu zusammengefasst. Die Vernetzung der Beteiligten erfolgt über eine elektronische Informations- und Kommunikationsplattform.[321]

---

[320] vgl. Jones/Bouncken (2008), S. 195; Bea/Göbel (2006), S. 455

[321] vgl. Bea/Göbel (2006), S. 455; Picot/Neuburger (2001), S. 816

Gebräuchlich ist die Bezeichnung virtuelle Organisation oder virtuelles Unternehmen aber eher bei der überbetrieblichen Vernetzung von Unternehmen bzw. bei großen Unternehmensteilen.

5.5 Lean Management

Lean Management wird im Deutschen meist mit „schlanke Organisation" übersetzt. Das Konzept geht jedoch weit über organisatorische Tatbestände hinaus. Es erfordert neben der strukturellen auch eine personelle und strategische Umorientierung des Unternehmens.

Auslöser für die Entwicklung des Lean Managements war eine **MIT-Studie zur Automobilindustrie** in den achtziger Jahren. Dabei ging es um einen Leistungsvergleich zwischen europäischen, japanischen und amerikanischen Unternehmen, bei dem die japanischen Betriebe in nahezu allen Bereichen bei Produktivität, Flexibilität, Schnelligkeit, Qualität und Kundenorientierung am besten abschnitten.[322] Der „japanese way of production" wurde daraufhin in umfangreichen Untersuchungen analysiert. Viele Elemente wurden ab Mitte der neunziger Jahre zunächst unter der Bezeichnung **Lean Production** auf die Fertigung in amerikanischen und europäischen Automobilherstellern und später auch auf die Fertigung in anderen Industriezweigen und auf andere Unternehmensbereiche übertragen.

Für Lean Production bzw. Lean Management sind insbesondere diese **Merkmale** maßgeblich:

- **Null-Fehler-Prinzip:** Jeder auftretende Fehler wird mithilfe einer festgelegten Vorgehensweise identifiziert, auf seine letzte Ursache zurückgeführt und beseitigt. Mitarbeiter sollen aus ihren Fehlern lernen, um sie künftig zu vermeiden.

- **Beseitigung von unnötigen Arbeitsschritten:** Aktivitäten, die nicht unbedingt notwendig sind, werden als unproduktiv und wertschöpfungsmindernd angesehen. Folglich müssen sie systematisch aufgedeckt und beseitigt werden.

- **Maximum an Inhalten und Verantwortlichkeit für die Arbeitnehmer:** Diejenigen Mitarbeiter, die die Wertschöpfung erbringen, planen und steuern auch die Produktionsprozesse und sind für deren Qualität verantwortlich. Fremdkoordination wird zugunsten der Selbstkoordination reduziert.

- **Teamorientierung:** Aufgaben und Prozesse werden nicht einem Einzelnen, sondern einem Team übertragen. Die Mitglieder sind multifunktional ausgebildet. Deshalb verstehen sie die Aufgaben der anderen Beteiligten und den Zusammenhang der Aktivitäten und können sich gegenseitig vertreten.

---

[322] vgl. Unger (2008), S. 178 f.

- **Hohe Bedeutung von Verbesserungsvorschlägen:** Jeder Mitarbeiter soll als „Unternehmer im Kleinen" agieren. Er übernimmt Verantwortung für seine Entscheidungen und Handlungen und ist stets bestrebt, seine Aufgabenerfüllung zu optimieren.
- **Umfangreiche Informationen:** Die Vorgesetzten informieren ihre Mitarbeiter ausführlich, sodass diese die Entscheidungen nachvollziehen können.
- **Passendes Entgeltsystem:** Der Einsatz der Mitarbeiter wird durch ein leistungsgerechtes Entgeltsystem honoriert.
- **Wertschätzung der Mitarbeiter:** Ein aktiver und motivierter Mitarbeiter wird als die wichtigste Ressource angesehen.

Während der Schwerpunkt zunächst auf der Veränderung des Produktionsbereichs lag, wurde das Konzept später unter der Bezeichnung **Lean Management** auf alle Unternehmensbereiche ausgedehnt. Vor allem Forschung und Entwicklung, Beschaffung, Marketing und Verwaltung sollten ebenfalls verschlankt werden. Auch die Beziehungen zu Lieferanten und Kunden wurden einbezogen.

Ziel des Lean Managements ist es, Verschwendung in allen Unternehmensbereichen zu vermeiden und Produktivität und Vielfalt der angebotenen Güter und Dienstleistungen kundenorientiert zu steigern.

Zur Zielerreichung werden vor allem diese **Vorgehensweisen** eingesetzt:

- **Gruppenarbeit:** Beim Lean Management spielt die Motivation der Mitarbeiter eine wichtige Rolle. Durch Gruppenarbeit und andere neue Formen der Arbeitsstrukturierung wie Job Enlargement, Job Enrichment und Job Rotation soll sie gesteigert werden.

  Es geht bei der Gruppenarbeit aber nicht nur darum, die Motivation und Zufriedenheit der Mitarbeiter zu erhöhen. Man verspricht sich davon auch handfeste ökonomische Vorteile. So sollen mit ihrer Hilfe Quantität und Qualität der Arbeitsergebnisse verbessert werden.

- **Verflachung der Hierarchie:** Da die Mitarbeiter für ihre Aufgabenerfüllung in stärkerem Maße selbst verantwortlich sind und ihre Aktivitäten (zumindest teilweise) auch selbst planen und kontrollieren, werden zwangsläufig weniger Führungskräfte als bei klassischen Strukturen benötigt.

  Im Produktionsbereich überträgt man beispielsweise einen Großteil der Aufgaben, die bei anderen Organisationsstrukturen von Meistern und Vorarbeitern erfüllt werden, auf teilautonome Arbeitsgruppen. In der Verwaltung führt die Entscheidungsdelegation ebenfalls zu einer geringeren Zahl von Vorgesetzten, sodass im Ergebnis ganze Hierarchieebenen wegfallen und die verbleibenden stark ausgedünnt werden. Diese Vorgehensweise wird auch als **Downsizing** bezeichnet.[323]

---

[323] vgl. Jones/Bouncken (2008), S. 625

- **Kaizen:** Kaizen ist ein Prozess der permanenten Verbesserung der Qualität in allen Unternehmensbereichen und auf allen Ebenen. Dabei sollen die Potenziale aller Mitarbeiter – nicht nur der Führungskräfte – genutzt werden.

  Im Mittelpunkt stehen nicht dramatische Umgestaltungen, sondern viele kleine Verbesserungsschritte, die jeder Mitarbeiter in seinem Aufgabenbereich feststellen kann. Ständige, schrittweise, Veränderungen bringen die gesamte Struktur auf dem Weg zum Optimum vorwärts.

  Kaizen ist somit mehr als nur ein Instrument des Lean Managements. Es handelt sich vielmehr um eine besondere **Einstellung zur Arbeit**, die zu einer Bewusstseinsänderung im gesamten Unternehmen führen soll. Im deutschsprachigen Raum wird neben der Bezeichnung Kaizen auch der Begriff **KVP** (kontinuierlicher Verbesserungsprozess) verwendet.

  Kaizen wird durch diese Maßnahmen umgesetzt:[324]

    o Total Quality Control: Qualität bezieht sich nicht nur auf die Fehlerfreiheit des Produkts oder der Dienstleistung, sondern ebenso auf die Genauigkeit, mit der Kundenwünsche erfüllt werden. Auch die Motivation der Mitarbeiter und das Ansehen des Unternehmens sich Bestandteile der Qualität.

    o Total Quality Management: Aufgabe der Vorgesetzten ist im Wesentlichen die übergeordnete Steuerung. Die Kontrolle der Qualität ist Aufgabe jedes Einzelnen.

    o Time-Quality-Money-Prinzip: Als bedeutende Merkmale eines Prozesses werden Durchlaufzeiten, Termintreue, Qualität des Endproduktes und Herstellkosten angesehen.

    o Festschreibung von Qualitätsstandards: Da die Mitarbeiter Verantwortung für die Qualität übernehmen sollen, ist es erforderlich, genau festzulegen, was darunter zu verstehen ist. Nur so können die Mitarbeiter sinnvolle Soll-Ist-Vergleiche anstellen.

    o Jidoka: Dieses japanische Wort bedeutet Automatisierung. Es ist so zu verstehen, dass Maschinen, die Mitarbeiter von einfachen Aufgaben entlasten, verstärkt eingesetzt werden. So bleibt den Arbeitnehmern mehr Zeit für qualitativ hochwertige Aktivitäten.

- **Munda:** Munda besagt, dass Verschwendung jeglicher Art zu vermeiden ist. Dies betrifft sowohl Materialien, Maschinen und Werkzeuge als auch personelle Ressourcen. Verschwendung wird immer dann vermutet, wenn Kosten entstehen, deren Beitrag zur Wertschöpfung niedrig oder nicht ersichtlich ist.

---

[324] vgl. Unger (2008), S. 181; Traeger (1994), S. 92

- **Kundenorientierung:** Der Zufriedenheit der Kunden kommt beim Lean Management herausragende Bedeutung zu. Sie wird als Voraussetzung für den langfristigen Erfolg eines Unternehmens betrachtet. Deshalb ist der gesamte Herstellungsprozess, angefangen von der Beschaffung benötigter Materialien oder Dienstleistungen bis zum Absatz des fertigen Produkts, im Hinblick auf den Kunden zu optimieren.

In der **Aufbauorganisation** eines Unternehmens, das sich am Lean Management orientiert, müssen diese **Änderungen** vorgenommen werden:[325]

- Verringerung der Hierarchieebenen
- Reduzierung der Führungskräfte auf einer Hierarchieebene
- Verminderung des Einsatzes von Leitungshilfsstellen, z.B. Stäben
- Verringerung von Stellen, die mit Koordinationsaufgaben befasst sind
- Erhöhung der Leitungsspannen
- Erhöhung der Teamzahl (Mehrpersonenstellen)
- Betonung der Selbstkoordination
- Verringerung der funktionalen und Erhöhung der objektbezogenen Spezialisierung
- Entscheidungsdelegation

Die **Prozessorganisation** ist im Lean Management geprägt durch:

- Betonung der ganzheitlichen Aufgabenerfüllung durch Integration von Lieferanten und Kunden
- abnehmende Standardisierung
- Just-in-time-Produktion

Die Einführung von Lean Management ist außerdem mit umfangreichen **Personalentwicklungsmaßnahmen** auf allen Hierarchieebenen verbunden. Auch eine Anpassung der **Unternehmenskultur** ist notwendig.

In letzter Zeit wird zunehmend diskutiert, ob der Prozess der Verschlankung und des Downsizing nicht übertrieben wird und dadurch gewissermaßen **„magersüchtige Unternehmen"** entstehen, deren Überlebensfähigkeit nicht mehr gesichert ist. Untersuchungen haben gezeigt, dass Führungskräfte und Mitarbeiter, die in Unternehmen mit stark abgeflachten Hierarchien arbeiten, häufig unter großem Stress stehen, unsicher sind und sich oft überfordert fühlen. Im Ergebnis kommt es nicht zur gewünschten Qualitätssteigerung, und die Produktivität lässt sogar nach. Auch die erhoffte Motivationssteigerung tritt dann nicht ein.

---

[325] vgl. Wittlage (1998), S. 204 ff.; Schmidt (2000), S. 316 ff.

Kritiker sehen auch die Gefahr, dass sich zu wenige Führungskräfte mit der langfristigen, strategischen Ausrichtung des Unternehmens befassen[326] und die kurzfristige Zielerreichung überbetont wird.

5.6 Zusammenfassung und Ausblick

In den letzten Jahren sind viele neue Konzepte der Organisationsgestaltung entwickelt worden. Sie überschneiden und ergänzen sich oft und sind somit nicht eindeutig voneinander abgrenzbar.

Allen gemeinsam ist, dass die Interessen der Kunden im Mittelpunkt stehen und die moderne Informations- und Kommunikationstechnik umfassend genutzt wird.

Der aktuelle Trend geht weg von der hierarchisch geprägten Organisation, stattdessen stehen zunehmend Prozesse im Mittelpunkt. Die Organisationsgestaltung ist auf Horizontalisierung, Dynamisierung und Entbürokratisierung ausgerichtet und strebt nach größerer Flexibilisierung, Modularisierung und Teamorientierung. Zudem werden unternehmensübergreifende Kooperationsformen und Netzwerke auch bei kleinen und mittelständischen Unternehmen selbstverständlich.

Wiederholungsfragen

1. Was versteht man unter einer hybriden Organisation?
2. Welche Merkmale kennzeichnen eine modulare Organisation?
3. Geben Sie einen Überblick über mögliche Formen der Modularisierung.
4. Welche Vorteile sind mit einer modularen Organisation verbunden?
5. Was sind Fraktale?
6. Welche Eigenschaften weisen Fraktale auf?
7. Was versteht man unter intraorganisationalen Netzwerken?
8. Welche Merkmale sind für externe Netzwerke typisch?
9. Was versteht man unter fokalen Netzen?
10. Wozu werden Branchencluster gebildet?
11. Welche Nachteile können mit Netzwerken verbunden sein?
12. Was ist eine virtuelle Organisation?

---

[326] vgl. Jones/Bouncken (2008), S. 625

13. Was versteht man unter einer hub firm?
14. Welche Beziehungen bestehen zwischen Projektorganisation und virtueller Organisation?
15. Welche Vor- und Nachteile können bei virtuellen Organisationen auftreten?
16. Was war der Auslöser für die Entstehung des Lean Managements?
17. Welche Merkmale kennzeichnen das Lean Management?
18. Weshalb spielen Gruppenarbeit und flache Hierarchien im Lean Management eine so große Rolle?
19. Was versteht man unter Kaizen?
20. Welche aufbauorganisatorischen Änderungen müssen bei der Einführung des Lean Managements vorgenommen werden?

6 Informale Organisation

6.1 Abgrenzung von informaler und formaler Organisation

Zusätzlich zur formalen, offiziellen und bewusst geschaffenen Organisation entwickeln die Arbeitnehmer jedes Unternehmens ihre eigenen Regeln, die sie selbst aufstellen, ohne sie bewusst zu planen. Sie entstehen weitgehend ohne Beeinflussung durch das Unternehmen auf Basis von Verhaltensmustern einzelner Mitarbeiter und Arbeitsgruppen.

Zum Teil ergänzen und unterstützen sie die formale Organisation, zum Teil widersprechen sie ihr und stören die vorgegebene Ordnung. Zwei Unternehmen mit der gleichen formalen Organisation arbeiten dennoch nicht auf dieselbe Weise und sind auch nicht gleich erfolgreich, da sie unterschiedliche Mitarbeiter mit individuellen Zielen, Bedürfnissen, Beziehungen, Verhaltensweisen und Wertvorstellungen beschäftigen.

Diese Aspekte fasst man unter dem Begriff **informale Organisation** zusammen. Formale und informale Organisation bilden zusammen **die** spezifische Organisation eines Unternehmens.[327]

Zum einen entsteht eine informale Organisation dadurch, dass Mitarbeiter einen Teil ihrer immateriellen Bedürfnisse ins Unternehmen einbringen, z.B. den Wunsch nach Gruppen-

---

[327] vgl. Kirchler/Meier-Pesti/Hofmann (2005), S. 113 f.

zugehörigkeit oder das Bedürfnis nach Geltung. Zum anderen kommt es zu informalen Erscheinungen, wenn **organisatorische Lücken** geschlossen werden müssen, weil die formale Organisation fehlerhaft, ineffektiv oder unvollständig ist.

Formale Organisationen mit hoher Regelungsdichte bieten weniger Freiraum für informale Beziehungen als solche mit wenigen formalen Vorgaben.

Den Zusammenhang zwischen formaler und informaler Organisation zeigt Abb. 6-1. Das **Eisberg-Modell** verdeutlicht, dass ähnlich wie bei einem Eisberg, bei dem der größte Teil unter der Wasseroberfläche verborgen bleibt, auch bei einer Organisation wichtige Bestandteile nicht ohne weiteres zu erkennen sind.[328] Wenn ein Unternehmen die informalen Strukturen nicht ausreichend beachtet, besteht die Gefahr des sog. **Titanic-Effektes**[329], d.h. die Unternehmensziele werden trotz optimaler formaler Struktur nicht erreicht. Im Extremfall erleidet das Unternehmen Schiffbruch.

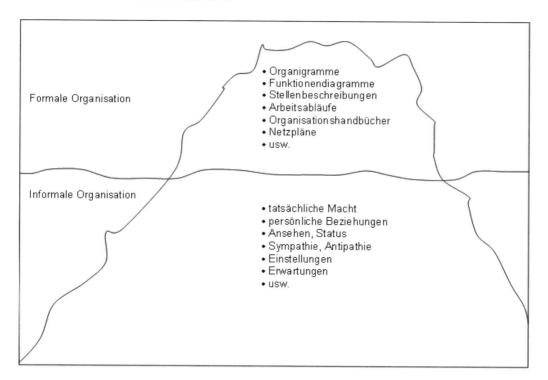

Abb. 6-1: Eisberg-Modell der Organisation

---

[328] vgl. Bertels (2008), S. 53

[329] vgl. Vahs (2007), S. 109

Die informale Organisation hat diese Erscheinungsformen:[330]

- informale Normen
- informale Kommunikation
- informale Gruppen
- sozialer Status
- informale Führung

Sie sind nicht eindeutig zu trennen. Eine informale Norm kann sich beispielsweise darauf beziehen, wie die Mitarbeiter einer Abteilung miteinander kommunizieren.

6.2 Formen informaler Organisation

6.2.1 Informale Gruppen

Die Mitgliedschaft in einer formalen Gruppe, etwa einer Abteilung, erfolgt nicht freiwillig, sondern wird von den Entscheidungsträgern des Unternehmens vorgegeben.[331] Wenn sich Menschen innerhalb des Unternehmens dagegen aus eigenem Antrieb zusammenschließen, spricht man von einer informalen Gruppe. Häufig umfasst sie Mitarbeiter mit ähnlichen sozialen Merkmalen wie Alter, Geschlecht, Ausbildung oder Herkunft. **Informale Gruppen** werden im Gegensatz zu den formalen Organisationseinheiten nicht vom Unternehmen geplant, sondern **entstehen von selbst**. Mitarbeiter können mehreren informalen Gruppen angehören.

Ausschlaggebend für ihre Entstehung sind persönliche Bedürfnisse, Sympathiegefühle oder gemeinsame Interessen. Aber auch ganz konkrete Ziele wie ein an fachlichen Aufgaben orientiertes Netzwerk können von Bedeutung sein. Dann entstehen Problemlösungsgruppen, oft über Abteilungs- und sogar Unternehmensgrenzen hinweg, die ein gemeinsames Interesse an der Lösung bestimmter Probleme verbindet. Man bezeichnet sie als **Communities of Practice** (CoP). In der Regel nutzen diese das Inter- und Intranet.

Informale Gruppen überschneiden sich teilweise mit formalen Gruppen, sie können aus ihnen hervorgehen, aber auch völlig unabhängig von einem Zusammenhang zum betrieblichen Geschehen einfach deshalb entstehen, weil die Gruppenmitglieder sich im Unternehmen kennengelernt haben. In vielen informalen Gruppen sind formale und informale Aspekte so stark vermischt, dass eine eindeutige Abgrenzung nicht möglich ist.[332]

---

[330] vgl. Nicolai (2009), S. 80

[331] vgl. Kirchler/Schrott (2005), S. 515

[332] vgl. Steinmann/Schreyögg (2005), S. 596

Beim betriebseigenen Sportverein handelt es sich beispielsweise um eine informale Gruppe, deren Mitglieder aus verschiedenen formalen Gruppen unterschiedlicher Unternehmensbereiche stammen. Die Mitarbeiter einer Abteilung, die mit ihrem Vorgesetzten einmal im Monat zum Kegeln gehen, gehören einer formalen Gruppe an und bilden zusätzlich eine informale Gruppe. Mitarbeiter verschiedener Abteilungen, die früher zusammen studiert oder zeitweise in derselben Abteilung gearbeitet haben und sich nun regelmäßig in der Kantine zum Mittagessen und Gedankenaustausch treffen, bilden eine informale Gruppe, ohne gleichzeitig eine formale Gruppe zu sein. Das gilt ebenso für die Mitglieder einer Fahrgemeinschaft, die im selben Unternehmen arbeiten. Bei ihnen ist einzig die Nähe ihrer Wohnorte der Grund für den Zusammenschluss.

Ein wesentliches Merkmal informaler Gruppen ist ihre **Stabilität**.[333] Wie aus den obigen Beispielen ersichtlich, kommt es zwar häufiger vor, dass die Mitglieder wechseln, die Gruppen selbst aber bleiben bestehen.

Da informale Gruppen nicht geplant werden, kommen sie in den offiziellen Darstellungen der Organisation eines Unternehmens nicht vor.

6.2.2 Informale Normen

Diejenigen Verhaltensvorschriften bzw. -erwartungen innerhalb einer Gruppe, die nicht offiziell geregelt und vorgegeben sind, bezeichnet man als informale Normen. Dabei handelt es sich um **Gewohnheiten**, die sich aus den persönlichen Einstellungen und Werten der Gruppenmitglieder entwickeln und durch deren private und berufliche Sozialisation geprägt sind. Es gibt sie sowohl in formalen als auch in informalen Gruppen.

Informale und formale Normen können sich ganz oder teilweise entsprechen, aber auch völlig unterschiedlich sein.

Informale Normen regulieren

- das Verhalten der Gruppenmitglieder in der Gruppe,
- die Einstellung gegenüber formalen Regeln, insbesondere bzgl. der zu erbringenden Leistung und
- das Verhalten gegenüber externen Personen.

Ein positives Beispiel ist eine allmorgendliche, nicht formal vorgeschriebene Gesprächsrunde, bei der die Gruppenmitglieder die anfallenden Aufgaben besprechen und ihre Teilnahme als selbstverständlich betrachten, ohne dazu verpflichtet zu sein. Die **informale Norm der Leitungszurückhaltung**, bei der Mitarbeiter aus Solidarität mit ihren Kollegen unter ihrer möglichen Leistung bleiben, zeigt, dass sich informale Normen auch negativ auf die Leistungserstellung auswirken können. Diese Verhaltensweise wurde bereits vor über hundert Jahren von Taylor beklagt.[334] Auch der in vielen Unternehmen übliche „Einstand" nach Be-

---

[333] vgl. Wittlage (1998), S. 245

[334] vgl. Bea/Göbel (2006), S. 90

endigung der Probezeit gehört ebenso wie der Geburtstagkuchen zu den informalen Normen. Ein weiteres Beispiel ist der Casual Friday, der besagt, dass Kleidungsvorschriften am Freitag nicht eingehalten werden müssen und man leger gekleidet zur Arbeit erscheinen kann. Die Beispiele zeigen, dass sich informale Normen sowohl auf die Aufgabenerfüllung als auch auf private Verhaltensweisen im Unternehmen beziehen können.

Wenn formale und informale Normen voneinander abweichen, spricht man von einem **Normenkonflikt**, der zwangsläufig dazu führt, dass Mitarbeiter gegen eine der beiden Vorgaben verstoßen. Problematisch ist auch, wenn Mitarbeiter mehreren informalen oder formalen Gruppen angehören, in denen sich einander widersprechende informale Normen entwickelt haben.

6.2.3 Informale Kommunikation

Eng verknüpft mit informalen Gruppen und Normen ist die informale Kommunikation. Hierbei handelt es sich um eine Form des Informationsaustausches, die offiziell nicht vorgesehen ist. Häufig sind die Gesprächspartner gleichzeitig Mitglieder einer informalen Gruppe.

Wie Abb. 6-2 zeigt, unterscheidet man **drei Arten informaler Kommunikation**, nämlich den Austausch von Informationen,

- die die Aufgabenerfüllung betreffen, jedoch nicht auf den vorgeschriebenen Kommunikationswegen übermittelt werden.
- die das Betriebsgeschehen betreffen, aber nicht in direktem Zusammenhang mit den Aufgaben der Beteiligten stehen.
- die zwar im Unternehmen weitergegeben werden, aber privater Natur sind.[335]

Bei der ersten Art missachten die Kommunikationspartner die vorgegebene formale Konfiguration, da sie die formalen Kommunikationswege nicht einhalten. Häufig wird in diesem Zusammenhang der Begriff „**informaler Dienstweg**" verwendet. Dieser funktioniert für gewöhnlich nur, wenn die Beteiligten persönliche Beziehungen bzw. gleichgerichtete Interessen haben.[336] Beispielsweise bittet ein Mitarbeiter des Produktionsbereichs einen Mitarbeiter der Materialausgabe, der ein Vereinskamerad aus dem Fußballklub ist, um die vorzeitige Bearbeitung eines Auftrages, da er seine eigene Aufgabe sonst nicht fristgemäß erfüllen kann.

Auch (unternehmensseitig unterstützte) **soziale Netzwerke** fördern die informale Kommunikation. Dabei stellt jeder interessierte Mitarbeiter seine Aufgaben und Kompetenzen, eventuell ergänzt um private Interessen, in das interne Netz ein. Bei Bedarf kann man dann schnell ermitteln, welcher Kollege die nötige Kompetenz hat, Hilfe bei einem dienstlichen oder privaten Problem zu leisten. Dienstweg sowie formale Weisungs- und Entscheidungsbefugnisse treten in den Hintergrund.

---

[335] vgl. Nicolai (2009), S. 81

[336] vgl. Vahs (2007), S. 122

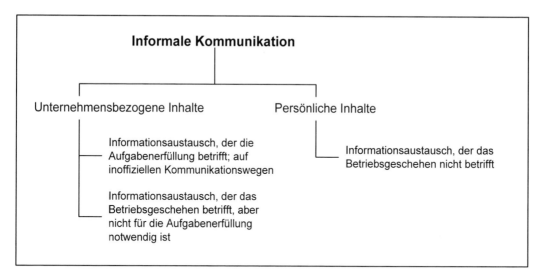

Abb. 6-2: Arten informaler Kommunikation

Die zweite Art informaler Kommunikation betrifft zwar das Unternehmen, aber nicht unmittelbar die Aufgaben der Kommunikationspartner. Der Mitarbeiter der Materialausgabe berichtet beispielsweise seinem Bekannten, dem Mitarbeiter des Produktionsbereichs, dass er Informationen über ein geplantes Outsourcing in der Fertigung hat. Diese Kommunikation steht nicht mit der Aufgabenerfüllung in Zusammenhang, gehört aber zum Betriebsgeschehen. Oft handelt es sich um das Unternehmen betreffende Gerüchte sowie Klatsch und Tratsch, wobei meist persönliche Einschätzungen einfließen oder die offiziellen Informationen gefiltert weitergegeben werden.

Kommunikation, die nicht das betriebliche Geschehen betrifft, aber im Unternehmen stattfindet, bildet die dritte Gruppe informaler Kommunikation. Die Partner tauschen Informationen persönlicher Art aus, die zur Erfüllung ihrer Aufgaben nicht erforderlich sind. Der Mitarbeiter der Produktionsabteilung berichtet beispielsweise seinem Freund aus der Materialausgabe von seinem geplanten Wochenendausflug mit der Familie.

Wenn Mitarbeiter mehreren informalen Gruppen angehören, steigt das Ausmaß der informalen Kommunikation, und es bilden sich **informale Kommunikationsnetze**.

Für alle Arten informaler Kommunikation verwendet man heute sog. **Blogs**. Dabei handelt es sich um inter- oder intranetbasierte Plattformen zum Meinungsaustausch, in die jeder Zugangsberechtigte Mitteilungen einstellen, lesen und kommentieren kann.

6.2.4 Sozialer Status

Jeder Mitarbeiter hat neben seinem offiziellen, formalen Status auch einen sozialen Status.

Sein formaler Status, den ihm das Unternehmen zugewiesen hat, ergibt sich aus Faktoren wie Aufgabenstellung, Hierarchieebene, Entscheidungsbefugnisse, Einkommen etc. Um ihn äußerlich sichtbar zu machen, gewähren viele Unternehmen ihren Mitarbeitern bestimmte Symbole wie einen Dienstwagen oder ein geräumiges Büro.

Für den Rang, den die **Kollegen** einem Mitarbeiter in seiner Abteilung und/oder informalen Gruppe zubilligen, spielen zusätzlich informale Kriterien wie Hilfsbereitschaft, Ausbildung, soziale Herkunft, Alter oder Freundlichkeit eine große Rolle. Auch die Vorrechte, die ein Vorgesetzter einem Mitarbeiter gegenüber seinen Kollegen einräumt, sind von erheblicher Bedeutung. Deshalb unterscheidet sich der soziale Status häufig stark vom formalen.

So könnte es z.B. sein, dass die Abteilungsleiter eines Unternehmens einen sehr jungen, doch ihnen gleichrangigen Kollegen aufgrund seines Alters und seiner geringeren Berufserfahrung als weniger qualifiziert ansehen (ohne dass dies tatsächlich der Fall ist) und seine Meinung bei Diskussionen weniger beachten als die Aussagen erfahrener Kollegen. Sie räumen ihm einen geringeren sozialen Status ein, obwohl alle Abteilungsleiter auf derselben Hierarchieebene angesiedelt sind und denselben formalen Status haben.

Aus Sicht des **Vorgesetzten** kann ein Mitarbeiter einen ganz anderen sozialen Status einnehmen als unter seinen Kollegen. Häufig ist ein hoher sozialer Status mit besonderen Privilegien verbunden. So holen Vorgesetzte bei diesem Mitarbeiter Ratschläge ein, informieren ihn früher über Änderungen im Betriebsgeschehen oder weisen ihm besonders interessante Aufgaben zu. Aufgrund der Bevorzugung durch den Vorgesetzten bringen die Kollegen diesem Mitarbeiter oft größeren Respekt entgegen und billigen ihm ebenfalls einen höheren sozialen Status zu. Manchmal wird die besondere Beachtung durch den Vorgesetzten allerdings auch negativ gesehen, der privilegierte Mitarbeiter muss sich den Vorwurf der „Ja-Sagerei" und mangelnder Solidarität gefallen lassen.

6.2.5 Informale Führung

Ein besonders hoher sozialer Status führt oft dazu, dass die anderen Mitglieder der Gruppe diesen Mitarbeiter als Autorität anerkennen. Sie sind bereit, sich ihm unterzuordnen, obwohl sie hierarchisch auf einer Stufe mit ihm stehen. Dieses Phänomen bezeichnet man als informale Führung.

Bei der Personalführung nehmen in der Regel Vorgesetzte Einfluss auf das Verhalten ihrer Mitarbeiter. Dies ist bei informaler Führung nicht der Fall, vielmehr räumen die Mitarbeiter jemandem aus ihrer Mitte das Recht ein, ihnen Weisungen zu erteilen, obwohl er keinen höheren formalen Rang einnimmt als sie selbst.

Die informale Führung kann sich sowohl auf die Lokomotions- als auch auf die Kohäsionsfunktion der Personalführung beziehen. Bei der **Lokomotionsfunktion** geht es um die Erfüllung der Sach- und Leistungsziele. Mitarbeiter sollen ihr Handeln auf ein gemeinsames, vom Unternehmen gewünschtes Ziel ausrichten. Bei der **Kohäsionsfunktion** stehen der Zusammenhalt und der Bestand der Gruppe im Mittelpunkt. Aufgabe eines Vorgesetzten ist es, beiden Funktionen gleichermaßen gerecht zu werden.

Informale Führung bildet sich vor allem in solchen formalen Gruppen heraus, in denen der Vorgesetzte einer der beiden Funktionen zu wenig Aufmerksamkeit beimisst. Meistens konzentriert er sich zu sehr auf die Aufgabenerfüllung, und die Gruppe sorgt dann (unbeabsichtigt) dafür, dass eine informale Führungsperson aus ihren eigenen Reihen die Kohäsionsfunktion wahrnimmt. Es gibt aber auch Fälle, bei denen ein Gruppenmitglied für die Lokomotionsfunktion zuständig ist. Insbesondere bei einem Vorgesetzenwechsel kommt es zu Konflikten zwischen formalen und informalen Führungspersonen.

Informale Führung findet man auch in informalen Gruppen. Hier bildet sich häufig aufgrund der hohen Achtung, die einem Mitglied entgegengebracht wird, ein Gruppensprecher heraus. Er sorgt wie in einer formalen Gruppe als informale Führungsperson dafür, dass die Gruppe zusammenhält und die gemeinsamen Ziele verfolgt.

6.3 Auswirkungen der informalen Organisation auf das Betriebsgeschehen

Da die informale Organisation die formale ergänzt und verändert, sind die Auswirkungen auf das Betriebsgeschehen vielfältig. Nur wenige informale Erscheinungen haben keinen Bezug zum Unternehmen. Viele unterstützen und vereinfachen die Erfüllung der Aufgaben, andere haben negative Effekte. In jedem Fall ist es schwierig, sie zu erkennen und zu erfassen, und noch schwieriger, von Unternehmensseite Einfluss darauf zu nehmen.

Zwischenmenschliche Beziehungen in **informalen Gruppen** verstärken oft die Kooperationsfähigkeit und -bereitschaft. Andererseits müssen sich die Mitglieder an die Normen einer informalen Gruppe halten, um weiter dazuzugehören, auch wenn diese Regeln die Aufgabenerfüllung eher behindern als fördern. Abweichendes Verhalten kann zu Sanktionen bis hin zum Ausschluss aus der Gemeinschaft führen. Manchmal bilden sich informale Gruppen sogar mit dem Ziel, die Leistung zu drosseln oder Veränderungen zu blockieren.

Durch **informale Kommunikation** werden Informationen häufig schneller an die richtige Stelle übermittelt. Bei Unklarheiten ist eine sofortige Rückfrage möglich.[337] Sie verbessert unzureichend gestaltete, offizielle Kommunikationswege und hat oft den positiven Effekt, dass sich die Beteiligten gegenseitig Anregungen, Hilfestellungen und Informationen geben, was die Aufgabenerfüllung betrifft.

Informale Kommunikation kann sich aber auch negativ auswirken, etwa indem die Autorität eines Vorgesetzten untergraben wird, wenn seine Mitarbeiter „über seinen Kopf hinweg" mit anderen, möglicherweise höheren Stellen kommunizieren. Der Vorgesetzte ist dann nicht im Bilde, welche Informationen seine Abteilung verlassen bzw. an seine Mitarbeiter weitergegeben werden.

Wenn sich die informale Kommunikation auf private Dinge bezieht, sorgt sie zwar für ein gutes Betriebsklima, jedoch verringert sie die Zeit, die für die Aufgabenerfüllung zur Verfügung steht.

---

[337] vgl. Wittlage (1998), S. 250 f.

Informale Kommunikation, die Gerüchte weitergibt, ist grundsätzlich negativ zu sehen, da dies zu Informationsverzerrung und -filterung führt. Hier muss das Unternehmen durch eine offene Informationspolitik frühzeitig reagieren.

Wenn der Vorgesetzte seine Aufgaben nicht in vollem Umfang erfüllt und eine informale Führungsperson ihn unterstützt, indem sie einen Teil der Führungsaufgaben übernimmt, dann hilft **informale Führung** der Arbeitsgruppe, trotz der Mängel ihres Vorgesetzten erfolgreich zu sein. Anders liegt der Fall, wenn der Vorgesetzte seine Kohäsions- und Lokomotionsfunktion wahrnehmen will, eine dieser zwei Rollen aber bereits von einem Mitarbeiter übernommen wurde. Häufig kommt es dann zu einem Machtkampf. Diese Konstellation entsteht oft nach einem Vorgesetztenwechsel, wenn die Gruppe auf die informale Führung nicht verzichten will und die neuen Verhältnisse nicht akzeptiert und/oder der Kollege nicht bereit ist, seinen informalen Führungsstatus abzugeben und wieder die Funktion eines normalen Gruppenmitglieds einzunehmen.

Zusammengefasst hat eine informale Organisation diese **positiven Auswirkungen**:[338]

- **Orientierungsgewinn:** Sie hilft den Mitarbeitern, sich in ihrer Arbeitssituation besser zurechtzufinden, indem sie die möglichen Verhaltensweisen und Interpretationsmuster reduziert und so eine klare und verständliche Grundlage für das tägliche Handeln schafft.

- **Verbesserung der Kommunikation:** Informale Kommunikationsnetzwerke erleichtern die Abstimmungsprozesse zwischen den Aufgabenträgern. Informationsverzerrung und -filterung nehmen ab, wenn Informationen ohne Umwege direkt weitergegeben werden können.

- **Schnellere Entscheidungsfindung und Umsetzung:** Gemeinsame Werte und Normen fördern die Schnelligkeit der Entscheidungsfindung, da bestimmte Alternativen von vornherein ausgeschlossen sind. Die Ergebnisse werden schneller akzeptiert, da sie auf gemeinsamen Überzeugungen beruhen. Umsetzungsprobleme treten wegen der breiten Akzeptanz seltener auf.

- **Geringere Kontrollnotwendigkeit:** Da sich die Mitarbeiter an allgemein anerkannter Handlungsmustern orientieren, sind Fremdkontrollen in geringerem Umfang erforderlich.

- **Motivation:** Die Identifikation mit den Werten im Unternehmen steigert die Bereitschaft, sich zu engagieren.

- **Stabilität:** Gemeinsame Werte und Orientierungen reduzieren die Unsicherheit, steigern das Selbstvertrauen und stärken das Zugehörigkeitsgefühl. Die Fluktuationsrate und die Fehlzeiten sinken.

---

[338] vgl. Schreyögg/Koch (2007), S. 345 ff.

Neben den positiven Effekten gibt es eine ganze Reihe **negativer Auswirkungen**:[339]

- **Tendenz zur Abschottung:** Was im Widerspruch zu den gemeinsamen Wertvorstellungen steht, wird verdrängt oder ignoriert.

- **Aufrechterhalten des Status quo:** Veränderungen werden abgelehnt und ihre Umsetzung wird boykotiert, wenn sie das Wertesystem bedrohen. Die Mitarbeiter sehen ihre Sicherheit gefährdet und befürchten den Verlust von Privilegien.

- **Vorrang traditioneller Erfolgsmuster:** Vorgehensweisen, die sich in der Vergangenheit bewährt haben, werden beibehalten, auch wenn sich die Umwelt geändert hat. „Das haben wir schon immer so gemacht" wird zum prägenden Motto. Innovationsfähigkeit und selbstkritische Reflexion nehmen ab.

- **Konformitätszwang:** Mitarbeiter müssen sich den vorherrschenden Verhaltensnormen und Wertvorstellungen anpassen, andernfalls haben sie Sanktionen zu befürchten. Querdenker sind unerwünscht.

- **Mangelnde Flexibilität:** Das sinkende Interesse an Neuerungen und die mangelnde intellektuelle Flexibilität stellen den langfristigen Unternehmenserfolg in Frage.

6.4 Unternehmenskultur als Gestaltungsinstrument

Bereits die Hawthorne-Studien der zwanziger und dreißiger Jahre hoben die Bedeutung der informalen Organisation hervor. Bis heute ist das Thema hochaktuell geblieben. Während die informale Organisation früher ausschließlich als Störquelle gesehen wurde, die es zu eliminieren galt, wird sie heute als natürlicher Bestandteil der Organisation akzeptiert. Man versucht sie durch Beeinflussung der Unternehmenskultur zu gestalten.

Unter **Unternehmenskultur** versteht man die Gesamtheit der im Laufe der Zeit in einem Unternehmen entstandenen und akzeptierten Werte und Normen, die über bestimmte Wahrnehmungs-, Denk- und Verhaltensmuster das Entscheiden und Handeln der Mitarbeiter prägen.[340] Sie ist ein Ausdruck der informalen Organisation. In Kapitel 3.3.3.3 wurde bereits auf die Unternehmenskultur als Instrument der Koordination mit Vor- und Nachteilen sowie Ansatzpunkten eingegangen.

Die Unternehmenskultur gibt den Mitarbeitern einen relativ stabilen, sich nur langsam verändernden Orientierungsrahmen vor. Sie schafft Sicherheit bzgl. des akzeptierten Verhaltens und lenkt das Handeln indirekt, ohne dass Vorgesetzte Entscheidungen treffen und Weisungen geben müssen.

---

[339] vgl. Schreyögg/Koch (2007), S. 345 ff.

[340] vgl. Bea/Göbel (2006), S. 493

Hier werden nun Überlegungen angestellt, ob und inwieweit es gelingen kann, die informale Organisation durch Beeinflussung der Unternehmenskultur zumindest ansatzweise so zu gestalten, dass sie die Unternehmensziele unterstützt.

Empirische Untersuchungen zeigen, dass es einen typischen Verlauf gibt, wie sich Unternehmenskulturen ändern. Er ist in Abb. 6-3 dargestellt. Dabei ist zu beachten, dass die beobachteten Änderungsverläufe in diesen Untersuchungen stets ungeplante Prozesse gewesen sind.[341]

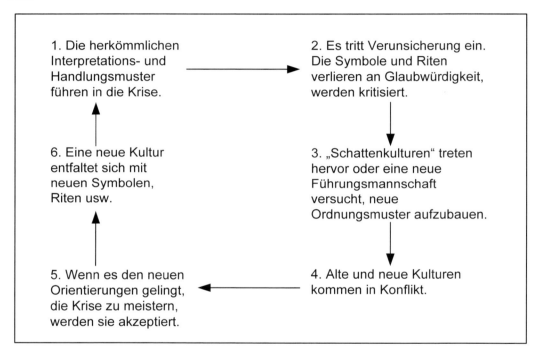

Abb. 6-3: Typischer Verlauf eines Kulturwandels[342]

Am Beginn eines Kulturwandels steht immer eine Konfliktsituation. Die alten Werte und Verhaltensweisen sind nicht mehr so erfolgreich wie früher, die Ziele können nicht mehr im vollen Umfang erreicht werden **(Phase 1)**.

Die überkommenen Riten, Symbole, Helden etc. werden immer weniger glaubwürdig und verlieren an Bedeutung. Erste Kritik an bislang akzeptierten informalen Erscheinungen wird laut **(Phase 2)**.

---

[341] vgl. Steinmann/Schreyögg (2005), S. 735

[342] entnommen aus: Dyer (1985), S. 211

Schattenkulturen, die bereits latent existieren, aber bislang ignoriert oder nicht ernst genommen wurden, gewinnen an Bedeutung. Oft versuchen jüngere Mitarbeiter, die noch nicht so stark in die bisherigen Strukturen eingebunden sind, andere Orientierungshilfen und neue Verhaltensmuster zu entwickeln **(Phase 3)**.

Dadurch kommt es zu einem Konflikt zwischen den alten und den neuen Kulturelementen **(Phase 4)**.

Wird die Krise gemeistert und führen die Mitarbeiter diesen Erfolg auf die neue Orientierung zurück, dann werden die neuen Muster akzeptiert. **(Phase 5)**.

Erst jetzt kann sich eine neue Unternehmenskultur mit anderen Normen und Werten entfalten **(Phase 6)**.

Die **Verankerung einer neuen Unternehmenskultur** ist in der Regel mit **Widerstand** verbunden, da neue Machtverhältnisse entstehen und sich die neue informale Organisation erst noch herausbilden muss. Diejenigen, die in der alten Kultur Vorteile hatten, versuchen die Veränderung zu verhindern oder wenigstens ihre Auswirkungen abzuschwächen, da sie befürchten müssen, dass ihnen Privilegien entzogen werden.

Die Frage, ob der **Kulturwandel** auch geplant werden kann, wird in der Literatur kontrovers diskutiert. Es existieren drei wesentliche **Meinungsrichtungen**:

- Die erste Auffassung geht davon aus, dass eine bewusste Gestaltung der Unternehmenskultur nicht möglich ist. Man bezeichnet die Anhänger dieser Richtung als **Kulturalisten** oder **kulturelle Puristen**.[343] Sie sehen die informale Organisation als historisch gewachsene Lebenswelt, an deren Entstehen alle Mitarbeiter eines Unternehmens beteiligt sind und die nicht gezielt hergestellt werden kann. Bereits Versuche, sie zu beeinflussen, werden deshalb meist aus Prinzip abgelehnt.

- Eine gegensätzliche Meinung vertreten die **Kulturingenieure**. Sie sind der Auffassung, dass sich informale Strukturen gezielt entwickeln und planmäßig verändern lassen. Das Einwirken auf die informale Organisation, etwa über Unternehmensleitlinien, Führungsanweisungen oder Management by-Prinzipien, sehen sie als eine wesentliche Aufgabe des Managements an.[344]

- Die Vertreter der **Kurskorrektur** akzeptieren zwar die Idee des geplanten Wandels der informalen Organisation, interpretieren sie aber anders als die Kulturingenieure. Eine vollständige Neugestaltung durch Führungskräfte halten sie nicht für möglich, dafür sind diese Strukturen ihrer Meinung nach zu komplex. Sie möchten den Wandel vielmehr als einen **offenen Prozess** gestalten, bei dem auf Grundlage einer Kritik der

---

[343] vgl. Schreyögg/Koch (2007), S. 349 f.; Macharzina (2003), S. 227

[344] vgl. Macharzina (2003), S. 228

vorhandenen Kultur Anstöße zu einer Korrektur gegeben werden, der Kurs aber nicht von vornherein feststeht.[345]

Dieser dritten Variante soll hier der Vorzug gegeben werden. Die Auffassung, den Prozess des Erfahrens und Verinnerlichens von Werten bei einer großen Zahl von Personen exakt zu planen, erscheint illusorisch, denn sie **verkennt** die Komplexität und den **Charakter einer informalen Organisation**.

Diese andererseits als Naturereignis anzusehen, das möglichst unangetastet bleiben und einfach hingenommen werden muss, verkennt wiederum den **Charakter eines Unternehmens**, das zur Verwirklichung wirtschaftlicher Ziele gegründet und erhalten wird. Ein Unternehmen lediglich als soziales System zu definieren, dessen Mitglieder nicht beeinflusst werden dürfen, erscheint aus betriebswirtschaftlicher Sicht als zu einseitig.

Wählt man das Verfahren der Kurskorrektur, dann werden zunächst Verhaltensmuster mit problematischen Auswirkungen sichtbar gemacht und mögliche **Alternativen aufgezeigt**, dann Beispiele für ihre Wirksamkeit gegeben und entsprechende Instrumente zur Verfügung gestellt.

Bei der Kurskorrektur wird kein direkter Zwang auf die Mitarbeiter ausgeübt, stattdessen leben die Initiatoren neue Verhaltensweisen vor, indem sie bisherige Routinen durchbrechen, alte Rituale beenden und andere Ideale hochhalten. Von einer Vorgabe neuer Werte halten sie nichts, vielmehr initiieren sie Denk-, Diskussions- und Nachahmungsprozesse.

Wie bei jedem organisatorischen Wandel spielt auch bei der informalen Organisation Überzeugung eine wichtige Rolle.

6.5 Darstellungstechniken der informalen Organisation

Die Darstellungstechniken der informalen Organisation verdeutlichen die zwischenmenschlichen Beziehungen und Probleme in Arbeitsgruppen. Sie dienen als Grundlage für Veränderungsprozesse.

6.5.1 Soziometrische Tests

Informale Erscheinungen versucht man mithilfe von soziometrischen Tests zu erfassen. Sie wurden bereits in den fünfziger Jahren von Jacob L. Moreno entwickelt und ermitteln anhand von Fragebögen die zwischenmenschlichen Beziehungen innerhalb einer Gruppe, insbesondere Gleichgültigkeit, Bevorzugung und Ablehnung, sowie die Stellung einzelner Personen in dieser Gemeinschaft.

Soziometrische Tests werden durchgeführt, wenn man vermutet, dass Probleme in einer Arbeitsgruppe nicht auf fachliche oder organisatorische Ursachen zurückzuführen sind, sondern auf die zwischenmenschlichen Beziehungen. Da sich die Gruppenmitglieder gut kennen

---

[345] vgl. Schreyögg (2003), S. 481

müssen, eignen sich diese Tests nur für kleinere Gruppen, in denen die Mitglieder emotionale und soziale Beziehungen aufbauen konnten.[346] Eine vollständige Erfassung aller informalen Erscheinungen ist somit nicht möglich.

Diese **Voraussetzungen** müssen für die Durchführung soziometrischer Tests vorliegen:

- **Problemidentifikation:** Zunächst muss genau definiert werden, welches Problem die Gruppe hat bzw. welches vermutet wird.

- **Veränderungswunsch:** Die Gruppenmitglieder sind sich des Problems bewusst und wünschen eine Änderung der Situation.

- **Hypothese für mögliche Ursache:** Die Ursache wird in den sozialen Beziehungen der Mitglieder vermutet.

- **Umfassende Information:** Da negative Urteile sehr verletzend sein können, ist eine umfassende Information nötig, was mit der Untersuchung bezweckt wird und wie die genaue Vorgehensweise aussieht.

- **Freiwillige Teilnahme:** Kein Gruppenmitglied darf zur Teilnahme gezwungen werden.

- **Zusicherung von Anonymität:** Die Auswertung, die man den Teilnehmern zur Verfügung stellt, muss anonymisiert werden. Meist werden statt der Namen der Beteiligten Ziffern oder Buchstaben verwendet.

Je kleiner die Gruppe ist, desto weniger ist allerdings gewährleistet, dass die Mitglieder sich nicht über ihre Antworten unterhalten. Die Anonymität der Ergebnisse kann dann kaum aufrechterhalten werden. Sozialer Gruppenzwang führt außerdem oft dazu, dass sich Gruppenmitglieder einer Teilnahme nicht entziehen können, obwohl sie das Bekanntwerden der Ergebnisse scheuen.

Die **notwendigen Daten** werden in der Regel mithilfe einer **Befragung** erhoben. Die Beteiligten werden aufgefordert, für ein bestimmtes Kriterium einige Gruppenmitglieder auszuwählen. In der Regel wird die Auswahlmöglichkeit auf zwei bis fünf Nennungen begrenzt, da die Auswertungen sonst zu unübersichtlich werden.

Die **Fragen** können positiv oder negativ gestellt werden und sich beispielsweise auf Tüchtigkeit oder Beliebtheit beziehen. Negative Fragen haben den Nachteil, dass sie beim Wähler oft erst ein Gefühl der Antipathie und Ablehnung wecken.

Typisch sind Fragen nach

- **den zwischenmenschlichen Beziehungen:**
    - Wer ist Ihnen sympathisch?
    - Wen finden Sie unsympathisch?

---

[346] vgl. ausführlich zum Thema Soziometrie Pruckner (2004), S. 161 ff. und Brüggen (1974)

- **den Führungsbeziehungen:**
  - Wen würden Sie als direkten Vorgesetzten anerkennen?
  - Welchen Mitarbeiter würden Sie nicht als direkten Vorgesetzten akzeptieren?
- **dem fachlichen Beziehungsgefüge:**
  - Mit wem führen Sie am liebsten eine fachliche Diskussion?
  - Mit wem möchten Sie keine fachlichen Probleme besprechen?
  - Bei wem holen Sie sich fachlichen Rat?
  - Mit wem sprechen Sie nicht über fachliche Fragen?
- **dem persönlichen Beziehungsgefüge:**
  - Mit wem würden Sie am liebsten nach Feierabend etwas unternehmen?
  - Mit wem möchten Sie keinesfalls die Freizeit verbringen?
  - Mit wem sprechen Sie über private Angelegenheiten?
  - Wer spricht Sie bei privaten Angelegenheiten an?
  - Mit wem würden Sie keinesfalls persönliche Dinge besprechen?
  - Mit wem würden Sie am liebsten auf einem Betriebsausflug zusammensitzen?
  - Neben wen würden Sie sich bei einer Betriebsfeier nicht setzen?
- **der Besetzung von Arbeitsgruppen:**
  - Mit wem würden Sie am liebsten zusammenarbeiten?
  - Mit wem möchten Sie gar nicht zusammenarbeiten?
- **den Informationswegen:**
  - Von wem erhalten Sie Informationen?
  - An wen geben Sie Informationen weiter?

Die Ergebnisse der Befragung werden in einer **soziometrischen Matrix** oder einem **Soziogramm** abgebildet. Für beide Darstellungstechniken gibt es entsprechende Software.

Soziometrische Matrizen geben einen ersten Einblick in die **Beliebtheits- oder Tätigkeitsrangordnung** innerhalb einer Gruppe. Man kann unmittelbar ablesen, wer wie oft gewählt wurde. Dazu trägt man horizontal die Gewählten und vertikal die Wähler ein. An den Schnittstellen wird mit einem Plus oder Minus gekennzeichnet, wer wen gewählt hat. Ein Beispiel zeigt Abb. 6-4.

6.5 Darstellungstechniken der informalen Organisation

Wähler \ Gewählte	1	2	3	4	5	6	7	8	9	10	11	12
1		-				+				+		
2	-					+				-	+	
3	-	+								-		+
4					+	-	+			-		
5				+		-	+			-		
6		+		-			+					
7				+	+	-				-		
8	-	+							+	-		
9								+		-		+
10	+	-		-		+						
11		+										+
12		+								-	+	
positiv	1	5	0	2	2	3	3	1	1	1	2	3
negativ	3	2	0	2	0	3	0	0	0	8	0	0
gesamt	4	7	0	4	2	6	3	1	1	9	2	3

Abb. 6-4: Soziometrische Matrix[347]

Die auf den Ergebnissen der Befragung aufbauende **Analyse** gibt Auskunft über:

- **soziometrische Führer** oder **Stars**, die besonders viele positive Wahlen auf sich vereinigen
- von der Gruppe **abgelehnte Mitglieder** mit sehr vielen negativen Wahlen
- **Paare**, d.h. zwei Personen, die sich gegenseitig positiv oder negativ einschätzen

---

[347] in Anlehnung an: Schneider (1978), S. 326

- **Ketten**, bei denen mehrere Gruppenmitglieder durch gegenseitige Wahlen kettenförmig verbunden sind
- **Dreiecke**, bei denen die Gruppenmitglieder 1 und 3 einer 3er-Kette durch gegenseitige Wahl miteinander verbunden sind
- **Sterne**, die dadurch entstehen, dass eine Person von mehreren, sich untereinander nicht wählenden Mitgliedern positiv eingeschätzt wird
- **Cliquen**, bei denen sich mehr als drei Mitglieder positiv gewählt haben
- **Außenseiter**, die stark abgelehnt werden
- **Isolierte**, die nicht oder kaum gewählt wurden

Auch **soziometrische Kennzahlen** sollen dabei helfen, das Beziehungsgefüge zu erkennen. Die bedeutendsten sind:[348]

$$\text{Wahlstatus eines Gruppenmitglieds:} \quad \frac{\text{Zahl der Wahlen}}{(N-1)}$$

$$\text{Zurückweisungsstatus:} \quad \frac{\text{Zahl der Zurückweisungen}}{(N-1)}$$

$$\text{Gruppenintegration:} \quad \frac{1}{\text{Zahl der isolierten Mitglieder}}$$

$$\text{Index der Isolierung:} \quad \frac{\text{Zahl der Isolierten}}{N}$$

Ein **Soziogramm** bietet die Möglichkeit, die Befragungsresultate noch deutlicher zu visualisieren. Es veranschaulicht Zusammenhänge und macht die Grundformen sichtbar, die für die untersuchte Gruppe charakteristisch sind.

Zur Darstellung verwendet man diese **Symbole**:

──────▶ positive Wahl

------▶ negative Wahl

---

[348] vgl. Staehle (1994), S. 302

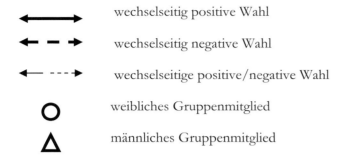

Für die Anordnung der Symbole gibt es keine festen Regeln. Man beginnt sinnvollerweise mit den Stars einer Gruppe, die in der Mitte angeordnet werden. Außenseiter und isolierte Mitglieder stellt man an den Rand der Abbildung. Mit zunehmender Gruppengröße wird das Soziogramm unübersichtlicher. Das Ergebnis der Umwandlung der obigen soziometrischen Matrix in ein Soziogramm zeigt Abb. 6-5.

Die **Ergebnisse eines Soziometrischen Tests** sollten immer mit der Gruppe besprochen werden. Man geht davon aus, dass ihre Mitglieder durch die Tests bereits sensibilisiert und für Veränderungen offen sind. Auch Einzelgespräche sollten Bestandteil des Tests sein. Den Teilnehmern wird dadurch deutlich gemacht, wie ihre individuelle Situation in der Gruppe ist. Da viele negative Wahlen sehr verletzend sein können, sollten Mitarbeiter in diesem Fall psychologisch begleitet werden.

In der Regel führen Fachleute aus spezialisierten Beratungsgesellschaften, meist Soziologen oder Psychologen, die soziometrischen Tests durch. Sie können im Einzelfall fundierte Hilfe leisten. Leider werden soziometrische Tests auch von wenig qualifizierten Ratgebern angeboten. Ein unsachgemäßer Umgang mit ihnen kann mehr Schaden als Nutzen anrichten, etwa wenn nicht anonymisierte Ergebnisse einer Gruppe vorgestellt und isolierte oder abgelehnte Gruppenmitglieder dadurch gebrandmarkt werden.[349]

Zu bedenken ist außerdem, dass soziometrische Tests immer nur eine Momentaufnahme darstellen. Sie spiegeln nicht die Dynamik einer Gruppe wieder, sondern zeigen – entsprechend der gestellten Fragen – nur einen Ausschnitt der Realität.

Im Anschluss an die Erhebung versucht man mithilfe der gewonnenen Erkenntnisse, die Integrationskraft und Stabilität der Gruppe zu verbessern. Führt man mehrere Tests in kürzeren Abständen hintereinander durch, kann man auch die Entwicklung einer Gruppe gut nachvollziehen.

---

[349] vgl. ebd., S. 305

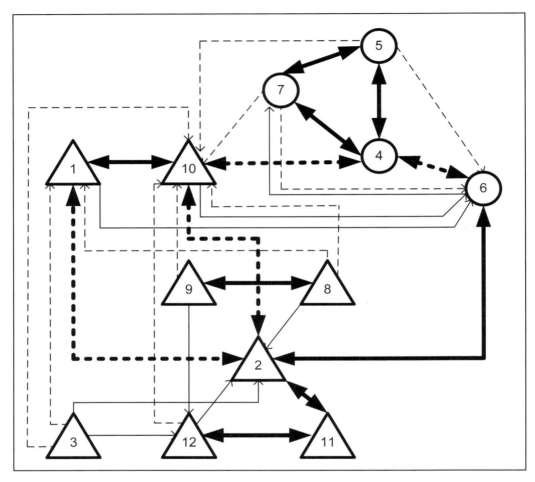

Abb. 6-5: Soziogramm[350]

6.5.2 Organisationsaufstellung

Bei der Darstellung und Untersuchung informaler Beziehungen rücken Organisationsaufstellungen in letzter Zeit ins Blickfeld. Sie übertragen die in der Familientherapie seit längerem bekannten Familienaufstellungen auf die Unternehmenssituation.[351] Da die Beziehungen innerhalb eines Systems dargestellt werden, bezeichnet man sie auch als **systemische Aufstellungen** oder Systemaufstellungen. Als System wird eine Abteilung, Gruppe, Hierarchieebene etc. angesehen. Die Mitarbeiter sind die Elemente des Systems und stehen in – auf den

---

[350] entnommen aus: Schneider (1978), S. 328

[351] vgl. ausführlich Hellinger (1996)

ersten Blick nicht klar erkennbaren – Beziehungen zueinander, die es zu ergründen und zu analysieren gilt.[352] Dabei unterstellt man, dass sich ein Körper als Sinnesorgan für zwischenmenschliche Beziehungen nutzen lässt. Metaphern wie „den Rücken stärken", „im Genick sitzen", „von der Seite anreden", „sich von jemandem innerlich entfernen", „seelenverwandt sein" deuten darauf hin, dass ein solcher Zusammenhang bestehen könnte, den Menschen wahrnehmen können.

Organisationsaufstellungen sollen helfen, komplexe Beziehungszusammenhänge zu erkennen und Probleme innerhalb und zwischen Abteilungen und Hierarchieebenen aufzudecken.[353] Aufbauend auf den Ergebnissen sollen Veränderungsprozesse initiiert werden. Systemische Aufstellungen werden außerdem angewendet, wenn es um

- die Bildung neuer Teams,
- interorganisationale Konfliktlösung,
- Firmenübergaben, -übernahmen, und -zusammenschlüsse,
- Verkaufsförderung,
- Umstrukturierungen und
- allgemeine Verbesserungen der Kommunikation geht.

Die **Vorgehensweise** ist immer ähnlich. In aller Regel wird der Prozess der Organisationsaufstellung von einem (externen) Experten begleitet und moderiert.[354]

Im **ersten Schritt** wird die zu untersuchende Aufgabe bzw. das vermutete **Problem definiert** und ein **Entscheider** bzw. eine Entscheidergruppe festgelegt.

Immer liegt die **Vermutung** zu Grunde, dass nicht vorrangig fachliche, sondern zwischenmenschliche Beziehungen entscheidend sind und dass es einen Zusammenhang zwischen dem Erleben der beruflichen Situation und der Position im Raum gibt.

Anschließend wählt man **Repräsentanten**, die stellvertretend für die beteiligten Mitarbeiter, Produkte, Kunden, etc. stehen. Nun setzt der Entscheider die verschiedenen Repräsentanten intuitiv in eine Beziehung zueinander, d.h. er stellt sie im Raum auf.

Seltener wird eine Organisationsaufstellung mit nur einem Beteiligten in einer Einzelsitzung durchgeführt. Es werden Kissen, Stühle oder andere Gegenstände als Platzhalter verwendet.

Im dritten Schritt befragt der Moderator die Repräsentanten, wie sie sich an ihren Plätzen fühlen. Der Entscheider stellt sich nach und nach zu jedem Stellvertreter und wird ebenfalls zu seinen Empfindungen befragt.

---

[352] vgl. Zorn, (2007), S. 1

[353] vgl. Koller (2004), S. 1 ff.; Kohlhauser/Assländer (2005), S. 7 ff.

[354] vgl. ausführlich Lehmann (2006)

Aus den Körperwahrnehmungen der Beteiligten versucht man als **Zwischenergebnis** den momentanen Ist-Zustand des Problems zu entlarven.[355]

Anschließend wird die **optimale Konstellation** gesucht, indem man verschiedene Positionen austestet und feststellt, ob sich die Repräsentanten dabei besser, schlechter, anders oder gleich gut fühlen. Eine belastende Aufstellung soll sich auf diese Weise in eine positive verändern. Je besser die Befindlichkeit am Ende ist, desto besser ist das Ergebnis.

Obwohl es keine eindeutige wissenschaftliche Erklärung darüber gibt, wie Systemaufstellungen funktionieren, wenden etliche durchaus namhafte Unternehmen aus dem Automotive-, Dienstleistungs-, Pharma- und Softwarebereich sowie öffentliche Institutionen dieses Verfahren an.[356]

Die Organisationsaufstellung findet einerseits viele Befürworter, die von einer der bedeutsamsten Innovationen in den letzten Jahren sprechen, und andererseits mindestens genauso viele, heftige Gegner, die dieses Instrument als unseriös, Humbug und Laienspielinszenierung bezeichnen.[357]

Insbesondere wird in letzter Zeit außerdem hervorgehoben, dass systemische Aufstellungen eine persönliche Zumutung für die Betroffenen seien.[358]

Besonders in der **Kritik** stehen Systemaufstellungen bei denen fremde, unbeteiligte Personen oder sogar Gegenstände als Repräsentanten herangezogen werden, die dann beispielsweise einen Abteilungsleiter, einen Kollegen oder einen Kunden symbolisieren sollen. Körperwahrnehmungen von Menschen, die weder das Problem noch die Beteiligten kennen, und der Einsatz von leblosen Gegenständen führen angeblich zu genau denselben Ergebnissen, wie eine Mitwirkung der betroffenen Personen.

Auch der geringe zeitliche Aufwand von im Durchschnitt ca. 30 Minuten bis zwei Stunden wird negativ gesehen. Es ist eher unwahrscheinlich, dass komplexe Probleme in so kurzer Zeit erkannt und Lösungsansätze entwickelt werden können.

Hinzu kommt die nicht von der Hand zu weisende Besorgnis über die Qualifikation der systemischen Aufsteller. Zwar gibt es Ausbildungen, diese sind aber überaus unterschiedlich und ebenso wenig verpflichtend wie die Mitgliedschaft in Interessenverbänden. Ein einheitliches Berufsbild existiert nicht. Auch vertiefte betriebswirtschaftliche oder psychologische und soziologische Kenntnisse werden nicht als zwingend notwendig erachtet.

Im Grunde kann Jeder ohne nachgewiesene Qualifikation als Organisationsaufsteller tätig sein. Entsprechend häufig werden den Beratern Allmachtsphantasien und manipulative Prak-

---

[355] vgl. Lingg (2004), S. 71 f.

[356] vgl. Kohlhauser/Assländer (2005), S. 7; Deckstein (2006), S. 1 ff.; Zorn (2007), S. 2

[357] vgl. Deckstein (2007), S. 2; Kohlhauser/Assländer (2005), S. 7; o.V. (2005 a), S. 16

[358] vgl. Capgemini (2008), S. 5

tiken vorgeworfen. Außerdem gibt es bisher nur ansatzweise Forschungen zu objektiven Überprüfungen der Wirksamkeit von systemischen Aufstellungen.

Die Unternehmensberatung Capgemini stellt in ihrer umfangreichen Befragung von mittelständischen und Großunternehmen aus Deutschland, Österreich und der Schweiz fest, dass der Trend zu Organisationsaufstellungen bereits wieder rückläufig ist und sie deutlich weniger oft eingesetzt werden als noch vor einigen Jahren.[359]

6.6 Zusammenfassung und Ausblick

Formale und informale Organisation bilden zusammen die spezifische Organisation eines Unternehmens. Da sich die informalen Erscheinungen spontan und ungeplant entwickeln, wirken sie sich nicht immer positiv auf das Unternehmensgeschehen aus. Es ist jedoch nicht möglich, sie zu unterbinden.

Die informale Organisation findet ihren Ausdruck in der Unternehmenskultur. Einen Kulturwandel zu initiieren ist mit großen Problemen verbunden. Veränderungen gewachsener Strukturen erzeugen Unsicherheit bei den Mitarbeitern, die oft Angst, Unbehagen, Wut oder Verzweiflung nach sich zieht.

Die informale Organisation ist ein so vielschichtiges Phänomen, dass es nicht gelingen kann, eine Änderung systematisch und detailliert zu planen und herbeizuführen. Das interpersonale Beziehungsgefüge ist nie vollständig bekannt und zudem häufig instabil. Andererseits sind in einer sich wandelnden Umwelt geplante Veränderungen notwendig. Die bisherige informale Organisation sollte dabei nicht herabgewürdigt werden, stattdessen sollte man ihre positiven Seiten herausstellen und gleichzeitig die Notwendigkeit eines Wandels sorgfältig begründen. Es geht also nicht um Zerschlagung, sondern um Weiterentwicklung.

Möglichst viele Mitarbeiter des Unternehmens sollten die Möglichkeit haben, sich an den geplanten Veränderungen zu beteiligen, denn oft führen diese zu überraschenden, ungewollten Effekten. Sie gilt es festzustellen, zu diskutieren und zu integrieren oder die Veränderung ggf. zu revidieren.

Da zwischen formaler und informaler Organisation Wechselwirkungen bestehen, ist bei einer Veränderung der informalen Organisation eine Überprüfung der formalen Struktur erforderlich. Die formale Organisation ermöglicht und beeinflusst das Entstehen der unternehmensspezifischen informalen Organisation. Umgekehrt lässt eine starke informale Organisation nur bestimmte Modifizierungen der formalen Struktur zu.

Als Instrumente zur Darstellung informaler Beziehungen stehen soziometrische Matrizen, Soziogramme sowie Organisationsaufstellungen zur Verfügung. Von den Unternehmen werden diese Verfahren eher zögerlich angewendet, was auch daran liegt, dass die Bedeutung informaler Aspekte erst langsam ins Blickfeld rückt. Bei den Organisationsaufstellungen fehlt

---

[359] vgl. ebd.

es zudem an einer wissenschaftlichen Fundierung. Auch Konzepte zur Evaluierung fehlen bislang weitgehend. Sie sind jedoch nötig, um systemische Aufstellungen von ihrem unseriösen und pseudowissenschaftlichen Image zu befreien.

Wiederholungsfragen

1. Welcher Zusammenhang besteht zwischen formaler und informaler Organisation?
2. Welche informalen Erscheinungen gibt es?
3. Welche Situationen werden durch informale Normen reguliert?
4. Warum kommt es zu informaler Kommunikation?
5. Worin unterscheiden sich der soziale und der formale Status eines Mitarbeiters?
6. In welchen Situationen entsteht informale Führung?
7. Welche Bedeutung haben informale Gruppen im Unternehmen?
8. Weshalb werden Unternehmenskulturen manchmal als „unsichtbare Barrieren" bezeichnet?
9. Ist es möglich, eine Unternehmenskultur planmäßig zu gestalten?
10. Was versteht man unter soziometrischen Tests und welche Schlüsse lassen sich mit ihrer Hilfe ziehen?
11. Wie ist eine soziometrische Matrix aufgebaut?
12. Was sind Soziogramme?
13. Was versteht man unter Organisationsaufstellungen?
14. In welchen Schritten läuft eine Organisationsaufstellung ab?
15. Weshalb werden systemische Aufstellungen so stark kritisiert?

7 Geplanter organisatorischer Wandel

Die Auseinandersetzung mit dem Wandel der Organisation und den notwendigen Veränderungsprozessen ist ein so komplexes und vielschichtiges Thema, dass es den Umfang dieses Buches sprengen würde, alle Aspekte aufzuarbeiten. Dennoch kann es nicht außen vor bleiben. Deshalb gibt dieses Kapitel einen Überblick über die wichtigsten Fragestellungen, ohne dabei zu sehr in die Tiefe zu gehen.

7.1 Ursachen für organisatorischen Wandel

Organisation ist auf Dauer und Stabilität angelegt. Die Regelungen sollen dazu dienen, dass alle Aufgaben möglichst effizient und effektiv erfüllt werden. Dabei sind fortwährende Änderungen wenig hilfreich. Auf der anderen Seite stehen Unternehmen unter ständigem Wettbewerbsdruck, weshalb sie flexibel sein müssen.

Da es keine universell einsetzbaren organisatorischen Strukturen gibt, die in jeder Situation optimal wären, erfordern gravierende Änderungen immer einen organisatorischen Wandel. Dessen **Ziel** muss es sein, die Initiierung und Durchführung von Veränderungen und Innovationen derart zu bewältigen, dass die neue Organisation so gut wie möglich zur Zielerreichung des Unternehmens beiträgt.

Es gibt viele **Ursachen**, die einen Wandel notwendig machen. Man unterscheidet zwischen externen Variablen, deren Anlässe außerhalb des unternehmerischen Gestaltungs- und Entscheidungsspielraums liegen, und internen Einflussfaktoren, auf deren Gestaltung das Unternehmen Einfluss nehmen kann.

Die wichtigsten **externen Situationsvariablen** sind:

- **Markt:** Die Globalisierung und Deregulierung der Märkte hat zu einer höheren Wettbewerbsintensität geführt. Außerdem wirken sich konjunkturelle Schwankungen heute meist stärker aus als in früheren Zeiten. Daneben spielen die Verkürzung der Marktzyklen und der Wandel von Verkäufer- zu Käufermärkten eine große Rolle. Auch der Kampf um **knappe Ressourcen** hat zugenommen. Um diesen Anforderungen gerecht zu werden, muss die Organisation flexibler und innovationsfähiger werden.[360] Die dadurch zunehmende **Komplexität der Beziehungen** fördert die Bildung neuer Organisationsstrukturen.

- **Gesellschaft:** Der Wertewandel in der Gesellschaft hat zu der Forderung nach einer stärkeren Berücksichtigung humanitärer Aspekte am Arbeitsplatz geführt. Dazu sind sowohl Veränderungen der bisherigen Arbeitsprozesse und Entscheidungsstrukturen als auch ganz neue Organisationsformen notwendig.

  Der Gedanke, dass nicht nur Personen, sondern auch Unternehmen ethisch korrekt handeln können und sollen, ist ebenfalls auf den Wertewandel zurückzuführen. Er hat umfangreiche Diskussionen über die **Corporate Governance** mit sich gebracht und viele Unternehmen dazu bewegt, organisatorische Veränderungsprozesse in Gang zu setzen.[361]

  Die **demografische Entwicklung** ist ein weiterer sozialer Aspekt, den es zu beachten gilt. Die Veränderung der Altersstruktur führt dazu, dass sich Unternehmen frühzeitig um den Aufbau eines **Pools an qualifizierten Mitarbeitern** kümmern müssen. Dies

---

[360] vgl. Bea/Göbel (2006), S. 466

[361] vgl. Jones/Bouncken (2008), S. 605

macht den Einsatz neuer Formen der Personalentwicklung und Arbeitsorganisation erforderlich.

- **Recht:** Gesetzesänderungen und neue Verordnungen erfordern einen organisatorischen Wandel. So müssen **Umweltschutzbestimmungen** bei der Strukturierung von Fertigungsprozessen berücksichtigt oder Änderungen der gesetzlichen **Mitbestimmungsregeln** in die Gestaltung von Entscheidungsprozessen einbezogen werden. Die Einführung des Allgemeinen Gleichbehandlungsgesetzes (AGG) und die zugehörige Rechtssprechung führen dazu, dass Verwaltungsprozesse hinsichtlich möglicher Diskriminierungen zu untersuchen und ggf. neu zu gestalten sind.

- **technischer Fortschritt:** Um wettbewerbsfähig zu bleiben, muss regelmäßig überprüft werden, ob neue Produktions-, Informations- und Kommunikationstechniken eingesetzt werden sollten. Der technische Fortschritt geht deshalb in der Regel mit organisatorischen Veränderungen einher, da Aktivitäten neu strukturiert und angepasst werden müssen[362] und Mitarbeiter andere Aufgaben erhalten.

Als wichtigste **interne Einflussfaktoren** beim organisatorischen Wandel gelten:

- **Zielsystem:** Wenn sich Unternehmensziele ändern, muss geprüft werden, ob die bestehenden organisatorischen Strukturen weiterhin zielführend sind. Dies ist beispielsweise bei der Privatisierung staatlicher Unternehmen dringend nötig, wenn eine ehemals öffentlich-rechtliche, an nicht-erwerbswirtschaftlichen Zielen ausgerichtete Non-Profit-Organisation ein Zielsystem etablieren muss, bei dem Gewinn und Rentabilität eine wesentliche Rolle spielen. Sämtliche Prozesse und hierarchischen Strukturen müssen auf die Ziele der neuen Shareholder ausgerichtet werden.

- **Strategie des Unternehmens:** Bereits 1962 zeigte Chandler anhand einer empirischen Langzeituntersuchung in den USA, dass die Organisationsstruktur eines Unternehmens seiner Wachstumsstrategie folgt. Sie ändert sich reaktiv im Anschluss an die Einführung einer neuen Strategie, weil sich die bestehende Organisation als ineffizient erweist.[363]

- **Kundenstruktur:** Die Zusammensetzung der Kundengruppen – z.B. Groß- oder Privatkunden, europäische oder asiatische Kunden, ältere oder jüngere Menschen, Familien oder Alleinstehende – muss bei der Gestaltung der organisatorischen Regelungen berücksichtigt werden, damit jede Gruppe optimal betreut werden kann. Änderungen der Kundenstruktur erfordern häufig auch eine organisatorische Anpassung, da neue bzw. anders gewichtete Anforderungen seitens der Kunden, etwa bei den Lieferzeiten, den Preisen oder der Qualität, zu beachten sind. Die zunehmende Internationalisierung der Geschäftsbeziehungen stellt in diesem Zusammenhang eine weitere Herausforderung dar, weil die Kenntnis und das Verständnis anderer Kulturen in vielen Un-

---

[362] vgl. Kieser/Walgenbach (2007), S. 218

[363] vgl. Chandler (1962); Bea/Göbel (2006), S. 483 f.; Utikal/Ebel (2006), S. 170 ff.

ternehmen noch unterentwickelt sind[364] und in den bisherigen Strukturen kaum berücksichtigt werden.

- **Unternehmenskultur:** Die Kultur folgt der Struktur. Jede Organisationsstruktur erfordert eigene Denk- und Verhaltensmuster, die sich erst im Laufe der Zeit entwickeln. So benötigt z.B. die Matrixorganisation eine Kultur, in der die Mitarbeiter gut mit Konflikten umgehen können.[365]

Welche Bedeutung Unternehmen den organisatorischen Änderungsprozessen beimessen, offenbart die Studie „Changemanagement 2008" der Unternehmensberatung Capgemini. Die Befragung mittelständischer und großer deutscher, österreichischer und Schweizer Unternehmen ergab, dass der organisatorische Wandel in allen Branchen und Unternehmen jeder Größe als eine zentrale Managementaufgabe gesehen wird. 86 Prozent der Befragten halten diese Aufgabe für sehr wichtig oder wichtig.[366] Für die nächsten Jahre erwarten die meisten Unternehmen eine weiter zunehmende Bedeutung des organisatorischen Wandels. Er wird als zwingende Notwendigkeit aufgrund eines fundamentalen Änderungsbedarfs angesehen.[367]

Die wichtigsten Ursachen des organisatorischen Wandels zeigt Abb. 7-1. Für die in der Capgemini-Studie befragten Unternehmen sind die prägenden Faktoren der nächsten Jahre die demografische Entwicklung, zunehmende Komplexität, veränderte Umweltsituation, War for Talents, Internationalisierung, IT-Flexibilisierung und Ressourcenengpässe.[368]

Neue Situationsvariablen erfordern nicht zwangsläufig eine bestimmte Vorgehensweise bei der organisatorischen Änderung. Vielmehr legen die unternehmensinternen Entscheidungsträger die Art und den Grad des Wandels fest. Ihre Entscheidungsfähigkeit und -freude hängt nicht zuletzt von ihrem Alter und dem Entwicklungsstadium des Unternehmens bzw. der Organisation ab.[369]

Viele Unternehmen orientieren sich an **Modeerscheinungen**. Sie werden oft nur deshalb nachgeahmt, weil erfolgreiche Unternehmen bereits so vorgehen. Eine Überprüfung, ob der Erfolg tatsächlich auf der neuen Organisationsstruktur beruht, unterbleibt jedoch in den meisten Fällen.

---

[364] vgl. Wagner (2008), S. 36

[365] vgl. Bea/Göbel (2006), S. 494

[366] vgl. Capgemini Consulting (2008), S. 9 ff.

[367] vgl. ebd.

[368] vgl ebd., S. 17

[369] vgl. Kieser/Walgenbach (2007), S. 218

298 · 7 Geplanter organisatorischer Wandel

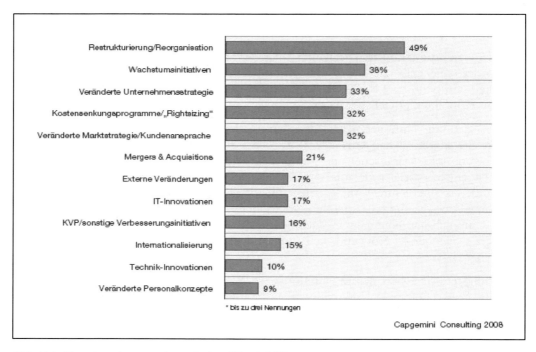

Abb. 7-1: Ursachen des organisatorischen Wandels[370]

Die wichtigsten Ziele, die Unternehmen mit der Veränderung ihrer Organisation verfolgen, sind in Abb. 7-2 dargestellt.

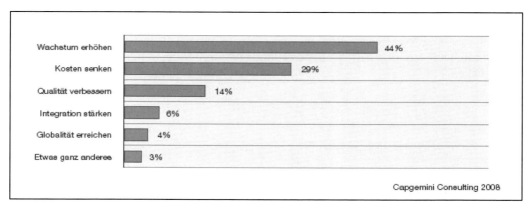

Abb. 7-2: Hauptziele organisatorischer Veränderungen[371]

---

[370] entnommen aus: Capgemini Consulting (2008), S. 14

[371] entnommen ebd., S. 16

7.2 Formen des organisatorischen Wandels

In der einschlägigen Literatur findet man im Zusammenhang mit organisatorischem Wandel eine solche Vielzahl von Definitionen, dass es schwerfällt, sich einen Überblick zu verschaffen und sie überhaupt auseinanderzuhalten.[372]

Hier soll organisatorischer Wandel als übergeordnete Bezeichnung für alle Veränderungen der Organisationsstrukturen verstanden werden, seien es grundsätzliche Neuausrichtungen, tiefgreifende Restrukturierungen oder die Beseitigung kleinerer Schwachstellen.

Man unterscheidet diese **Formen** des organisatorischen Wandels, wobei die Übergänge teilweise fließend sind:

- **Wandel 1. und 2. Ordnung:** Bei einem Wandel erster Ordnung bleiben die Grundwerte des Unternehmens und seine strategische Ausrichtung unberührt. Die Prozesse und aufbauorganisatorischen Strukturen werden lediglich modifiziert, ohne dass der Bezugsrahmen verändert wird. Es handelt sich um schrittweise, kontinuierliche und langsame Anpassungen mit überschaubarer Intensität und Komplexität. In der Regel sind Aufgaben, Verhaltensweisen oder Prozesse eines begrenzten Kreises von Mitarbeitern in einer oder wenigen Abteilungen bzw. auf einer oder wenigen Hierarchieebenen betroffen.

    Dagegen ist der Wandel zweiter Ordnung von fundamentalen Änderungen geprägt. Der bisherige Bezugsrahmen gilt allenfalls noch in Teilen, es kommt zu einem Bruch mit der Vergangenheit, die Organisation wird auf allen Ebenen komplett umgestaltet.

    Der Unterschied zwischen einem Wandel erster und zweiter Ordnung liegt somit im Ausmaß, der Geschwindigkeit und der Radikalität der Veränderung.

- **ungeplanter und geplanter Wandel:** Ungeplanter organisatorischer Wandel vollzieht sich unbeabsichtigt und zufällig. Er ist ein Nebeneffekt der täglichen Handlungsprozesse, bei denen – aus welchen Gründen auch immer – Aufgaben anders als bisher durchgeführt werden. Wenn die neue Vorgehensweise sinnvoll erscheint, wird sie häufiger angewendet und schließlich einfach beibehalten. Improvisation und Zufälligkeit sind die wesentlichen Merkmale des ungeplanten organisatorischen Wandels.

    Für den geplanten Wandel ist die Einsicht in die Veränderungsnotwendigkeit Voraussetzung. Es handelt sich um eine systematische, geplante, strukturierte und kontrollierte Vorgehensweise. Sie ist darauf ausgerichtet, den Herausforderungen eines sich ständig wandelnden Unternehmensumfelds auch künftig gewachsen zu sein.

In den letzten Jahren hat sich **„der Wandel gewandelt"**. Während es früher vornehmlich um einzelne schnelle Anpassungsmaßnahmen ging, stehen heute ständige Veränderungsprozesse im Vordergrund. Im Hinblick auf eine **nachhaltige Zukunftssicherung** ist organisatorischer Wandel zur **Daueraufgabe** geworden.

---

[372] vgl. Steinle/Schmidt (2007), S. 59

Im Gegensatz zum ungeplanten bietet der **geplante organisatorische Wandel** die Möglichkeit, sich auf bestimmte Situationen im Vorhinein einzustellen und eine frühzeitige Anpassung einzuleiten. Für die langfristige Sicherung des Unternehmenserfolgs hat er die weitaus größere Bedeutung. Deshalb steht er im Mittelpunkt der weiteren Ausführungen.

7.3 Objekte und Konzepte des geplanten organisatorischen Wandels

7.3.1 Objekte des Wandels

Geplanter organisatorischer Wandel betrifft diese Bereiche:

- aufbauorganisatorische Strukturen
- Prozesse
- Human Resources
- technische Fähigkeiten
- Wettbewerbsstrategie

Der organisatorische Wandel der **aufbauorganisatorischen Strukturen** befasst sich vorrangig mit der **Optimierung des hierarchischen Systems**. Die Gestaltung der Kommunikations-, Entscheidungs- und Weisungsbeziehungen in den und zwischen den Abteilungen sowie die Anpassung der Aufgaben von Vorgesetzten und Mitarbeitern stehen im Vordergrund.

Die Umstrukturierung der **Prozesse** betrifft die vorgegebenen Arbeitsroutinen und institutionalisierten Verhaltensmuster. Sie sind daraufhin zu prüfen, ob sie in der aktuellen Unternehmenssituation und in absehbarer Zukunft der Zielerreichung eher förderlich oder hinderlich sind.

Neben der Umgestaltung der **Primärorganisation** gehört auch die erstmalige Implementierung bzw. die Anpassung der aufbauorganisatorischen Strukturen und Prozesse der **Sekundärorganisation** zu den Objekten des organisatorischen Wandels.

Human Resources werden zunehmend als wichtigster Produktionsfaktor eines Unternehmens gesehen. Die Kompetenzen der Mitarbeiter sind für den Erfolg maßgeblich. Deshalb ist kontinuierlich zu prüfen, ob ihr Potenzial maximal ausgeschöpft wird, andernfalls würde man im Hinblick auf eine optimale Ressourcenallokation unwirtschaftlich arbeiten und Ressourcen vergeuden. Es gilt, die Qualifikation der Mitarbeiter an derzeitige und künftige Aufgaben anzupassen und ihre Motivation aufrechtzuerhalten. Wichtige Aufgaben sind in diesem Zusammenhang die Gestaltung der Arbeitsbeziehungen, die strategische Ausrichtung des Führungs- und Personalentwicklungssystems und die Schaffung neuer, an den Bedürfnissen der Mitarbeiter ausgerichteter Anreizsysteme. Dazu gehört auch die aktive Beeinflussung der informalen Beziehungen und der Unternehmenskultur.

Geplante Veränderungen der **technischen Kompetenzen** dienen dem Aufbau einer kontinuierlichen Innovationsfähigkeit. Ziel ist es, die Produkte und Dienstleistungen immer weiter zu verbessern. Die Kundenwünsche stehen dabei im Mittelpunkt.

Die weitestgehende Form des organisatorischen Wandels bezieht auch die **Wettbewerbsstrategie** des Unternehmens mit ein. Die eigene Marktposition und die Beziehungen zur Konkurrenz werden auf den Prüfstand gestellt,[373] beispielsweise konzentriert man sich auf Kernkompetenzen, lagert bestimmte Prozesse aus oder bildet strategische Allianzen.

Die fünf Objekte des geplanten organisatorischen Wandels sind nicht unabhängig voneinander zu sehen, vielmehr sind sie miteinander verbunden. So erfordert der technische Fortschritt regelmäßig Änderungen der Arbeitsprozesse und der aufbauorganisatorischen Strukturen, häufig initiiert er auch Personalentwicklungsprozesse. Ein Wandel der Wettbewerbsstrategie macht meist auch Veränderungen der Führungssysteme und des Führungsverhaltens notwendig.

7.3.2 Konzepte des Wandels

Die in der Literatur beschriebenen Konzepte zur Bewältigung des geplanten organisatorischen Wandels sind vielfältig. Sie betrachten das Problem aus unterschiedlicher Perspektive, setzen verschiedene Schwerpunkte oder legen ein anderes Organisationsverständnis zugrunde. Dennoch gibt es zahlreiche Parallelen und Überschneidungen.

Die bekanntesten Konzepte des Wandels sind:

- Reorganisation
- Business Reengineering
- Organisationsentwicklung
- Change Management

7.3.2.1 Reorganisation

Als Reorganisation bezeichnet man eine geplante, meist tiefgreifende Umgestaltung der bestehenden Aufbau- und Prozessorganisation eines Unternehmensbereichs oder des Gesamtunternehmens mit dem Ziel der Effektivitätssteigerung.

Voraussetzung für eine Reorganisation ist immer ein **bedeutender Anlass**, etwa die umfangreiche Änderung des Leistungsprogramms, andere Marktverhältnisse oder rechtliche Rahmenbedingungen oder die Neuausrichtung des Unternehmens nach einer Fusion oder einer Insolvenz.

Der organisatorische Wandel wird bei einer Reorganisation in erster Linie als ein **vom Management zu bewältigendes Planungsproblem** verstanden. Nachdem das Problem er-

---

[373] vgl. Wagner (2008), S. 34

kannt, die Ist-Situation bewertet und der Soll-Zustand formuliert ist, entwickelt man mehrere Lösungswege, die anschließend nach ihren erwünschten und unerwünschten Wirkungen bewertet werden. Dazu wendet man häufig **Nutzwertanalysen** und **Kosten-Nutzen-Analysen** an. Die beste Alternative wird von der Unternehmensleitung ausgewählt. Die erfolgreiche Umsetzung wird dann nur noch als eine Frage der korrekten Anweisungen gesehen.[374]

Damit sichergestellt ist, dass die Mitarbeiter den neuen Aufgaben gewachsen sind, müssen in der Regel zusätzlich Personalentwicklungsmaßnahmen durchgeführt werden. Sie werden als notwendige **Folge der Reorganisation** betrachtet. Die Reorganisation endet mit einer Ergebniskontrolle. Bei Bedarf schließen sich weitere Reorganisationsmaßnahmen an.

Reorganisationsprojekte werden immer federführend von **Organisatoren** durchgeführt. Das können ausgewählte Führungskräfte, spezialisierte Stäbe und/oder interne bzw. externe Berater sein. Sie entwerfen die neuen aufbauorganisatorischen Strukturen und Prozesse und setzen anschließend das von der Unternehmensleitung genehmigte Konzept um.

Da es sich um eine expertenbasierte, neuartige, zielgerichtete, komplexe und zeitlich befristete Maßnahme handelt, treffen alle Merkmale eines Projekts auf die Reorganisation zu. Sie wird deshalb idealerweise **im Rahmen eines Projektes** durchgeführt (vgl. Kapitel 3.6.3.6). Je nach Umfang erfolgt eine Aufteilung in mehrere Unterprojekte, die nacheinander oder auch parallel bearbeitet werden.

Reorganisationsmaßnahmen beziehen sich in der Regel auf einzelne Probleme, weshalb zu vermuten ist, dass übergeordnete Zusammenhänge und die Unternehmensstrategie häufig zu wenig Beachtung finden. Ein weiterer wesentlicher Kritikpunkt ist der mangelnde Einbezug der betroffenen Führungskräfte und Mitarbeiter in die Entscheidungsfindung. Akzeptanzprobleme sind deshalb oft vorprogrammiert.

7.3.2.2 Business Reengineering

Wenn sich die Organisationsänderung nicht in kleinen Schritten, sondern als radikaler Umbruch vollzieht, spricht man von Business Reengineering.

Entwickelt wurde dieses Konzept in den achtziger und neunziger Jahren in den USA. Wesentlich geprägt haben es Hammer und Champy,[375] die gleichzeitig den Unternehmenszweck, die bestehenden Strategien, die Unternehmenskultur, die Geschäftsprozesse, die Unternehmensleitung und die Mitarbeiter ändern wollen und damit die **gesamte Unternehmenssituation** in Frage stellen. Sie bezeichnen ihre Vorstellungen als **fundamentales Umdenken**.[376]

---

[374] vgl. Schreyögg (2003), S. 497

[375] vgl. Hammer/Champy (1993); Hammer/Champy (1995); Champy (1995); Hammer/Stanton (1995)

[376] vgl. Champy (1995), S. 19 f. und 53 ff.

Das Ergebnis ist ein **radikales Redesign von Unternehmensprozessen** mit dem Ziel, Spitzenleistungen zu erzielen. Die Prozesse werden ohne jede Rücksicht auf die Mitarbeiter und auf bestehende Strukturen und Abteilungsgrenzen analysiert, auseinandergenommen und unter der Prämisse einer konsequenten **Kundenorientierung** neu zusammengefügt. Die neuen Prozesse durchschneiden bisherige Abteilungen und sollen das Unternehmen als Ganzes optimieren.

Bei der Integration und Koordination der neuen Prozesse wird sehr viel Wert auf den Einsatz hochwertiger Informations- und Kommunikationstechnik gelegt.[377]

Insbesondere bei den Kosten, der Produktqualität und der Dauer von Prozessen soll es durch das Reengineering zu Leistungssteigerungen in **erheblichem Umfang** kommen, sodass von bahnbrechenden Veränderungen oder regelrechten **Quantensprüngen** gesprochen werden kann.[378]

Die **Schlüsselkomponenten** des Business Reengineering sind:

- **Fundamentaler Wandel:** Business Reengineering akzeptiert keinerlei Einschränkungen. An die Stelle kontinuierlicher Verbesserungen tritt eine völlige Neugestaltung. Dadurch sollen Verbesserungen in immenser Größenordnung erreicht werden, erwartet werden durchschnittlich 30 Prozent Leistungssteigerung bei Kosten, Qualität, Zeit und Service gleichzeitig.

- **Radikales Vorgehen:** Alles, was die bisherige Organisation ausmacht, wird bewusst ignoriert. Man zieht einen Schlussstrich unter die Vergangenheit und zerschlägt die bisherigen Strukturen.

- **Redesign**: Beim Business Reengineering geht es nie um die Veränderung althergebrachter Vorgehensweisen, sondern stets um die Entwicklung völlig neuer Wege der Zielerreichung.

- **Prozessorientierung:** Die gesamte Organisation wird an Prozessen ausgerichtet. Einzelne Mitarbeiter oder interdisziplinäre Arbeitsgruppen, sog. **Case Workers** bzw. **Case Teams**, übernehmen komplette Prozesse, die sich an bestimmten Produkten oder Kunden orientieren und störende Abteilungsgrenzen überwinden. Objektzentralisation steht also im Vordergrund. Man verspricht sich von dieser funktionsübergreifenden Vorgehensweise auch eine höhere Motivation der Beteiligten.

- **Kundenorientierung:** Alle Prozesse werden an den Interessen der externen und internen Kunden ausgerichtet. Interne Kunden sind alle vorgelagerten Prozesse. Jede Änderung der Organisation muss den Kundennutzen im Blick haben.

- **Herausragende Bedeutung der Informations- und Kommunikationstechnik:** Der Einsatz neuester Informations- und Kommunikationstechnik ist eine grundlegen-

---

[377] vgl. Unger (2008), S. 206

[378] vgl. Hammer/Stanton (1995), S. 21 ff.

de Voraussetzung für das Business Reengineering, da Daten aus allen Unternehmensbereichen abgerufen und verarbeitet werden müssen. Erst dadurch ist es möglich, völlig neue Arbeitsweisen zu entwickeln und radikale organisatorische Veränderungen vorzunehmen.

- **Empowerment:** Die Mitarbeiter bzw. Case Teams erhalten umfangreiche Entscheidungsbefugnisse und steuern die Aufgabenerfüllung über Zielvorgaben weitgehend selbst. So benötigt man weniger Vorgesetzte und Hierarchieebenen. Die Führungskräfte werden zu **Prozesseignern oder Case Managern,** ihre Aufgabe wandelt sich vom Weisungsgeber und Kontrolleur zum Coach. Mögliche Abstimmungsprobleme zwischen den Prozesseignern werden durch **Schnittstellenmanager** gelöst, die dafür sorgen, dass das Gesamtziel nicht verfehlt wird.

- **Top-Down-Vorgehensweise:** Die Unternehmensleitung initiiert und unterstützt den Reengineering-Prozess. Sie setzt ihre hierarchische Macht ein, um den Wandel durchzusetzen, und lebt ressortübergreifendes und ganzheitliches Denken und Handeln vor. Fremdorganisation durch Organisatoren hat den Vorrang vor Selbstorganisation durch die Mitarbeiter.

Der organisatorische Wandel in Form einer „Bombenwurfstrategie wie er beim Reengineering durchgeführt wird, birgt ein weitaus höheres Risiko, dass die Veränderungen scheitern, als die kontinuierliche Verbesserung vorhandener Strukturen.

Business Reengineering unterstellt, dass die bisherige Arbeitsweise völlig falsch ist und deshalb sofort abgeschafft werden muss. Alle Vorteile der derzeitigen Organisation werden aufgegeben. Die Werte, Einstellungen und Verhaltensweise der Mitarbeiter und ihre Bedenken gegenüber Neuerungen sowie mögliche Akzeptanzprobleme finden keinerlei Beachtung. Vielmehr wird den Betroffenen zu verstehen gegeben, dass sie bislang alles falsch gemacht haben und nun ein anderer Wind weht.

Das Business Reengineering setzt voraus, dass die neue Struktur grundsätzlich erheblich besser ist. Mögliche unerwünschte Konsequenzen des Wandels werden weitgehend ignoriert. Da jedoch jede Organisation Vor- und Nachteile hat, wird in absehbarer Zeit eine erneute radikale Umwälzung erfolgen müssen.

Nach anfänglich großer Begeisterung hat sich die Praxis wieder dem Wandel in kleinen Schritten zugewandt. „Gewaltakte" wie das Business Reengineering werden zunehmend als realitätsfern betrachtet. Auch die zusätzliche Motivation der Mitarbeiter, die man sich davon versprochen hat, ist weitgehend ausgeblieben. Zahlreiche Untersuchungen haben zudem gezeigt, dass in vielen Fällen die erwarteten Quantensprünge nicht eingetreten sind.[379] Unger spricht gar von Bock- statt Quantensprüngen.[380] Deshalb bleibt das Business Reengineering heute meist auf **Notsituationen** beschränkt.

---

[379] vgl. Koch/Hess (2003), S. 6 ff.; Unger (2008), S. 210

[380] vgl. Unger (2008), S. 209

7.3.2.3 Organisationsentwicklung

Während sich Reorganisation und Business Reengineering vorrangig an ökonomischen Größen orientieren, werden bei der Organisationsentwicklung zusätzlich humanitäre Überlegungen einbezogen. Die Verbesserung der Arbeitsbedingungen ist – neben der optimalen organisatorischen Gestaltung – ein wesentlicher Inhalt.

Organisationsentwicklung (OE) wird als langfristig angelegte, umfangreiche Entwicklung und Veränderung der Organisation und der im Unternehmen tätigen Menschen verstanden. Sie betrifft aufbauorganisatorische Strukturen und Prozesse und zielt gleichzeitig und **gleichrangig** auf die Entwicklung der Mitarbeiter und die Anpassung der Unternehmenskultur ab. Die Veränderung von Einstellungen und Verhaltensweisen sowie die Personalentwicklung sind ein bedeutender integrativer Bestandteil.[381]

Die Organisation wird hier weniger im instrumentalen als in institutionellen Sinn verstanden, d.h. sie wird nicht als System von dauerhaften, zielgerichteten, generellen Regelungen, sondern als **soziotechnisches System** angesehen, das es insgesamt zu verändern gilt.

Wichtige **Ziele** der Organisationsentwicklung sind demnach:[382]

- Verbesserung der aufbauorganisatorischen Strukturen
- Prozessoptimierung
- Selbständigkeit der Mitarbeiter
- Entscheidungsdelegation
- Selbstverwirklichung des Einzelnen durch den Erwerb fachlicher und sozialer Kompetenzen
- materielle Existenzsicherung der Mitarbeiter
- Gesundheitsschutz

Organisationsentwicklung beruht in erster Linie auf dem Lernen und der Mitwirkung aller Mitarbeiter. Sie ist kein notwendiges Übel, das man schnell hinter sich bringen muss, vielmehr handelt es sich um einen erwünschten langfristigen Prozess.

Damit unterscheidet sich die Organisationsentwicklung von der Reorganisation und vom Business Reengineering vor allem in diesen Punkten:

- Gleichrangigkeit von ökonomischen und humanitären Zielen
- Aufbau eines gemeinsamen Problembewusstseins bei Unternehmensleitung und Mitarbeitern

---

[381] vgl. Trebesch (2004 a), S. 72 ff.; Trebesch (2004 b), Sp. 988

[382] vgl. ders. (2004 b), Sp. 988 ff.

- Partizipation der Betroffenen aller Hierarchieebenen
- erfahrungsorientiertes Lernen der Mitarbeiter und der Organisation als Ganzes
- kein eindeutiges Prozessende
- Personalentwicklung als gleichwertige statt nachgelagerte Aufgabe
- eher Bottom-Up- als Top-Down-Vorgehensweise
- kein fertiges, von Organisatoren erstelltes Konzept, diese geben vielmehr Hilfe zur Selbsthilfe

Auch wenn die Einbindung der Betroffenen stark betont wird, haben die **Organisatoren** dennoch eine zentrale Rolle im Veränderungsprozess.[383] Da verhaltenswissenschaftliche Instrumente wie Coaching, Supervision, Teamentwicklung etc. häufig zum Einsatz kommen, sind die soziologischen und psychologischen Kenntnisse von versierten Fachleuten unverzichtbar.

Organisationsentwicklung ist in vielen Unternehmen alltäglich geworden und hat das Business Reengineering abgelöst. Die Berücksichtigung von Unternehmenskultur und Mitarbeiterinteressen wird heutzutage immer selbstverständlicher. Gemeinsame Lernprozesse und die Beteiligung der Betroffenen verringern die Akzeptanzprobleme bei organisatorischem Wandel erheblich. Sie nehmen allerdings auch viel mehr Zeit in Anspruch. Deshalb ist zu vermuten, dass in der Praxis häufig die Bottom-Up-Orientierung zugunsten einer stärkeren Top-Down-Vorgehensweise abgeändert wird.

Zudem wäre es naiv zu glauben, dass in der Praxis tatsächlich – wie von der Theorie propagiert – ökonomische und humanitäre Aspekte als gleichwertig angesehen werden. Dies würde den Aufgaben der Unternehmensleitung und dem Zweck des Unternehmens, das Gewinne erwirtschaften soll, zuwiderlaufen. Gerade in wirtschaftlich schwierigen Zeiten muss davon ausgegangen werden, dass die Interessen der Mitarbeiter gegenüber den Zielen der Shareholder an Bedeutung verlieren, weshalb von Gleichrangigkeit ökonomischer und humanitärer Ziele keine Rede sein kann.

7.3.2.4 Change Management

Seit einigen Jahren setzt sich der Begriff Change Management für die aktive Gestaltung des organisatorischen Wandels zunehmend durch. Er wird inzwischen als **Obergriff** für alle Arten von geplanten Restrukturierungen der Organisation im weitesten Sinne verwendet und schließt auch die Veränderung der Anreizsysteme und die Personalentwicklung mit ein.

Während früher der Prozesswandel unter Berücksichtigung der Kundenwünsche die Hauptaufgabe des Change Managements war, steht in letzter Zeit die **Kompetenzorientierung** im

---

[383] vgl. Breisig (2006), S. 175

Mittelpunkt.[384] Gemeint sind sowohl die Kompetenzen des Unternehmens als auch diejenigen der Mitarbeiter. Sie gilt es derart zu entwickeln, dass das Unternehmen dauerhaft im Wettbewerb bestehen kann.

Change Management baut auf der Überzeugung auf, dass erfolgreiche Veränderungen aus der Kombination von systematischer, zielgerichteter Arbeit und der kreativen Suche nach praktikablen Lösungen entstehen.[385]

Dazu bedarf es einer umfassenden Abstimmung zwischen

- Strategien,
- Strukturen,
- Unternehmenskultur,
- Ressourcen und
- Kompetenzen.[386]

Change Management geht zudem davon aus, dass der **permanente Wandel** ein wesentlicher Erfolgsfaktor eines Unternehmens ist. Führungskräfte haben deshalb die Aufgabe, eine stabile und dauerhafte Organisation zu etablieren, die sich jedoch gleichzeitig als anpassungsfähig und wandlungsfreundlich erweist. Dazu können Reorganisation, Business Reengineering und andere Konzepte verwendet werden und sich abwechseln. Bottom-Up- und Top-Down-Vorgehensweisen werden nicht mehr als sich ausschließende Maßnahmen verstanden, sondern je nach Problem variabel eingesetzt.

Die **Schwerpunkte** des Change Managements liegen heutzutage im Qualitätsmanagement, Lean Management, in der Virtualisierung von Unternehmensbereichen und der Bildung von Team- und Netzwerkstrukturen.[387]

Die am Change Management Beteiligten können aktiv mitarbeiten, Prozesse initiieren und vorantreiben oder eine eher passive, abwartende Rolle einnehmen und nur bei Bedarf mitwirken. Ihre Rolle wechselt je nach Wandlungsbereich. Die Akteure werden als **Change Agents** bezeichnet. Ihre Aufgaben reichen von der Analyse, ob ein Wandel überhaupt notwendig ist, über die Lösungssuche bis zur Umsetzung der geplanten Vorgaben.

Oft werden neben den internen auch externe Change Agents eingesetzt. Von ihnen verspricht man sich größere Problemdistanz und Objektivität sowie verwertbare Erfahrungen aus Change Management-Prozessen, die sie in anderen Unternehmen begleitet haben. Ein weiterer Vorteil externer Change Agents ist deren größere Bereitschaft, unbequeme und

---

[384] vgl. Vahs (2007), S. 271

[385] vgl. ebd., S. 415

[386] vgl. Bea/Göbel (2006), S. 502

[387] vgl. Scherm/Pietsch (2007), S. 270

unangenehme Lösungen vorzuschlagen. Außerdem sind viele Mitarbeiter eher bereit, Vorschläge zu akzeptieren, wenn sie von Außenstehenden kommen.

In Großunternehmen relativieren sich diese Vorteile, da hier auch interne Berater meist genügend Problemdistanz und Erfahrungen aus anderen Unternehmensbereichen mitbringen. Gleichzeitig ist es von Vorteil, dass sie mit der Unternehmenskultur vertraut sind und deshalb bei den betroffenen Mitarbeitern auf weniger Skepsis stoßen. Als ideales Change Team wird in der Literatur deshalb eine Mischung aus Führungskräften sowie internen und externen Beratern und betroffenen Mitarbeitern gesehen.[388]

7.4 Hemmnisse bei geplantem organisatorischem Wandel

7.4.1 Ursachen für Hemmnisse

Organisatorische Veränderungen erweisen sich oft als viel schwieriger und langwieriger als geplant. Manchmal scheitern sie ganz. Die Ursache liegt häufig in der Unfähigkeit und/oder dem Unwillen von Mitarbeitern, die in den anstehenden Neuerungen keine Chance, sondern eine Bedrohung sehen. Auch externe Umstände stehen dem organisatorischer Wandel oft im Weg. Abb. 7-3 gibt einen Überblick über mögliche Ursachen für Hemmnisse.

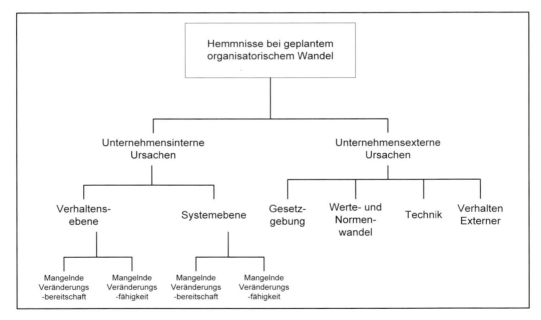

Abb. 7-3: Ursachen für Hemmnisse bei geplantem organisatorischem Wandel[389]

---

[388] vgl. Scherm/Pietsch (2007), S. 266

[389] vgl. Bea/Göbel (2006), S. 517; Kieser/Hegele (1998), S. 121 ff.

Mangelnde Fähigkeit oder Bereitschaft, das Verhalten zu ändern, ist das **häufigste unternehmensinterne Hemmnis des organisatorischen Wandels**. Viele Mitarbeiter wollen ihre gewohnten Arbeitsroutinen und ihren Status nicht aufgeben. Sie schätzen die vertrauten Denk- und Handlungsmuster und scheuen das Risiko und die Unsicherheit, die mit neuen Vorgehensweisen verbunden sind.[390] Hinzu kommen oft fehlendes Know-how und Vorstellungsvermögen. Je umfassender die Veränderungen sind, desto weniger sind viele Mitarbeiter in der Lage einzuschätzen, was am Ende des Prozesses auf sie zukommt. Teilweise haben sie auch Angst, ihren Arbeitsplatz zu verlieren. Und Angst erzeugt **Widerstand**. Er ist nicht auf bestimmte Hierarchieebenen begrenzt, sondern tritt beim einfachen Arbeiter wie auch beim leitenden Angestellten auf.

Zudem weisen die Vertreter der Systemtheorie seit langem darauf hin, dass nicht nur Individuen, sondern auch Systeme – in unserem Fall das Unternehmen – **nach Stabilität und Kontinuität streben** und deshalb einem organisatorischen Wandel häufig ablehnend gegenüberstehen. Mehrere Autoren sprechen in diesem Zusammenhang von **organisatorischem Konservatismus**[391].

Die Organisation fördert durch ihre stabilen, generellen und dauerhaften Regelungen geradezu das systemkonforme Denken und Handeln. Sie belohnt stabiles Verhalten und Verlässlichkeit und trägt dazu bei, dass sich eine **Unternehmensidentität** ausbildet. Abweichungen werden oft als Störung des Gleichgewichts empfunden.

Erstaunlicherweise ist manchmal auch der **wirtschaftliche Erfolg** eines Unternehmens ein **Hemmnis** für geplanten organisatorischen Wandel. Er lässt die Entscheidungsträger blind für Veränderungen werden. Sie behaupten, dass sich die derzeitigen Strukturen bewährt haben und folglich nicht verändert werden sollten, und verlieren die Notwendigkeit einer langfristigen Erfolgssicherung aus den Augen. Stabilität und Verlässlichkeit mutieren zu Starrheit und Änderungsresistenz. Man spricht deshalb auch von der **erfolgsgefährdenden Wirkung des Erfolgs**.[392]

Auch **unternehmensexterne Faktoren** behindern den organisatorischen Wandel.

So stehen **arbeitsrechtliche Regelungen** häufig einer flexibleren Gestaltung der Arbeitssituation im Weg. **Gesellschaftliche Normen**, die beispielsweise die Rolle der Frau in der Familie oder den Umgang mit älteren Menschen betreffen, machen viele Menschen misstrauisch gegenüber neuen Organisationsformen, die diese Verhaltensmaßstäbe nicht im gewünschten Maße beachten. Innovationsfreudige Unternehmen haben häufig Probleme, die passende **innovative Technik** zu finden, denn Technologieanbieter orientieren sich eher an bekannten Strukturen und dem üblichem Bedarf ihrer Kunden. Sie offerieren Neuerungen oft nur in kleinen Schritten, denn neue Lösungen verkaufen sich zunächst schlechter und werden deshalb seltener angeboten. Auch **externe Shareholder** sind meist wenig experimen-

---

[390] vgl. Schewe (2008), S. 269

[391] vgl. Kieser/Hegele (1998), S. 122; Bamberger/Wrona (2004), S. 438

[392] vgl. Vahs (2007), S. 331 f.

tierfreudig und fördern damit konservatives Verhalten. Ein umfassender Wandel der Organisation wird gerade von Kreditgebern oft nicht als Chance, sondern als erhöhtes finanzielles Risiko eingestuft.

So vielfältig die Hemmnisse auch sind, der interne Widerstand der betroffenen Mitarbeiter ist die zentrale Barriere für organisatorischen Wandel und deshalb auch Schwerpunkt der folgenden Betrachtungen.

7.4.2 Argumentation und Vorgehensweise der Betroffenen

In jedem Veränderungsprozess muss man mit Widerständen der Mitarbeiter rechnen, die jedoch nur selten offen zu Tage treten.

Diese **Anzeichen** deuten auf Widerstände gegen einen geplanten organisatorischen Wandel hin:[393]

- aggressiveres Betriebsklima
- Zunahme lustloser Besprechungen und zäher Entscheidungsfindungsprozesse
- häufige Diskussionen über Nebensächlichkeiten
- Zunahme verhaltener Reaktionen und Schweigepausen
- sinkendes Leistungsniveau bei steigendem Desinteresse
- Zunahme von Krankenstand und Fluktuation
- häufige Unruhe und Gerüchtebildung
- zunehmende Kommunikationsprobleme, etwa ungenaue Antworten auf eindeutige Fragen
- absichtliches Zurückhalten von Informationen
- Dienst nach Vorschrift

Für ihren geringen Änderungswillen führen die Betroffenen verschiedene **Begründungen** an, die sich in drei Kategorien einordnen lassen. Meist begegnet man ihnen – häufig bei einer Person – gleichzeitig:[394]

- **Rationale Argumente:** Sie sind logisch und nachvollziehbar begründet und stellen deshalb das kleinste Problem dar. Der Mitarbeiter ist vernünftigen Erläuterungen gegenüber aufgeschlossen, und häufig weicht der Widerstand im Laufe der Zeit der Einsicht in die Notwendigkeit. Eine stärkere Mitwirkung des Betroffenen kann hierbei helfen.

---

[393] vgl. Doppler/Lauterburg (2005), S. 325 f.; Schmidt (2003), S. 26 ff.; Vahs (2007), S. 337
[394] vgl. Vahs (2007), S. 336

- **Politische Argumente:** Hier ist der Widerstand mit der Angst verbunden, die bisherige hierarchische Stellung bzw. Einfluss und Macht zu verlieren. Die Argumente sind darauf ausgerichtet, die eigene Position zu sichern. Da solche Begründungen selten offen geäußert, sondern allenfalls angedeutet werden, ist nicht vorhersehbar, welche Maßnahmen der Betroffene ergreift, um seine Besitzstände zu wahren. Ist er rationalen Erklärungen nicht zugänglich, ist eine Personalfreisetzung manchmal der einzige Ausweg.

- **Emotionale Argumente:** Auf eine grundsätzliche Angst vor Neuerungen sind die meisten emotionalen Argumente zurückzuführen. Der Mitarbeiter hat das Gefühl, dass sich eine Änderung für ihn negativ auswirken könnte. Eine genaue Begründung kann er nicht geben. Emotionalem Widerstand kann man nicht mit sachlichen und logischen Argumenten begegnen, da er auf subjektivem Empfinden beruht. Er kann nur Schritt für Schritt abgebaut werden, indem man die Sorgen und Befürchtungen offen anspricht und so langsam Vertrauen schafft.

Die Betroffenen drücken ihren Widerstand durch unterschiedliche **Verhaltensweisen** aus, die sich in drei Gruppen einteilen lassen:[395]

- **Aktives/passives Verhalten:** Aktiver Widerspruch wird durch Reden und Handeln zum Ausdruck gebracht. Beispiele sind durchdachte Gegenargumente, abfällige Bemerkungen etc. Passiver Widerspruch äußert sich z.B. in höherem Krankenstand, Fernbleiben von Sitzungen oder Vergessen von Aufgaben.

- **Offenes/verdecktes Verhalten:** Offener Widerstand bedeutet, dass die ablehnende Haltung für Dritte sichtbar ist. Bei verdecktem Verhalten ist sie nur indirekt erkennbar, beispielsweise indem Ideen lächerlich gemacht oder Gerüchte über Personen oder Konzepte gestreut werden.

- **Destruktives/konstruktives Verhalten:** Scheinargumente, die auf den ersten Blick sachlich und logisch erscheinen, werden bei destruktivem Widerstand gezielt eingesetzt, um den organisatorischen Wandel zu behindern. Es gibt nur „Verhinderungsargumente", keine Anregungen, wie eine Lösung gefunden werden könnte oder wie sie aussehen sollte. Bei konstruktivem Verhalten wird zwar auf Schwachstellen hingewiesen, aber auch auf Möglichkeiten zu deren Bewältigung. Die Notwendigkeit eines Wandels wird grundsätzlich akzeptiert.

Erfahrungen aus der Praxis zeigen, dass etwa ein Drittel der Betroffenen einem geplanten organisatorischen Wandel positiv und offen gegenübersteht. Ein weiteres Drittel verhält sich abwartend und neutral. Die anderen Mitarbeiter lehnen den Wandel ab. Skeptische Einstellungen sind häufiger auf den unteren Hierarchiestufen, beim Betriebsrat und den Gewerkschaften zu finden, während die oberen Ebenen überwiegend positiv eingestellt sind.[396]

---

[395] vgl. Klimmer (2007), S. 153; Rockrohr/Glazinski (2003), S. 53 f.

[396] vgl. Vahs (2007), S. 329 ff.

7.4.3 Umgang mit Widerständen

In Theorie und Praxis existiert eine Vielzahl von Empfehlungen, wie mit Widerständen umzugehen ist.[397] Sie beruhen auf Erfahrungen von Organisatoren und werden häufig als die **goldenen Regeln** des erfolgreichen organisatorischen Wandels bezeichnet. Einige dieser Grundsätze sind:

- **Politik der offenen Tür:** Eine umfassende, frühzeitige und fortwährende Informationspolitik verhindert das Entstehen von Gerüchten und entzieht Spekulationen die Grundlage. Die Bedrohung ist den Betroffenen leichter einzuschätzen. Häufig erweist sie sich dann tatsächlich als viel geringer als zunächst angenommen. Laufendes Feedback und Ansprechpartner, an die man sich jederzeit wenden kann, fördern ein offenes, vertrauensvolles Arbeits- und Kommunikationsklima.

- **Aktive Teilnahme der Betroffenen:** Die Partizipation an Veränderungsbeschlüssen macht aus Betroffenen Beteiligte. Die Teilnahme kann sich auf Vorschläge, die Planung und/oder die Implementierung beziehen. Sie hat zudem den Vorteil, dass das Potenzial der Mitarbeiter genutzt wird.[398]

- **Frühzeitige Qualifizierung:** Die Angst vor Veränderungen wird wesentlich gemindert, wenn die Mitarbeiter durch Personalentwicklungsmaßnahmen rechtzeitig auf die Neuerungen vorbereitet werden und den Eindruck haben, den neuen Bedingungen gewachsen zu sein.

- **Systematische Veränderung alter Gewohnheiten:** Prozesse des organisatorischen Wandels benötigen laut **Lewin** eine Phase der Auflockerung, auch Tauphase (unfreezing) genannt, in der die Bereitschaft zur Veränderung entwickelt wird. Es folgt ein Wandlungsprozess, der die Aufgaben und die Arbeits- und Sozialbeziehungen umgestaltet (moving). Den Abschluss bildet eine möglichst rasche Stabilisierungsphase (refreezing). Sie dient der Verinnerlichung der Neuerungen und soll verhindern, dass alte Strukturen wieder aufleben.[399]

- **Belohnung von Fördern des Wandels:** Betroffene Mitarbeiter, die dem Wandel positiv gegenüberstehen und ihn aktiv mitgestalten, erhalten sichtbare materielle oder immaterielle Anreize. So sollen Unentschlossene zur Teilnahme motiviert werden.

- **Beratereinsatz:** Interne oder externe Consultants unterstützen den Veränderungsprozess und vermitteln überzeugend, dass die Neuerungen sinnvoll sind und zweckmäßig umgesetzt werden. Neben der fachlichen kommt der sozialen Kompetenz der Berater wesentliche Bedeutung zu.

---

[397] vgl. Schmidt (2003), S. 28 ff.; Steinmann/Schreyögg (2005), S. 496 f.; Vahs (2007), S. 340 f.

[398] vgl. Schulte/Müller (2006), S. 358 ff.

[399] vgl. Schreyögg (2003), S. 506 f.; Steinmann/Schreyögg (2005), S. 496 f.; Lewin (1958), S. 210 f.

- **Zulassen von Fehlern:** Wenn Fehler und das Lernen aus Fehlern als etwas ganz Normales angesehen werden, lassen sich Mitarbeiter eher auf einen Wandel ein, entwickeln eigene Vorschläge und setzen neue Lösungen mit mehr Engagement um.

7.5 Erfolgsfaktoren und Fehler des organisatorischen Wandels

Erfolg und Misserfolg eines geplanten organisatorischen Wandels lassen sich auf eine ganze Reihe von Faktoren zurückführen. Diese Vorgehensweisen findet man häufig bei **erfolgreich** durchgeführten Veränderungsprozessen:[400]

- **Klare Vision:** Eine genaue Vorstellung, wie das Unternehmen künftig aussehen soll, gibt den Anstoß für den organisatorischen Wandel.

- **Umfangreiche Mitarbeiterbeteiligung:** Mitarbeiter aller Bereiche und Hierarchieebenen setzen sich gemeinsam mit dem Änderungsvorhaben auseinander. So können Widerstände verringert und das Mitarbeiterpotenzial genutzt werden.

- **Konkrete Zielvorgaben:** Die Vision wird für alle Beteiligten und Betroffenen durch klar verständliche Ziele und Maßnahmen konkretisiert. Um eine hohe Motivation sicherzustellen, sollten einige Teilziele kurzfristig erreichbar sein. Schnell sichtbare Erfolge stärken das Selbstvertrauen der Mitarbeiter und fördern die Bereitschaft, sich auf weitere Veränderungen einzulassen.

- **Einleitung eines Kulturwandels:** Formale organisatorische Veränderungen machen häufig auch einen Kulturwandel erforderlich. Wichtige Voraussetzung für dessen Gelingen ist eine von Vertrauen und Offenheit geprägte Kommunikations- und Partizipationsstrategie.

- **Integratives Vorgehen:** Statt Optimierungsversuche in einzelnen Abteilungen zu starten, ist es besser, zunächst Abhängigkeiten zu ermitteln und miteinander verzahnte Bereiche als Einheit aufzufassen.

- **Unterstützung durch das Top Management:** Veränderungsprozesse sind nur dann erfolgreich, wenn sie von Anfang an die Unterstützung der Unternehmensleitung besitzen. Dadurch ist die Bedeutung des Wandels für alle Mitarbeiter klar erkennbar.

Zum **Scheitern** eines organisatorischen Wandels tragen vor allem diese Faktoren bei:[401]

- **Zu kurzer Zeithorizont:** Der Zeitbedarf für organisatorischen Wandel wird häufig unterschätzt. Wegen des dadurch entstehenden Zeitdrucks werden Veränderungsprozesse nicht sorgfältig durchdacht und Maßnahmen, die nicht optimal sind, hastig und unzweckmäßig umgesetzt.

---

[400] vgl. Vahs (2007), S. 401 f.

[401] vgl. Schulte-Zurhausen (2002), S. 389; Vahs (2007), S. 401 f.

- **Unverständliche Vision:** Wenn den Mitarbeitern ein klares Leitbild fehlt, der Weg unklar ist und sie keine Orientierungshilfen haben, führt dies regelmäßig zum Misslingen organisatorischer Veränderungsprozesse.

- **Mangelndes Problemverständnis:** Das Bewusstmachen der Probleme und ihrer möglichen Folgen sind Voraussetzungen für das Gelingen des Wandels. Mitarbeiter, die nicht verstehen, weshalb Veränderungen nötig sind, engagieren sich auch nicht im Wandlungsprozess.

- **Zu geringe Abstimmung:** Je unvollständiger die Kommunikation ist, desto verunsicherter sind die Betroffenen.

- **Fehlende ganzheitliche Sichtweise:** Nicht abgestimmte Optimierungsversuche einzelner Bereiche, die zudem zaghaft durchgeführt werden, erfordern Änderungsmaßnahmen an anderer Stelle. Das Resultat ist Flickwerk mit begrenzter Haltbarkeit.

Eine Langzeitstudie des Beratungsunternehmens Capgemini zeigt, dass Unternehmen immer noch zu unsystematisch und unstrukturiert an Veränderungsprozesse herangehen, obwohl ein Aufwärtstrend erkennbar ist. Engagement und Glaubwürdigkeit des Managements, realistische und klare Visionen und Ziele sowie eine offene Kommunikation werden von den Unternehmen als sehr wichtige Faktoren für einen erfolgreichen organisatorischen Wandel angesehen.[402]

7.6 Zusammenfassung und Ausblick

Der geplante organisatorische Wandel nimmt seit einigen Jahren stark an Bedeutung zu. Er schafft die Möglichkeit, sich auf bestimmte Situationen frühzeitig einzustellen und eine entsprechende Anpassung einzuleiten. Die Gründe sind vielfältig. Änderungen der Unternehmensumwelt spielen eine ebenso große Rolle wie interne Faktoren.

Schwerpunkte des geplanten Wandels sind Prozesse und aufbauorganisatorische Strukturen sowie Änderungen der Human Resources und der technischen Fähigkeiten. Auch die Entwicklung und Veränderung der Unternehmenskultur gewinnt an Bedeutung.

Die in der Literatur beschriebenen Konzepte zur Bewältigung des organisatorischen Wandels überschneiden sich in vielen Bereichen, bauen aufeinander auf oder gehen ineinander über. Die wichtigsten sind Reorganisation, Business Reengineering, Organisationsentwicklung und Change Management. Letzteres wird zunehmend als Oberbegriff für alle Konzepte des Wandels benutzt und vereint alle Schwerpunkte.

Angesichts des steigenden Änderungsbedarfs wird der organisatorische Wandel immer mehr zur **Daueraufgabe**, die alle Mitarbeiter betrifft. Unternehmen, die sich dieser Herausforderung stellen, müssen sich zu einer **lernenden Organisation** weiterentwickeln. Diese Idee

---

[402] vgl. Capgemini (2008), S. 39

gründet auf der Vorstellung, dass nicht nur ein Mensch, sondern auch ein System bzw. ein Unternehmen lernfähig ist.[403] Es ist in der Lage, auf Veränderungen zu reagieren, sie zu antizipieren und vorausschauend zu steuern.[404]

Problemlösungskompetenz eines Unternehmens hängt vom Wissen und den Erfahrungen der Unternehmensmitglieder ab. Deshalb ist es wichtig, dass sich Führungskräfte und Mitarbeiter ständig weiterbilden. Sämtliche Strukturen sind so zu gestalten, dass Lernen als selbstverständlich angesehen wird und organisatorischer Wandel nicht als einmal zu lösendes Sonderproblem, sondern als normaler Zustand empfunden wird. Der Personalentwicklung und der Kommunikation wird in einer lernenden Organisation also sehr große Bedeutung beigemessen.

Als **lernfördernde Elemente** einer Organisation haben sich erwiesen:

- Förderung von systemischem Denken über die eigenen Aufgabengrenzen hinweg
- weitgehende Entscheidungsdezentralisation
- Freiraum für Selbstregulierung
- Verringerung detaillierter Verfahrensvorschriften und Arbeitsanweisungen
- Einsatz neuer Formen der Arbeitsstrukturierung, insbesondere Teamarbeit
- flache Hierarchien
- Einsatz von Zielvereinbarungen
- Information und Kommunikation über Hierarchiegrenzen hinweg
- Betonung der Selbstverständlichkeit des organisatorischen Wandels
- Rekrutierung von Mitarbeitern mit hoher Sozialkompetenz
- hohe Bedeutung der Personalentwicklung, insb. der Persönlichkeitsentwicklung
- Einsatz von Anreizsystemen, die innovative Vorgehensweisen belohnen

Diesen Vorstellungen liegt das Menschenbild des **self-actualizing man** zugrunde, das davon ausgeht, dass der Mensch sich in seiner Arbeitssituation entfalten will und lebenslanges Lernen als natürlichen Prozess betrachtet.[405] Das Reagieren auf neue Umweltsituationen wird von einer **Vorwegnahme der Wandlungserfordernisse** abgelöst.

---

[403] vgl. Breisig (2006), S. 180

[404] vgl. Kirchler/Meier-Pesti/Hofmann (2005), S. 176 ff.

[405] vgl. Blickle (2004), Sp. 836 ff.; Kirchler/Meier-Pesti/Hofmann (2005), S. 95 ff.

Wiederholungsfragen

1. Was versteht man unter organisatorischem Wandel?
2. Welche externen Faktoren beeinflussen den organisatorischen Wandel?
3. Welche internen Situationsvariablen kennen Sie?
4. Worin unterscheiden sich der Wandel erster und zweiter Ordnung?
5. Auf welche Objekte bezieht sich der geplante organisatorische Wandel?
6. Was versteht man unter Reorganisation?
7. Welche Schlüsselkomponenten sind beim Business Reengineering maßgeblich?
8. Worum handelt es sich bei radikalem Redesign?
9. Wie geht Business Reengineering mit der bestehenden Organisation um?
10. Was bedeutet Empowerment?
11. Was versteht man unter Quantensprüngen im Zusammenhang mit Business Reengineering?
12. Warum hat sich das Business Reengineering in der Praxis nicht durchgesetzt?
13. Welche Ziele hat die Organisationsentwicklung?
14. Was versteht man unter Change Management?
15. Was ist ein Change Agent, und welche Aufgaben hat er?
16. Welche Ursachen hat der organisatorische Konservatismus?
17. Was versteht man unter der erfolgsgefährdenden Wirkung des Erfolgs?
18. Welche Anzeichen deuten auf Widerstände gegen den Wandel hin?
19. Welche Argumente bringen Betroffene gegen organisatorischen Wandel vor?
20. Wie gehen die Betroffenen gegen den Wandel vor?
21. Wie sollten Unternehmen mit Widerständen umgehen?
22. Welche Maßnahmen fördern einen erfolgreichen organisatorischen Wandel?
23. Welche Faktoren tragen zum Scheitern eines organisatorischen Wandels bei?
24. Was versteht man unter einer lernenden Organisation?
25. Welche lernfördernden Elemente einer Organisation kennen Sie?

8 Ausblick: Organisation – zukünftige Trends

Unternehmen agieren heute in einem Umfeld mit ständig wechselnden Bedingungen. Turbulente Marktentwicklungen aufgrund rasanter technischer Veränderungen, steigender Vernetzungsdruck, zunehmende Bedeutung der Human Resources und nicht zuletzt die veränderten gesellschaftlichen Werte und die demografische Entwicklung prägen die aktuelle Situation. Organisation wird unter diesen Umständen zu einem bedeutenden strategischen Erfolgsfaktor und trägt dazu bei, die Wettbewerbsfähigkeit eines Unternehmens zu erhalten und zu verbessern (Abb. 8-1).

Abb. 8-1: Rahmenbedingungen der Organisation

Die **technischen Innovationen und die Dynamik des Marktes** führen zu immer kürzeren Innovationszeiten und Produktlebenszyklen. In vielen Bereichen werden aufgrund technischer Neuerungen weniger Arbeitskräfte benötigt. Andererseits steigt wegen der höheren Anforderungen an die Flexibilität der Bedarf an gut qualifizierten Mitarbeitern und effizienten Strukturen.

Da räumliche Entfernungen immer unbedeutender werden, fällt es Unternehmen heute leichter, auf neue Märkte vorzudringen. Die größeren Wirtschafts- und Währungsräume unterstützen diese Entwicklung. Erfolgreiche Unternehmen werden von anderen Firmen überholt, die durch organisatorischen Wandel besser die Herausforderungen der **Globalisierung** meistern.[406]

Angesichts steigenden Kostendrucks, Finanzierungsproblemen und gesättigter Märkte wird das Klima in vielen Branchen rauer. Die Deckungsbeiträge sinken, gleichzeitig steigt die Notwendigkeit **effektiven und effizienten Handelns**. Auch die **Qualitätsanforderungen** nehmen zu. Damit wächst auch die Bedeutung organisatorischer Regelungen.

Unternehmen versuchen zunehmend, durch **Vernetzung** den Anforderungen der Umwelt gerecht zu werden. Der Trend zu Joint Ventures, strategischen Allianzen und anderen Kooperationsformen verstärkt sich, Auslandskontakte werden ausgebaut, intraorganisationale und unternehmensübergreifende Netzwerke gebildet und Kunden, Lieferanten und teilweise sogar Wettbewerber in die Wertschöpfungsketten miteinbezogen.

Der **Wertewandel** gilt bereits seit längerem als wichtiger Impuls für die Veränderung von Organisation. Sie muss den geänderten Ansprüchen und Vorstellungen der Mitarbeiter durch die Entwicklung passender Strukturen Rechnung tragen. So verlieren bürgerliche Arbeitstugenden wie Disziplin und Strebsamkeit an Bedeutung, stattdessen nimmt die Freizeitorientierung zu. Viele Arbeitnehmer engagieren sich heute stärker in ihrem privaten Umfeld und sind weniger karriereorientiert. Zugleich werden immaterielle Werte wie Status und Selbstverwirklichung, aber auch Solidarität, immer wichtiger.[407]

Es gibt viele Thesen, was den Wertewandel ausgelöst hat. Sie reichen von der höheren Bildung breiter Bevölkerungsschichten über die veränderte Altersstruktur bis zur Prägung durch Multiplikatoren. Wie sich die gegenwärtigen wirtschaftlichen und politischen Entwicklungen auf organisatorische Strukturen auswirken, bleibt abzuwarten. Aus organisatorischer Sicht müssen in jedem Fall neue Entscheidungs-, Kommunikations- und Prozessstrukturen, Arbeitszeit- und Arbeitsortmodelle, Karrierewege sowie passende Entgeltsysteme implementiert werden. Auch neue Führungsstrukturen, die auf Eigenverantwortung und Selbständigkeit gut ausgebildeter Mitarbeiter setzen, müssen stärker verankert werden.[408]

Betrachtet man die **demografische Entwicklung** auf dem deutschen Arbeitsmarkt, fällt zunächst die steigende Erwerbsbeteiligung der Frauen auf. Außerdem wandern ausländische Erwerbspersonen in stärkerem Umfang zu. Nach verschiedenen Prognosen wird diese Entwicklung noch bis 2010 anhalten.[409]

Dieser Zunahme steht die deutliche Verringerung junger Erwerbspersonen aufgrund der geburtenschwachen Jahrgänge gegenüber. Die Zahl der Jugendlichen, die auf den Arbeitsmarkt drängen, nimmt bereits heute stark ab. In einigen Bereichen und Regionen herrscht schon heute ein Mangel an Lehrstellensuchenden. Einige Untersuchungen kommen

---

[406] vgl. Wunderer (2006), S. 540 f.

[407] vgl. Scholz (2000), S. 18 f.

[408] vgl. Heidbrink/Jenewein (2008), S. 317 ff.; Picot/Reichwald/Wigand (2003), S. 4

[409] vgl. Opaschowski (2004), S. 73

allerdings zu dem Schluss, dass sich die Zahl der Erwerbspersonen trotz dieser Entwicklung nicht verringern wird. Sie rechnen im Rahmen der EU-Erweiterung mit einem weiter steigenden Zustrom von ausländischen Arbeitnehmern. Auch die Erwerbstätigkeit von Frauen soll weiter zunehmen. Gleichzeitig erhöhen sich das Renteneintrittsalter und die Lebensarbeitszeit. Die zunehmende Akademisierung in allen Wirtschaftsbereichen führt allerdings zu einem späteren Eintritt ins Erwerbsleben, wodurch diese Effekte abgemildert werden. Auch hier hat sich die Organisation mit neuen Arbeitsstrukturen den veränderten Rahmenbedingungen anzupassen.

Human Resources werden künftig noch stärker zur betrieblichen Wertschöpfung beitragen. Permanente Lernbereitschaft und kontinuierliches Lernen sind wesentliche Grundlagen des langfristigen Unternehmenserfolgs. **Organisationales Lernen** wird zur Daueraufgabe.

Diese Bedingungen machen das Umfeld aus, in dem sich bestimmte **organisatorische Trends** herausbilden und verstärken.[410] Sie sind eng miteinander verbunden und nicht immer genau zu trennen:

- **Prozess- und Kundenorientierung:** Die Prozessorientierung ist ein fundamentaler Bestandteil aller neuen Organisationsmodelle. Die Wertschöpfungskette wird bei möglichst weitgehender Beseitigung organisatorischer Schnittstellen auf die Bedürfnisse der Kunden zugeschnitten. Die konsequente Abstimmung der Prozesskettenglieder bezieht viel häufiger als früher Lieferanten und Kunden mit ein (Supply Chain Management). Innerbetriebliche, nachgelagerte Organisationseinheiten werden ebenfalls als Kunden und nicht als lästige Bittsteller angesehen.

- **Modularisierung und Flexibilisierung:** Stark hierarchisch strukturierte Unternehmen werden in kleinere, überschaubare Einheiten aufgeteilt. Dabei wird die funktionsorientierte Ausrichtung zugunsten einer objektbezogenen Vorgehensweise aufgegeben. Die auf diesem Weg entstehenden Sparten oder Business Units werden mit weitreichenden Entscheidungsbefugnissen und Ergebnisverantwortung ausgestattet. Man verspricht sich davon vor allem ein schnelleres Reaktionsvermögen auf sich ändernde Marktbedingungen. Die Koordination der Einheiten erfolgt noch stärker als bislang über Zielvereinbarungen.[411]

- **Teamorientierung:** Die Selbstabstimmung gewinnt als Koordinationsinstrument an Bedeutung. Vorgesetzte greifen seltener in die Erfüllung täglicher Routineaufgaben ein. Außerdem werden Aufgaben nicht mehr im Detail für einen einzelnen Mitarbeiter festgelegt. Vielmehr werden Gruppenaufgaben und -ziele definiert, die Mitglieder regeln die Aufgabenerfüllung dann weitgehend selbst. Dazu müssen sie neben den erforderlichen Informationen und technischen Hilfsmitteln über die nötigen fachlichen und vor allem sozialen Kompetenzen verfügen.

---

[410] vgl. Bea/Göbel (2006), S. 413 ff.; Vahs (2007), S. 548; Klimmer (2007), S. 142 f.

[411] vgl. Klimmer (2007), S. 141 f.

Der Teamgedanke geriet nach einer ersten Hochphase in den siebziger Jahren zunächst wieder in Vergessenheit. Heute spielt er allein wegen der Prozessorientierung bei der organisatorischen Gestaltung eine zentrale Rolle, da die zusammenhängenden Aufgabenbereiche von einer einzelnen Person kaum überblickt und bearbeitet werden können.

- **Empowerment:** Unter Entscheidungsdelegation oder Empowerment versteht man die Verlagerung von Entscheidungsbefugnissen und -verantwortung auf die Mitarbeiter. Die Organisation ist so anzupassen, dass sie mehr Handlungsspielraum und größere Autonomie für eigene Entscheidungen erhalten.

  Gefordert ist ganzheitliches, problemorientiertes Denken und Handeln. Die Trennung zwischen ausführenden und dispositiven Aufgaben auf den unteren Hierarchieebenen wird zunehmend aufgehoben. Dazu sind entsprechende Personalentwicklungsmaßnahmen erforderlich, die die Mitarbeiter befähigen, selbständiger und unabhängiger zu arbeiten. Auch von den Führungskräften wird ein anderes Selbstverständnis verlangt, hierarchische Macht wird von kooperativem Miteinander abgelöst. Bereits bei der Personalauswahl müssen Sozialkompetenz und Lernbereitschaft stärker berücksichtigt werden.

- **Horizontalisierung:** Die genannten Entwicklungen führen dazu, dass nicht mehr so viele Führungskräfte benötigt und Hierarchiestufen abgebaut werden, die Unternehmenspyramide flacht ab. Die neue Rolle der Manager erfordert, dass sie einen kooperativen Führungsstil umsetzen, ihren Mitarbeitern größere Entscheidungsbefugnisse einräumen und sie zu eigenständigem Handeln und Lösen von Problemen befähigen und motivieren.[412] Fremdkontrollen und Anweisungen treten gegenüber Koordination und Steuerung in den Hintergrund.

  Gleichzeitig müssen neue Karrierewege in der Organisation verankert werden, mit denen es gelingt, Führungs- und Nachwuchskräfte trotz geringerer Aufstiegsmöglichkeiten im Unternehmen zu halten. Beispiele sind Parallel- und Funktionshierarchien sowie Projektlaufbahnen.

- **Dynamisierung und Entbürokratisierung:** Die Notwendigkeit von Veränderungen wird stärker als bisher betont. Sowohl geplanter als auch ungeplanter organisatorischer Wandel gewinnen an Bedeutung. Das gilt auch für die informale Organisation. Selbstorganisation steigt gegenüber der Fremdorganisation im Ansehen. Letztere legt nur noch die Grenzen fest, in denen sich die Selbstorganisation bewegen kann.

  Ausgegangen wird von der grundsätzlichen Lernfähigkeit einer Organisation, man spricht auch von **organisationalem Lernen**. Dadurch soll das Unternehmen seine Fähigkeit behalten und ausbauen, frühzeitig Marktchancen und Umweltveränderungen zu erkennen und sich neuen Marktgegebenheiten schnell anzupassen.

- **Unternehmensübergreifendes Vorgehen:** Die Grenzen eines Unternehmens werden immer durchlässiger. Unternehmensübergreifende Kooperationen sind nicht nur

---

[412] vgl. Vahs (2007), S. 548

in Großunternehmen, sondern auch in vielen mittelständischen Betrieben mittlerweile Standard und werden weiter zunehmen. Kundenorientierte Forschung und Entwicklung, wie sie in der Automobilindustrie längst selbstverständlich ist, wird ebenfalls an Bedeutung gewinnen. Auch die Kooperation mit Personalleasing-Unternehmen, die für einen begrenzten Zeitraum Arbeitskräfte zur Verfügung stellen, gehört immer mehr zum normalen organisatorischen Handeln.

In der Praxis zeigt sich, dass Unternehmen bei der Umsetzung dieser Trends keine radikalen Änderungen, sondern langsame und ständige Verbesserungen bevorzugen. Zu bedenken ist allerdings, dass sich ein Unternehmen umso besser im Wettbewerb behauptet, je früher und schneller eine Anpassung der Organisation an geänderte Rahmenbedingungen erfolgt.

Beim Experimentieren mit neuen Lösungen werden Risiken eingegangen und Fehler gemacht. Die systematische Suche nach den Fehlerursachen und das Lernen aus Fehlern gehören zum organisatorischen Wandel dazu.

Obwohl die Bedeutung der Dynamik und der Anpassung an neue Gegebenheiten betont werden muss, darf doch die Notwendigkeit der Stabilisierung des Unternehmens durch die Organisation nicht außer Acht gelassen werden.

Neben den strukturellen Maßnahmen sind weitere Veränderungsschritte nötig, die bei der Darstellung der organisatorischen Trends bereits angeklungen sind. Die Informations- und Kommunikationsstrukturen müssen den neuen Gegebenheiten ebenso angepasst werden wie das Planungs-, Steuerungs- und Kontrollsystem. Personalentwicklungsmaßnahmen, die sich auf fachliche und soziale Kompetenzen beziehen, sind ebenfalls erforderlich. Denn der Abstimmungsbedarf zwischen der Organisation und den anderen Subsystemen des Managements wird künftig weiter zunehmen.

Literaturverzeichnis

Albers, S., Wolf, J. (2003): Management virtueller Unternehmen, Wiesbaden 2003.

Allewell, D. (2004): Arbeitsteilung und Spezialisierung. In: Schreyögg, G., Werder, A. v. (Hrsg.) (2004): Handwörterbuch Unternehmensführung und Organisation, 4. Aufl., Stuttgart 2004, Sp. 37-45.

Antoni, C.H. (1994): Gruppenarbeit – mehr als ein Konzept: Darstellung und Vergleich unterschiedlicher Formen der Gruppenarbeit. In: Antoni, C.H. (Hrsg.) (1994): Gruppenarbeit in Unternehmen: Konzepte Erfahrungen, Perspektiven, Weinheim 1994, S. 19-48.

Antoni, C.H. (Hrsg.) (1994): Gruppenarbeit in Unternehmen: Konzepte Erfahrungen, Perspektiven, Weinheim 1994.

Bamberger, I., Wrona, T. (2004): Strategische Unternehmensführung, München 2004.

Bea, F.X., Friedl, B., Schweitzer, M. (Hrsg.) (2005): Allgemeine Betriebswirtschaftslehre, Band 2: Führung, 9. Aufl., Stuttgart 2005.

Bea, F.X., Göbel, E. (2006): Organisation: Theorie und Gestaltung, 3. Aufl., Stuttgart 2006.

Bea, F.X., Haas, J. (1997): Strategisches Management, 2. Aufl., Stuttgart 1997.

Bertels, T. (2008): Die Lernende Organisation: Modell für das Management des Wandels im Wissenszeitalter. In: Kremin-Buch, B., Unger, F., Walz, H. (Hrsg.) (2008): Lernende Organisation, 3. Aufl., Sternenfels (2008), S. 47-99.

Berthel, J., Becker, F.G. (2003): Personalmanagement: Grundzüge für Konzeptionen betrieblicher Personalarbeit, 7. Aufl., Stuttgart 2003.

Bleicher, K. (1991): Organisation: Strategien, Strukturen, Kulturen, 2. Aufl., Wiesbaden 1991.

Blickle, G. (2004): Menschenbilder. In: Schreyögg, G., Werder, A. v. (Hrsg.) (2004): Handwörterbuch Unternehmensführung und Organisation, 4. Aufl., Stuttgart 2004, Sp. 836-843.

Blohm, H., Beer, T., Seidenberg, U., Silber, H. (2008): Produktionswirtschaft, 4. Aufl., Herne, Berlin 2008.

Bloß-Barkowski, R. (2003): Vier Werte für die Neuorientierung. In: Personal Magazin, Heft 11/2003, S. 60-62.

Blum, E. (2000): Grundzüge anwendungsorientierter Organisationslehre: mit Übungen, München, Wien 2000.

Bock, F. (2008): Lernen als Element der Wettbewerbsstrategie. In: Kremin-Buch, B., Unger, F., Walz, H. (Hrsg.) (2008): Lernende Organisation, 3. Aufl., Sternenfels (2008), S. 9-45.

Braunschweig, C. (1998): Unternehmensführung, München, Wien 1989.

Breisig, T. (2006): Betriebliche Organisation, Herne, Berlin 2006.

Brenner, W., Keller, G., (Hrsg.) (1995): Business Reengineering mit Standardsoftware, Frankfurt a.M., New York 1995.

Brüggen, G. (1974): Möglichkeiten und Grenzen der Soziometrie. Ein Beitrag zur Gruppendynamik der Schulklasse, Neuwied, Berlin 1974.

Brüning, R. (2006): Strategische Kooperationen. In: WISU – Das Wirtschaftsstudium, Heft 4/2006, S. 456-458.

Bruhn, M. (2002): Customer-Relationship-Management – die personellen und organisatorischen Anforderungen. In: Zeitschrift Führung und Organisation, Heft 3/2002, S. 132-140.

Bruhn, M., Meffert, H. (Hrsg.) (2001): Dienstleistungsmanagement, 2. Aufl., Wiesbaden 2001.

Bühner, R. (2004): Betriebswirtschaftliche Organisationslehre, 10. Aufl., München, Wien 2004.

Burr, W. (2005): Chancen und Risiken der Modularisierung von Dienstleistungen aus betriebswirtschaftlicher Sicht. In: Herrmann, T., Kleinbeck, U., Krcmar, H. (Hrsg.) (2005): Konzepte für das Service Engineering. Modularisierung, Prozessgestaltung und Produktivitätsmanagement, Heidelberg 2005, S. 17-44.

Capgemini Consulting (2008): Changemanagement Studie 2008. In: www.de.capgemini.com/m/de/tl/Cange_Management-Studie_2008.pdf; abgerufen am 20.12.2008.

Champy, J., Reengineering im Management (1997): Die Radikalkur für die Unternehmensführung, Frankfurt a.M. 1997.

Chandler. A.D. (1962): Strategy and Structure, Chapters and the History of the Industrial Enterprise, Cambridge, London 1962.

Davidow, W., Melone, M. (1992): The Virtual Corporation, Structuring and revitalizing the Corporation for the 21st Century, New York 1992.

Deckstein, D. (2006): Therapie für die Firma. In: www.sueddeutsche.de/wirtschaft/artikel/214/81133/print.html; abgerufen am 07.11.2008.

Dillrup, R., Stoi, R. (2006): Unternehmensführung, München 2006.

Dögl, R. (2008): Plädoyer und methodischer Ansatz für eine Technikorientierung im Innovationsmanagement. In: Kremin-Buch, B., Unger, F., Walz, H. (Hrsg.) (2008): Lernende Organisation, 3. Aufl., Sternenfels (2008), S. 101-133.

Doppler, K., Lauterburg, C. (2005): Change Management – den Unternehmenswandel gestalten, 11. Aufl., Frankfurt a.M., New York 2005.

Dyer, W.G.J. (1985): The cycle of cultural evolution in organizations. In: Kilmann, H.R., Saxton, M.J., Serpa, R. (Hrsg.) (1985): Gaining control of the corporate culture, San Fransisco 1985, S 200-229.

Eigler, J. (2004): Aufgabenanalyse. In: Schreyögg, G., Werder, A. v. (Hrsg.) (2004): Handwörterbuch Unternehmensführung und Organisation, 4. Aufl., Stuttgart 2004, Sp. 54-61.

Eversheim W. (1995): Prozessorientierte Unternehmensorganisation: Konzepte und Methoden zur Gestaltung schlanker Organisationen, Berlin, Heidelberg 1995.

Fayol, H. (1929): Allgemeine und industrielle Verwaltung, München, Berlin 1929.

Fiedler, R. (2007): Organisation kompakt, München, Wien 2007.

Fischermanns; G., Liebelt, W. (2000): Grundlagen der Prozessorganisation, 5. Aufl., Gießen 2000.

Fleisch, E., Müller-Stewens, G. (2008): High-Resolution-Management: Konsequenzen des „Internet der Dinge" auf die Unternehmensführung. In: Zeitschrift Führung und Organisation, Heft 5/2008, S. 272-281.

Flüter-Hoffmann, C., Solbrig, J. (2003): Wie flexibel ist die deutsche Wirtschaft. In: IW-Trends, Heft 4/2003, S. 1-18.

Frank, H. (2008): Kostendruck treibt Outsourcing voran. In: MediaPlanet, Heft 7/2008, S. 12.

Franz, P., Kajüter, P. (Hrsg.) (2002): Kostenmanagement, 2. Aufl., Stuttgart 2002.

Frese, E. (2004): Interne Märkte. In: Schreyögg, G., Werder, A. v. (Hrsg.) (2004): Handwörterbuch Unternehmensführung und Organisation, 4. Aufl., Stuttgart 2004, Sp. 552-560.

Frese, E. (2005): Grundlagen der Organisation: Entscheidungsorientiertes Konzept der Organisationsgestaltung, 9. Aufl., Wiesbaden 2005.

Fürst, J., Ottomeyer, K., Pruckner, H. (Hrsg.) (2004): Psychodramatheraphie. Ein Handbuch, Wien 2004.

Gaitanides, M. (2007): Prozessorganisation: Entwicklung, Ansätze und Programme des Managements von Geschäftsprozessen, 2. Aufl., München 2007.

Gauss, G. (2008): Rücken frei fürs Kerngeschäft. In: MediaPlanet Heft 7/2008, S. 6.

Grochla, E. (1972): Unternehmensorganisation, 9. Aufl., Opladen 1983.

Gsteiger, F. (1996): Nomaden im Büro. In: Die Zeit v. 10.05.2006, S. 71.

Günther, H.-O., Tempelmeier, H. (2005): Produktion und Logistik, 6. Aufl., Berlin 2005.

Gutenberg, E. (1983): Grundlagen der Betriebswirtschaftslehre; Erster Band: Die Produktion, 24. Aufl., Berlin, Heidelberg, New York 1983.

Hamel, W. (2004): Funktionale Organisation. In: Schreyögg, G., Werder, A. v. (Hrsg.) (2004): Handwörterbuch Unternehmensführung und Organisation, 4. Aufl., Stuttgart 2004, Sp. 324-332.

Hammer, M., Champy, C. (1993): Reengineering the Corporation, New York (1993).

Hammer, M., Champy, C. (1995): The Reengineering Revolution, New York (1995).

Hammer, M., Stanton, S. (1998): Die Reengineering Revolution: Handbuch für die Praxis, München 1998.

Harriehausen, C. (2009): Netzwerke für den Erfolg. In: Frankfurter Allgemeine Zeitung, v. 17.01.2009, S. V 17.

Heidbrink, M., Jenewein, W. (2008): Individualisierung der Führung. In: Zeitschrift Führung und Organisation, Heft 5/2008, S. 317-323.

Helfrich, C. (2002): Business Reengineering. Organisation als Erfolgsfaktor: Mehr verkaufen – billiger produzieren, München, Wien 2002.

Hellinger, B. (1996): Anerkennen, was ist., München 1996.

Helming, A., Buchholz, W. (2008): Identifikation von Kernkompetenzen in der Produktentwicklung. In: Zeitschrift Führung und Organisation, Heft 5/2008, S. 301-309.

Hentze, J., Graf, A. (2005): Personalwirtschaftslehre 2: Personalerhaltung und Leistungsstimulation, Personalfreistellung und Personalinformationswirtschaft, 7. Aufl. Bern, Stuttgart, Wien 2005.

Hentze, J., Heinecke, A., Kammel, A. (2001): Allgemeine Betriebswirtschaftslehre aus Sicht des Managements, Bern, Stuttgart, Wien 2001.

Hentze, J., Kammel, A. (2001): Personalwirtschaftslehre 1: Grundlagen, Personalbedarfsermittlung, -beschaffung, -entwicklung, -einsatz, 7. Aufl., Bern, Stuttgart, Wien 2001.

Herrmann, T., Kleinbeck, U., Krcmar, H. (Hrsg) (2005): Konzepte für das Service Engineering. Modularisierung, Prozessgestaltung und Produktivitätsmanagement, Heidelberg 2005.

Hinterhuber, Hans H., Matzler, Kurt (1995): Reengineering. In: WISU – Das Wirtschaftsstudium, Heft 2/1995, S. 132-139.

Horváth & Partners (2005) (Hrsg.) (2005): Prozessmanagement umsetzen. Durch nachhaltige Prozessperformance Umsatz steigern und Kosten senken, Stuttgart 2005.

Horváth, P. (2006), Controlling, 10. Aufl., München 2006.

Hungenberg, H. (2004): Strategisches Management im Unternehmen, 3. Aufl., Wiesbaden 2004.

Imai, M. (2001): KAIZEN. Der Schlüssel zum Erfolg im Wettbewerb, München 2001.

Jones, G.R., Bouncken, R.B. (2008): Organisation: Theorie, Design und Wandel, 5. Aufl., München 2008.

Jung, B. (2002): Prozessmanagement in der Praxis: Vorgehensweisen, Methoden, Erfahrungen, Köln 2002.

Jung, H. (2003): Personalwirtschaft, 5. Aufl., München, Wien 2003.

Kahle, E. (2004): Ausschüsse. In: Schreyögg, G., Werder, A. v. (Hrsg.) (2004): Handwörterbuch Unternehmensführung und Organisation, 4. Aufl., Stuttgart 2004, Sp. 71-78.

Kajüter, P. (2002): Prozesskostenmanagement. In: Franz, P., Kajüter, P. (Hrsg.) (2002): Kostenmanagement, 2. Aufl., Stuttgart 2002, S. 249-278.

Keller, T. (2004): Holding. In: Schreyögg, G., Werder, A. v. (Hrsg.) (2004): Handwörterbuch Unternehmensführung und Organisation, 4. Aufl., Stuttgart 2004, Sp. 421-428.

Kieser, A. (2004): Organisation. In : Kieser, A., Oechsler, W.A. (Hrsg.) (2004): Unternehmenspolitik, 2. Aufl., Stuttgart 2004, S. 172-231.

Kieser, A. Hegele, C. (1998): Kommunikation im organisatorischen Wandel, Stuttgart 1998.

Kieser, A., Oechsler, W.A. (Hrsg.) (2004): Unternehmenspolitik, 2. Aufl., Stuttgart 2004.

Kieser, A., Walgenbach, P. (2007): Organisation, 5. Aufl., Stuttgart 2007.

Kilmann, H.R., Saxton, M.J., Serpa, R. (Hrsg.) (1985): Gaining control of the corporate culture, San Fransisco 1985.

Kirchler, E. (Hrsg.) (2005): Arbeits- und Organisationspsychologie, Wien 2005.

Kirchler, E., Hölzl, E. (2005): Arbeitsgestaltung. In: Kirchler, E. (Hrsg.) (2005): Arbeits- und Organisationspsychologie, Wien 2005, S. 199-316.

Kirchler, E., Meier-Pesti, K., Hofmann, E. (2005): Menschenbilder. In: Kirchler, E. (Hrsg.) (2005): Arbeits- und Organisationspsychologie, Wien 2005, S. 17-195.

Kirchler, E., Schrott, A. (2005): Entscheidungen. In: Kirchler, E. (Hrsg.) (2005): Arbeits- und Organisationspsychologie, Wien 2005, S. 487-581.

Klimmer, M. (1996): Kein Patentrezept für den Erfolg – kritische Anmerkungen zum Business Reengineering. In: FB/IE 1996, S. 21 ff.

Klimmer, M. (2007): Unternehmensorganisation: Eine kompakte und praxisnahe Einführung, Herne, Berlin 2007.

Knebel, H., Schneider, H. (2000): Die Stellenbeschreibung, 7. Aufl., Heidelberg 2000.

Kohlhauser, M., Assländer, F. (2005): Organisationsaufstellung evaluiert. Studie zur Wirksamkeit von Systemaufstellungen in Management und Beratung, Heidelberg 2005.

Koller, C. (2004): Aus der Familienpsychologie in die Unternehmensumwelt. In: www.handelsblatt.com/unternehmen/strategie/aus-der-familienpsychologie-in-die-unternehmensumwelt; 724659; abgerufen am 07.11.2008.

König, M. (2008): Erfolgreiches Managen von Kundenzufriedenheit als Basis zur Steigerung der organisatorischen und prozessualen Leistungsfähigkeit von Unternehmen. In: Kremin-Buch, B., Unger, F., Walz, H. (Hrsg.) (2008): Lernende Organisation, 3. Aufl., Sternenfels (2008), S. 135-174.

Köppel, P., Sattler, A. (2009): Virtuelle Kooperation. In: Personal, Heft 1/2009, S. 26-28.

Kosiol, E. (1976): Organisation der Unternehmung, 2. Aufl., Wiesbaden 1976.

Kremin-Buch, B., Unger, F., Walz, H. (Hrsg.) (2008): Lernende Organisation, 3. Aufl., Sternenfels (2008).

Kröger, M., Dürand, D., Seeger, H. (1998): Wie Ihr wollt: Die klassische Unternehmenszentrale bekommt Konkurrenz. Netzwerke machen's möglich. In: Wirtschaftswoche, Heft 12/1998, S. 106-112.

Krüger, W. (2005): Organisation. In: Bea, F.X., Friedl, B., Schweitzer, M. (Hrsg.) (2005): Allgemeine Betriebswirtschaftslehre, Band 2: Führung, 9. Aufl., Stuttgart 2005, S. 140-134.

Krüger, W., v. Werder, A., Grundei, J. (2007): Center-Konzepte: Strategieorientierte Organisation von Unternehmensfunktionen. In: Zeitschrift Führung und Organisation, Heft 1/2007, S. 4-11.

Küpper, H.-U. (2004): Planung. In: Schreyögg, G., Werder, A. v. (Hrsg.) (2004): Handwörterbuch der Unternehmensführung und Organisation, 4. Aufl., Stuttgart 2004, Sp. 1149-1164.

Lehmann, K. (2006): Umgang mit komplexen Systemen. Perspektivenerweiterung durch Organisationsaufstellungen. Eine empirische Studie, Heidelberg 2006.

Lewin, K. (1958): Group decision and social change. In: Macoby, E.E., Newcomb, T.M., Hartley, E.L. (Hrsg.) (1958): Readings in social psychology, 3. Aufl., New York 1958, S. 197-211.

Lingg, H.K. (2004): Beziehungen auf das Wesentliche reduzieren. In: Personal Magazin, Heft 2/2004, S. 70-72.

Macharzina, K. (2003): Unternehmensführung. Das internationale Managementwissen: Konzepte – Methoden – Praxis, 4. Aufl., Wiesbaden 2003.

Macoby, E.E., Newcomb, T.M., Hartley, E.L. (Hrsg.) (1958): Readings in social psychology, 3. Aufl., New York 1958.

Majer, C., Mayrhofer, W. (2007): Konsequent Karriere machen. In: Personal, Heft 11/2007, S. 36-39.

Martini, J.T. (2007): Verrechnungspreise zur Koordination und Erfolgsermittlung, Wiesbaden 2007.

Mayer, R., Coners, A., Hardt, G. v.d. (2005): Anwendungsfelder und Aufbau einer Prozesskostenrechnung. In: Horváth & Partners (Hrsg.) (2005): Prozessmanagement umsetzen. Durch nachhaltige Prozessperformance Umsatz steigern und Kosten senken, Stuttgart 2005, S. 123-140.

Mellewigt, T. (2004): Stellen- und Abteilungsbildung. In: Schreyögg, G., Werder, A. v. (Hrsg.) (2004): Handwörterbuch Unternehmensführung und Organisation, 4. Aufl., Stuttgart 2004, Sp. 1356-1365.

Mentzel, W. (2005): Personalentwicklung. Erfolgreich motivieren, fördern und weiterbilden, 2. Aufl., München 2005.

Modi, J., Tschabrun, H. (2004): Attraktive Projektlaufbahnen. In: Personal, Heft 12/2004, S. 38-40.

Mudra, P. (2004): Personalentwicklung. Integrative Gestaltung betrieblicher Lern- und Veränderungsprozesse, München (2004).

Müller-Stewens, G., Lechner, C. (2003): Strategisches Management: Wie strategische Initiativen zum Wandel führen, 2. Aufl., Stuttgart 2003.

Neilson, G.L., Pasternack, B.A. (2006): Erfolgsfaktor Unternehmens-DNA: Die vier Bausteine für effektive Organisationen, Frankfurt a.M., New York 2006.

Neu, Matthias (1995): Informationsverarbeitung und Business Process Reengineering (BPR). In: WISU – Das Wirtschaftsstudium, Heft 5/1995, S. 421-422.

Neuwirth, S. (2004): Stäbe. In: Schreyögg, G., Werder, A. v. (Hrsg.) (2004): Handwörterbuch Unternehmensführung und Organisation, 4. Aufl., Stuttgart 2004, Sp. 1349-1356.

Nicolai, C. (2004): Stellenbeschreibungen als Führungsinstrument. In: WISU – Das Wirtschaftsstudium, Heft 2/2004, S. 177-180.

Nicolai, C. (2006): Personalmanagement, Stuttgart 2006.

Nicolai, C. (2007): Personalbedarfsplanung. In: WISU – Das Wirtschaftsstudium, Heft 7/2007, S. 508-520.

Nicolai, C. (2009): Informale Organisation. In: WISU – Das Wirtschaftsstudium, Heft 1/2009, S. 79-86.

Nippa, M., Picot, A., (Hrsg.) (1995): Prozeßmanagement und Reengineering: Die Praxis im deutschsprachigen Raum. Frankfurt a.M., New York 1995.

Nippa, M., Scharfenberg, H., (Hrsg.) (1997): Implementierungsmanagement: Über die Kunst Reengineeringkonzepte erfolgreich umzusetzen, Wiesbaden 1997.

Nordsieck, F. (1934): Grundlagen der Organisationslehre, Stuttgart 1934.

Nordsieck, F. (1962): Betriebsorganisation, 4. Aufl. Stuttgart 1962.

o.V. (2002): Schöne, neue Brose Arbeitswelt. In: Personal Magazin, Heft 5/2002, S. 54 f.

o.V. (2002): Neuausrichtung mit Werten und Prinzipien. In: Personal Magazin, Heft 1/2002, S. 12 f.

o.V. (2004): Das Dilemma der Laufbahnplanung. In: Personal Magazin, Heft 2/2004, S. 55.

o.V. (2005 a): Jeder versteht die Beziehungsgeometrie. In: Personal Magazin, Heft 7/2005, S. 16.

o.V. (2005 b): Flexiblere Produktion und weniger Leerlauf. In: Personal Magazin, Heft 12/2005, S. 18.

Oechsler, W: Personal und Arbeit, 7. Aufl., München, Wien 2000.

Olesch, G. (2003): Eine Alternative zur Führungskräftekarriere. In: Personal Magazin, Heft 7/2003, S. 72 f.

Olfert, K. (2006): Organisation, 14. Aufl., Ludwigshafen (Rhein), 2006.

Opaschowski, H.W. (2004): Wie wir morgen leben – Voraussagen der Wissenschaft zur Zukunft unserer Gesellschaft, Wiesbaden 2004.

Otto, A. (2002): Management und Controlling von Supply Chain, Wiesbaden 2002.

Pechlaner, H., Hinterhuber, H.H., Holzschuher, W.v., Hammann, E.-M. (Hrsg.) (2007): Unternehmertum und Ausgründung. Wissenschaftliche Konzepte und Erfahrungen, Wiesbaden 2007.

Peitsmeier, H. (2009): Bilanz des Scheiterns. In: Frankfurter Allgemeine Zeitung v. 27.02.2009, S. 11.

Pesch, U. (2005): Ein Trend ist zum Standard geworden. In: Personal Magazin, Heft 8/2005, S. 56-58.

Peters, T.J., Waterman, R.H. (1982): In Search of Excellence, Lessons from America's Best-Run Companies, New York et al. 1982.

Peters, T.J., Waterman, R.H. (1984): Auf der Suche nach Spitzenleistungen – Was man von den bestgeführten US-Unternehmen lernen kann, 9. Aufl., Landsberg am Lech 1984.

Pfähler, W., Vogt, M (2008): Profit-Center-Organisation und interne Verrechnungspreise: Eine mikroökonomische Analyse (I). In: WISU – Das Wirtschaftsstudium, Heft 5/2008, S. 746-753.

Picot, A., Dietl, H., Franck (2008): Organisation: Eine ökonomische Perspektive, 5. Aufl., Stuttgart 2008.

Picot, A., Neuburger, R. (2001): Virtuelle Organisationsformen im Dienstleistungssektor. In: Bruhn, M.; Meffert, H. (Hrsg.) (2001): Dienstleistungsmanagement, 2. Aufl., Wiesbaden 2001, S. 803-823.

Picot, A., Neuburger, R. (2004): Modulare Organisationsformen. In: Schreyögg, G., Werder, A. v. (Hrsg.) (2004): Handwörterbuch der Unternehmensführung und Organisation, 4. Aufl., Stuttgart 2004, Sp. 897-904.

Picot, A., Reichwald, R., Wiegand, R.T. (2003): Die grenzenlose Unternehmung. Information, Organisation und Management, Wiesbaden (2003).

Porter, M.E. (2000): Wettbewerbsvorteile (Competitive Advantage): Spitzenleistungen erreichen und behaupten, 6. Aufl., Frankfurt a.M. 2000.

Pruckner (2004): Soziometrie: Eine Zusammenschau von Grundlagen, Weiterentwicklungen und Methodik. In: Fürst, J., Ottomeyer, K., Pruckner, H. (Hrsg.) (2004): Psychodramatheraphie. Ein Handbuch, Wien 2004, S. 161-192.

Rahn, H.-J. (2008): Unternehmensführung, 7. Aufl., Ludwigshafen (Rhein) 2008.

Rehbehn, R., Yurdakul, Z.B. (2005): Mit Sic Sigma zu Business Excellence: Strategien, Methoden, Praxisbeispiele, 2. Aufl., Erlangen 2005.

Reichwald, R., Höfer, C., Weichselbaumer, J. (1996): Erfolg von Reorganisationsprozessen: Leitfaden zur strategieorientierten Bewertung, Stuttgart 1996.

Reiter, Gerhard (1996): Business Reengineering. In: WiSt –Wirtschaftswissenschaftliches Studium, Heft 6/1996, S. 320-321.

Remer, A., Hucke, P. (2007), Grundlagen der Organisation, Stuttgart 2007.

Ringlstetter, M.J. (1997): Organisation von Unternehmen und Unternehmensverbindungen: Einführung in die Gestaltung der Organisationsstruktur, München, Wien 1997.

Robbins, S.P. (2001): Organisation der Unternehmung, 9. Aufl., München 2001.

Rockrohr, G., Glazinski, B. (2003): Unternehmen brauchen dringend erfolgreiche Veränderungsprozesse!. In: Personal, Heft 12/2003, S. 52-54.

Sauermann, H. (2005): Anreizsysteme für Wissensarbeiter. In: Personal, Heft 3/2005, S. 36-38.

Schanz, G. (2000): Personalwirtschaftslehre: Lebendige Arbeit in verhaltenswissenschaftlicher Perspektive, 3. Aufl., München 2000.

Schewe, G. (2008): Widerstände – ein Wesensmerkmal der Innovation. In: Zeitschrift Führung und Organisation, Heft 5/2008, S. 269.

Schierenbeck, H. (2000): Grundzüge der Betriebswirtschaftslehre, 15. Aufl., München, Wien 2000.

Schmelzer, H.J., Sesselmann, W. (2004): Geschäftsprozessmanagement in der Praxis: Kundenzufriedenstellen – Produktivität steigern – Wert erhöhen, 4. Aufl., München, Wien 2004.

Schmidt, G. (2000): Grundlagen der Aufbauorganisation: 4. Aufl., Gießen 2002.

Schmidt, G. (2002): Einführung in die Organisation: Modelle – Verfahren – Techniken, 2. Aufl., Wiesbaden 2002.

Schmidt, G. (2003): Methode und Techniken der Organisation, 13. Aufl., Gießen 2003.

Schmidt, G. (2006): Organisatorische Grundbegriffe, 13. Aufl., Gießen 2006.

Schmitt, K. (2002): Karriere auch ohne Beförderung. In: Personal Magazin, Heft 6/2002, S. 50 f.

Schneider, H.J. (1978): Fallstudie zur Soziogramm-Analyse: „Das gestörte Betriebsklima". In: Personal, Heft 8/1978, S. 323-330.

Scholz, C. (2000): Personalmanagement: Informationsorientierte und verhaltenstheoretische Grundlagen, 5. Aufl., München 2000.

Scholz, C. (2002): Virtuelle Teams – Neuer Wein in alten Schläuchen. In: Zeitschrift Führung und Organisation, Heft 1/2002, S. 26-33.

Schreyögg, G. (2003): Organisation: Grundlagen moderner Organisationsgestaltung, 4. Aufl., Wiesbaden 2003.

Schreyögg, G., Koch, J. (2007): Grundlagen des Managements, Wiesbaden 2007.

Schreyögg, G., Werder, A. v. (2004): Organisation. In: Schreyögg, G., Werder, A. v. (Hrsg.) (2004): Handwörterbuch der Unternehmensführung und Organisation, 4. Aufl., Stuttgart 2004, Sp. 966-977.

Schreyögg, G., Werder, A. v. (Hrsg.) (2004): Handwörterbuch Unternehmensführung und Organisation, 4. Aufl., Stuttgart 2004.

Schulte, M., Müller, W. (2006): Das lassen wir dann auf!. In: Zeitschrift Führung und Organisation, Heft 6/2006, S. 358-363.

Schulte-Zurhausen, M. (2002): Organisation, 3. Aufl., München 2002.

Schwarz, H. (1983): Betriebsorganisation als Führungsaufgabe: Organisation – Lehre und Praxis, 9. Aufl., Landsberg am Lech 1983.

Schwarz, H. und Mitarbeiter: Arbeitsplatzbeschreibungen 13. Aufl., Freiburg, i. Br. 1995.

Schwarze, J. (2006): Projektmanagement mit Netzplantechnik, 9. Aufl., Herne/Berlin 2006.

Seidenbiedel G. (2001): Organisationslehre, Stuttgart, Berlin, Köln 2001.

Seiser, M. (2009). Robuste Zwerge im Verbund. In: Frankfurter Allgemeine Zeitung v. 09.01.2009, S. 12.

Smith, A. (1789): An Inquiry into the Nature and Causes of the Wealth of Nations, 5. Aufl., London 1789, in der Übersetzung von: Recktenwald, C.H. (1974): Der Wohlstand der Nationen. Eine Untersuchung seiner Natur und seiner Ursachen, München 1974.

Steinle, C., Krummaker, S. (2004): Profit-Center. In: Schreyögg, G., Werder, A. v. (Hrsg.) (2004): Handwörterbuch Unternehmensführung und Organisation, 4. Aufl., Stuttgart 2004, Sp. 1190-1195.

Steinle, C., Schmidt, K. (2007): Bedeutung von Ausgründungen zur Unternehmensvitalisierung – Perspektiven, Ressourcenstrommodell und Gestaltungsherausforderungen. In: Pechlaner, H., Hinterhuber, H.H., Holzschuher, W.v., Hammann, E.-M. (Hrsg.) (2007): Unternehmertum und Ausgründung. Wissenschaftliche Konzepte und Erfahrungen, Wiesbaden 2007, S. 56-86.

Steinle, C., Schmidt, K., Lederer, I. (2004): Geschäftsprozessoptimierung von Finanzdienstleistungsunternehmen. In: Controlling, Heft 1/2004, S. 13-18.

Steinmann, H., Schreyögg, G. (2005): Management: Grundlagen der Unternehmensführung, 6. Aufl., Wiesbaden 2005.

Stevens, F., ten Have, S., ten Have, W., van der Elst, M. (2006): Kaizen. In: WISU – Das Wirtschaftsstudium, Heft 4/2004, S. 472.

Strunz, H. (2001): Die Fraktale Unternehmensorganisation macht IT-Dienstleistungsunternehmen fitt für den Wettbewerb. Auch der Kunde profitiert. In: ExperPraxis

2001/2002, 20.03.2001; in: www.themenmanagement.de/ressources/fraktaleorga.htm; abgerufen am 04.01.2009.

Sydow, J., Möllering, G. (2004): Produktion in Netzwerken, München 2004.

Sydow, J., Zeichhardt, R. (2008): Führung in neuen Kontexten: Netzwerke und Cluster. In: Zeitschrift Führung und Organisation, Heft 3/2008, S. 156-162.

Theuvsen, Ludwig (1996): Business Reengineering. In: Zfbf, Heft 1/1996, S. 65-81.

Thommen, J.-P., Achleitern, A.-K. (2001): Allgemeine Betriebswirtschaftslehre. Umfassende Einführung aus managementorientierter Sicht, 3. Aufl., Wiesbaden 2001.

Thommen, J.-P., Richter, A. (2004): Matrix-Organisation. In: Schreyögg, G., Werder, A. v. (Hrsg.) (2004): Handwörterbuch Unternehmensführung und Organisation, 4. Aufl., Stuttgart 2004, Sp. 828-836.

Traeger, D.H. (1994): Grundgedanken der Lean Production, Stuttgart 1994.

Trebesch, K. (2004 a): Das Wurzelholz und neue Triebe: Ursprünge, Zielsetzungen und Methoden der Organisationsentwicklung und kritische Analyse. In: Organisationsentwicklung, Heft 4/2004, S. 72-79.

Trebesch, K. (2004 b): Organisationsentwicklung. In: Schreyögg, G., Werder, A. v. (Hrsg.) (2004): Handwörterbuch der Unternehmensführung und Organisation, 4. Aufl., Stuttgart 2004, Sp. 988-997.

Ulbig, Hans-Jürgen (1996): Prozeßumbrüche oder Prozeßoptimierung. In: FB/IE Nr. 45 (1996), S. 305-308.

Ulmer, G.(2001): Stellenbeschreibungen als Führungsinstrument, Wien, Frankfurt 2001.

Unger, A. (2008): Neue Ansätze der Organisation. In: Kremin-Buch, B., Unger, F., Walz, H. (Hrsg.) (2008): Lernende Organisation, 3. Aufl., Sternenfels (2008), S. 175-213.

Utikal, H., Ebel, B. (2006): Reorganisation eines mittelständischen Unternehmens. In: Zeitschrift Führung und Organisation, Heft 3/2006, S. 170-176.

Vahs, D. (2007): Organisation: Einführung in die Organisationstheorie und -praxis, 6. Aufl., Stuttgart 2007.

Wagner, D. (2008): Den Wandel managen. In: Personal, Heft 9/2008, S. 34-37.

Weidner, W., Freitag, G. (1998): Organisation in der Unternehmung: Aufbau- und Ablauforganisation, Methoden und Techniken praktischer Organisationsarbeit, 6. Aufl., München, Wien 1998.

Weiner, S., Hill, R. (2008): Zwei Firmen – eine Identität. In: Personal Magazin, Heft 10/2008, S. 38-41.

Wenzel, R., Fischer, G., Mentze, G., Nieß, P.S. (2001): Industriebetriebslehre. Das Management des Produktionsbetriebs, Leipzig 2001.

Wichermann, C., Nieberding, A. (2004): Die industrielle Revolution. Eine Einführung in die deutsche Wirtschaftsgeschichte des 19. und 20. Jahrhunderts, Stuttgart 2004.

Wilhelm, R. (2007): Prozessorganisation, 2. Aufl., München, Wien 2007.

Winker, G. (2001): Telearbeit und Lebensqualität. Zur Vereinbarkeit von Beruf und Familie, Frankfurt 2001.

Wittlage, H. (1993): Methoden und Techniken praktischer Organisationsarbeit, 3. Aufl., Herne, Berlin 1993.

Wolf, J. (2000): Strategie und Struktur 1955-1999: Ein Kapitel der Geschichte deutscher nationaler und internationaler Unternehmen, Wiesbaden 2000.

Wolf, S. (2006): Permanente Prozessverbesserung. In: Personal Magazin, Heft 10/2006, S. 70 f.

Wunderer, R. (2006): Führung und Zusammenarbeit, 6. Aufl., München 2006.

Zorn, S. (2007): Von der Randfigur zum Mitspieler. In: www. tagesspiegel.de/magazin/karriere/Organisationsaufstellung;art292,2379936; abgerufen am 07.11.2008.

Stichwortverzeichnis

7-S-Modell 8
Ablaufdiagramme 243, 247
Ablauforganisation 25, 34, 36, 182
Ablaufvarianten 206
Absatzmärkte 116
Absentismusrate 232
Abstimmung 79
Abstimmungsbedarf 85
Abstimmungskollegialität 57
Abteilung 55, 67
Abteilungsbildung 33, 79
Abteilungsgrenzen 182, 211
Abteilungsleiter 54, 151
Adjutant 61
Akzeptanz 280
Akzeptanzprobleme 302
Alternativenbewertung 58
Analyse-Synthese-Konzept 36, 182
Änderungsaufwand 156, 158, 173
Änderungsbedarf 204
Anforderungen 45, 76
Anforderungsprofil 168
Anreizsysteme 20
Anspruchsgruppen 6, 7
Anteilseigner 6
Antragsbefugnis 47
Anwesenheitspflicht 239

Arbeitsabläufe 18, 182, 203, 235
Arbeitsanalyse 26, 34, 182
Arbeitsanweisungen 243, 246
Arbeitsbereicherung 75
Arbeitselemente 34, 235
Arbeitserweiterung 75
Arbeitsgänge 182
Arbeitsgeschwindigkeit 219, 230
Arbeitsgruppen 74, 76, 229
Arbeitsmarkt 318
Arbeitsmenge 220
Arbeitsmethode 220
Arbeitsorganisation 216, 235
Arbeitspensum 216, 219
Arbeitsplatz 42, 44, 77, 237
Arbeitsplatzbeschreibungen 166
Arbeitsplatzgestaltung 216
Arbeitsplatzmethoden 65
Arbeitsplatzwechsel 76
Arbeitsprozesse 25, 34, 214
Arbeitssoziologie 3
Arbeitsstrukturierung 73, 76, 261
Arbeitssynthese 27, 34, 182
Arbeitsteilung 15, 26, 40, 41, 75, 76, 216, 229
Arbeitsträger 50
Arbeitsumfang 52, 75
Arbeitsumfeld 231

Arbeitsumgebung 216, 231, 236
Arbeitsvereinigung 26
Arbeitsverhalten... 46
Arbeitsverteilung... 216
Arbeitsvorbereitung 224
Arbeitszeit... 52, 67
Arbeitszufriedenheit................................... 232
Assistenten...................................... 59, 61, 104
Aufbauorganisation 18, 25, 32, 41, 156, 183
Aufgabe 4, 27, 29
Aufgabenanalyse 27, 31
Aufgabenbild 167
Aufgabendezentralisation............................ 32
Aufgabenerfüllung...........................9, 44, 49
Aufgabenkomplexe 32, 44, 65
Aufgabensynthese...................................27, 32
Aufgabenträger.....5, 28, 34, 45, 49, 50, 208, 210
Aufgabenvollzug... 19
Aufgabenzentralisation 32
Auflösungstiefe 206
Aufsichtsrat..7, 128
Aufstiegschancen 7, 152
Auftragsbearbeitung......... 197, 200, 216, 236
Auftragseingang 197
Ausbringungsmenge................................... 204
Ausführungsaufgaben 43
Ausführungsausschüsse 63
Ausführungsbefugnis 47
Ausführungsprozesse.................................. 214
Ausführungsstellen....... 42, 50, 52, 63, 68, 94

Ausführungszeiten...................................... 197
Auslandsbeziehungen 318
Ausschüsse..59, 62
Ausschussquote... 207
Automatisierung... 208
Automatisierungsgrad 219
Autonomie 320
Autonomiebereiche 229, 230
Autonomiegrad 119, 229
Autorität 79
Beherrschbarkeitsprinzip............................ 69
Beherrschungsvertrag 128
Berater 22
Beratungsausschüsse 62
Besitzstand.. 169
Betriebsabrechnungsbogen 236
Beziehungsintensität.................................. 263
Biorhythmus 219
Blockdiagramm 160
Blog 85, 176
Bombenwurfstrategie 304
Bürokratisierung 12
Business Reengineering 301, 302
Case Management...................................... 185
Case Manager 304
Case Teams 303
Case Worker 303
Cash Flow 129
Change Agents 307
Change Management.................301, 306, 307
Chargenfertigung 233

Clanmechanismus 90
Clusterbildung 263
Coach 261
Controlling 61
Corporate Governance 295
Cost-Center 118
Customer-Relationship-Management 135
Dachgesellschaft 127, 130
Darstellungstechniken 156, 243, 286
Dekompression 206
Delegationsgrad 109
Delphi-Methode 65
Demotivation 75
Dequalifizierung 72
Deskilling-Prozess 71
Desk-Sharing 237
Detailaufgaben 60
Detailkenntnisse 60
Dezentralisation 32, 237
Dienstleistungen 43, 119, 135, 139
Dienstleistungsstellen 59, 61, 106
Dienstweg 99, 276
Differenzierung 26, 32, 36
Dilemma der Prozessorganisation ... 199, 221
Dimension 126
Direktorialprinzip 57
Disposition 16, 23
Diversifikation 115
Diversifikationsgrad 132
divisionale Organisation 111, 115
Divisionen 117

Downsizing 268
duale Organisation 131
Durchführungszeit 197
Durchlaufzeiten 35, 197, 204, 208, 210, 211, 223, 226, 227
Dynamik 261
Effizienz 2, 8
Eigeninitiative 14
Eigentümer-Unternehmer 6
Eigenverantwortung 86, 98, 184
Einarbeitung 246
Einarbeitungszeiten 71
Einflussprojekt 144
Einheit der Auftragserteilung 124
Einliniensystem 98, 100
Einpersonenstelle 52
Einzelfertigung 234
Eisberg-Modell 273
Elementaraufgaben 29, 34, 182
Elementarprozess 192, 206
Empowerment 304, 320
Energieerzeugung 235
Entbürokratisierung 271
Entfremdung 72
Entgeltfindung 169
Entgeltsysteme 117, 142
Entlassungen 53, 230
Entscheidungsaufgaben 42, 50
Entscheidungsausschüsse 63
Entscheidungsbefugnis 47, 58, 105, 109
Entscheidungsdelegation 38, 109, 110

Entscheidungsdezentralisation 242
Entscheidungsfindung 58, 100, 242
Entscheidungsgeschwindigkeit 98
Entscheidungskompetenzen 79
Entscheidungsprozess 50, 58, 124
Entscheidungsspielräume 63
Entscheidungsträger 4, 110, 274
Entscheidungsvorbereitung 104, 146
Entwicklungsprozesse 210
Erfolgspotenziale 54
Ergebniskontrolle 302
Ergebnisverantwortung 48
Ergonomie 223
Erneuerungsprozesse 171
Erwerbsbeteiligung 318
Expansionsphasen 168
Expertenbefragungen 65
Facharbeiter 66
Fachkompetenz 102
Fachlaufbahnen 153
Familienaufstellungen 290
Fayolsche Brücke 99
Fehlerquote 202, 204, 220
Fehlervermeidung 208
Fehlleistungskosten 202
Fertigungsbereich 214
Fertigungsinseln 231
Fertigungsprozesse 191
Fertigungssteuerung 226, 227
Fertigungstyp 223
Finanzhoheit 128

Finanz-Holding 128
Fixkostendegression 42
Flexibilität 12, 71, 102, 116, 204
Fließbandfertigung 226
Fluktuationsrate 72, 92
Flussdiagramme 243, 248
Folgebeziehungen 218
Folgepläne 248
Fordismus 70
formale Organisation 5
Formalisierung 39
Fraktale 260
Freizeitorientierung 318
Fremdentscheidungsbefugnis 42
Fremdkoordination 78, 84, 87
Fremdorganisation 304, 320
Fremdverantwortung 49, 56
Frustration 60
Führungsanweisungen 283
Führungsaufgaben 49
Führungsinstrument 3, 261
Führungslaufbahn 152, 154
Führungsnachwuchskräfte 117, 119, 141, 146
Führungsorganisation 231
Führungssysteme 301
Führungsverantwortung 48
Führungsverhalten 46, 261, 301
funktionale Organisation 111, 114, 178
funktionaler Organisationsbegriff 2
Funktionendiagramme 157, 172, 173, 248

Funktionenmatrix	172
Funktionsbereiche	114
Funktionsgeneralisten	132
Funktionshierarchie	153
Funktionsmanagement-Organisation	137
Funktionsmeistersystem	101
Fusionen	91
Gangelemente	182
Gangstufen	182
Ganzheitlichkeit	261
Gebildestrukturierung	25
Generalisierung	39, 42, 73
Generalisten	101, 261
geplanter Wandel	299
Gesamtverantwortung	172
Geschäftsbereichsorganisation	115
Geschäftsprozesse	183, 186, 191
Gestaltungsparameter	37
Gewerkschaften	7, 311
Gewinn	6
Gewinnorientierung	114
Gremien	62
Größenvorteile	114
Großmaschinenbau	234
Gruppenarbeit	229
Gruppenintegration	288
Gruppenleiter	231
Gruppensprecher	279
Haftungsbegrenzung	130
Handlungsspielraum	9, 10
Handlungsverantwortung	48
Hauptaufgaben	9, 60
Hawthorne-Effekt	233
Hawthorne-Studien	281
Hemmnisse	309
Herstellkosten	220
Herstellungsprozess	234
Hierarchieebenen	52, 55, 67, 96, 121, 123, 160, 161, 291
Hoch- und Tiefbau	234
Holding-Konzern	129
Holding-Organisation	127, 129
Homeoffice	239
Homogenitätsprinzip	69
Human Resources	20, 300, 317
Hybrid	256
hybride Organisationen	256
Improvisation	1, 17, 23, 299
informale Führung	274, 278
informale Gruppen	274
informale Kommunikation	274, 276
informale Normen	274, 275
informale Organisation	5, 272, 279
Informationsausschüsse	62
Informationsbefugnis	47
Informationsfilterung	98, 100, 280
Informationsmacht	242
Informationspolitik	280
Informationsprozesse	189
Informationsverlust	98
Informationsverzerrung	280
Inhouse-Consulting-Einheiten	23

Innovation 18
Innovationsfähigkeit 196
innovative Prozesse 191
Instandhaltungsaufwand 228
Instanzen 50, 52, 54, 58, 63, 94, 102, 105
Instanzenbild 167
institutionaler Organisationsbegriff 3
instrumentaler Organisationsbegriff 3
Integration 26, 27, 36
Internationalisierung 296
interne Märkte 78
Interne Revision 60
Intrapreneuring 117
Investitionsentscheidungen 118
Investment-Center 118
ISO 9000 ff. 171
Isolierung 288
Job Enlargement 74
Job Enrichment 74
Job Rotation 74, 108
Joint Venture 318
Jour fix 239
Kaizen 24, 203, 213, 269
Kapazitätsauslastung 200, 207, 227
Kapazitätsterminierung 221
Kapitalbindung 198
Karriere 98, 152
Karrieremöglichkeiten 114, 152
Kassationskollegialität 57
Käufermärkte 73, 295
Kennzahlen 66, 209

Kennzahlenmethoden 65
Kernkompetenzen 112, 115, 263, 266
Key-Account-Management 133
Kleinserienfertigung 234
Kohäsionsfunktion 278
Kollegien 62
Kommunigramme 157, 175
Kommunikationsbeziehungen ... 98, 167, 174
Kommunikationsbild 167
Kommunikationsdauer 175
Kommunikationshäufigkeit 175
Kommunikationsmittel 242
Kommunikationswege 99, 102, 279
Kompetenz ... 44, 46, 105, 133, 144, 219, 319
Kompetenzdiagramm 172
Kompetenzkonflikte 102, 137
Kompetenzverteilung 37
Komplexität 92, 145
Konfiguration 37, 94, 109, 119
Konfliktlösung 291
Konformitätszwang 281
Kongruenzprinzip 48, 50, 63, 109
Konsumgüterindustrie 235
kontinuierliche Verbesserungsprozesse ... 24, 185, 203, 213
Kontrollaufgaben 43
Kontrollausschüsse 63
Kontrollbefugnis 47
Kontrollindikatoren 209
Kontrollorgane 50
Kontrollphase 43

Kontrollspanne 95
Konzerninteressen 128
Konzernrechnungslegung 119
Kooperation 86
Kooperationsfähigkeit 279
Koordination 37, 77, 144
Koordination durch Pläne 81
Koordination über Professionalisierung. ...93
Koordinationsaufwand 116, 135
Koordinationsbedarf 15, 114, 261
Koordinationsinstrumente 77, 83
Koordinationsprobleme 102, 126
Körperwahrnehmungen 292
Korrelationsrechnungen 65
Kostenbudget 118
Kostenminimierung 118
Kosten-Nutzen-Analysen 302
Kostenreduzierung 266
Kreativitätsforschung 65
Kulturgestaltung 283
Kulturwandel 282
Kundengruppen 68, 113
Kundenmanagement-Organisation 134
Kundenmanager 134
Kundenorientierung 266
Kundenstrukturen 296
Kundenzufriedenheit 207
Kurzzeichen 174
KVP 24, 203, 213, 269
Lagerkosten 199
Lean Management 96, 152, 267, 307

Lean Production 267
Lebensarbeitszeit 319
Leerkosten 199
Leerzeiten 199
Leistungsabstimmung 221, 236
Leistungsbereitschaft 34
Leistungsbeurteilungen 94, 170, 171
Leistungsbild 168
Leistungsdisposition 219
Leistungserstellung 182
Leistungsfähigkeit 219
Leistungsprogramm 301
Leistungsprozess 26, 190
Leistungsstandards 168
Leistungstypen 233
Leistungsziele 228
Leitungsaufgaben 55, 61, 67, 97
Leitungshilfsstellen 50, 58, 59, 61, 63, 94,
   104, 108, 137, 159, 162
Leitungsspanne 66, 95, 109, 161
Leitungsstellen 43, 52, 67
Leitungssysteme 98, 100
Leitungstiefe 96
Leitungszusammenhang 160
Lernbereitschaft 319
Lerneffekte 220
lernende Organisation 314, 315
Lernfähigkeit 320
Lieferfähigkeit 198
Lieferzeiten 296
Liegezeiten 197

Linienabteilungen 150
Linieninstanz 107, 146
Linienstellen.................................... 63
Lohnkosten...................................... 42
lokale Synthese 35, 215, 216, 223
Lokomotionsfunktion 278
Losgröße 234
Lower Management 54
Machtgrundlage 79
Machtkämpfe.................................... 63
magisches Viereck der Prozessgestaltung.... 196
Management by Objectives......... 83, 170, 240
Management-Holding 128
Managementprozess 21, 190
Managementsubsysteme................... 19
Marketing....................................... 132
Marketing-Konzepte 135
Marktbedingungen 92, 319
Marktdynamik............................... 133
Marktkomplexität 133
Marktmanagement-Organisation 136
Marktmanager 137
Marktsegmente.............................. 136
Marktvolumen............................... 138
Marktzyklen 295
Maschinenbelegung 227
Maschinenstellen............................. 50
Massenfertigung............................ 233
Matrixorganisation......111, 119, 121, 125, 133, 150, 185, 297
Matrix-Projektorganisation 143, 150

Matrixschnittstellen 121
Matrixstruktur 185
MbO 81, 170
Mehrfachunterstellung............... 101, 123
Mehrliniensystem 98, 101, 119
Mehrpersonenstelle 52, 168, 270
Mehrproduktunternehmen............. 113
Meister 225, 231
Mengenteilung 41
Methodenkompetenz 46
Middle Management........................ 54
Minimierung der Durchlaufzeiten 195
Mitarbeiterbeurteilung 61, 169
Mitarbeitergespräche 171
Mitarbeitermotivation 183
Mitspracherecht 118
Mittlere Leitung............................... 54
Mobilität 71
Modularisierung 257, 260
Module 257
Monotonie 71, 76
Nachschlagewerk 157
Netzwerke.................... 260, 262, 263
Netzwerkorganisation 262
Non Profit Organisation....1, 6, 158, 187, 296
Normalperson 34
Normenkonflikt 276
NPO..1
Nutzenabnahme 12
Nutzenzuwachs 12

Nutzwertanalysen 302
Obere Leitung 54
Objekt 28, 29, 68
Objektdezentralisation 32
Objektzentralisation ... 32, 112, 115, 235, 303
Operations Research 221
Organigramme 157, 252
Organisation 1, 42, 56, 65
organisationales Lernen 185
Organisationsaufstellung 292
Organisationsbegriff 1, 5
Organisationseinheiten 32
Organisationsentwicklung 301, 305
Organisationsforschung 1
Organisationsgrad 11, 156
Organisationshandbuch 4, 157, 243
Organisationskonzepte 256
Organisationslehre 23, 182
Organisationsschaubilder 157
Organisationsstruktur 8, 145
Organisationstyp der Fertigung 223
organisatorische Lücke 141
organisatorische Programmierung 26
organisatorischer Konservatismus 309
organisatorischer Wandel 295, 297, 320
organisatorisches Gleichgewicht 12
Outsourcing 196, 253
Palastorganisation 14
Parallelhierarchie 110, 152
Parallelorganisation 131
Partizipation 312

personale Synthese 215, 216
Personaleinsatz 19
Personalentwicklungskosten 232
Personalentwicklungsmaßnahmen 230, 231, 302, 321
Personalfreisetzung 171
Personalführung 278
Personalkosten 98, 137, 198
Personalrekrutierung 320
Personalunion 128
Personalverantwortung 63, 152
personelle Synthese 34
Personenbezug 45
persönliche Weisungen 78
Persönlichkeitsentfaltung 75
Pflichtenheft 166
Phase 29, 43
Phasenablauf 58
Piktogramme 173
Pläne 78, 83
Planung 19, 56
Planungsausschuss 141
Planungsebenen 81
Planungshorizont 81
Planungsphase 43
Planungsprozess 20, 81, 83
Planungsstab 60, 141
Pluralinstanzen 56
Positionsmacht 100
PPS-Systeme 222
Primäraufgaben 43

Primärorganisation.....19, 111, 132, 139, 185, 210, 266
Primat der Prozessorganisation................. 26
Primatkollegialität.. 57
Prinzip des kürzesten Weges 101
Prioritätsregeln 222
Problemlösungsgruppen 274
Produktgruppen 132
Produktionsmethoden 230
Produktionsprogramm 113, 115, 133
Produktionsprogrammplanung 223
Produktionsprozess 227
Produktionssteuerung 223
Produktivität 6, 207, 228
Produktlebenszyklen 152, 183, 198
Produktmanagement 132, 136
Produktmanagement-Organisation 132
Produktmanager 132, 133
Produktspezialisten 132
Produktvariationen 226
Produktverantwortung 117
Professionalisierung 93
Profit-Center 118
Programme 78, 80
Programmierarbeiten 238
Projekt 142
Projektaufgaben 146
Projektkoordination 144
Projektlaufbahn 153, 154
Projektleiter 144
Projektmanagement 131, 142

Projektmitarbeiter 144, 146, 152
Projektorganisation 19, 114, 142, 143, 266
Projektteam 146
Prozess 186, 300
Prozessablauf 206
Prozessanalyse 183
Prozessarchitektur 209
Prozessbeschreibung 206, 243, 244
Prozessbeteiligte 206
Prozessdefinition 204
Prozessdefinitionsblätter 244
Prozessdokumentation 210
Prozesseigner 211, 304
Prozesseinführung 204, 211
Prozessergebnis 187, 192, 209
Prozessgegenstand 188, 205
Prozessgestaltung 183, 205, 212
Prozesshierarchie 192, 206, 209
Prozessketten 191, 209
Prozesskontrollen 209
Prozesskosten 199
Prozesskostenrechnung 199
Prozesslandkarten 243, 251
Prozesslandschaft 206
Prozessmanager 185, 186, 211
Prozessmodelle 205
Prozessorganisation......18, 25, 36, 135, 182, 194, 199
Prozessorientierung 303, 319
Prozessqualität 201, 220
Prozess-Reengineering 213

Prozesssicherheit	220
Prozessstationen	216
Prozesssteuerung	206
Prozessstruktur	205, 208, 251
Prozessstrukturierung	194, 204, 207, 208
Prozessverantwortung	117, 184, 210
Prozessziele	209
Puffer	226
Pyramidenform	160
Qualifikation	49, 79, 167
Qualifizierungsmaßnahmen	75
Qualität	195, 201
Qualitätskontrolle	230
Qualitätsmanagement	24, 137, 171, 210, 246, 307
Qualitätsstandards	136, 228
Qualitätsvorgaben	231
Quantensprünge	303
Quasientscheidung	60
Querschnittsaufgaben	61
Querschnittseinheiten	61, 137
Querschnittsfunktionen	137
Quersubventionierungen	130
Radiofrequenzidentifikationstechnologie	202
Rahmenbedingungen	8
Rang	29
Rasterbilder	31
Rationalisierungspotenziale	214
Raum	28
Reaktionsgeschwindigkeit	116
Rechtsabteilung	61
Redesign	303
Reengineering	303
Referenzwerte	207
Regelungsdichte	39, 260
Region	68, 69, 126, 127
Reihenfertigung	226
Reihenfolgeplanung	227
reine Projektorganisation	143, 146
Rekrutierungsprobleme	149
Relevanzprinzip	109
Rentabilität	6, 207
Reorganisation	1, 8, 213, 301
Repräsentation	56
Ressortkollegialität	57
Ressourcen	83, 188
Revenue-Center	118
ROI	45
Routineaufgaben	96, 144, 235
Routineprozesse	190
Routinierung	93
Rückwärtsrechnung	221
Rüstzeiten	197
Sachmittel	5, 28, 44, 49
Sandwichfunktion	49
Satellitenbüros	241
Säulendiagramm	160
Schattenkulturen	283
Schätzungen	65
Schiffsbau	234
Schnittstellen	206
Schnittstellenmanager	304

Schnittstellenprobleme 257
Schulungszentrum 43
Schwachstellen 210
Schwachstellenanalyse............................ 207
Scientific Management.............................. 70
Sekundärorganisation......19, 114, 136, 143, 185
Selbstabstimmung........... 78, 84, 86, 184, 319
Selbstähnlichkeit 260
Selbstaufschreibungen 67
Selbstbestimmung..................................... 98
Selbstkoordination.......................... 78, 92, 95
Selbstoptimierung.................................... 261
Selbstorganisation...................... 261, 304, 320
Selbstverwirklichung 318
Serienfertigung 234
Serienplanung.. 230
Servicestellen 61
Shareholder.. 6, 309
Singularinstanzen 56
Six Sigma 202
Solidarität 318
Sonnendiagramm..................................... 162
Sorten 235
Sortenfertigung 235
sozialer Status 274, 278
Sozialisation 275
Sozialkompetenz 231, 320
Sozialverhalten 46
Soziogramm......................................286, 289
Soziometrische Matrix 286

Soziometrische Tests 285
Sparten...115, 127
Spartenleiter... 117
Spartenorganisation.......... 115, 127, 132, 137
Spezialaufgaben.. 72
Spezialisierung............... 37, 39, 42, 43, 72, 75
Spezialisierungsgrad 72, 215, 235
Spezialisierungsvorteile 15, 117, 137
Spezialisten...................................... 83, 261
Spezialmaschinen......................71, 227, 228
Springer 71
Stabilität 11, 92
Stab-Liniensystem 98
Stabsabteilung.. 108
Stabsgeneralisten 61, 104
Stabsinstanz 107
Stabs-Projekt 151
Stabs-Projektorganisation....................... 144
Stabsspezialisten 61, 104
Stabsstellen............. 59, 61, 83, 104, 144, 159
Stakeholder 6
Standardisierung............. 70, 92, 93, 220, 236
Standardqualifikation 93
Statussymbol.. 236
Stecknadelbeispiel..................................... 39
Stelle... 33, 44
Stellenarten 50
Stellenbemessung...................................... 65
Stellenbeschreibung.................. 157, 165, 246
Stellenbildung 32, 45, 65
Stelleninhaber 45, 65, 73, 79, 86, 165, 171

Stellenpläne	157
Stellenspezialisierung	227
Stellvertreterregelungen	159
Stellvertretung	167
Störanfälligkeit	72, 228
Straßenfertigung	226
Strategische Geschäftseinheiten	19, 114
strategischen Allianzen	318
Strukturbögen	31
Strukturinnovationen	203
Strukturvariablen	37
Subkulturen	91
Subordinationsquote	95
Subsidiaritätsprinzip	109
Substitutionsprinzip	11
Supply Chain Management	193, 319
Synergieeffekte	127, 129
System	2, 3
Systemaufstellungen	290, 292
Szenario-Technik	65
Taktung	227
Taktzeit	227
Tätigkeitsmerkmale	63
Taylorismus	70
Team	168
Teamarbeit	149, 153, 168
Teambeschreibung	168
Teamleiter	168
Teilaufgaben	26, 29, 32, 44, 62, 67, 75
Teilautonomie	229
Teilprozesse	183, 186, 208, 209
Teilzeitarbeit	239
Telearbeit	237, 238
Telearbeitsplätze	238
Telework	238
temporale Synthese	215, 216, 221
Tensororganisation	36, 126, 185
Tensorstruktur	185
Terminplanung	227
Termintreue	198, 204
Titanic-Effekt	273
Tochtergesellschaften	129
Top Management	54
Total Quality Management	202
Transaktionspartner	87
Transferzeiten	197
Transparenz	116
Transportkosten	226, 227
Transportwege	223, 226, 227, 232
Transportzeiten	197, 223
Trendextrapolationen	65
Überlastung	79, 110, 146
Überorganisation	12
Überwachungstätigkeiten	66
Überzeugungskraft	145
Übungseffekt	41, 71
Umsatzerlöse	118
Umsatzvolumen	118
Umstrukturierungen	291
Umweltmanagement	137
ungeplanter Wandel	299
Universalmaschinen	224, 225

Untere Leitung 54
Unterforderung 95
Unternehmensentwicklung 9
Unternehmenserfolg 281
Unternehmensführung 19
Unternehmensgrenzen 263
Unternehmensgröße 14, 68, 115, 264
Unternehmenshierarchie 97, 182
Unternehmenskultur 23, 78, 90, 281, 300, 306
Unternehmensleitlinien 91, 283
Unternehmensleitung 102, 116, 118, 121, 141, 144, 186, 302, 304
Unternehmenspolitik 157
Unternehmenspyramide 320
Unternehmensstrategie 301, 302
Unternehmensziele 19, 85
Unterorganisation 12
Unterstellungsverhältnisse 79, 94, 160
Unzufriedenheit 72
Urlaubsplanung 230
Veränderungsnotwendigkeit 299
Verantwortung 44, 63, 72, 102
Verantwortungsbewusstsein 14
Verbesserungsprozesse 213, 230
Verfahrensanweisungen 10, 246
Verfügungsbefugnis 47
Verhaltensdefizite 171
Verhaltensmuster 18, 90
Verhaltensnormen 281
Verkäufermärkte 73
Verkaufsförderung 291

Verpflichtungsbefugnis 47
Verrechnungspreise 87, 89, 118
Verrichtung 28, 29, 68
Verrichtungsdezentralisation 32
Verrichtungszentralisation 32, 42, 223
Verschlankung 270
Verwaltungsaufgaben 41, 235
Verwaltungsprozesse 191
virtuelle Organisation 265
Vollversammlung 7
Vorarbeiter 231
Vorstandsassistent 61
Vorwärtsrechnung 221
Wachstumsstrategie 296
Wahlstatus 288
Wareneingangskontrolle 230
Wartezeiten 221
Weisungsbefugnis 10, 47, 52, 59, 102, 107, 109, 147
Weisungsbeziehungen 160
Werksleiter 54
Werkstatt 224
Werkstattfertigung 223
Wertesystem 92, 281
Wertewandel 295
Wertschöpfung 135, 187
Wertschöpfungskette 193, 201, 318, 319
Wertschöpfungsprozess 185
Wettbewerbsfähigkeit 6, 264, 317
Wettbewerbsstrategien 300
Wettbewerbsvorteile 139, 317

Wiederholungsgrad 188
Willensbildung 100, 110
Wirtschaftlichkeitsprinzip 69
Wirtschaftsförderung 263
Zeit 28
Zeiterfassungssysteme 241
Zeltorganisation 15
Zentralbereiche 117
Zentralisation 32
Zentralstellen 61
Zielerreichung 19, 81
Zielfindung 4

Zielfindungsprozess 7
Zielharmonie 196
Zielkonkurrenz 196
Zielorientierung 3, 4, 261
Zielvereinbarungen 168, 170, 240, 261
Zielvorgaben 313
Zugehörigkeitsgefühl 92
Zurückweisungsstatus 288
Zweckaufgaben 30
Zweckbeziehung 29
Zwischen-Holding 128
Zwischenlager 221, 224, 226

Franz Xaver Bea
Elisabeth Göbel

Organisation

Theorie und Gestaltung

4., neu bearbeitete Auflage

2009. ca. 560 S., kt. ca. € 28,90
UTB 2077. ISBN 978-3-8252-2077-8

In diesem erfolgreichen Lehrbuch – in neun Jahren bereits die vierte Auflage – wird sowohl die Organisationstheorie wie auch die Organisationsgestaltung behandelt.

Im Rahmen der Organisationstheorie werden die wichtigsten organisationstheoretischen Ansätze zur Diskussion gestellt: Der tayloristische Ansatz, der Human-Relation-Ansatz, der institutionen-ökonomische Ansatz, der evolutionstheoretische Ansatz u.a.

Gegenstand der Organisationsgestaltung ist neben der Erörterung von Aufbauorganisation und Ablauforganisation die Analyse und Bewertung von Organisationsmodellen: Funktionale Organisation, Divisionale Organisation, Holding, Matrixorganisation, Prozessorganisation, Teammodelle, Lernende Organisation, Selbstorganisation, Kooperationsmodelle.

Aus Rezensionen der Vorauflagen:

„... Die Kombination von theoretischer Fundierung und ausführlichen praktischen Beispielen wird durch den didaktisch klar aufbereiteten Lehrbuchcharakter (mit vom Text abgesetzten Definitionen und Kontrollfragen) für jeden Studenten zu einer Fundgrube von Wissen über Organisationsfragen."

„Preisgünstiges Kompendium für Studierende; beschreibt sowohl den aktuellen Stand der Forschung als auch die wesentlichen Aspekte von Organisationsgestaltung in Unternehmen. ..."

  Stuttgart

Allgemeine Betriebswirtschaftslehre

Hrsg. von Franz X. Bea, Tübingen, und Marcell Schweitzer, Tübingen

Diese erfolgreiche dreibändige Allgemeine Betriebswirtschaftslehre zeichnet sich durch stetige Aktualität aufgrund einer raschen Auflagenfolge aus. Die einzelnen Kapitel sind gut aufeinander abgestimmt und folgen einer modernen, auf dem Entscheidungsansatz basierenden Konzeption. Der Studierende hat damit ein Lehrbuch der BWL in der Hand, mit dem er von Beginn seines Studiums an bis zum Examen arbeiten kann. Aber auch dem Praktiker wird es eine Hilfe bei seinen Entscheidungen sein.

Band 1: Grundfragen

Mit Beiträgen von M. Schweitzer, G. Schanz, F. X. Bea, H. Kußmaul, E. Gerum und P. Koslowski
10., überarb. A.
2009. ca. 500 S., kt., ca. € 19,90.
(UTB 1081, ISBN 978-3-8252-1081-6)

Band 1 behandelt die wichtigsten Grundfragen der Allgemeinen Betriebswirtschaftslehre: einer Darstellung des Gegenstands, der Methoden und der Wissenschaftsprogramme der Betriebswirtschaftslehre. Daran anschließend werden die Rahmenbedingungen (Wirtschaftsordnung, Steuersystem, Unternehmensordnung) und die theoretischen Grundlagen der Entscheidungen sowie die konstitutiven Entscheidungen erörtert.

Band 2: Führung

Mit Beiträgen von F. X. Bea, M. Schweitzer, W. Krüger, B. Friedl, B. Erichson, P. Hammann, E. Zahn, W. Eisele, G. Scherrer und K. Brockhoff
9., neubearb. u. erw. A.
2005. XXII/811 S., kt., € 23,90.
(UTB 1082, ISBN 978-3-8252-1082-3)

Der zweite Band ist den Grundlagen und Instrumenten der Unternehmensführung gewidmet. Er beginnt mit einer Darstellung der klassischen Führungsfunktionen wie Planung und Steuerung,, Kontrolle und Organisation, Controlling, Information, Bilanzen, und behandelt dann das Thema Information unter den Gesichtspunkten Informationsbeschaffung, Informationstechnologie und Rechnungswesen sowie die Prognosen.

Band 3: Leistungsprozess

Mit Beiträgen von F. X. Bea, B. Friedl, M. Schweitzer, M. Schweitzer, E. Troßmann, K. Bloech, W. Lücke, R. Helm, H. Seelbach, J. Drukarczyk und H. Kossbiel
9., neu bearb. und erw. A.
2006. XVIII/636 S., kt., € 22,90.
(UTB 1083, ISBN 978-3-8252-1083-0)

Der dritte Band enthält die Kapitel: Erfolgsorientiertes Innovationsmanagement, Beschaffung und Logistik, Produktionswirtschaft, Marketing, Investition, Finanzierung, Personalwirtschaft.

  Stuttgart

Franz Xaver Bea
Roland Helm
Marcell Schweitzer

BWL-Lexikon

2009. VI/438 S., gb. € 34,90.
UTB 8395. ISBN 978-3-8252-08395-7

In der Betriebswirtschaftslehre ist die fachliche Entwicklung atemberaubend. Für Studierende und Praktiker ist daher ein handliches Nachschlagewerk unverzichtbar, das eine schnelle Orientierung zu Einzelfragen des gesamten Faches auf dem neuesten Erkenntnisstand zulässt. Dem Leser werden nicht nur kurze Definitionen einzelner Sachverhalte angeboten, sondern präzise und leicht fassliche Erläuterungen seines Problems sowie knappe, gezielte Literaturhinweise. Durch zahlreiche Querverweise wird der Leser auf kürzestem Wege zu angrenzenden Problemen geführt.

Den Autoren ist es ein Anliegen, Studierenden und Praktikern ein betriebswirtschaftliches Lexikon an die Hand zu geben, das in kurzer und präziser Form

- einen zügigen Zugang zu aktuellen Sachfragen und Problemen der Betriebswirtschaftslehre eröffnet,
- Sachfragen und Probleme übersichtlich und verständlich darstellt,
- Beziehungen zwischen einzelnen Problemen kurz und präzise erläutert,
- theoretische Grundlagen einzelner Probleme vermittelt,
- Instrumente zur Lösung der Probleme darstellt,
- Anregungen zur Analyse offener Fragen eines Sachgebietes gibt,
- Schnittstellen zwischen einzelnen Sachgebieten überbrückt und
- Interdisziplinär fundiertes sowie allgemein bildendes Wissen vermittelt.

Das BWL–Lexikon ist mit seinen über 2000 Stichwörtern ein Vademekum nicht nur für Studierende der BWL und Wirtschaftspraktiker, sondern gleichermaßen für interessierte Vertreter aller angrenzenden Wissenschaften.

 Stuttgart

Die Zeitschrift für den Wirtschaftsstudenten

Die Ausbildungszeitschrift, die Sie während Ihres ganzen Studiums begleitet · Speziell für Sie als Wirtschaftsstudent geschrieben · Studienbeiträge aus der BWL, Wirtschaftsinformatik, VWL und Wirtschaftsmathematik/Wirtschaftsstatistik · Original-Klausuren und Fallstudien · Prüfungstipps · WISU-Repetitorium · WISU-Studienblatt · WISU-Lexikon · WISU-Kompakt · WISU-Magazin mit Beiträgen zu aktuellen wirtschaftlichen Themen, zu Berufs- und Ausbildungsfragen · WISU-Firmenguide für Bewerber · WISU-Praktikantenguide · WISU-Diplomarbeitenguide · Stellenanzeigen

Nur als WISU-Abonnent haben Sie Zugang zum umfangreichen WISU-Archiv im Internet.

Erscheint monatlich · Bezugspreis für Studenten halbjährlich 37,80 Euro zzgl. Versandkosten (Stand 2009) · Ein Probeheft erhalten Sie beim Lange Verlag, Poststr. 12, 40213 Düsseldorf.

Lange Verlag · Düsseldorf